AF553271

भगत सिंह
की
फाँसी का सच

कुलदीप नैयर लिखित भगत सिंह निस्संदेह ऐसी रचना है, जो विख्यात होने का दम रखती है।

—इंडिया टुडे

~•~

नैयर स्पष्ट रूप से वीरता के विषय से परे जाकर जन-आंदोलनों के बारे में लिखते हैं··· भगत सिंह और उनके जाँबाज साथियों का गहरी भावना के साथ किया गया एक विश्वसनीय व रोमांचकारी वर्णन। यह अवश्य पढ़े जाने योग्य है।

—आउटलुक

~•~

[यह पुस्तक] भगत सिंह के जीवन को उनके लेखों के साथ ही उनके साथी की धोखेबाजी की जानकारी को सही संदर्भ में रखती है··· नैयर का आसान शैली में लिखा गद्य एक ऐसे युवक के जीवन को लेकर हमारी जिज्ञासा बढ़ाता है, जिसने निर्भयता से भारत के इतिहास का रुख मोड़ दिया।

—द टेलीग्राफ

~•~

राष्ट्रवाद के जोश और पाखंड से मुक्त आदर्शवाद से प्रेरित एक युवक का आकर्षक चित्रण···नैयर ने तीन क्रांतिकारियों की शहादत का कारण बनी घटनाओं का इतना शानदार वर्णन किया है कि यह पुस्तक शत-प्रतिशत पढ़ी ही जानी चाहिए।

—द पॉयनियर

भगत सिंह की फाँसी का सच

कुलदीप नैयर

इस पुस्तक में व्यक्त विचार तथा धारणाएँ स्वयं लेखक की हैं और तथ्यों को उनके बताए अनुसार ज्यों-का-त्यों रखा गया है तथा प्रकाशक इसके लिए किसी भी प्रकार से जिम्मेदार नहीं हैं।
कुलदीप नैयर ने इस पुस्तक का लेखक होने का नैतिक दावा किया है।

प्रकाशक • **प्रभात प्रकाशन प्रा. लि.**
4/19 आसफ़ अली रोड,
नई दिल्ली–110002

संस्करण • 2024
मूल्य • सात सौ रुपए
अनुवाद • श्री आनंद कुमार राय
मुद्रक • आर-टेक ऑफसेट प्रिंटर्स, दिल्ली

BHAGAT SINGH KI PHANSI KA SACH
by Shri Kuldip Nayar ₹ 700.00
(Hindi translation of 'WITHOUT FEAR')
Published by Prabhat Prakashan, 4/19 Asaf Ali Road, New Delhi-2
by arrangement with HarperCollins Publishers India
e-mail: prabhatbooks@gmail.com ISBN 978-93-89982-06-0

यह पुस्तक
मेरे पोते–पोतियों मंदिरा,
कार्तिक और **कनिका**
को
समर्पित है।

नए संस्करण की प्रस्तावना

दो कारणों से मैंने भगत सिंह पर अपनी पुस्तक का नया संस्करण जारी किया। पहला कारण है—सुखदेव, राजगुरु और भगत सिंह पर ट्रिब्यूनल की काररवाई का अध्याय पहले संस्करण में शामिल नहीं था और दूसरा, मैं पुस्तक में कुछ और जानकारियों को जोड़ना चाहता था। इसने मुझे कुछ हिस्सों को फिर से लिखने और उन्हें सही संदर्भ में रखने का अवसर दिया। मेरा मानना है कि आपको वर्तमान संस्करण अधिक दिलचस्प और समग्र लगेगा, भले ही आप उस संस्करण को पढ़ चुके होंगे, जिसे मैंने कुछ वर्षों पहले जारी किया था।

—कुलदीप नैयर

पूर्व कथन

जहाँ कभी भगत सिंह की काल कोठरी 'फाँसी की कोठी' हुआ करती थी, ठीक उसी जगह पर एक सजीली मसजिद की मीनार खड़ी है; लेकिन जिस स्थान पर भगत सिंह और उनके दो कॉमरेडों—सुखदेव और राजगुरु को फाँसी दी गई थी, वहाँ गुंबद नहीं, धातु की पट्टी नहीं, यहाँ तक कि एक पत्थर तक नहीं लगा है।

23 मार्च, 1931 को जिस लाहौर सेंट्रल जेल में उन तीन क्रांतिकारियों को फाँसी दी गई थी, आज वह बरबादी के कगार पर है। जिन कोठरियों में वे तीनों शहीद रहा करते थे, वे ढह रही हैं। जिस मचान पर उन्हें फाँसी दी गई थी, वहाँ एक ट्रैफिक गोलंबर है। उसके चारों ओर से गाड़ियाँ उसी अफरा-तफरी में गुजरती हैं, जिस तरह लाहौर के दूसरे हिस्सों में दौड़ती-भागती हैं। उस चौराहे के चारों ओर शोरगुल, धुआँ और गर्दो-गुबार उड़ता रहता है। मसजिद-जेल के खँडहर के बीच की सड़क मानसिक रोगियों के अस्पताल के दरवाजे तक जाती है। ऐसा लगता है, जैसे सरकार उसकी किसी भी निशानी को बचने नहीं देना चाहती है। विडंबना देखिए कि सत्ताधारियों ने उसके आसपास बनी कॉलोनी को 'शादमान', यानी 'खुशियों का बसेरा' नाम दिया है।

एक बार पाकिस्तान के दौरे पर मैंने शादमान के निवासियों से पूछा कि क्या वे जानते हैं, भगत सिंह कौन थे? उनमें से कई ने इस नाम को सुना तक नहीं था। कुछ एक को उनके कैद में रहने और फाँसी दिए जाने की थोड़ी-बहुत जानकारी थी। पचास साल के करीब की उम्र के शख्स ने बताया, 'हम जब यहाँ आए, तब केवल पुलिस के क्वार्टर थे, जिन्हें कॉलोनी के फैलने के बाद गिरा दिया गया।' लेकिन उस गोल चक्कर को लेकर एक कहानी है, जिसे करीब तीन दशक पहले सन् 1979 में तत्कालीन प्रधानमंत्री जुल्फिकार अली भुट्टो को फाँसी दिए जाने के बाद कई बार

कहा और सुना गया है। यह वही जगह है, जहाँ पाकिस्तान की नेशनल असेंबली के तत्कालीन सदस्य अहमद रज़ा कसूरी के पिता मोहम्मद अहमद खान को गोली मारी गई थी। ऐसा कहा जाता है कि भुट्टो ने ही उनकी हत्या का फरमान जारी किया था। जब बंदूकों से गोलियाँ निकलीं, उस वक्त कसूरी गोल चक्कर के करीब आ रहे थे। उनकी कार में उनके साथ बैठे उनके पिता जानलेवा तौर पर घायल हो गए। कसूरी के दादा ड्यटी पर तैनात उन अधिकारियों में से एक थे, जिन्हें तीनों क्रांतिकारियों के शवों की औपचारिक पहचान के लिए बुलाया गया था। उस जमाने के लोगों का मानना है कि नियति ने कसूरी परिवार का पीछा नहीं छोड़ा, जब उसी जगह पर मोहम्मद अहमद खान की हत्या हुई।

'80 के दशक में लाहौर में विश्व पंजाबी सम्मेलन हुआ था। जिस सभागार में सम्मेलन हुआ था, उसकी दीवारों पर केवल एक ही तसवीर थी—भगत सिंह की तसवीर। मैंने आयोजकों से पूछा कि मशहूर उर्दू शायर और पाकिस्तान नाम के देश का सपना सबसे पहले देखनेवाले मोहम्मद इकबाल जैसे पंजाबी स्वतंत्रता सेनानी को अनदेखा कर उन्होंने भगत सिंह को सम्मानित करने का फैसला क्यों किया? उनका जवाब था, "सिर्फ एक पंजाबी ने देश की स्वतंत्रता के लिए अपनी कुरबानी दी और वे थे भगत सिंह।"

पाकिस्तान के अपने दौरे के कुछ ही दिनों बाद मुझे दक्षिण भारत के शहरों में घूमने का मौका मिला। मैं दक्षिण के कई शहरों में भगत सिंह की मूर्ति देखकर हैरान था और दिल्ली लौटने पर मैंने उन पर एक लेख लिखा। उसके कुछ ही समय बाद मुझे हरजिंदर सिंह और सुखजिंदर सिंह की चिट्ठी मिली। इन दोनों को पूर्व सेनाध्यक्ष जनरल ए.एस. वैद्य की पुणे में हत्या करने के आरोप में मौत की सजा सुनाई गई थी। उन्होंने जो कुछ लिखा, उसने मुझे सोचने पर मजबूर कर दिया। उन्होंने मेरे निर्णय पर सवाल उठाया। उन्होंने पूछा कि मैंने भगत सिंह को 'क्रांतिकारी' क्यों कहा, जबकि उन्हें 'आतंकवादी' बताकर उनकी निंदा की थी। उनका कहना था कि वे भी एक मकसद के लिए लड़े। भगत सिंह ने एक अंग्रेज पुलिस अधिकारी के हाथों शहीद होनेवाले शेर-ए-पंजाब लाला लाजपत राय की मौत का बदला लिया था; जबकि उन दोनों ने सन् 1984 में सिखों के पवित्र धर्मस्थल स्वर्ण मंदिर पर हमले की योजना बनानेवाले वैद्य से हिसाब बराबर किया था।

मुझे इस बात का अंदेशा हुआ कि कहीं सारे उग्रवादी अपनी तुलना भगत सिंह से न करने लग जाएँ, इसलिए मैंने उनके जीवन और दर्शन को बताने तथा यह

समझाने का फैसला किया कि एक आतंकवादी और एक क्रांतिकारी के बीच क्या फर्क होता है। एक क्रांतिकारी के लिए हत्या का मतलब क्या होता है? भगत सिंह ने इसे अपने ही शब्दों में समझाया था—

"हम मनुष्य के जीवन को काफी पवित्र मानते हैं। हम मनुष्य के जीवन को पावन समझते हैं···किसी को घायल करने की बजाय आज नहीं तो कल, हम अपने प्राणों और सेवा को मानवता पर न्योछावर कर देंगे।"

भगत सिंह के मन में न विद्वेष था, न बदले की भावना थी—

"ऐसी काररवाइयों (हत्याओं) का वहीं तक राजनीतिक महत्त्व होता है, जहाँ तक वे एक मानसिकता और एक माहौल बनाने में सहायक होती हैं, जो आखिरी संघर्ष के लिए निहायत जरूरी हो जाता है, बस।"

एक क्रांतिकारी किसी भी स्थापित सरकार या राजनीतिक व्यवस्था के पूरी तरह से तख्तापलट में यकीन रखता है, जो अपने लोगों को आर्थिक समानता नहीं देती है। उसकी योजना में नागरिकों को आर्थिक सत्ता के अभाव के विपरीत सशक्त करना और व्यक्तिगत सम्मान देना शामिल रहता है। दूसरी तरफ, एक आतंकवादी किसी विशेष व्यक्ति के विरुद्ध व्यक्तिगत बदले की भावना से प्रेरित रहता है, जो शासकों के हाथों का महज एक खिलौना होता है। इसलिए एक जहाँ नफरत से परे होता है, वहीं दूसरा इसका शिकार होता है।

इस पुस्तक के लिए शोध करना बेहद मुश्किल काम था। सात वर्षों से भी अधिक समय तक छिट-पुट काम चलता रहा। भगत सिंह के जीवन और समय पर सामग्री के लिए आर्काइव्स ऑफ पाकिस्तान सबसे अच्छा और समग्र स्रोत है; लेकिन यहाँ भारतीय नहीं जा सकते। नई दिल्ली और इस्लामाबाद के बीच ऐसा कोई समझौता नहीं, जो दोनों देशों के नागरिकों को एक-दूसरे के अभिलेखागारों में जाने की इजाजत देता है। मैंने एक मित्र के जरिए पाकिस्तान सरकार से संपर्क साधा। मेरी गुजारिश को खारिज करने के लिए एक कमजोर सा बहाना ढूँढ़ा गया। उनका कहना था कि उन्हें सिख समस्या में फँस जाने का डर है। मुझे पचास साल पहले सन् 1931 में दी गई फाँसी और सिख समस्या के बीच संबंध की बात समझ नहीं आई, सिवाय इसके कि भगत सिंह एक सिख थे।

लंदन स्थित इंडिया ऑफिस लाइब्रेरी में भगत सिंह पर वास्तव में कुछ भी नहीं है। वैसे भी, उस लाइब्रेरी ने पूरे ब्रिटेन की अलग-अलग लाइब्रेरियों को अपनी किताबें, रिपोर्ट्स और दस्तावेज बाँट दिए हैं। ऐसा इस वजह से किया गया है, ताकि

भारत, पाकिस्तान और बँगलादेश तथा ग्रेट ब्रिटेन के दूसरे उपनिवेश उन चीजों पर दावा न कर सकें, जिस पर वास्तव में उनका हक था। उपमहाद्वीप के बँटवारे के बाद भारत और पाकिस्तान उस लाइब्रेरी के बँटवारे के फॉर्मूले पर राजी नहीं हो सके, जिस कारण ब्रिटेन को उसे पूरी तरह से हड़प लेने का बहाना मिल गया।

तीनों क्रांतिकारियों को सुनाई गई मौत की सजा के खिलाफ लंदन की प्रिवी काउंसिल में की गई अपील पर थोड़ी जानकारी है। यह सामग्री हमारे अभिलेखागारों में भी है। मेरा मानना है कि महत्त्वपूर्ण फाइलों को नष्ट कर दिया गया या अपने पास रख लिया गया। मुझे पूरा यकीन है कि क्रांतिकारियों की पौध को कुचलने के लिए भगत सिंह और उनके दो साथियों को फाँसी पर लटकाने के लिए ब्रिटिश सरकार मन बना चुकी थी और इसका संकेत देनेवाले टेलीग्राम एवं ऐसे दस्तावेज, जो अब तक सामने नहीं आए हैं, वे कहीं-न-कहीं जरूर पड़े होंगे।

भगत सिंह के क्रांतिकारी विचारों को फ्रांस की क्रांति, अमेरिकी स्वतंत्रता की घोषणा और रूस की बोल्शेविक क्रांति से प्रेरणा मिली थी। सामाजिक बुराइयों के खिलाफ संघर्ष, पीड़ित जातियों के जागरण और सामाजिक उत्पीड़न तथा असमानता के विरुद्ध किसानों व मजदूरों का विद्रोह स्वतंत्रता संग्राम के अभिन्न अंग बन गए। अपने शोध के दौरान मुझे पता चला कि भगत सिंह ने जेल में चार किताबें लिखी थीं—'द *हिस्ट्री ऑफ द रिवॉल्यूशनरी मूवमेंट इन इंडिया*', '*दि आइडियल ऑफ सोशलिज्म*', '*ऑटोबायोग्राफी*' और '*ऐट द डोर ऑफ डेथ*'। मैंने उन्हें ढूँढ़ने की कोशिश की, लेकिन नाकाम रहा। मुझे बताया गया कि जिन पांडुलिपियों को भगत सिंह की फाँसी से पहले चोरी-छिपे जेल से बाहर लाया गया था और क्रांतिकारियों ने अपने पास रखा था, उन्हें '40 के दशक के दौरान कुमारी लाज्यवंती को सौंपा गया था, जो आगे चलकर केंद्रीय महाविद्यालय, जालंधर की प्रिंसिपल बनीं। लाज्यवंती अब इस दुनिया में नहीं हैं। बताया जाता है कि उन्होंने बँटवारे से ठीक पहले भारत भिजवाने के लिए लाहौर में किसी को उन पांडुलिपियों को सौंपा था। ऐसा कहा जाता है कि किसी व्यक्ति ने, जिसकी पहचान नहीं हो सकी है, उसने उन्हें बताया कि अगस्त 1947 में भारत जाने के दौरान दहशत के चलते उसने सारी पांडुलिपियों को जला दिया था। इस कहानी पर विश्वास नहीं होता। आज भी मेरा मानना है कि किसी दिन सारी पांडुलिपियाँ सामने आ जाएँगी।

□

अपनी किताब के लिए सामग्री जुटाने के दौरान मैंने पहला काम किया कि भगत सिंह के भाइयों का पता लगाया। दुर्भाग्य से, मैं कुलबीर सिंह से मिल पाता,

उससे पहले ही वे चल बसे। उनके छोटे भाई कुलतार सिंह यू.पी. के सहारनपुर में रहते थे। भगत सिंह से आखिरी मुलाकात की उनकी यादें कलेजे को चीर देनेवाली और यादों को ताजा कर देनेवाली थीं। मुझे पता चला कि भगत सिंह के परिवार के दूसरे लोगों में भी राष्ट्रवाद की आग थी। जब भगत सिंह का जन्म हुआ था, तब उनके चाचा अजीत सिंह बर्मा में लाजपत राय के साथवाली जेल की कोठरी में थे, जबकि उनके दादा कांग्रेस पार्टी को खुलकर योगदान दे रहे थे।

दिसंबर 1992 में मैंने मथुरा दास थापर को ढूँढ़ा, जो सुखदेव के छोटे भाई थे। मैंने उसी महीने उन्हें एक चिट्ठी लिखी। थापर ने मार्च 1993 में मेरी चिट्ठी का जवाब दिया। उनकी कहानी दिल को छू लेनेवाली थी। उन्होंने कहा कि 'सुखदेव का सगे भाई होने के चलते पंजाब पुलिस लगातार मेरे लिए मुसीबत पैदा करती रहती थी।' जिसके कारण उन्हें लायलपुर (आज का फैसलाबाद) छोड़ना पड़ा।

उस वक्त बयासी साल के हो चुके मथुरा दास थापर के मन में काफी कड़वाहट थी। मेरी चिट्ठी के जवाब में उन्होंने कहा—

> "मुझे खुलकर इस बात को कहने में परहेज नहीं कि डॉ. किचलू के बेटे जैसे दूसरे राजनीतिक पीड़ितों को हर महीने रुपए 5,000 और एक फ्लैट मुफ्त में मिला। डॉ. किचलू के बेटे से हमारे कुनबे के बलिदान की तुलना कर लीजिए।"

उन्होंने मेरा ध्यान 'लाहौर षड्यंत्र केस की काररवाई पुस्तिका' की एक प्रति की ओर दिलाया, जिसे वे पाकिस्तान से लेकर आए थे और नई दिल्ली के राष्ट्रीय अभिलेखागार में जमा करा दिया था। इस प्रति के हाशिए पर सुखदेव के हाथों से लिखी टिप्पणियाँ थीं, जिन्हें फाँसी दिए जाने से पहले इसे पढ़ने की इजाजत मिली थी। पाकिस्तान के पास काररवाई का उर्दू भाषा में लिखा मूल लेख है, जिसे मैंने पढ़ा है।

थापर की जो चिट्ठी मैंने अपने पास रखी (देखें अनुलग्नक 1), वह इस टिप्पणी के साथ समाप्त होती है—"असाधारण ऐतिहासिक महत्त्व की उत्कृष्ट रचना के लेखन में उपयोग किए जाने की आशा है।" इससे पहले कि हम मिल पाते, उनकी भी मृत्यु हो गई। पता नहीं, वे इस पुस्तक के बारे में क्या सोचते। मेरी रचना उत्कृष्ट तो नहीं, लेकिन मैंने भगत सिंह को उस रूप में प्रस्तुत करने का यथासंभव प्रयास किया है, जिस रूप में वे जिए, जैसे उनके विचार थे और जिस प्रकार उनकी मृत्यु हुई।

□

मैंने मथुरा दास थापर और हंस राज वोहरा के बीच के पत्राचार को एक निजी

संग्रह में पढ़ा। हंस राज वोहरा बाद में लाहौर षड्यंत्र केस में सरकारी गवाह बन गए। वह पत्राचार और विशेष रूप से वोहरा की चिट्‌ठी, जिसमें उन्होंने सरकारी गवाह बनने के फैसले पर सफाई दी है और उस चिट्‌ठी पर थापर का जवाब इस पुस्तक का उपसंहार है।

इसके साथ ही, कुलतार सिंह के जरिए मुझे पता चला कि उन दिनों के एक प्रमुख क्रांतिकारी भगवती चरण वोहरा की पत्नी दुर्गा देवी अपने बेटे के साथ गाजियाबाद में रहती थीं। वैसे वे भूल जाने की बीमारी से पीड़ित थीं, लेकिन डिप्टी सुपरिंटेंडेंट ऑफ पुलिस जे.पी. सांडर्स की हत्या के बाद भगत सिंह के लाहौर से भागने की कहानी को फिर से जोड़ने में उनसे काफी मदद मिली। इसमें उनकी भी एक बड़ी भूमिका थी। कुछ साल पहले उनकी भी मृत्यु हो गई।

भगत सिंह पर लिखी गई कई किताबों और उनके अपने लेखों से मुझे उनकी कहानी तथा उनके जीवन-दर्शन को बताने में मदद मिली। ऐसे शब्द, जो उनके हवाले से कहे गए हैं, उन्हें उनकी चिट्ठियों, बयानों और भाषणों से निकाला गया है। मैंने तथ्यों से कहीं कोई छेड़छाड़ नहीं की है।

उस जमाने के पुलिस रिकॉर्ड से मुझे पता चला कि क्रांतिकारियों को कुचलने के लिए अंग्रेज किस तरह के तौर-तरीके अपनाते थे। हमारे अभिलेखागारों में बड़ी मुश्किल से बची थोड़ी-बहुत खुफिया रिपोर्ट से भी मुझे मदद मिली। अमिय के. सामंत का '*टेररिज्म इन बंगाल*' सूचना का भंडार है, जो दस्तावेजों का छह खंडों का एक संग्रह है, जिसे पश्चिम बंगाल सरकार ने जारी किया। मैंने इस संग्रह में से कुछ सूचनाओं का उपयोग किया है।

महात्मा गांधी के कई लेख क्रांतिकारियों के प्रति उनके रुख को स्पष्ट करते हैं। उन्होंने उनके साहस की प्रशंसा की, लेकिन उनके द्वारा बंदूकों और बमों के प्रयोग से वे सहमत नहीं थे। उन्हें उनके संकल्प पर संदेह नहीं था; लेकिन वे इस बात को मान चुके थे कि ताकत के बल पर भारत को अंग्रेजी हुकूमत के चंगुल से आजाद नहीं कराया जा सकता है। अपने सोच के लिहाज से गांधी और भगत सिंह एक-दूसरे के विपरीत छोर पर खड़े थे। भगत सिंह हिंसा में यकीन करते थे और आजादी पाने के लिए उसके इस्तेमाल में उन्हें जरा भी परहेज नहीं था। दूसरी तरफ, गांधीजी जीवन भर अहिंसा के प्रति समर्पित रहे और किसी दूसरे तरीके पर विचार तक नहीं किया।

डॉ. पट्टाभि सीतारामैया ने अपनी पुस्तक '*हिस्टरी ऑफ दि इंडियन नेशनल*

कांग्रेस' में लिखा कि "गांधी और भगत सिंह समान रूप से लोकप्रिय थे—एक सत्य के साथ अपने प्रयोगों के कारण तो दूसरे साहस पर अपने लेखों की वजह से।" ऐसा लिखना भगत सिंह की उल्लेखनीय उपलब्धि के प्रति एक श्रद्धांजलि थी। भगत सिंह जब पहली बार गांधी से मिले तो उनकी उम्र इक्कीस वर्ष थी, जबकि गांधी उनसठ वर्ष के थे।

मैंने उन दिनों के अखबारों को पढ़ा है। मैंने ऐसे कुछ लोगों से भी बात की, जो भगत सिंह को जानते थे। ऐसे लोग अब ज्यादा नहीं हैं। मेरे मुख्य स्रोत एक मित्र थे—वीरेंद्र, जो जालंधर में 'प्रताप' के संपादक थे। कुछ साल पहले उनकी मृत्यु हो गई। जब भगत सिंह और उनके साथियों पर मुकदमा चल रहा था, तब वे लाहौर सेंट्रल जेल में थे। वीरेंद्र भी संदिग्धों में शामिल थे, लेकिन उनके खिलाफ कुछ भी पुख्ता नहीं मिला। जेल में कुछ समय रखने के बाद उन्हें रिहा कर दिया गया।

इस पुस्तक को पूरा करने में कई लोगों ने मेरी सहायता की है। उनमें मेरी छोटी बहू कविता शामिल है, जिसने मुकदमे पर शोध किया; साथ ही आर. रामचंद्रन, सुब्रह्मण्यम और गोपाल, जिन्होंने इसके प्रारूप को टाइप और दोबारा टाइप किया और फिर उसे कंप्यूटर में डाला। मैं उन सभी को धन्यवाद देता हूँ।

मैं एक मकसद के लिए अपने प्राण न्योछावर कर रहा हूँ। इससे अधिक संतोष की बात क्या होगी? भगवान् को माननेवाले किसी हिंदू की एक राजा के रूप में फिर से जन्म लेने की इच्छा हो सकती है; एक मुसलिम या ईसाई अपने कष्ट और त्याग के बदले स्वर्ग में इनाम के रूप में ऐशो-आराम के सपने देख सकता है। मेरे अरमान कैसे होने चाहिए? मैं जानता हूँ कि जब मेरे पैरों तले का तख्ता खींचा जाएगा और गले में फाँसी का फंदा कसेगा तो मेरी मृत्यु हो जाएगी। धार्मिक शब्दों में इसे कहूँ तो मेरे लिए वह पूर्ण विनाश की घड़ी होगी। मेरी आत्मा शेष नहीं रहेगी। यदि मैं इसे 'इनाम' की दृष्टि से देखूँ तो मुझे लगता है कि संघर्ष के इतने संक्षिप्त जीवन में इस प्रकार की शानदार मौत से बड़ा 'इनाम' मेरे लिए कुछ और हो नहीं सकता। बस, यही सबकुछ है। यहाँ-वहाँ पुरस्कृत किए जाने का मन में न कोई स्वार्थ है, न इच्छा। पूर्ण विरक्ति से मैंने स्वतंत्रता के लिए अपना जीवन समर्पित कर दिया है, क्योंकि मैं इसके सिवाय और कुछ कर ही नहीं सकता था।

—भगत सिंह, 'मैं नास्तिक क्यों हूँ'

1

कोई दिन का मेहमाँ हूँ ऐ अहले महफिल,
चिराग-ए-सहर हूँ बुझा चाहता हूँ।

—मिर्जा गालिब

23 मार्च, 1931 का वह दिन लाहौर सेंट्रल जेल में किसी अन्य दिन की तरह ही शुरू हुआ। राजनीतिक बंदियों को हमेशा की तरह ही उनकी कोठरियों से बाहर निकाला गया। आमतौर पर दिन में वे बाहर ही रहते थे और सूर्यास्त के बाद उन्हें बंद कर दिया जाता था। इसलिए उस दिन जब वार्डर चरत सिंह शाम के 4 बजे आए और उनसे कमरों में वापस जाने को कहा तो सारे बंदी हैरान रह गए। अकसर वार्डर के झिड़कने के बावजूद शाम ढल जाने के बाद भी वे बाहर ही घूमते-टहलते रहते थे, लेकिन आज वार्डर ज़िद पर अड़ा था। इसकी वजह वह बताने को तैयार नहीं था। वह इतना भर ही बड़बड़ाया, 'ऊपर से हुक्म है।'

बंदी चरत सिंह को पसंद करते थे। अकसर सम्मान के साथ वे उसे 'चरत सिंहजी' पुकारा करते थे, क्योंकि वह भी उनके प्रति स्नेह और देखभाल का रवैया रखता था। अपनी तरफ से वार्डर बंदियों के साथ सहानुभूति रखते थे और उन्हें कभी परेशान नहीं करते थे, यहाँ तक कि जब अंग्रेजों की ओर से प्रतिबंधित किताबें चोरी-छिपे लाहौर जेल में आती थीं, तब भी वे आँखें मूँद लेते थे। अगर वे उन्हें कमरों में लौट जाने को कह रहे थे तो उनके पास कोई ठोस वजह होगी। बंदी आपस में ऐसी ही बातें कर रहे थे। एक-एक कर उनमें से सभी उनके आदेश का पालन करते चले गए; लेकिन उन सभी के मन में उथल-पुथल मची थी। वे यही सोच रहे थे कि आखिर क्या होने वाला है। तभी जेल के नाई बरकत ने एक से दूसरी कोठरी तक जाकर कानोकान खबर दे दी कि भगत सिंह, सुखदेव और राजगुरु को उस रात फाँसी दे दी जाएगी।

बंदियों पर जैसे पहाड़ टूट पड़ा था। भले ही वे सभी जानते थे कि भगत सिंह

उनकी आँखें अब अपनी कोठरियों के सामने के गलियारे पर टिक गईं। फाँसी के फंदे तक भगत सिंह उसी गलियारे से गुजरने वाले थे। एक बार जब भगत सिंह को उनकी कोठरियों के सामने से ले जाया जा रहा था, तब पंजाब के कांग्रेस नेता भीमसेन सच्चर ने भगत सिंह से पूछा था कि क्यों उन्होंने और उनके साथियों ने लाहौर षड्यंत्र केस के दौरान अपना बचाव नहीं किया?

और उनके साथियों की मौत निश्चित है, लेकिन वह घड़ी इतनी जल्दी आ गई थी, यह सोचकर सब काँप उठे। उन्होंने बरकत से पूछा कि क्या वह भगत सिंह की कंघी, पेन, घड़ी या कोई भी छोटी सी चीज सबसे नजरें चुराकर ला सकता है, जो उस युवा क्रांतिकारी की उन्हें याद दिलाएगा और जीवन भर वे उसे सँजोकर रख सकेंगे। बरकत भगत सिंह की कोठरी में गया और एक कंघी व पेन लेकर लौटा। सभी सत्रह बंदियों ने उस पर दावा कर दिया और तब एक ड्रॉ निकाला गया। उसके बाद वे सभी मौन हो गए। उनकी आँखें अब अपनी कोठरियों के सामने के गलियारे पर टिक गईं। फाँसी के फंदे तक भगत सिंह उसी गलियारे से गुजरने वाले थे। एक बार जब भगत सिंह को उनकी कोठरियों के सामने से ले जाया जा रहा था, तब पंजाब के कांग्रेस नेता भीमसेन सच्चर ने भगत सिंह से पूछा था कि क्यों उन्होंने और उनके साथियों ने लाहौर षड्यंत्र केस के दौरान अपना बचाव नहीं किया?

भगत सिंह ने उनसे कहा था, "क्रांतिकारियों को तो शहीद होना ही है, क्योंकि वे जिस मकसद के लिए लड़ते हैं, उसे बलिदान से ताकत मिलती है, कोर्ट में अपील करने से नहीं।"

□

लगभग छह महीने पहले 7 अक्तूबर, 1930 को एक ब्रिटिश ट्रिब्यूनल ने मौत की सजा सुनाई थी और भगत सिंह चरत सिंह के इंतजार में लाहौर सेंट्रल जेल की ऊँची दीवारों के पीछे बैठे थे। भले ही दोनों जानते थे कि उनकी दोस्ती ज्यादा दिनों तक नहीं रहेगी, लेकिन जेल के मुख्य वार्डर और उनके बीच एक-दूसरे के लिए गहरा स्नेह उत्पन्न हो गया था और जब भी दोनों अकेले होते तो अपनी मातृभाषा पंजाबी में गप्पें लड़ाने लग जाते थे। उस दिन बेड़ियों में जकड़े और कोठरी में अकेले बैठे भगत सिंह ने चरत सिंह की धीमी और भारी मन से बढ़ते कदमों की आहट को पहचान लिया था। सेना में नौकरी और फिर पुलिस महकमे में लंबा

समय बिताने का चरत सिंह की सेहत पर बुरा असर पड़ा था। उस पर समय से पहले सफेद हुई दाढ़ी के चलते वे अपनी उम्र से कहीं ज्यादा के लगते थे। भगत सिंह मन-ही-मन मुसकराए। सोच रहे थे, जीवन भी कितना विचित्र है और वह जितना छोटा होता है, उसकी गहराई दिल को उतना ही छू लेनेवाली होती है।

चरत सिंह उनके प्रति दयालु थे। उन्होंने उन सारी किताबों को चोरी-छिपे अंदर लाने दिया था, जिन्हें वे पढ़ना चाहते थे। उनमें से अधिकांश मार्क्सवादी साहित्य था, जिस पर सख्त पाबंदी थी और जिसे वे लगभग रट गए थे। मार्क्स, लेनिन या रूस पर लिखी शायद ही कोई ऐसी किताब हो, जिसके आते ही वे उसकी माँग न कर देते हों। स्थानीय द्वारका दास लाइब्रेरी उनका गुप्त स्रोत थी, जिसकी स्थापना प्रगतिशील राष्ट्रवादियों ने की थी। पढ़ने की उनकी भूख के आगे किताबें मँगाने की उसकी रफ्तार भी धीमी पड़ जाती थी। किताबें पढ़ने की उनमें इतनी भयंकर भूख थी कि एक बार उन्होंने अपने स्कूल के साथी जयदेव गुप्ता को पत्र लिखा कि वे लाइब्रेरी से कार्ल लिबनेट लिखित '*मिलिटरिज्म*', लेनिन की '*लेफ्ट-विंग कम्युनिज्म*', बरट्रेंड रसेल लिखित '*व्हाई मेन फाइट*' और उपटॉन सिनक्लेयर के उपन्यास '*द स्पाई*' समेत कुछ और किताबों को जारी करवाकर उन्हें उनके भाई कुलबीर के हाथों भिजवा दें।

चरत सिंह उनके प्रति दयालु थे। उन्होंने उन सारी किताबों को चोरी-छिपे अंदर लाने दिया था, जिन्हें वे पढ़ना चाहते थे। उनमें से अधिकांश मार्क्सवादी साहित्य था, जिस पर सख्त पाबंदी थी और जिसे वे लगभग रट गए थे। मार्क्स, लेनिन या रूस पर लिखी शायद ही कोई ऐसी किताब हो, जिसके आते ही वे उसकी माँग न कर देते हों। स्थानीय द्वारका दास लाइब्रेरी उनका गुप्त स्रोत थी, जिसकी स्थापना प्रगतिशील राष्ट्रवादियों ने की थी। पढ़ने की उनकी भूख के आगे किताबें मँगाने की उसकी रफ्तार भी धीमी पड़ जाती थी।

किताबों का शौक उन्हें बचपन से ही था। 'अध्ययन' की गूँज उनके मन में सुनाई देती रहती थी—अध्ययन, ताकि वे विपक्षियों के तर्कों को खारिज कर सकें; अध्ययन, ताकि जिस क्रांति को उन्होंने अपना मजहब माना था, उसके पक्ष में तर्क जुटा सकें; अध्ययन, ताकि भारत में सदियों पुरानी व्यवस्था को बदलने

भगत सिंह इस बात को अच्छी तरह समझते थे कि उनकी फाँसी देश की राजनीतिक घटनाओं से जुड़ी थी। नवंबर 1930 में लंदन में आयोजित गोलमेज सम्मेलन में अंग्रेजों के हाथ कुछ भी नहीं लगा था। वे 'स्वराज' की सीमित शक्तियों का झुनझुना थमाना चाहते थे, जिसे लेने को कोई तैयार नहीं था। भारत क्रोध से उबल रहा था। भारत के स्वतंत्रता संग्राम की अगुवाई करनेवाली कांग्रेस पार्टी ने सम्मेलन का बहिष्कार कर दिया था। दूसरे दलों का रुख भी कांग्रेस जैसा ही था।

के तौर-तरीके ढूँढ़ सकें। उन्होंने खुद ही मार्क्सवाद, साम्यवाद और क्रांतिकारी दर्शन की शिक्षा ग्रहण की। इस व्यापक अध्ययन से ही उनके सोच को विस्तार मिला। इसने उन्हें अपनी राह पर अडिग रहने की शक्ति दी और साहस दिया।

वे संघर्षों से भरा जीवन जीते हुए पले-बढ़े थे। उनकी कोठरी नंबर 14 एक गंदगी से भरा गड्ढा थी, जिसके फर्श पर घास जमी थी और कोने में वह बदबूदार छेद था। वे जब लेटते थे तो उनकी 5 फीट 10 इंच की कद-काठी भर भी बमुश्किल ही जगह मिल पाती थी। भले ही उन्होंने एकांत में जीने की आदत डाल ली थी, लेकिन वे अधीर थे। इस कारण नहीं कि वे अकेले थे, बल्कि इस कारण, क्योंकि यह लंबी और निरुद्देश्य प्रतीक्षा थी। कभी-कभी उनकी इच्छा होती थी कि वे उन्हें जल्द-से-जल्द फाँसी दे देते, लेकिन कभी-कभी यह भी खयाल आता था कि तेईस साल का उनका जीवन अभी काफी छोटा था। एक बार उन्होंने अपने एक दोस्त को पत्र में लिखा कि वे जो चाहते थे, उसका हजारवाँ हिस्सा भी हासिल नहीं कर सके हैं और एक बार उन्होंने एक कॉमरेड विजय कुमार सिन्हा, जिनसे वे अपनी फाँसी के पंद्रह दिन पहले मिले थे, से कहा—

> "अगर मुझे बख्श दिया गया तो तबाही मच जाएगी। यदि मैं शहीद हुआ, मुसकानों में लिपटा हुआ रहा तो भारत की माताएँ चाहेंगी कि उनके बच्चे भी भगत सिंह की राह पर चलें और इस प्रकार स्वतंत्रता सेनानियों की संख्या इतनी बड़ी हो जाएगी कि शैतानी ताकतों के लिए क्रांति के मार्च को रोक पाना असंभव हो जाएगा…"

समय और स्थान के दायरे में उन्हें इस प्रकार समेट दिया गया था कि वे बदलते मौसम को देख नहीं पाते थे। जब माइनस तीन डिग्री सेंटीग्रेड के तापमान से बचने के लिए उन पर फटा-चिटा कंबल फेंका गया, तब उन्हें लगा कि शरद् ऋतु के बाद ठंड का मौसम आया है। मार्च के आगमन से उनकी तकलीफ थोड़ी

कम हो गई है। हवा बसंत ऋतु के आगमन के साथ उम्मीद लेकर आई थी; लेकिन उनकी कोठरी को जो 'फाँसी की कोठी' नाम दिया गया था, वह उनके मन में उठने वाले किसी भी उल्लास पर कुठाराघात कर देता था।

भगत सिंह इस बात को अच्छी तरह समझते थे कि उनकी फाँसी देश की राजनीतिक घटनाओं से जुड़ी थी। नवंबर 1930 में लंदन में आयोजित गोलमेज सम्मेलन में अंग्रेजों के हाथ कुछ भी नहीं लगा था। वे 'स्वराज' की सीमित शक्तियों का झुनझुना थमाना चाहते थे, जिसे लेने को कोई तैयार नहीं था। भारत क्रोध से उबल रहा था। भारत के स्वतंत्रता संग्राम की अगुवाई करनेवाली कांग्रेस पार्टी ने सम्मेलन का बहिष्कार कर दिया था। दूसरे दलों का रुख भी कांग्रेस जैसा ही था।

भगत सिंह समझौते के खिलाफ नहीं थे। उन्हें नहीं लगता था कि यह निंदनीय है और वे इसे राजनीतिक रणनीति का अभिन्न हिस्सा मानते थे। कोई भी देश, जो अपना उत्पीड़न करनेवालों के चंगुल से निकलता है, उसे शुरुआत में विफलता का सामना करना पड़ता है; लेकिन आगे चलकर समझौते से उसे थोड़े सुधार का लाभ मिलता है। भारत के क्रांतिकारियों को जिस रूसी क्रांति से प्रेरणा मिली, वह इसी का एक उदाहरण थी। बोल्शेविकों को जब सन् 1917 की क्रांति के बाद ब्रेस्ट-लिटोव्स्क की शांति संधि पर हस्ताक्षर के लिए मजबूर किया गया था, तब लेनिन के सिवाय बाकी सब इसका विरोध कर रहे थे। उनकी यह घोषणा लोकप्रिय हुई थी, 'शांति और फिर से शांति : किसी भी कीमत पर शांति', फिर चाहे इसके लिए जर्मन सेनापतियों को कितने ही रूसी प्रांत न देने पड़ जाएँ। जब आलोचना हुई, तब उन्होंने माना कि बोल्शेविक चूँकि जर्मन हमले का मुकाबला नहीं कर सकते थे, इसलिए उन्हें समझौता करना पड़ा।

एक और गोलमेज सम्मेलन से लंदन की हुकूमत भारतीयों के साथ किसी प्रकार का समझौता करना चाहती थी; लेकिन वे नहीं चाहते थे कि जब भारत से बातचीत चल रही हो, तब भगत सिंह का पार्थिव शरीर इंग्लैंड और भारत के बीच पड़ा हो। इस कारण अंग्रेजों ने मुख्य रूप से कांग्रेस और गांधी के साथ किसी भी समझौते के सारे रास्ते टटोल लेने तक फाँसी को टाल दिया था।

भगत सिंह का मानना था कि भारत की आजादी का संघर्ष मूल रूप से आर्थिक बेहतरी के लिए संघर्ष था। आजादी से सुधार का एक अवसर मिलेगा। गरीबी को हटाए बिना आजाद भारत कहने भर के लिए ही स्वतंत्र होगा। भगत सिंह एक यथास्थिति की दूसरी यथास्थिति से अदला-बदली नहीं चाहते थे।

भगत सिंह का मानना था कि भारत की आजादी का संघर्ष मूल रूप से आर्थिक बेहतरी के लिए संघर्ष था। आजादी से सुधार का एक अवसर मिलेगा। गरीबी को हटाए बिना आजाद भारत कहने भर के लिए ही स्वतंत्र होगा। भगत सिंह एक यथास्थिति की दूसरी यथास्थिति से अदला-बदली नहीं चाहते थे। चूँकि भगत सिंह स्वतंत्रता सेनानियों के परिवार से आते थे, इसलिए उनके भीतर स्वतंत्रता संग्राम में शामिल होने की इच्छा स्वाभाविक थी, हालाँकि वे जमींदारों के परिवार से भी आते थे।

चूँकि भगत सिंह स्वतंत्रता सेनानियों के परिवार से आते थे, इसलिए उनके भीतर स्वतंत्रता संग्राम में शामिल होने की इच्छा स्वाभाविक थी, हालाँकि वे जमींदारों के परिवार से भी आते थे। किताबों ने उन्हें यह अहसास कराया कि सामाजिक विषमता को मनुष्य ही बनाता और उसे बढ़ाता है। कार्ल मार्क्स उनके गुरु थे। जर्मन विचारक ने कहा कि आर्थिक सत्ता के संतुलन में परिवर्तन ही वह मुख्य आधार है, जिस पर मानव इतिहास के अन्य सभी परिवर्तन निर्भर होते हैं। आर्थिक स्वतंत्रता के बिना राजनीतिक स्वतंत्रता का भला कोई अर्थ कैसे हो सकता है, यदि गरीब गरीब ही रह गया तो स्वतंत्रता का क्या लाभ और गरीबों व अमीरों के बीच की यह असमानता कैसे समाप्त होगी? सामाजिक विचारों के प्रति उनमें जागरूकता एक नई बात थी। राजनीतिक इतिहास, विचारों, धर्मों का इतिहास और अन्य सभी का जन्म आर्थिक परिस्थितियों के गर्भ से ही हुआ था। इससे पहले उन्होंने कभी इसे इतनी गहराई में जाकर भौतिकतावाद के द्वंद्व को नहीं समझा था कि राजनीतिक सिद्धांत राजनीतिक तथ्य के लिए पहले नहीं, बल्कि उसके बाद ही आता है। मार्क्स ने उन्हें यह मानने पर मजबूर कर दिया कि राजनीतिक कारवाई कारण नहीं होती, बल्कि वे आर्थिक ताकतों का परिणाम होती हैं।

एक बार उन्होंने अपनी माँ विद्यावती कौर को पत्र लिखा था—

> "माँ, मुझे इसमें कोई शक नहीं कि मेरा देश एक दिन आजाद होगा; लेकिन मुझे डर है कि जिस कुरसी को गोरे साहिब खाली करेंगे, उस पर काले साहिब बैठ जाएँगे।"

भगत सिंह मानते थे कि अगर अंग्रेजी हुकूमत की समाप्ति का मतलब केवल शासकों का बदलना होगा तो लोगों की दयनीय स्थिति जस-की-तस बनी

रहेगी। भारत की घिसी-पिटी व्यवस्था को समाप्त किए बिना कोई सुधार नहीं हो सकता। यही व्यवस्था थी, जो तरक्की के रास्ते में दीवार बनकर खड़ी थी। दार्शनिकों ने इस दुनिया को अलग-अलग तरीके से देखा-समझा, लेकिन असल मुद्‌दा इसे बदलने का था। यह केवल क्रांति से ही हो सकता है।

इस प्रकार का सोच अकेले उनका नहीं था। उनके जैसे सैकड़ों क्रांतिकारी थे, साथ आए और जिन्होंने दम तोड़ रही हिंदुस्तान रिपब्लिकन एसोसिएशन में नई जान फूँक दी। भगत सिंह ने उसके नाम में 'सोशलिस्ट' शब्द जोड़कर उसे नया नाम दिया—हिंदुस्तान सोशलिस्ट रिपब्लिकन एसोसिएशन। एच.एस.आर.ए. ने एक सशस्त्र विंग भी बनाई, जिसका नेतृत्व वरिष्ठ क्रांतिकारी और पार्टी के सबसे धुरंधर निशानेबाज चंद्रशेखर आजाद कर रहे थे। सशस्त्र विंग का काम हथियार और गोला-बारूद जुटाना तथा व्यापक जन-विरोध खड़ा करना था। फिर सहानुभूति रखनेवाले लोग भी थे, जो असल उद्‌देश्य का प्रचार-प्रसार, पैसे जुटाने और सशस्त्र विंग के सदस्यों के लिए आश्रयों का इंतज़ाम कर रहे थे। अगल-बगल की कोठरियों में कैद उनके कॉमरेड सुखदेव थापर और शिवराम राजगुरु एक ही सपने को देखा करते थे।

सशस्त्र विंग का काम हथियार और गोला-बारूद जुटाना तथा व्यापक जन-विरोध खड़ा करना था। फिर सहानुभूति रखनेवाले लोग भी थे, जो असल उद्‌देश्य का प्रचार-प्रसार, पैसे जुटाने और सशस्त्र विंग के सदस्यों के लिए आश्रयों का इंतजाम कर रहे थे। अगल-बगल की कोठरियों में कैद उनके कॉमरेड सुखदेव थापर और शिवराम राजगुरु एक ही सपने को देखा करते थे।

उन्होंने कोठरी नं. 14 में धूप, दिन की रोशनी को धीरे से आते, ठहरते और फिर शाम के धुँधलके में बदलते देखा था। सूरज जब ढल जाता था, तब अँधेरा सच में घना होता था। न बिजली का कोई बल्ब था, न लालटेन, यहाँ तक कि कोठरी में रोशनी के लिए कोई दीया तक नहीं था। दूर कहीं एक सर्चलाइट गोल-गोल घूमकर उस इलाके में रोशनी के होने का अहसास कराती थी, जहाँ उनके दो साथी फाँसी दिए जाने का इंतजार कर रहे थे। वे सन्नाटे की आवाज को न जाने कब से सुनते चले आ रहे थे, जिसे केवल हर घंटे बजनेवाला जेल का घंटा और लोहे के किसी दरवाजे को खोले व बंद किए जाने से हुआ शोर

ही चीरता था।

चरत सिंह उनकी कोठरी के बाहर खड़े थे और अपनी लंबी जेब से निकाले गए गुच्छे से सही चाबी ढूँढ़ने की कोशिश कर रहे थे।

□

भगत सिंह के वकील प्राण नाथ मेहता ने कहा था कि वे जानना चाहते हैं कि उनकी कोई अंतिम इच्छा तो नहीं, जिसके बाद उन्हें भगत सिंह को फाँसी दिए जाने से दो घंटे पहले मिलने दिया गया। भगत सिंह पिंजरे में बंद किसी शेर की तरह चहलकदमी कर रहे थे। उन्होंने चौड़ी मुसकान के साथ मेहता का स्वागत किया और पूछा कि वे उनकी मँगवाई किताब '*द रिवॉल्यूशनरी लेनिन*' लेकर आए हैं या नहीं। भगत सिंह ने मेहता को संदेशा भिजवाया था कि वे उस किताब को लेकर आएँ, क्योंकि अखबार में उसकी समीक्षा से वे प्रभावित हुए थे। मेहता ने जब उन्हें किताब दी तो वे बहुत खुश हुए और तुरंत उसे पढ़ना शुरू कर दिया, मानो उन्हें समझ आ रहा था कि उनके पास ज्यादा वक्त नहीं बचा है। मेहता ने उनसे पूछा कि क्या वे देश को कोई संदेश देना चाहेंगे? किताब से नजर उठाए बिना ही भगत सिंह ने कहा, "बस, दो संदेश—'साम्राज्यवाद मुर्दाबाद!' और 'इनकलाब जिंदाबाद!'।" मेहता ने जब उनसे पूछा कि उन्हें कैसा लग रहा है, तो उन्होंने कहा, "खुश, हमेशा की तरह।" और जब यह पूछा कि क्या वे कुछ और चाहते हैं तो उन्होंने कहा, "हाँ, मैं इसी देश में फिर से जन्म लेना चाहता हूँ, ताकि मैं फिर से इसकी सेवा कर सकूँ।" उसके बाद भगत सिंह ने मेहता से कहा कि वे पं. नेहरू और बाबू सुभाष चंद्र बोस को उनकी ओर से धन्यवाद करें, क्योंकि दोनों ने ही उनके मुकदमे में गहरी दिलचस्पी दिखाई थी।

भगत सिंह से मिलने के बाद मेहता राजगुरु से मिले, जिनके आखिरी शब्द थे, "हम जल्दी ही मिलेंगे।" वहीं सुखदेव ने मेहता से बस इतना कहा कि वे कैरम बोर्ड को वापस ले जाएँ, जिसे उन्होंने जेलर से लेकर उन्हें दिया था।

मेहता के जाते ही अधिकारियों ने तीनों से कहा कि फाँसी का वक्त ग्यारह घंटे पीछे कर दिया गया है। अगली सुबह 6 बजे की बजाय उन्हें उसी दिन शाम के 7 बजे फाँसी दी जानी है।

भगत सिंह से मिलने के बाद मेहता राजगुरु से मिले, जिनके आखिरी शब्द थे, "हम जल्दी ही मिलेंगे।" वहीं सुखदेव ने मेहता से बस इतना कहा कि वे

कैरम बोर्ड को वापस ले जाएँ, जिसे उन्होंने जेलर से लेकर उन्हें दिया था।

मेहता के जाते ही अधिकारियों ने तीनों से कहा कि फाँसी का वक्त ग्यारह घंटे पीछे कर दिया गया है। अगली सुबह 6 बजे की बजाय उन्हें उसी दिन शाम के 7 बजे फाँसी दी जानी है।

भगत सिंह उस किताब के कुछ ही पन्ने पढ़ सके थे। उन्होंने पूछा, "क्या आप मुझे एक चैप्टर भी पढ़ने नहीं देंगे?"

□

तीनों युवा क्रांतिकारियों को उनकी कोठरियों से निकाला गया, ताकि उन्हें फाँसी के लिए तैयार किया जा सके। भगत सिंह, सुखदेव और राजगुरु ने एक-दूसरे की बाँहों में अपनी बाँहें डाल दीं और संतरियों के पीछे-पीछे आजादी के अपने पसंदीदा गीत को गाते हुए चल दिए—

कभी वो दिन भी आएगा
के जब आजाद हम होंगे,
ये अपनी ही जमीं होगी
ये अपना आसमाँ होगा।
शहीदों की चिताओं पर
लगेंगे हर बरस मेले,
वतन पर मरनेवालों का
यही नामो-निशाँ होगा।

तीनों का बारी-बारी वजन किया गया—उन सभी का वजन बढ़ गया था और फिर उनसे आखिरी स्नान करने को कहा गया। फिर उन्हें काले कपड़े पहनाए गए। उनके चेहरों को खुला रखा गया। चरत सिंह ने भगत से कानों में कहा कि वे वाहे गुरु की अरदास करें।

"मैंने अपने पूरे जीवन में कभी प्रार्थना नहीं की। सच कहूँ तो मैंने कई बार गरीबों के कष्ट के लिए भगवान् को गाली दी है। अगर मैं अब भगवान् से माफी माँगूँगा तो वह कहेगा, 'यह देखो इस डरपोक को, जिसका अंत आया तो माफी माँग रहा है।'" भगत सिंह ने इतना कहा और मुसकराते हुए इनकार कर दिया।

अँधेरा ढल गया और सारे बंदी अपनी-अपनी कोठरियों से पदचापों की आवाज को सुनने की प्रतीक्षा कर रहे थे। दो घंटे से अधिक बीत गए थे, लेकिन उस तरफ से कोई भी नहीं गुजरा था, यहाँ तक कि वार्डर भी तालों को फिर से

चेक करने नहीं आया था। जेल के घंटे ने जब शाम के 6 बजे का ऐलान किया तो उन्हें कुछ दूर से दबे हुए स्वर सुनाई दिए, जिनके साथ भारी बूट की ठक-ठक शामिल थी और एक जाने-पहचाने गीत के बोल की मंद आवाज सुनाई दे रही थी, 'सरफरोशी की तमन्ना अब हमारे दिल में है…' और फिर 'इनकलाब जिंदाबाद!' और 'हिंदुस्तान आजाद हो!' के नारों से फिजाँ गूँजने लगी। बंदियों ने 'माई रँग दे बसंती चोला…' गाना शुरू कर दिया और पूरे जोश के साथ 'क्रांति जिंदाबाद!' और 'साम्राज्यवाद मुर्दाबाद!' के नारे लगाने लगे। उनकी गरजती आवाज ने लाहौर सेंट्रल जेल के गलियारे को हिला दिया।

जेल के घंटे ने जब शाम के 6 बजे का ऐलान किया तो उन्हें कुछ दूर से दबे हुए स्वर सुनाई दिए, जिनके साथ भारी बूट की ठक-ठक शामिल थी और एक जाने-पहचाने गीत के बोल की मंद आवाज सुनाई दे रही थी, 'सरफरोशी की तमन्ना अब हमारे दिल में है…' और फिर 'इनकलाब जिंदाबाद!' और 'हिंदुस्तान आजाद हो!' के नारों से फिजाँ गूँजने लगी। बंदियों ने 'माई रँग दे बसंती चोला…' गाना शुरू कर दिया और पूरे जोश के साथ 'क्रांति जिंदाबाद!' और 'साम्राज्यवाद मुर्दाबाद!' के नारे लगाने लगे। उनकी गरजती आवाज ने लाहौर सेंट्रल जेल के गलियारे को हिला दिया।

मचान पुराना था, लेकिन मोटा-ताजा जल्लाद जवान था। मौत की सजा पाए तीनों क्रांतिकारी अलग बने लकड़ी के तख्ते पर खड़े हो गए, जिसके नीचे गहरी खाई थी। भगत सिंह बीच में खड़े थे। वे अपनी माँ की आखिरी इच्छा को पूरा करना चाहते थे और उस तख्ते से 'क्रांति जिंदाबाद!' का नारा लगाना चाहते थे।

तीनों युवा क्रांतिकारियों के गले में फाँसी के फंदे को कसा गया। उनके हाथ और पैर बाँध दिए गए। उन्होंने अपने गले में डाले गए फंदे को चूम लिया। फिर जल्लाद ने पूछा कि पहले कौन जाना चाहेगा? सुखदेव ने कहा कि वे जाएँगे। जल्लाद ने एक-एक कर रस्सी खींची और उनके पैरों के नीचे के तख्ते को ठोकर मारी।

काफी देर तक पार्थिव शरीर मचान पर लटके रहे। आखिरकार उन्हें उतारा गया और एक डॉक्टर ने उनकी जाँच की। भगत सिंह, सुखदेव और राजगुरु

को मृत घोषित कर दिया गया। जेल का एक अधिकारी युवा क्रांतिकारियों के साहस से इतना भावुक हो गया कि उसने मृतकों की पहचान करने के आदेश को मानने से इनकार कर दिया। उसे वहीं निलंबित कर दिया गया। उसकी जगह एक जूनियर अधिकारी ने उस काम को किया। दो अंग्रेज अधिकारियों ने, जिनमें से एक जेल अधीक्षक था, तीनों की मौत को प्रमाणित किया।

□

जेल की चहारदीवारी के बाहर सैकड़ों लोग जुट गए थे। जेल अधिकारियों के सामने अब चुनौती थी कि वे शवों का क्या करें। पार्थिव शरीरों के अंतिम संस्कार की बात को इस कारण खारिज कर दिया गया, क्योंकि अधिकारियों को अहसास हुआ कि धुआँ या आग की लपटों को देखकर बाहर खड़ी भारी भीड़ हमला कर सकती है। इसलिए उन्होंने जेल की पिछली दीवार के एक हिस्से को तोड़ा। देर रात एक ट्रक अंदर बुलाया गया और पार्थिव शरीरों को अपमानजनक तरीके से उसमें सामान की तरह फेंक दिया गया। पहले तो रावी नदी के तट पर अंतिम संस्कार करने की योजना बनाई गई; लेकिन नदी में पानी काफी कम था, इसलिए उन्होंने सतलुज के किनारे जाने का फैसला किया। सतलुज के करीब फिरोजपुर तक अंग्रेज सैनिकों ने उस ट्रक को सुरक्षा दी। वहाँ पहुँचने के बाद उन्होंने शवों को अग्नि के हवाले किया ही था कि उन्हें ढूँढ़ निकाला गया।

पहले तो रावी नदी के तट पर अंतिम संस्कार करने की योजना बनाई गई; लेकिन नदी में पानी काफी कम था, इसलिए उन्होंने सतलुज के किनारे जाने का फैसला किया। सतलुज के करीब फिरोजपुर तक अंग्रेज सैनिकों ने उस ट्रक को सुरक्षा दी। वहाँ पहुँचने के बाद उन्होंने शवों को अग्नि के हवाले किया ही था कि उन्हें ढूँढ़ निकाला गया।

गाँवों के लोग, विशेष रूप से जो लोग गंधा सिंहवाला गाँव में रह रहे थे, उन्होंने चिताओं को जलते देखा और तुरंत मौके पर पहुँच गए। सैनिक अपनी गाड़ियों की तरफ भागे और अंतिम संस्कार के बीच में ही वापस लाहौर निकल गए। पूरी रात गाँववाले अपने नायकों के अवशेषों के पास सम्मान प्रकट करते हुए बैठे रहे।

फाँसी की खबर लाहौर और पंजाब के दूसरे शहरों में जंगल की आग की तरह फैल गई। युवाओं ने पूरी रात जुलूस निकाला और 'इनकलाब जिंदाबाद'

फाँसी की खबर लाहौर और पंजाब के दूसरे शहरों में जंगल की आग की तरह फैल गई। युवाओं ने पूरी रात जुलूस निकाला और 'इनकलाब जिंदाबाद' एवं 'भगत सिंह जिंदाबाद' के नारे लगाते रहे। शहर में हड़ताल हो गई। दुकानों ने अपने शटर गिरा दिए। सरकारी कॉलेज को छोड़कर सारे स्कूल-कॉलेज बंद हो गए।

एवं 'भगत सिंह जिंदाबाद' के नारे लगाते रहे। शहर में हड़ताल हो गई। दुकानों ने अपने शटर गिरा दिए। सरकारी कॉलेज को छोड़कर सारे स्कूल-कॉलेज बंद हो गए। सरकारी इमारतों और पॉश सिविल लाइंस के इलाके को, जहाँ अंग्रेज अफसर रहते थे, उनकी सुरक्षा के लिए पुलिस के नाके लगा दिए गए।

दोपहर के करीब लाहौर के तमाम इलाकों में जिला मजिस्ट्रेट के दस्तखत वाले नोटिस लगा दिए गए, जिनमें यह कहा गया था कि भगत सिंह, सुखदेव और राजगुरु के पार्थिव शरीर का अंतिम संस्कार हिंदू एवं सिख रीतियों के अनुसार सतलुज के तट पर कर दिया गया है। इस दावे को कई सभाओं में खारिज कर दिया गया, जहाँ कहा गया कि शवों का ढंग से अंतिम संस्कार तक नहीं हुआ था। मजिस्ट्रेट ने इसका खंडन जारी किया, लेकिन उस पर किसी को भी विश्वास नहीं था।

शोक का जुलूस नीला गुंबद से शुरू हुआ, जो उस स्थान से ज्यादा दूर नहीं था, जहाँ सांडर्स को गोली मारी गई थी। हजारों हिंदू, मुसलमान और सिख तीन मील से अधिक लंबे जुलूस में शामिल हुए। पुरुषों ने जहाँ काली पट्टी बाँधी, वहीं महिलाओं ने काली साड़ी पहनी थी। प्रदर्शनकारी 'इनकलाब जिंदाबाद' और 'भगत सिंह जिंदाबाद' के नारे लगा रहे थे। चारों तरफ काले झंडे लहरा रहे थे, मानो कोई काला समंदर हो। माल से होता हुआ जुलूस अनारकली बाजार के बीच आकर रुक गया। जैसे ही यह घोषणा हुई कि भगत सिंह का परिवार तीन शहीदों के पार्थिव शरीर लेकर फिरोजपुर से शहर में आ गया है, भीड़ में सन्नाटा पसर गया।

तीन घंटे बाद फूलों से सजे तीन ताबूत उस जुलूस में शामिल हुए, जिनके साथ-साथ भगत सिंह का परिवार चल रहा था। नारों से पूरा आसमान गूँज रहा था। लोग फूट-फूटकर और खुलकर रो रहे थे। विडंबना देखिए कि जुलूस भी उसी रावी के तट पर फिर से पहुँचा, जहाँ तीनों पार्थिव शरीरों को सरकारी अधिकारी

अंतिम संस्कार के लिए पहले लेकर आए थे। लाहौर में एक विशाल जनसभा का आयोजन किया गया, जिसमें फाँसी की निंदा की गई और उसे 'हत्या' कहा गया। अधिकारियों ने जिस अपमानजनक तरीके से पार्थिव शरीरों का अंतिम संस्कार करने का प्रयास किया था, उस पर भारी गुस्सा था। एक उर्दू अखबार के मशहूर संपादक मौलाना जफर अली खान ने कविता के जरिए बताया कि किस घोर लापरवाही से अधजले पार्थिव शरीरों को खुले आसमान के नीचे असुरक्षित छोड़ दिया गया था।

□

वार्डर चरत सिंह भारी मन के साथ किसी तरह अपने कमरे में आए और फूट-फूटकर रो पड़े। अपनी 30 साल की नौकरी में वे कई बार फाँसी दिए जाने के गवाह बने थे, लेकिन उन्होंने भगत सिंह और उनके दो साथियों की तरह किसी को भी इतने साहस के साथ फंदे को गले लगाते नहीं देखा था। ब्रिटिश साम्राज्यवादियों ने देश के सबसे साहसी और होनहार सपूतों के जीवन को क्रूरता से जवानी में ही कुचल दिया था।

वार्डर चरत सिंह भारी मन के साथ किसी तरह अपने कमरे में आए और फूट-फूटकर रो पड़े। अपनी 30 साल की नौकरी में वे कई बार फाँसी दिए जाने के गवाह बने थे, लेकिन उन्होंने भगत सिंह और उनके दो साथियों की तरह किसी को भी इतने साहस के साथ फंदे को गले लगाते नहीं देखा था। ब्रिटिश साम्राज्यवादियों ने देश के सबसे साहसी और होनहार सपूतों के जीवन को क्रूरता से जवानी में ही कुचल दिया था।

तब शायद ही किसी को अंदाजा होगा कि उनके साहस की गाथा अंग्रेजी शासन का मृत्यु-लेख बन जाएगी। 15 अगस्त, 1947 को भगत सिंह, सुखदेव और राजगुरु की ओर से प्राणों को न्योछावर किए जाने के बाद एक-एक अंग्रेज सैनिक को हमेशा के लिए भारत के तट को छोड़कर जाना पड़ा।

भगत सिंह ने भविष्यवाणी कर दी थी कि उनका बलिदान एक दिन विजय दिलाएगा। क्या हुआ, अगर स्वतंत्रता की मशाल को जलाए रखने के लिए उन्हें और उनके साथियों को अपने प्राणों की आहुति देनी पड़ी!

यह स्वतंत्रता की बलिवेदी पर दिया गया बलिदान था।

□

2

कुछ आरजू नहीं है, है आरजू तो ये,
रख दे कोई जरा सी खाक-ए-वतन कफन में।

—अशफाकुल्ला खाँ

बीसवीं सदी के पहले दशक में क्रांति की आग पूरे देश में फैल चुकी थी। लोगों ने अंग्रेजों से आजादी छीन लेने का प्रण कर लिया था। पंजाब में ऐसे कई नेता थे, जो इस संग्राम में शामिल हो चुके थे। सरदार अजीत सिंह और सरदार किशन सिंह ऐसे ही दो नेता थे, जो भगत सिंह के चाचा और पिता थे। दोनों ही गदर पार्टी के सदस्य थे, जिसकी स्थापना अमेरिका में बीसवीं सदी की शुरुआत में भारत से अंग्रेजी शासन को उखाड़ फेंकने के लिए की गई थी। दोनों को ही कथित ब्रिटिश-विरोधी गतिविधियों के लिए जेल में डाला गया था। अजीत सिंह के खिलाफ बाईस मामले थे और वे ईरान भागने पर मजबूर हो गए। वहाँ से वे टर्की, ऑस्ट्रिया, जर्मनी और आखिर में ब्राजील भाग गए। ऐसा उन्हें काला पानी की उस सजा से बचने के लिए करना पड़ा, जो हर स्वतंत्रता सेनानी की तकदीर बन जाती थी। यह समंदर के बीच एक द्वीप पर ऊँची-ऊँची दीवारोंवाली जेल थी। (अफ्रीकी नेता नेल्सन मंडेला को ऐसी ही एक जेल में केप टाउन के पास रखा गया था, लेकिन वह जेल शहर से दिखाई देती थी।) अंडमान की जेल समंदर में काफी दूर थी, जहाँ से भागना असंभव था।

यह भी दिलचस्प है कि दोनों ही भाई सुख-सुविधा से संपन्न मध्यम वर्गीय जीवन जी रहे थे और भारतीय राष्ट्रीय कांग्रेस, विशेष रूप से लाला लाजपत राय जैसे व्यक्तियों की मुख्य धारा के नेतृत्व के विरोधी थे। दोनों ही भाई मौका मिलते ही लोगों को अंग्रेजों के खिलाफ़ एकजुट करने के उग्र तरीकों को अख्तियार कर लेते थे।

28 सितंबर, 1907 को भगत सिंह का जन्म हुआ और संयोग से उसी दिन

उनके पिता किशन सिंह एवं चाचा स्वर्ण सिंह जेल से रिहा किए गए। ऐसी खबर भी आई कि अजीत सिंह को छोड़ दिया जाएगा। चूँकि वे परिवार के भाग्य को जगाने की उम्मीद लेकर आए, इस कारण उनका नाम 'भगन लाल' ('भग', यानी भाग्य) रखा गया। बालक भगत सिंह की प्राथमिक शिक्षा बंगा स्थित डिस्ट्रिक्ट बोर्ड प्राथमिक विद्यालय में हुई। वर्ष 1916-17 में उनके पिता लाहौर चले गए, ताकि काँगड़ा में आए भयंकर भूकंप के पीड़ितों के लिए राहत कार्य का इंतजाम कर सकें। भगत सिंह का दाखिला अब लाहौर के डी.ए.वी. हाई स्कूल में करा दिया गया। इस दौरान बिताए समय के बारे में भगत सिंह ने लिखा कि अपने पिता की शिक्षा से ही उन्हें देश की आजादी के लिए अपना जीवन समर्पित करने की प्रेरणा मिली।

सन् 1923 में भगत सिंह ने लाहौर के नेशनल कॉलेज में दाखिला लिया, जो पंजाब कौमी विद्यापीठ से संबद्ध था और जिसकी स्थापना लाला लाजपत राय एवं भाई परमानंद ने की थी। इस कॉलेज की स्थापना सरकार की ओर से चलाए जा रहे संस्थानों का एक विकल्प देने के लिए की गई थी, ताकि शिक्षा में स्वदेशी के सोच को लाया जा सके। इस कॉलेज की स्थापना के पीछे आत्मनिर्भर और प्रगतिशील पुरुषों व महिलाओं को तैयार करने का दर्शन था, जिसकी जरूरत नए भारत को थी।

कॉलेज में भगत सिंह ने अपनी पढ़ाई से सबको प्रभावित किया। कॉलेज के प्रिंसिपल छबील दास ने अपने संस्मरण में लिखा है कि किताबों की भारी कमी थी और शिक्षक चुनिंदा किताबों को लाइब्रेरी से लेकर छात्रों को जरूरी हिस्सों को पढ़ने के लिए दिया करते थे। मैजिनी और गैरीबाल्डी के साथ ही रूसी क्रांति को लेकर चर्चा हुआ करती थी।

कॉलेज में भगत सिंह ने अपनी पढ़ाई से सबको प्रभावित किया। कॉलेज के प्रिंसिपल छबील दास ने अपने संस्मरण में लिखा है कि किताबों की भारी कमी थी और शिक्षक चुनिंदा किताबों को लाइब्रेरी से लेकर छात्रों को जरूरी हिस्सों को पढ़ने के लिए दिया करते थे। मैजिनी और गैरीबाल्डी के साथ ही रूसी क्रांति को लेकर चर्चा हुआ करती थी। भगत सिंह भी कॉलेज ड्रामा सोसाइटी के सदस्य थे और न केवल अपने, बल्कि दूसरे स्थानीय कॉलेजों के छात्रों व शिक्षकों के बीच भी जाने-पहचाने जाते थे। उनके एक जीवनीकार एस.आर. बक्शी (*भगत सिंह और उनकी विचारधारा*) हमें बताते हैं, "उनका प्रभाव विशेष रूप से उनकी हृष्ट-पुष्ट युवा

"मेरा जीवन सबसे महान् उद्देश्य के प्रति समर्पित है, जो है देश की आजादी। इसलिए न चैन है, न ही कोई सांसारिक इच्छा मुझे लुभा सकती है। अगर आपको याद हो तो जब मैं छोटा था, तब बापूजी (अर्जुन सिंह) ने मेरे यज्ञोपवीत संस्कार पर घोषित किया था कि मुझे देश-सेवा के प्रति समर्पित कर दिया गया है। इस कारण मैं उस संकल्प के पूरा होने की प्रतीक्षा कर रहा हूँ। आशा है, आप मुझे क्षमा कर देंगे।"

कद-काठी और दमदार आवाज के कारण था।" भगत सिंह उर्दू, हिंदी, गुरुमुखी, अंग्रेजी और संस्कृत धारा-प्रवाह बोल लेते थे। अपने परचे 'मैं नास्तिक क्यों हूँ?' में भगत सिंह ने अपने कॉलेज के दिनों के बारे में लिखा है—

> "वैसे कुछ प्राध्यापकों का पसंदीदा और कुछ को नापसंद होने के बाद भी मैं कभी मेधावी या पढ़ाकू नहीं रहा। मेरे मन में कभी दंभ करने का खयाल ही नहीं आया, बल्कि मैं शरमीले स्वभाव का लड़का था, जिसका (अपने) भविष्य के कॅरियर को लेकर कुछ हद तक निराशावादी सोच था।"

सोलह वर्ष का होने तक भगत सिंह देश की स्वतंत्रता के प्रति पूरी तरह समर्पित हो चुके थे। विवाह को लेकर उनके सोच से अधिक बेहतर इसे और कुछ बता नहीं सकता। सन् 1924 में भगत सिंह के पिता उन पर विवाह का दबाव डालने लगे। भगत सिंह जब अपने माता-पिता को यह समझाने में विफल रहे कि उन्होंने विवाह न करने का मन बना लिया है तो वे लाहौर स्थित अपने घर को छोड़कर कानपुर चले गए। वहाँ वे जयचंद्र विद्यालंकार के बताए अनुसार गणेश शंकर विद्यार्थी से मिले। घर छोड़ने से पहले अपने पिता के नाम संदेश में भगत सिंह ने लिखा—

> "मेरा जीवन सबसे महान् उद्देश्य के प्रति समर्पित है, जो है देश की आजादी। इसलिए न चैन है, न ही कोई सांसारिक इच्छा मुझे लुभा सकती है। अगर आपको याद हो तो जब मैं छोटा था, तब बापूजी (अर्जुन सिंह) ने मेरे यज्ञोपवीत संस्कार पर घोषित किया था कि मुझे देश-सेवा के प्रति समर्पित कर दिया गया है। इस कारण मैं उस संकल्प के पूरा होने की प्रतीक्षा कर रहा हूँ। आशा है, आप मुझे क्षमा कर देंगे।"

यह पूछे जाने पर कि वे विवाह क्यों नहीं करना चाहते, भगत सिंह ने अपने सहपाठी और दोस्त जयदेव गुप्ता से कहा कि उन्होंने ऐसे रास्ते को चुना है, जिस पर काँटे-ही-काँटे हैं। उनके दो चाचा उसी राह पर चले और अपने पीछे

अपनी विधवाओं को छोड़ गए। क्या उन्हें भी एक विधवा छोड़ जाना चाहिए? छबील दास ने जाते-जाते हमारे लिए उस वाकये को लिख दिया, जिसमें यह बताया कि जब उनकी शादी होने वाली थी, तब किस तरह भगत सिंह ने उन्हें डाँट लगाई थी। दास ने कहा, "अगर मुझे सच में एक ऐसी जीवनसाथी मिल जाए, जो मेरी गतिविधियों पर रोक लगाने की बजाय उन्हें परवान चढ़ाए, तब आप क्या कहेंगे?" इसी सुर में उन्होंने श्रीमती सुन यात सेन, लेनिन की पत्नी और कार्ल मार्क्स की सहयोगी के उदाहरण दे दिए। इस पर भगत सिंह ने कहा, "गुरुजी, इस बहस में आपको कौन हरा सकता है!"

1924 का साल भगत सिंह के जीवन का यादगार साल था। कानपुर में वे हिंदुस्तान रिपब्लिकन एसोसिएशन (एच.आर.ए.) के सदस्य बन गए, जिसे एक साल पहले शचींद्रनाथ सान्याल ने शुरू किया था। चंद्रशेखर आजाद एच.आर.ए. के मुख्य संगठन संचालक थे और भगत सिंह की उनसे करीबी बढ़ गई। एच.आर.ए. के सदस्य के रूप में ही पहली बार भगत सिंह ने बम के दर्शन को काफी गंभीरता से लिया। ब्रिटिश साम्राज्यवाद से संघर्ष के लिए सशस्त्र क्रांति को ही एकमात्र हथियार माना गया।

सन् 1923 से 1924 तक भगत सिंह ने गणेश शंकर विद्यार्थी के साथ काम किया, जो एक महान् हिंदू थे और मरते दम तक धर्मनिरपेक्षता के पक्षधर थे। श्री विद्यार्थी कानपुर में *'प्रताप'* नाम का एक साप्ताहिक राष्ट्रवादी अखबार निकाला करते थे। भगत सिंह वहाँ बलवंत के छद्म नाम से काम करते थे। वहाँ रहते हुए ही उनकी मुलाकात बटुकेश्वर दत्त (बी.के.), शिव वर्मा और बटुकेश्वर सिन्हा से हुई, जो आनेवाले वर्षों में उनके हमजोली बन गए। अजॉय घोष (*'भगत सिंह एंड हिज कॉमरेड्स'*, 1945), जो उस समय पंद्रह वर्ष के थे, ने भगत सिंह से अपनी पहली मुलाकात के बारे में कुछ इस तरह लिखा—

> "मुझे लगता है, वह सन् 1923 में किसी समय की बात थी, जब मैं भगत सिंह से मिला···बटुकेश्वर दत्त ने मुझे उनसे कानपुर में मिलवाया था। लंबे और पतले-दुबले, कुछ हद तक अस्त-व्यस्त कपड़ों में, बेहत शांत वह ठेठ गाँव के लड़के लग रहे थे, जिसमें रूप और आत्मविश्वास की कमी थी। मुझे वह बहुत अच्छे नहीं लगे और उनके जाने के बाद मैंने दत्त को बताया भी···"

1924 का साल भगत सिंह के जीवन का यादगार साल था। कानपुर में वे

हिंदुस्तान रिपब्लिकन एसोसिएशन (एच.आर.ए.) के सदस्य बन गए, जिसे एक साल पहले शचींद्रनाथ सान्याल ने शुरू किया था। चंद्रशेखर आजाद एच.आर.ए. के मुख्य संगठन संचालक थे और भगत सिंह की उनसे करीबी बढ़ गई। एच.आर.ए. के सदस्य के रूप में ही पहली बार भगत सिंह ने बम के दर्शन को काफी गंभीरता से लिया। ब्रिटिश साम्राज्यवाद से संघर्ष के लिए सशस्त्र क्रांति को ही एकमात्र हथियार माना गया। संयुक्त प्रांत के गाँव-गाँव जाकर भगत सिंह ने गाँववालों में सक्रियता लाने और लोगों को भरती करने का काम शुरू किया।

सन् 1925 में अपने पिता के माफीनामे के बाद भगत सिंह लाहौर लौट आए। और अगले साल की शुरुआत से पहले ही उन्होंने अपने साथियों के साथ मिलकर एक आक्रामक संगठन शुरू किया, जिसका नाम था—नौजवान भारत सभा। अप्रैल 1926 में भगत सिंह ने सोहन सिंह जोश से संपर्क साधा और उनके माध्यम से मजदूर किसान पार्टी से उनका परिचय हुआ, जो पंजाबी में *'कीर्ति'* नाम की मासिक पत्रिका निकालते थे। अगले एक साल तक भगत सिंह श्री जोश के साथ काम करते रहे और *'कीर्ति'* के संपादकीय बोर्ड में शामिल हो गए। सन् 1927 में उन्हें पहली बार काकोरी केस में शामिल होने के आरोपों में गिरफ्तार किया गया। उनकी भूमिका 'विद्रोही' के छद्म नाम से एक लेख लिखने के कारण तय की गई थी। उन पर लाहौर में दशहरा मेले के दौरान हुए एक बम धमाके का भी आरोप लगाया गया था। उन्हें 60,000 रुपए के भारी-भरकम मुचलके की एवज में अच्छे व्यवहार के कारण छोड़ दिया गया और बाद में मुचलके को भी माफ कर दिया गया।

सन् 1928 में भगत सिंह और चंद्रशेखर आजाद ही काकोरी केस के भगोड़ों में शामिल थे, जबकि अन्य नेताओं को जेल में डाल दिया गया था। इस प्रकार, यही दोनों अब हिंदुस्तान रिपब्लिकन एसोसिएशन के नेता थे। अजॉय घोष ने उस समय को याद करते हुए लिखा था—

> "वर्ष 1928 में एक दिन अचानक एक नौजवान मेरे कमरे में आया और मुझे नमस्कार किया तो मैं हैरान रह गया। वे भगत सिंह थे, लेकिन वह भगत सिंह नहीं, जिनसे मैं पहले मिल चुका था। लंबे और ऊपर से नीचे तक जबरदस्त डील-डौलवाले भगत सिंह गंभीर, शक्ल से तेज बुद्धिवाले और आँखों में चमक लिये दिख रहे थे। उस दिन वह एकदम अलग ही शख्स नजर आ रहे थे। जब उन्होंने बात करना शुरू किया, तब मुझे महसूस हुआ कि उम्र ही नहीं, उनकी समझ भी काफी बढ़ गई थी...उस समय और उसके बाद जो भी भगत सिंह से मिला, अपनी जबरदस्त बुद्धिमत्ता और अपनी बातों से वे जितना गहरा प्रभाव सामनेवाले पर

छोड़ते थे, उसके गवाह हैं। ऐसा नहीं था कि वे बहुत बेहतरीन वक्ता थे, लेकिन वे इतने जोश, इतनी उमंग और इतना दिल से बोलते थे कि कोई भी प्रभावित हुए बिना नहीं रह सकता था। हम पूरी रात बातें करते रहे और बाहर टहलने निकल गए। मुझे ऐसा लग रहा था, जैसे हमारी पार्टी में एक नए युग की शुरुआत हो रही है। हम जानते थे कि हम क्या करना चाहते हैं और हम जानते थे कि अपने लक्ष्य तक कैसे पहुँचें।"

वह 3 अक्तूबर, 1928 की तारीख थी। लगभग 5,000 प्रदर्शनकारी लाहौर रेलवे स्टेशन के पास इकट्ठा हो गए थे और सर जॉन ऑल्सब्रुक साइमन के नेतृत्व में गठित सात सदस्यीय आयोग का विरोध कर रहे थे। आयोग के सदस्य लंदन से वाया बंबई आए थे। उन्हें इसका आकलन करने की जिम्मेदारी सौंपी गई थी कि भारत 'और अधिक संवैधानिक सुधारों' के लिए कितना तैयार है। यह एक ऐसा वैधानिक दायित्व था, जिसे अंग्रेजों को हर दस वर्ष पर निभाना पड़ता था। ऐसा सन् 1919 के इंडिया काउंसिल ऐक्ट के तहत करना पड़ता था, जिसे माण्टेग्यू-चेम्सफोर्ड सुधारों के नाम से भी जाना जाता था। इसका इरादा भारत को 'स्व-शासन' की दिशा में बढ़ने में मदद करना था, अब चाहे इसका मतलब जो भी हो।

वह 3 अक्तूबर, 1928 की तारीख थी। लगभग 5,000 प्रदर्शनकारी लाहौर रेलवे स्टेशन के पास इकट्ठा हो गए थे और सर जॉन ऑल्सब्रुक साइमन के नेतृत्व में गठित सात सदस्यीय आयोग का विरोध कर रहे थे। आयोग के सदस्य लंदन से वाया बंबई आए थे। उन्हें इसका आकलन करने की जिम्मेदारी सौंपी गई थी कि भारत 'और अधिक संवैधानिक सुधारों' के लिए कितना तैयार है। यह एक ऐसा वैधानिक दायित्व था, जिसे अंग्रेजों को हर दस वर्ष पर निभाना पड़ता था।

मोहनदास करमचंद गांधी भगत सिंह की विचारधारा के कोई क्रांतिकारी नहीं थे। वे हिंसा की भाषा नहीं बोलते थे, न ही अंग्रेजों से गलत तरीके से निपटना चाहते थे। उनका तरीका सहयोगात्मक था। उनकी अपनी ही कार्य-योजना थी, जिसमें वे कर्म या वचन में किसी भी प्रकार की हिंसा के बिना शांतिपूर्वक अपने उद्देश्यों को पूरा करना चाहते थे। दमन एवं क्रूरता के खिलाफ अहिंसा उनका सबसे असरदार हथियार था और इसने विरोधियों को इस कारण पराजित किया, क्योंकि वे उसे अपने ही उदाहरण से बढ़ाते थे—सहो, पलटवार मत करो।

कांग्रेस ही उनका औजार थी। सन् 1885 में जब एक अंग्रेज एलन ओक्टेवियन ह्यूम ने पार्टी की स्थापना की थी, तब वह महारानी के प्रति वफादार संगठन था। शुरुआती वर्षों के दौरान पार्टी वैसे ही हाथ फैलाए खड़ी रहती थी, जैसे अमीरों की टेबल के टुकड़ों पर किसी भूखे की नजर रहती है। कांग्रेस महज अंग्रेजों के हाथ का खिलौना थी, जिसका इस्तेमाल भारतीय लोगों के विचार को अपने पक्ष में करने के लिए किया जाता था। अंग्रेज परदे के पीछे रहकर इसे चलाते थे।

गांधी कांग्रेस की सीमाओं को समझते थे। फिर भी उन्हें लगता था कि अंग्रेज स्वतंत्र उपनिवेश का दर्जा दे देंगे। उन्हें विश्वास था कि वे कांग्रेस को इसके लिए राजी कर लेंगे। वैसे, पार्टी ने यह धमकी दे रखी थी कि यदि 31 दिसंबर, 1929 तक स्वतंत्र उपनिवेश का दर्जा नहीं दिया गया तो पार्टी पूर्ण स्वतंत्रता के लिए जबरदस्त आंदोलन छेड़ देगी; लेकिन इस आयोग का गठन पानी फेरनेवाला था। गांधी को लगने लगा कि इसका मतलब था कि अंग्रेज भारत को कोई बड़ी शक्ति देने को लेकर गंभीर नहीं हैं। वे महज भारतीय लोगों की भावनाओं से खेल रहे थे।

सत्ता के हस्तांतरण में गांधी अंग्रेजों के चरण-दर-चरण के तरीके के साथ सहयोग करने की आखिरी हद तक चले गए थे। उन्हें इतनी भारी निराशा हुई कि उन्होंने मार्गदर्शन के लिए अपनी तरफ देख रही कांग्रेस पार्टी से कहा कि वह एक प्रस्ताव पास कर घोषित करे कि भारत के लिए आत्म-सम्मान का एक ही रास्ता बचा है कि वह सभी अवसरों पर और सभी प्रकार से आयोग का बहिष्कार करे।

कांग्रेस ही उनका औजार थी। सन् 1885 में जब एक अंग्रेज एलन ओक्टेवियन ह्यूम ने पार्टी की स्थापना की थी, तब वह महारानी के प्रति वफादार संगठन था। शुरुआती वर्षों के दौरान पार्टी वैसे ही हाथ फैलाए खड़ी रहती थी, जैसे अमीरों की टेबल के टुकड़ों पर किसी भूखे की नजर रहती है। कांग्रेस महज अंग्रेजों के हाथ का खिलौना थी, जिसका इस्तेमाल भारतीय लोगों के विचार को अपने पक्ष में करने के लिए किया जाता था। अंग्रेज परदे के पीछे रहकर इसे चलाते थे। भारतीय कुलीनों की बात करें तो उनके लिए कांग्रेस एक क्लब थी, जिसके जरिए वे सरकार के नामी-गिरामी लोगों से संपर्क में रहते थे।

लंदन के शासकों को जब भी स्थानीय लोगों को सरकार के किसी स्तर पर

कोई शक्ति देने का खयाल आता तो वे सबसे पहले कांग्रेस से बात करते थे। कुलीन इन बातों को समझते थे और कांग्रेस की जमात के साथ खड़े हो जाते थे। अंग्रेजों को यह पार्टी अपने काम की और वफादार लगती थी; लेकिन समय बीतने के साथ-साथ उदारवादी विचारधारा से कांग्रेस की आँखें भी खुलने लगीं। स्व-शासन की भूख अधिक स्व-शासन की माँग में बदलने लगी। कांग्रेस ने ढिठाई के लक्षण दिखाए, लेकिन अब भी उस पर अंग्रेजों का प्रभाव था।

'स्वतंत्रता मेरा जन्मसिद्ध अधिकार है' का प्रसिद्ध नारा देनेवाले बाल गंगाधर तिलक के बाद गांधी ही आए, जिन्होंने भारतवर्ष में जीवन और विरोध का संचार किया। दक्षिण अफ्रीका में उन्होंने वहाँ बसे भारतीयों के अधिकारों के लिए कई अहिंसात्मक लड़ाइयाँ जीती थीं। वहाँ से अपने देश वापस लौटने के बाद उन्होंने कांग्रेस को अपने विचारों के प्रयोग के सबसे अच्छे मंच के रूप में देखा। उग्रपंथियों ने उनके दर्शन को अस्वीकार कर दिया। वे उन्हें एक दूरदर्शी मानते थे, लेकिन ऐसा व्यक्ति नहीं समझते थे, जो अंग्रेजों को डरा सके। फिर भी, उन्हें उनके नेतृत्व को मानना पड़ा, क्योंकि उनमें करिश्मा था। आजादी के लिए कसमसाते भारतीयों ने उनका साथ दिया।

'स्वतंत्रता मेरा जन्मसिद्ध अधिकार है' का प्रसिद्ध नारा देनेवाले बाल गंगाधर तिलक के बाद गांधी ही आए, जिन्होंने भारतवर्ष में जीवन और विरोध का संचार किया। दक्षिण अफ्रीका में उन्होंने वहाँ बसे भारतीयों के अधिकारों के लिए कई अहिंसात्मक लड़ाइयाँ जीती थीं। वहाँ से अपने देश वापस लौटने के बाद उन्होंने कांग्रेस को अपने विचारों के प्रयोग के सबसे अच्छे मंच के रूप में देखा।

गांधी के बाद नंबर 2 के नेता जवाहरलाल नेहरू के अनुसार, उग्रपंथी समाजवादियों में सबसे बड़ी खामी जीवन के नैतिक और आध्यात्मिक पक्ष को लेकर तिरस्कार की भावना थी। उनके दर्शन ने न केवल उस चीज को अनदेखा किया, जो मनुष्य में मूल रूप से है, बल्कि मानव व्यवहार को मानकों और मूल्यों से भी वंचित कर दिया। उन्होंने कहा कि नैतिक पहलू संस्कृति और सभ्यता के लिए आखिरकार मौलिक होते हैं और जीवन को उनसे ही अर्थ मिलता है। नेहरू को गांधी के इस कथन पर पूरा विश्वास था कि 'गलत तरीके से सही नतीजे नहीं मिलेंगे।'

क्रांतिकारी जानते थे कि उनकी सोच गांधी की सोच से मेल नहीं खाती।

जनता और शासक वर्ग के बीच दुनिया भर में होनेवाले संघर्ष को लेकर उनका अनुभव ही लक्ष्य की प्राप्ति के लिए उनका मार्गदर्शक था और वे जिन तरीकों को अपना रहे थे, 'उन्हें विफल होते नहीं देखा गया था।' उनसे पहले फ्रांस की क्रांति ने सफलतापूर्वक स्वच्छंदता, भाईचारा और समानता के विचारों को घोषित किया था, जबकि बोल्शेविक क्रांति ने साम्यवाद के विचारों की शुरुआत की थी।

क्रांतिकारी जानते थे कि उनकी सोच गांधी की सोच से मेल नहीं खाती। जनता और शासक वर्ग के बीच दुनिया भर में होनेवाले संघर्ष को लेकर उनका अनुभव ही लक्ष्य की प्राप्ति के लिए उनका मार्गदर्शक था और वे जिन तरीकों को अपना रहे थे, 'उन्हें विफल होते नहीं देखा गया था।' उनसे पहले फ्रांस की क्रांति ने सफलतापूर्वक स्वच्छंदता, भाईचारा और समानता के विचारों को घोषित किया था, जबकि बोल्शेविक क्रांति ने साम्यवाद के विचारों की शुरुआत की थी।

भगत सिंह और कॉमरेड स्वतंत्र उपनिवेश के दर्जे का समर्थन नहीं करते थे। उनकी माँग पूर्ण स्वतंत्रता की थी। फिर भी, उन्होंने साइमन कमीशन का बहिष्कार करने के गांधी के आह्वान को मानने का फैसला किया। क्रांतिकारी के रूप में वे यह मानते थे कि लोगों को आंदोलित करने का हर प्रयास सही दिशा में उठा कदम है। ऐसा कदम चाहे कितना ही छोटा क्यों न हो, देश को उन बेड़ियों की याद दिलाएगा, जिसमें वे जकड़े हुए हैं। सक्रिय और निर्णायक काररवाई जरूरी थी।

उस दिन आयोग के सदस्य जैसे ही रेलवे स्टेशन के बरामदे से बाहर आए, भीड़ आगे बढ़ गई। पहली बार प्रदर्शनकारियों ने 'इनकलाब जिंदाबाद' का वह नारा लगाया, जिसे भगत सिंह ने स्वतंत्रता संग्राम को नई धार व नया अर्थ देने के लिए गढ़ा था, जो क्रांति और अवज्ञा का नारा था। भीड़ 'साइमन कमीशन वापस जाओ!' और 'अंग्रेज मुर्दाबाद!' के नारे लगा रही थी। वे गा रहे थे—

हिंदुस्तानी हैं हम, हिंदुस्तान हमारा,
मुड़ जाओ साइमन, जहाँ है देश तुम्हारा।

भगत सिंह का लाला लाजपत राय के साथ कई बार टकराव हो चुका था। वे उनकी हिंदुत्व की अंधभक्ति से सहमत नहीं थे। बदले में लाजपत राय 'रूसी

एजेंट' कहकर उनकी निंदा कर चुके थे। वे क्रांतिकारियों को 'गैर-जिम्मेदार युवक' मानते थे। लाजपत राय ने इस विचार को आगे बढ़ाया था कि भारत को दो देशों में विभाजित कर देना चाहिए—हिंदू भारत और मुसलिम भारत। भगत सिंह तो ऐसे बँटवारे की बात सोच भी नहीं सकते थे। हिंदू और मुसलमान हजारों शहरों, गाँवों और मोहल्लों में सैकड़ों वर्षों से साथ-साथ रहते चले आए थे। वे एक-दूसरे का सुख-दुःख बाँटते थे। दोनों की विरासत और इतिहास साझा थे। वे साथ पसीना बहाते थे और दुःख सहते थे। यह देश दोनों समुदायों का था। अंग्रेजों से आजादी के बाद वे देश की राजनीतिक और आर्थिक तकदीर को राष्ट्र-निर्माण में बराबर की जिम्मेदारी निभाकर साथ मिलकर लिखने वाले थे। भगत सिंह के कई मुसलिम साथी थे। सिर्फ अलग धर्म मानने के कारण मुसलमान अलग नहीं थे। वे वही खाना खाते थे, वैसे ही कपड़े पहनते थे, वैसी ही भाषा बोलते थे और एक ही तरीके से प्रतिक्रिया करते थे। वे पराए नहीं थे। भारत को बनाने में उनका भी योगदान था। वे अपनी विरासत को क्यों छोड़ दें और उसके एक टुकड़े भर से संतोष कर लें! धर्म उन्हें हिंदुओं से अलग कैसे कर सकता था? भगत सिंह को आशंका थी कि धर्म के आधार पर लाजपत राय के देश के बँटवारे के सोच ने कहीं स्वरू५ ले लिया तो तबाही मच जाएगी, खून की नदियाँ बहेंगी। हिंदू और मुसलिम देश हमेशा एक-दूसरे से लड़ते रहेंगे। उनका सारा ध्यान और सारे संसाधन एक-दूसरे से लड़ने के लिए हथियार खरीदने पर खर्च होंगे।

भगत सिंह को आशंका थी कि धर्म के आधार पर लाजपत राय के देश के बँटवारे के सोच ने कहीं स्वरूप ले लिया तो तबाही मच जाएगी, खून की नदियाँ बहेंगी। हिंदू और मुसलिम देश हमेशा एक-दूसरे से लड़ते रहेंगे। उनका सारा ध्यान और सारे संसाधन एक-दूसरे से लड़ने के लिए हथियार खरीदने पर खर्च होंगे।

□

भगत सिंह मानते थे कि धर्म उस इनसान की आड़ होता है, जो अपने आप को भी नहीं जानता। इसके बावजूद भगत सिंह के मन में लाजपत राय के लिए सम्मान था। उनकी चाहे जो भी मजबूरी हो, वे एक महान् इनसान थे। अंग्रेजों के खिलाफ लालाजी की लड़ाई देश के लिए बेहतरीन उदाहरण थी। अंग्रेज-विरोधी गतिविधियों के लिए उन्हें बर्मा में निर्वासित कर दिया गया था। उनके बलिदान और शासकों की अवज्ञा ने देश के युवाओं के दिलों में आंदोलन की ज्वाला जलाई थी। भगत सिंह

पुलिस अधीक्षक जे.ए. स्कॉट ने लाठी-चार्ज का आदेश दिया। भीड़ के बीच अफरा-तफरी मच गई। कुछ लोग सड़कों पर गिर पड़े, कुछ ने लाठी की मार को सहा और कुछ गिरफ्तार कर लिये गए। लाजपत राय ने अपने समर्थकों से सच्चे सत्याग्रहियों की तरह अपनी जगह पर डटे रहने को कहा। कई लोग, जो भाग खड़े हुए थे, वे लौट आए। वे उनके आदेश-पालक थे और वे उनके नेता थे। स्कॉट ने दूर से ही लाजपत राय को पहचान लिया और उनके पास गया।

लाजपत राय की संकीर्णता के खिलाफ थे; लेकिन भारत के प्रति उनकी भक्ति और समर्पण का वे सच्चा सम्मान करते थे।

यही कारण है कि 30 अक्तूबर, 1928 को, जिस दिन साइमन कमीशन लाहौर पहुँचा, भगत सिंह लाजपत राय के साथ कदम-से-कदम मिलाकर चल रहे थे। आयोग के सदस्यों ने जब भीड़ से निकलने का प्रयास किया तो भीड़ ने उनका रास्ता रोक लिया और दीवार की तरह उन्हें आगे बढ़ने से रोक दिया। भारी संख्या में मौजूद पुलिसवालों ने रास्ता बनाने के लिए लोगों को पीछे धकेलने का प्रयास किया, लेकिन भीड़ टस-से-मस नहीं हुई। लाजपत राय ने उसी मौके पर दिए एक संबोधन में कहा, "यदि सरकार नहीं चाहती कि आयोग प्रदर्शनकारियों को देखे तो अच्छा होगा कि वह सदस्यों की आँखों पर पट्टी बाँध दे और उन्हें सीधे सरकारी आवास पर ले जाए।"

पुलिस अधीक्षक जे.ए. स्कॉट ने लाठी-चार्ज का आदेश दिया। भीड़ के बीच अफरा-तफरी मच गई। कुछ लोग सड़कों पर गिर पड़े, कुछ ने लाठी की मार को सहा और कुछ गिरफ्तार कर लिये गए। लाजपत राय ने अपने समर्थकों से सच्चे सत्याग्रहियों की तरह अपनी जगह पर डटे रहने को कहा। कई लोग, जो भाग खड़े हुए थे, वे लौट आए। वे उनके आदेश-पालक थे और वे उनके नेता थे। स्कॉट ने दूर से ही लाजपत राय को पहचान लिया और उनके पास गया। उस पुलिस अधिकारी ने अपनी लाठी से उस सम्मानित भारतीय नेता की निर्ममता से पिटाई की और तब तक पीटता रहा, जब तक कि लालाजी खून से लथपथ होकर गिर नहीं पड़े। ऐसा लग रहा था, मानो स्कॉट उन सारे भारतीयों के खिलाफ अपने मन में भरे गुस्से और हताशा को बाहर निकाल रहा था, जो अंग्रेजों की अवज्ञा का साहस दिखाते थे। वह भारत के लोगों को सबक सिखाना चाहता था और दिखाना चाहता

था कि अंग्रेजी हुकूमत को चुनौती देनेवालों का क्या हश्र होता है।

महज नौ साल पहले शिमला में जनमे आयरलैंड के रहनेवाले ब्रिगेडियर जनरल रेजिनाल्ड डायर ने अमृतसर के बाजार में एक अंग्रेज महिला से बहस करनेवाले लोगों पर कहर बरपाया था। वह भी एक मिसाल कायम कर सबक सिखाने के इरादे से प्रेरित था, ताकि भारतीयों को दिखा सके कि उन्हें सुधारने के लिए अंग्रेजी राज किस हद तक जा सकता है। डायर, जिसे पंजाब के लेफ्टिनेंट गवर्नर माइकल ओ' डायर ने अमृतसर का नियंत्रण सौंपा था, ने 13 अप्रैल, 1919 के दिन को बदला लेने के लिए चुना, जिस दिन पंजाब में फसल कटाई का त्योहार 'बैसाखी' मनाई जाती है। किसी को भी मुकदमा चलाए बिना गिरफ्तार करने का अधिकार देनेवाले रॉलेट ऐक्ट के खिलाफ अपनी आवाज उठाने के लिए करीब 20,000 लोग जलियाँवाला बाग नाम के एक उद्यान में इकट्ठा हुए थे, जो स्वर्ण मंदिर के काफी करीब है।

भीड़ के खिलाफ डायर ने पुलिस को ऐसे तैनात किया, जैसे कोई शिकारी खूँखार कुत्तों को भाग रहे जानवरों पर टूट पड़ने के लिए छोड़ देता है। उसने जलियाँवाला बाग से निकलनेवाले एकमात्र रास्ते को बंद कर दिया, ताकि कोई भी उस जगह से बचकर निकल न सके। उन पर तब तक गोलियाँ बरसाई गईं, जब तक कि कारतूसों का पूरा स्टॉक खत्म नहीं हो गया। करीब 1,650 राउंड गोलियाँ चलीं। न जाने कितने ही लोग गोलियों से बचने के लिए बाग के एकमात्र कुएँ में कूद गए, जो इस बर्बर नर-संहार का मूक गवाह था। लगभग 400 लोग मौके पर ही मारे गए और 1,500 से भी अधिक लोग घायल हो गए।

लंदन में बैठी सरकार को जब इस घटना की जानकारी मिली तो इस बर्बर कांड से वह भी काँप उठी। उसने डायर को वापस बुला लिया, जिसने जाँच समिति के सामने कहा कि उसने तो केवल अपनी ड्यटी निभाई। उसे अपने किए पर कोई पछतावा नहीं था। न ही उसकी निंदा की गई। ब्रिटेन की राजनीति में उच्च पद पर बैठे कुछ लोगों ने कहा कि उसने पंजाब को 'अराजकता' से बचा लिया।

लंदन में बैठी सरकार को जब इस घटना की जानकारी मिली तो इस बर्बर कांड से वह भी काँप उठी। उसने डायर को वापस बुला लिया, जिसने जाँच समिति के सामने कहा कि उसने तो केवल अपनी ड्यटी निभाई। उसे अपने किए पर कोई

पछतावा नहीं था। न ही उसकी निंदा की गई। ब्रिटेन की राजनीति में उच्च पद पर बैठे कुछ लोगों ने कहा कि उसने पंजाब को 'अराजकता' से बचा लिया।

उस समय भगत सिंह बारह वर्ष के थे। इस घटना के बाद उनका मन काफी व्यथित हुआ। नर-संहार के अगले दिन भगत सिंह अपने स्कूल से घर नहीं लौटे। उनका परिवार इंतजार करता रहा और उसकी चिंता बढ़ गई। उस दिन स्कूल जाने की बजाय भगत सिंह सीधे जलियाँवाला बाग चले गए थे। किसी तरह वहाँ तैनात संतरियों के बीच से वे बाग में घुस गए और एक पात्र में वहाँ की मिट्टी भरी, जो भारतीयों के खून से सनी थी। आखिरकार जब वे अपने घर पहुँचे, तब उनकी छोटी बहन ने पूछा, "इतनी देर तक तुम कहाँ थे? माँ तुम्हें कुछ खाने को देने का इंतजार कर रही थी।" लेकिन भगत सिंह को खाने की चिंता नहीं थी। उसे पात्र दिखाते हुए उन्होंने कहा, "देखो इसे। यह हमारे लोगों का खून है, जिन्हें अंग्रेजों ने मार डाला। इसे प्रणाम करो।" फिर उन्होंने पात्र को साफ जगह पर रखा और फूलों से उसकी पूजा की।

□

> ***उनकी भविष्यवाणी कितनी सही साबित हुई। अंग्रेजों का शासन अठारह वर्ष बाद 15 अगस्त, 1947 को समाप्त हो गया। लाजपत राय ने चेतावनी दी थी, "मैं सरकार को चेतावनी देना चाहता हूँ कि यदि इस देश में हिंसक क्रांति हुई तो इसकी जिम्मेदारी उन अधिकारियों पर होगी, जिन्होंने आज दुर्व्यवहार किया है।"***

लाजपत राय खून से लथपथ होकर नीचे गिर पड़े। उनका खून तेजी से बह रहा था। होश खोने से पहले वे चीखकर बोले, "आज दोपहर हम पर हुआ हर प्रहार अंग्रेजी साम्राज्य के ताबूत की कील साबित होगा।" उनकी भविष्यवाणी कितनी सही साबित हुई। अंग्रेजों का शासन अठारह वर्ष बाद 15 अगस्त, 1947 को समाप्त हो गया। लाजपत राय ने चेतावनी दी थी, "मैं सरकार को चेतावनी देना चाहता हूँ कि यदि इस देश में हिंसक क्रांति हुई तो इसकी जिम्मेदारी उन अधिकारियों पर होगी, जिन्होंने आज दुर्व्यवहार किया है।"

लाजपत राय को गिरता देख भीड़ के बीच खौफ और रोष फैल गया। किसी ने भी नहीं सोचा था कि अंग्रेज उनके जैसी किसी हस्ती को निशाना बनाएँगे और किसी छोटे अपराधी की तरह उनकी पिटाई करेंगे। भगत सिंह सन्न रह गए। उन्हें यकीन नहीं हो रहा था कि एक गोरा अपने हाथों में डंडा उठा ले और लाजपत राय

पर उससे वार कर दे। जैसे ही लाजपत राय पर हमले की खबर फैली, देश गुस्से से उबलने लगा। गांधीजी ने कहा, "इस घटना से मैं कार्यकर्ताओं का ध्यान इस ओर दिलाना चाहूँगा कि वे इस हमले से निराश या हताश न हों, बल्कि इसे पूरे प्रयास का एक हिस्सा मानें। हमें इस अवांछित हमले से पैदा हुई नाराजगी को गतिशील ऊर्जा में बदलना है और भविष्य के काम के उपयोग में लाना है।"

लाजपत राय पर जिस रेलवे स्टेशन मैदान में लाठियाँ बरसाई गई थीं, उससे रावी नदी ज्यादा दूर नहीं थी। 26 जनवरी, 1930 को जवाहरलाल नेहरू उसी रावी के तट पर कांग्रेस पार्टी का तिरंगा झंडा लहराने वाले थे और स्पष्ट शब्दों में यह घोषित करने वाले थे कि भारत पूर्ण स्वराज के सिवाय और किसी चीज को स्वीकार नहीं करेगा। उस समय तक गांधी भी इस नतीजे पर पहुँचने वाले थे कि अंग्रेज भारत को ऐसी कोई सत्ता सौंपने वाले नहीं थे, जिसका कोई अर्थ हो।

नेहरू ने अंग्रेजों से कहा कि वे देश के अपमान का प्रायश्चित्त करने के लिए ठोस कदम उठाएँ। लाजपत राय के साथ हुए अमानवीय व्यवहार को उन्होंने देश का अपमान बताया।

भारतीय उस समय कितने असहाय थे। वे अपने आदरणीय नेताओं के सम्मान की भी रक्षा नहीं कर सके। लाजपत राय की घटना संभवत: वह चिनगारी थी, जिसकी क्रांति की भावना को सुलगाने के लिए सख्त जरूरत थी। यह राष्ट्र एक दर्शक से भागीदार का रूप ले चुका था। कांग्रेस, यहाँ तक कि गांधी को भी लोगों से ज्यादा समर्थन मिलने लगा। इसने देश को पहले के मुकाबले अधिक क्रोध में ला दिया।

लाजपत राय पर जिस रेलवे स्टेशन मैदान में लाठियाँ बरसाई गई थीं, उससे रावी नदी ज्यादा दूर नहीं थी। 26 जनवरी, 1930 को जवाहरलाल नेहरू उसी रावी के तट पर कांग्रेस पार्टी का तिरंगा झंडा लहराने वाले थे और स्पष्ट शब्दों में यह घोषित करने वाले थे कि भारत पूर्ण स्वराज के सिवाय और किसी चीज को स्वीकार नहीं करेगा। उस समय तक गांधी भी इस नतीजे पर पहुँचने वाले थे कि अंग्रेज भारत को ऐसी कोई सत्ता सौंपने वाले नहीं थे, जिसका कोई अर्थ हो। भगत सिंह के भीतर जो उबाल जलियाँवाला बाग जाने के भीतर उठा था, वह लाजपत राय को धराशायी देखने के बाद एक बार फिर हिलोरें मारने लगा। डायर अपनी बर्बर काररवाई के बाद साफ बच निकला था, लेकिन

स्कॉट बचना नहीं चाहिए। भगत सिंह लाजपत राय पर किए हमले का बदला लेने की बात ठान चुके थे और स्कॉट ने भारतीयों का जो अपमान किया, उसकी कीमत उसे चुकानी ही पड़ेगी। लेकिन उससे पहले वे अपने साथियों से यह चर्चा कर लेना चाहते थे कि इन क्रूर शासकों को किस प्रकार की सजा दी जाए। अपने साथियों के साथ वह लाहौर के मोजांग रोड पर मिले। वह एक अनजान व सुनसान इलाके में किराए का एक मकान था, जो कब्रगाह के करीब और पुलिस तथा लोगों की नजरों से काफी दूर था। उनकी मुलाकात वहाँ लगभग हर दिन हुआ करती थी। इस बार उन्हें कोई बयान जारी करने या प्रस्ताव पास करने पर नहीं, काररवाई करने पर निर्णय लेना था।

□

शिवराम हरि राजगुरु और सुखदेव थापर, हिंदुस्तान सोशलिस्ट रिपब्लिकन एसोसिएशन (एच.एस.आर.ए.) के दो वरिष्ठ सदस्यों के बीच स्कॉट के अहंकार पर गरमागरम बहस हो रही थी कि तभी भगत सिंह अचानक आ पहुँचे। लाजपत राय पर निर्ममता से लाठियाँ बरसाए जाने और उनके लहूलुहान होने की खबर हर तरफ फैल चुकी थी। भगत सिंह ने उन्हें पूरी घटना का ब्योरा दिया और आशंका जताई कि 'पंजाब केसरी', जिस नाम से लाजपत राय मशहूर थे, अधिक दिनों तक जीवित नहीं रह सकेंगे। उन तीनों के ही दिलों में प्रतिशोध की ज्वाला धधकने लगी और उन्होंने हमले का जवाब देने का प्रण किया। एक सुझाव पुलिस के साथ जमकर लड़ाई लड़ने का था, वैसी ही जैसी कि बंगाल के क्रांतिकारी जतींद्रनाथ मुखर्जी और उनके चार साथियों ने लड़ी थी।

यह घटना प्रथम विश्व युद्ध के बाद घटी थी, जब जतींद्रनाथ अपने चार युवा क्रांतिकारी साथियों के साथ जर्मन जहाज 'एमडेन' से भारत के पूर्वी तट पर हथियारों को प्राप्त कर रहे थे। उनमें से किसी को भनक नहीं थी कि सैन्य पुलिस का दस्ता उनका पीछा कर रहा है। उन्हें जब पता चल ही गया तो उड़ीसा के बालासोर में उन्होंने पुलिस बल का सामना किया।

यह घटना प्रथम विश्व युद्ध के बाद घटी थी, जब जतींद्रनाथ अपने चार युवा क्रांतिकारी साथियों के साथ जर्मन जहाज *'एमडेन'* से भारत के पूर्वी तट पर हथियारों को प्राप्त कर रहे थे। उनमें से किसी को भनक नहीं थी कि सैन्य पुलिस का दस्ता उनका पीछा कर रहा है। उन्हें जब पता चल ही गया तो उड़ीसा के बालासोर में उन्होंने पुलिस बल का सामना किया। माउजर पिस्तौल से लैस क्रांतिकारियों

और बड़ी संख्या में मौजूद पुलिस एवं आधुनिक राइफलों से लैस सेना के सशस्त्र जवानों के बीच मुठभेड़ हुई, जो पचहत्तर मिनट तक चली। मुठभेड़ खत्म होने के बाद पता चला कि सरकारी सुरक्षा बलों के कई जवान मारे गए थे। क्रांतिकारियों में चित्तप्रिय राय चौधरी शहीद हो गए थे, जबकि जतिन और जतीश गंभीर रूप से घायल हुए और मनोरंजन सेनगुप्ता तथा नीरेन को गोलियाँ खत्म होने के बाद पकड़ लिया गया। पुलिस की गोलियों से घायल बाघा जतिन ने 10 सितंबर, 1915 को बालासोर के अस्पताल में दम तोड़ दिया।

भगत सिंह ने कहा कि पुलिस के साथ मुठभेड़ स्कॉट से बदला नहीं होगी। वे लंदन को 'खून के बदले खून' का संदेश देना चाहते थे। अगर अंग्रेज एक भारतीय को मारेंगे तो उन्हें दस अंग्रेजों की जान से उसकी कीमत चुकानी पड़ेगी।

17 नवंबर, 1928 को लाला लाजपत राय की मृत्यु हो गई। मौत से पहले उन्होंने अंग्रेजों को चेतावनी दी कि यदि लाहौर जैसी घटनाएँ होती रहीं तो 'नौजवान हाथ से निकल जाएँगे और फिर अपने देश की आजादी के लिए वे क्या कर बैठेंगे, यह मैं बता नहीं सकता।' बेशक, गांधी के तरीके पर से उनका विश्वास पहले ही उठने लगा था। उन्हें लगता था कि उनका तरीका उतना ही भोला-भाला और अनिश्चित था, जितना कि 'मध्य गरमी की रात का स्वप्न'।

एच.एस.आर.ए. की बैठक होने तक औपचारिक निर्णय को टाल दिया गया। इसकी सैन्य इकाई के मुखिया चंद्रशेखर आजाद, जो काकोरी कांड के बाद से ही भूमिगत थे, को तत्काल लाहौर लौटने का संदेश भेजा गया।

17 नवंबर, 1928 को लाला लाजपत राय की मृत्यु हो गई। मौत से पहले उन्होंने अंग्रेजों को चेतावनी दी कि यदि लाहौर जैसी घटनाएँ होती रहीं तो 'नौजवान हाथ से निकल जाएँगे और फिर अपने देश की आजादी के लिए वे क्या कर बैठेंगे, यह मैं बता नहीं सकता।' बेशक, गांधी के तरीके पर से उनका विश्वास पहले ही उठने लगा था। उन्हें लगता था कि उनका तरीका उतना ही भोला-भाला और अनिश्चित था, जितना कि 'मध्य गरमी की रात का स्वप्न'।

□

10 दिसंबर, 1928 की रात जब क्रांतिकारियों की बैठक हुई, तब उनका मिजाज पूरी तरह बिगड़ा हुआ था। दुर्गा देवी, जिन्हें स्नेह से सब 'दुर्गा भाभी' कहते

थे, वे बैठक की अध्यक्षता कर रही थीं। पार्टी के विचारक और एच.एस.आर. के घोषणा-पत्र के लेखक भगवती चरण वोहरा की पत्नी के रूप में क्रांतिकारियों के मन में उनके प्रति गहरा सम्मान था। वे स्वयं भी एक सम्मानित क्रांतिकारी थीं। वे गोलीबारी के एक मामले में तीन साल के लिए जेल जा चुकी थीं।

बैठक में स्कॉट के खात्मे का निर्णय एकमत से ले लिया गया। वह लाला लाजपत राय की मौत का जिम्मेदार था। उसे इसकी कीमत अपनी जान देकर चुकानी पड़ेगी। क्रांतिकारियों के दिमाग में कई तरह की बातें चल रही थीं। वे इस संदेश को फैलाना चाहते थे कि जरूरत पड़ने पर वे हिंसा का सहारा लेने से पीछे नहीं हटेंगे। उनका काम युवाओं को गुलामी की जिंदगी छोड़ने के लिए जगाना और विदेशी प्रभुत्व एवं आर्थिक शोषण के खिलाफ संघर्ष में हिस्सा लेने के लिए प्रेरित करना था। उनका लक्ष्य केवल अंग्रेजों को खदेड़ना नहीं था, बल्कि आर्थिक ठगी को भी समाप्त करना था।

भगत सिंह और उनके सहयोगी चाहते थे कि पूरी दुनिया जान ले कि भारत लाजपत राय की मौत को चुपचाप नहीं सहेगा। राजगुरु ने पुलिस को चुनौती देने और उससे लड़ते हुए शहीद होने का प्रस्ताव एक बार फिर रखा। उन्हें लगता था कि इस प्रकार की साहसिक और दिलेरी से की गई काररवाई युवाओं के जोश को बढ़ा देगी और एच.एस.आर.ए. के सदस्यों की संख्या तेजी से बढ़ेगी। इस प्रस्ताव को पूरी तरह से खारिज कर दिया गया, क्योंकि उद्‍देश्य लाजपत राय के हत्यारे को निशाना बनाना था।

देश में हालात का जायजा लेते हुए भगत सिंह ने कहा कि चारों ओर तनाव का माहौल है। बंगाल पार्टी ने सराहनीय काम किया था। उसने कुछ ब्रिटिश अधिकारियों की हत्या की थी, जिससे कई भयभीत अंग्रेज अपने परिवारों को वापस इंग्लैंड भेजने पर मजबूर हो गए थे। उन्होंने कहा, "युवाओं के खून में उबाल आ रहा है।"

दुर्गा देवी ने सबसे पहले स्वयंसेवकों से स्कॉट का वध करने को कहा और फिर इस काम के लिए अपना हाथ उठा दिया। क्रांतिकारी क्रांति के प्रति उनके संकल्प को समझते थे, क्योंकि वे मुश्किल वक्त में भी उनके साथ खड़ी रहीं। लेकिन वे उन्हें जोखिम में डालने की बात सोच भी नहीं सकते थे। कोई भी उन्हें इस काम में शामिल नहीं करना चाहता था। यह पुरुष-प्रधानता की बात नहीं थी। वे उनकी भाभी थीं, उनके सम्मानित कॉमरेड की पत्नी, जो अखिल भारतीय

कांग्रेस समिति के अधिवेशन में हिस्सा लेने के लिए कलकत्ता गए थे। न चाहते हुए भी उन्होंने अपना हाथ नीचे कर लिया और पूछा कि कौन-कौन इस काम को करना चाहेगा?

भगत सिंह, सुखदेव, राजगुरु और चंद्रशेखर आजाद के साथ-साथ लगभग उन सभी ने अपने हाथ उठाए। सुखदेव उनके रणनीतिकार थे। उन्होंने ही उन सभी को उपाय सुझाए थे। सुखदेव चाहते थे कि यह काम उन्हें ही मिले; लेकिन उन्हें इससे बाहर रखा गया, क्योंकि वे उनके लिए बेहद अहम थे। वे उस नेटवर्क के मास्टरमाइंड थे, जो देश के विभिन्न हिस्सों से, विशेष रूप से पंजाब के क्रांतिकारियों को एक साथ लाया था; हालाँकि उन्होंने फैसला करनेवाले की भूमिका को स्वीकार कर लिया। उन्होंने वहाँ मौजूद लोगों में से भगत सिंह, राजगुरु, चंद्रशेखर आजाद और जय गोपाल को चुना।

भगत सिंह, सुखदेव, राजगुरु और चंद्रशेखर आजाद के साथ-साथ लगभग उन सभी ने अपने हाथ उठाए। सुखदेव उनके रणनीतिकार थे। उन्होंने ही उन सभी को उपाय सुझाए थे। सुखदेव चाहते थे कि यह काम उन्हें ही मिले; लेकिन उन्हें इससे बाहर रखा गया, क्योंकि वे उनके लिए बेहद अहम थे। वे उस नेटवर्क के मास्टरमाइंड थे, जो देश के विभिन्न हिस्सों से, विशेष रूप से पंजाब के क्रांतिकारियों को एक साथ लाया था; हालाँकि उन्होंने फैसला करनेवाले की भूमिका को स्वीकार कर लिया।

काररवाई की योजना बनाते हुए सुखदेव ने कहा कि भगत सिंह ही स्कॉट का वध करेंगे। उन्हें भरोसा था कि एक बार उन्हें काम सौंप दिया गया तो वे उसे पूरा कर लेंगे। जैसे ही भगत सिंह के नाम की घोषणा हुई, कमरे में सब खुसुर-फुसुर करने लगे। उनमें से कुछ को यह आशंका हुई कि सुखदेव भगत सिंह की लोकप्रियता के चलते उन्हें रास्ते से हटाना चाहते हैं। स्कॉट को गोली मारना कठिन था, लेकिन पुलिस के शिकंजे से बचना तो असंभव था। सुखदेव ने ऐसा व्यवहार दिखाया, जैसे उन्होंने कानाफूसी सुनी ही नहीं। उन्होंने बाकी की योजना बता दी। राजगुरु को भगत सिंह के पास खड़े रहकर उनकी आड़ बनना था। आजाद को उनके भाग निकलने का इंतजाम करना था। जय गोपाल, जो उनके मुकाबले नए कॉमरेड थे, को छोटा सा काम दिया गया—यह बताने का कि स्कॉट पुलिस स्टेशन में कब आया। उसकी कार का नंबर 6728 था। जय गोपाल से कहा गया कि वे

इस नंबर को याद कर लें। स्कॉट के वध के लिए 17 दिसंबर, 1928 की तारीख निश्चित की गई।

□

हमला करने के लिए तय की गई तारीख से दो दिन पहले, 15 दिसंबर को, चार लोग अपने-अपने काम की रिहर्सल के लिए इकट्ठा हुए। इस समय तक हर एक अपनी-अपनी भूमिका से परिचित हो चुका था। भगत सिंह ने उस जगह को भी चुन लिया था, जहाँ से वे गोली चलाएँगे। आजाद ने भगत सिंह और राजगुरु को बताया कि कैसे वे भाग निकलने के लिए नजदीक के डी.ए.वी. स्कूल में जाएँगे। भगत सिंह ने लाल अक्षरोंवाला एक पोस्टर तैयार किया—SCOTT KILLED. उन्हें इसका अहसास भी नहीं था कि एक दिन अपने हाथों से लिखा वही पोस्टर उनके खिलाफ लाहौर षड्यंत्र केस में सबूत बन जाएगा; न ही उन्हें इसकी आशंका थी कि एच.एस. आर.ए. का एक शांत व समर्पित युवा सदस्य हंसराज वोहरा, जिसने उस पोस्टर की चार प्रतियाँ तैयार की थीं, एक दिन सरकारी गवाह बन जाएगा।

भगत सिंह इस बात का खयाल रखते थे कि वे जो भी काररवाई करें, उसमें एच.एस.आर.ए. के सशस्त्र विंग का नाम सामने आए। सशस्त्र क्रांति के बिना अंग्रेजों को खदेड़ना असंभव था। उनका कहना था कि स्कॉट की हत्या के बाद वे जो सूचना जारी करेंगे, उसमें एच.एस.आर.ए. सेना का नाम होगा। वे गर्व से कहा करते थे, "हमारी पार्टी का एक ताकतवर सैन्य विंग है।" वे चाहते थे कि इस सशस्त्र विंग की पहचान युवाओं के मन में ताकतवर बल के रूप में बन जाए, ताकि वे इसे एक ऐसा संगठन मानें, जो एक दिन ब्रिटिश सेना को चुनौती दे और शोषण करनेवाली साम्राज्यवादी व्यवस्था को ध्वस्त कर दे।

भगत सिंह इस बात का खयाल रखते थे कि वे जो भी काररवाई करें, उसमें एच.एस. आर.ए. के सशस्त्र विंग का नाम सामने आए। सशस्त्र क्रांति के बिना अंग्रेजों को खदेड़ना असंभव था। उनका कहना था कि स्कॉट की हत्या के बाद वे जो सूचना जारी करेंगे, उसमें एच.एस.आर.ए. सेना का नाम होगा। वे गर्व से कहा करते थे, "हमारी पार्टी का एक ताकतवर सैन्य विंग है।"

एच.एस.आर.ए. के साथ अपने मिशन के लिए भगत सिंह ने अपने बाल कटवा लिये थे और दाढ़ी साफ कर ली थी। यह आदेश पार्टी की ओर से था, ताकि उसके सदस्यों को पुलिस पहचान न सके। यह निर्णय फिरोजशाह कोटला में

हुई बैठक में लिया गया था, जब विभिन्न इकाइयों ने एच.एस.आर.ए. के साथ विलय का फैसला किया। सितंबर 1928 के मध्य में वे फिरोजपुर गए और एक डॉक्टर से अपने बाल कटवाए। (जय गोपाल भी बाद में सरकारी गवाह बन गया, जो उस समय भगत सिंह के साथ था, जब उनके बाल काटे गए और सुनवाई के दौरान इसके बारे में बताया, जिसे सांडर्स की हत्या में भगत सिंह के शामिल होने का सबूत बनाया गया।)

जय गोपाल को स्कॉट की पहचान की जिम्मेदारी सौंपी गई थी, जबकि उसने उसे पहले कभी देखा भी नहीं था। यह भी विचित्र है कि जय गोपाल ने यह बात किसी से बताई भी नहीं। यह उसकी प्रतिष्ठा के लिए इतनी बड़ी जिम्मेदारी थी कि वह इसे हाथ से जाने नहीं देना चाहता था। यह और बात है कि उसने सबकुछ तहस-नहस कर दिया।

17 दिसंबर, 1928 को स्कॉट पुलिस स्टेशन नहीं आया। उसने अपनी सास को रिसीव करने के लिए छुट्टी ले रखी थी, जो इंग्लैंड से भारत पहुँच रही थी। जय गोपाल ने गलती से असिस्टेंट सुपरिंटेंडेंट जे.पी. सांडर्स को स्कॉट समझ लिया और आजाद भगत सिंह एवं राजगुरु को सुबह 10 बजे उसके पुलिस स्टेशन आने की सूचना दे दी। कुछ घंटे बाद तीनों ने पुलिस स्टेशन के बाहर अपनी-अपनी जगह सँभाली और स्कॉट के बाहर निकलने का इंतजार करने लगे।

17 दिसंबर, 1928 को स्कॉट पुलिस स्टेशन नहीं आया। उसने अपनी सास को रिसीव करने के लिए छुट्टी ले रखी थी, जो इंग्लैंड से भारत पहुँच रही थी। जय गोपाल ने गलती से असिस्टेंट सुपरिंटेंडेंट जे.पी. सांडर्स को स्कॉट समझ लिया और आजाद भगत सिंह एवं राजगुरु को सुबह 10 बजे उसके पुलिस स्टेशन आने की सूचना दे दी। कुछ घंटे बाद तीनों ने पुलिस स्टेशन के बाहर अपनी-अपनी जगह सँभाली और स्कॉट के बाहर निकलने का इंतजार करने लगे।

दोपहर में जब सांडर्स पुलिस स्टेशन से बाहर आया और अपनी मोटरसाइकिल पर सवार होने ही वाला था कि राजगुरु ने अपनी जर्मन माउजर पिस्तौल की एक गोली से उसे वहीं मार डाला। भगत सिंह चिल्लाए, "नहीं-नहीं, यह वह नहीं है!" लेकिन तब तक काफी देर हो चुकी थी। उस समय तक राजगुरु, जो अचूक निशानेबाज थे, उसे मार चुके थे। एक ही गोली में काम हो गया था। भगत सिंह ने

भी मृत शरीर में कुछ गोलियाँ उतार दीं। फिर योजना के अनुसार, भगत सिंह और राजगुरु डी.ए.वी. कॉलेज की तरफ भागे, जो पुलिस स्टेशन से कुछ ही गज के फासले पर था।

आजाद ने उन्हें आड़ देने के लिए अपनी जगह सँभाल ली थी। एक अंग्रेज अधिकारी इंस्पेक्टर डब्ल्यू.जे.सी. फर्न शोरगुल सुनकर बाहर आया; लेकिन आजाद की ओर से चलाई गई दो गोलियाँ जैसे ही उसके सिर के ऊपर से निकलीं, वह वापस अंदर भाग गया। हेड कांस्टेबल चानन सिंह ने जैसे ही गोली की आवाज सुनी, सांडर्स की मदद के लिए भागकर आया। एक वही था, जिसने भगत सिंह, राजगुरु और आजाद का उस वक्त पीछा किया, जब वे सांडर्स को वहाँ मृत छोड़कर भाग रहे थे। चानन सिंह को रोकने के लिए भगत सिंह ने चिल्लाकर कहा, "रुक जाओ, हम किसी भारतीय को नहीं मारना चाहते।" लेकिन चानन सिंह नहीं रुका। राजगुरु ने उसे वहीं गोली मार दी। आसपास के मकानों से कई लोग अपनी-अपनी खिड़कियों से इस दृश्य को देख रहे थे। उनमें से एक क्रांतिकारी उर्दू शायर फैज अहमद फैज भी थे।

तीनों क्रांतिकारी डी.ए.वी. कॉलेज परिसर में घुसे और उस दीवार को फाँद गए, जो कॉलेज व हॉस्टल के बीच बनी थी। वे हॉस्टल में कुछ देर रुके और फिर जब देखा कि कोई उनका पीछा नहीं कर रहा था, तब आराम से चलने लगे। उन्होंने अपनी-अपनी साइकिल उठाई, जिन्हें आजाद ने हॉस्टल के शौचालय की दीवार के साथ लगाकर खड़ा कर दिया था। उन सभी ने चारों तरफ नजरें दौड़ाकर देखा कि कहीं कोई उनका पीछा तो नहीं कर रहा और फिर मस्त चाल से पैडल मारते हुए अपने ठिकाने मोजांग रोड वाले घर तक पहुँच गए।

उनके चले जाने के काफी देर बाद एक पुलिस दल मौके पर पहुँचा। हॉस्टल को घेर लिया गया। वहाँ रहनेवालों को बाहर बुलाया गया। एक-एक कमरे की तलाशी ली गई। पुलिस ने कॉलेज के चप्पे-चप्पे को भी छान मारा, लेकिन उसे जुर्म करनेवालों का कोई सुराग नहीं मिला। पंजाब सरकार ने गृह विभाग को सूचित किया—'आज दोपहर दो युवकों ने असिस्टेंट सुपरिंटेंडेंट पुलिस सांडर्स की गोली मारकर हत्या कर दी, जो पहले डी.ए.वी. कॉलेज में जाकर छिप गए और फिर साइकिल से कहीं दूर निकल गए"'

उनके चले जाने के काफी देर बाद

एक पुलिस दल मौके पर पहुँचा। हॉस्टल को घेर लिया गया। वहाँ रहनेवालों को बाहर बुलाया गया। एक-एक कमरे की तलाशी ली गई। पुलिस ने कॉलेज के चप्पे-चप्पे को भी छान मारा, लेकिन उसे जुर्म करनेवालों का कोई सुराग नहीं मिला। पंजाब सरकार ने गृह विभाग को सूचित किया—'आज दोपहर दो युवकों ने असिस्टेंट सुपरिंटेंडेंट पुलिस सांडर्स की गोली मारकर हत्या कर दी, जो पहले डी.ए.वी. कॉलेज में जाकर छिप गए और फिर साइकिल से कहीं दूर निकल गए...'

जब तक अधिकारियों को सांडर्स की हत्या का पता चला, तीनों क्रांतिकारी मोजांग रोड वाले घर पर सुरक्षित बैठे थे और घटना पर चर्चा कर रहे थे। उन्हें सूचित करने के बाद कि स्कॉट पुलिस स्टेशन पहुँच चुका है, जय गोपाल घर चला गया था। वे उसे बता भी नहीं पाए कि उसकी गलती के कारण स्कॉट की जगह सांडर्स मारा गया था।

लाहौर के लगभग हर पुलिसवाले को हत्यारों की तलाश के लिए ड्यूटी पर लगा दिया गया था। सारी सड़कों और शहर से बाहर जानेवाले रास्तों पर भारी पुलिस बंदोबस्त था। अधिकारियों को इस घटना के पीछे क्रांतिकारियों का हाथ होने का शक था; लेकिन वे न तो हत्यारों के बारे में जान पाए थे, न ही यह समझ पा रहे थे कि वे कहाँ गायब हो गए।

सांडर्स की हत्या की खबर जंगल की आग की तरह फैल गई। लाहौर के अनेक स्थानों पर पोस्टर लग गए। उनमें से सबसे प्रमुख था वह पोस्टर, जिस पर भगत सिंह ने जल्दी-जल्दी में स्कॉट के नाम पर सांडर्स का नाम छापा था। पोस्टर पर लिखा था—

हिंदुस्तान सोशलिस्ट रिपब्लिकन आर्मी

नोटिस

जे.पी. सांडर्स मारा गया, लाला लाजपत राय का बदला ले लिया।

सच में इसकी कल्पना करना भी भयावह है कि जे.पी. सांडर्स जैसा सामान्य और हिंसक पुलिस अधिकारी कभी इतने बुजुर्ग, इतने सम्मानित व्यक्ति के शरीर को अपमानजनक तरीके से छूने की हिम्मत कर पाएगा, जिन्हें हिंदुस्तान के 30 करोड़ लोग चाहते थे और उनकी मृत्यु का कारण बनेगा। भारत की राष्ट्रीयता के माथे पर कई हमले कर भारत के युवाओं और पुरुषत्व को चुनौती दी गई थी और अब पूरी दुनिया यह जान ले कि भारत अब भी जिंदा है। यह भी कि युवाओं का खून अभी ठंडा नहीं पड़ा है और देश के सम्मान पर यदि

आँच आई तो वे अब भी अपनी जान को जोखिम में डालने से नहीं हिचकेंगे और उन लोगों की इस काररवाई से यह साबित हो चुका है, जो गुमनाम हैं और जिन्हें हमेशा से ही अपने लोगों द्वारा भी सताया, अपमानित और उपेक्षित किया गया है।

होशियार, ओ अत्याचारियो, होशियार!

दमन और शोषण के शिकार देश की भावनाओं को कभी चोट मत पहुँचाना। ऐसे शैतानी कृत्यों से पहले दोबारा सोचना और याद रखना कि 'आर्म्स एक्ट' और हथियारों की तस्करी पर कड़ी निगरानी के बाद भी पिस्तौल घूमते रहें। अगर आज वे सशस्त्र क्रांति के लिए पर्याप्त नहीं हैं तो इतनी तो हैं ही कि राष्ट्रीय अपमानों का बदला ले सकें। अपने ही सगे-संबंधियों की सारी भर्त्सना और निंदा, विदेशी सरकार के क्रूर दमन और जुल्म के बावजूद युवाओं की यह पार्टी घमंडी शासकों को सबक सिखाने के लिए जीती रहेगी। वे इतने साहसी होंगे कि विरोध और उत्पीड़न के तूफान के बीच बलिवेदी पर भी जिंदाबाद के नारे लगाएँगे।

इनकलाब जिंदाबाद!

एक व्यक्ति की मौत पर खेद है; लेकिन इस व्यक्ति के साथ उस संस्थान के प्रतिनिधि की मौत हुई है, जो इतना क्रूर, नीच और अधम है कि इसे हर हाल में जड़ से उखाड़ना होगा। इस व्यक्ति के साथ भारत में अंग्रेजी सत्ता के एक एजेंट की मौत हुई है, जो दुनिया की सारी सरकारों में सबसे अत्याचारी सरकार है।

एक मनुष्य के रक्तपात का खेद है, लेकिन क्रांति की वेदी पर व्यक्तियों का बलिदान, जिससे सभी को स्वतंत्रता मिलेगी और मनुष्य का मनुष्य द्वारा शोषण असंभव हो जाएगा, अवश्यंभावी है।

इनकलाब जिंदाबाद!
दिनांक 18 दिसंबर, 1928
अधोहस्ताक्षरी—बलराज
कमांडर-इन-चीफ

मोजांग रोड वाले घर पर छिपे भगत सिंह, आजाद और राजगुरु लाहौर से भाग निकलने के विकल्पों पर विचार कर रहे थे, जहाँ उन्हें अंदाजा था कि कितनी भारी तादाद में पुलिस जुट रही होगी। वे कुछ समय तक निष्क्रिय रहने के बाद

फिर से सामने आने पर विचार कर रहे थे। वैसे भी उन्हें केवल एक व्यक्ति हेड कांस्टेबल चानन सिंह ने ही देखा था, जो मर चुका था। उन्हें पहचाननेवाला कोई चश्मदीद नहीं था।

इसके बावजूद वे बेचैन थे। पुलिस जल्दी ही शिकंजा कसने वाली थी और उनका पकड़ा जाना बस, कुछ समय की बात थी। भगत सिंह का दिल कह रहा था कि पुलिस ने शहर में क्रांतिकारियों की तलाश शुरू कर दी होगी और वह सहानुभूति रखनेवालों के दरवाजों पर दस्तक दे रही होगी। उनमें से कई क्रांतिकारी अलग-अलग जगहों में फैले थे। कभी-न-कभी कोई राज खोल देगा और उनके छिपने के ठिकाने की जानकारी पुलिस को दे देगा। वे दूसरों को मुसीबत में नहीं डाल सकते थे। उन्हें जल्द-से-जल्द शहर छोड़ देना होगा।

□

विचित्र सी बात है कि उन्होंने हत्या की योजना गहराई से बनाई थी, लेकिन लाहौर से भाग निकलने पर बिल्कुल भी ध्यान नहीं दिया था। इससे उनकी बहादुरी का तो पता चलता है, लेकिन रणनीति का नहीं। उन्हें सूझ नहीं रहा था कि अब क्या करें; लेकिन सुखदेव के आते ही उन्हें राहत मिली। सुखदेव उनकी उलझन को भाँप चुके थे और उन्हें बताया कि कैसे भाग निकलना है। उन्होंने उन तीनों से कहा कि वे दुर्गा देवी के घर जाएँ और जैसे ही मौका मिले, वहाँ से निकल जाएँ। हालाँकि उनके घर पर रात 11 बजे से सुबह 5 बजे तक निगरानी रखी जा रही थी। उस समय तक उन्हें मोजांग रोड वाले घर पर इंतजार करना था।

भगत सिंह इतने आत्मविश्वास से भरे थे कि उसी दिन बाद में वे मुख्य पोस्ट ऑफिस तक चले गए, जहाँ कोई दोस्त या समर्थक मिल जाए, जो कुछ पैसे दे सके। वे भीड़ के बीच से निकल रहे थे, तभी उनकी नजर सोहन सिंह जोश पर पड़ी, जो एक पुराने कॉमरेड थे। जोश ने उन्हें उस

भगत सिंह इतने आत्मविश्वास से भरे थे कि उसी दिन बाद में वे मुख्य पोस्ट ऑफिस तक चले गए, जहाँ कोई दोस्त या समर्थक मिल जाए, जो कुछ पैसे दे सके। वे भीड़ के बीच से निकल रहे थे, तभी उनकी नजर सोहन सिंह जोश पर पड़ी, जो एक पुराने कॉमरेड थे। जोश ने उन्हें उस काम के लिए शाबाशी दी, जो तीनों ने किया था और भगत सिंह को आगाह किया कि वे कुछ दिनों तक किसी भी सार्वजनिक स्थल पर न जाएँ; लेकिन उनके पास देने को पैसे नहीं थे।

काम के लिए शाबाशी दी, जो तीनों ने किया था और भगत सिंह को आगाह किया कि वे कुछ दिनों तक किसी भी सार्वजनिक स्थल पर न जाएँ; लेकिन उनके पास देने को पैसे नहीं थे।

अगली सुबह जब भगत सिंह, राजगुरु और चंद्रशेखर आजाद दुर्गा देवी के घर जाने के लिए मोजांग रोड के पीछे गेहूँ के खेत में छिपते-छिपाते निकले, तब तक अँधेरा ही था। मैदान पर ओस बिखरी थी, जिसके चलते वह किसी सफेद चादर की तरह दिख रहा था और सन्नाटा ऐसा था कि ताजा-ताजा उगी फसल को रौंदते अपने ही कदमों की आवाज उन्हें साफ सुनाई दे रही थी। रहटवाले कुएँ से निकले पानी की गड़गड़ाहट, मवेशियों की घंटियों की आवाज और बिना तेल के बैलगाड़ी के पहियों की चरमराहट को सुनकर गाँव के लोग जागने लगे थे। कुछ किसान तो खेतों में पहुँच गए थे, कुछ स्नान कर रहे थे और कुछ खेती में जुटे थे।

हरे-भरे खेत का दृश्य अकसर भगत सिंह को प्रेरित करता था। वे उन्हें उनकी जड़ों, ग्रामीण पृष्ठभूमि और अपने खेतों की याद दिलाते थे। वे उस समय के बारे में सोचने लगे, जब गेहूँ और अन्य कृषि उत्पाद उनके घर आया करते थे। उनकी माँ अपने खेतों में पसीना बहानेवालों के लिए बड़ा दिल रखती थीं। उन्होंने अपने पिता से कई बार कहा था कि वे जमीन को उन लोगों को सौंप दें, जो उन पर खेती किया करते थे। यह सुनकर उनके पिता अकसर भड़क जाते थे। लेकिन भगत सिंह इस बात पर यकीन करते थे कि जमीन उसी की होती है, जो उसे जोतता है और उसकी देखभाल करता है।

सुबह के 5 बजे से कुछ समय बाद जब पुलिस दुर्गा देवी के घर के बाहर से चली गई, तब भगत सिंह और उनके दो साथियों ने दरवाजा खटखटाया। इतनी सुबह-सुबह शायद ही कोई मेहमान आता था। वे सावधान हो गईं और दरवाजा खोलने से पहले हिचकिचा रही थीं। उन्होंने देखा तो हैरान रह गईं। सामने भगत सिंह खड़े थे। वे अंदर गए और उनके साथ-साथ राजगुरु व आजाद भी चले गए। दुर्गा

भगत सिंह ने उनसे कहा कि सुखदेव ने उस दिन उन्हें लाहौर से निकल जाने का सुझाव दिया है। उन्होंने जब ट्रेन से कलकत्ता जाने की अपनी योजना का खुलासा किया, जहाँ उनके पति अखिल भारतीय कांग्रेस समिति के वार्षिक अधिवेशन में हिस्सा लेने गए थे तो वे सोचने लगीं कि क्या यह संभव होगा कि वे ट्रेन से जाएँ और कोई उन्हें पहचान भी न सके।

देवी ने काम को अच्छी तरह पूरा करने पर बधाई दी। उन्होंने बताया कि गलती से उन्होंने स्कॉट की बजाय सांडर्स को मार डाला था। लेकिन वे पहले ही इस बात को जान चुकी थीं। वे बोलीं कि इससे उनके साहसिक काम को कम नहीं आँका जा सकता है।

भगत सिंह ने उनसे कहा कि सुखदेव ने उस दिन उन्हें लाहौर से निकल जाने का सुझाव दिया है। उन्होंने जब ट्रेन से कलकत्ता जाने की अपनी योजना का खुलासा किया, जहाँ उनके पति अखिल भारतीय कांग्रेस समिति के वार्षिक अधिवेशन में हिस्सा लेने गए थे तो वे सोचने लगीं कि क्या यह संभव होगा कि वे ट्रेन से जाएँ और कोई उन्हें पहचान भी न सके। अंदेशा तो उन तीनों को भी था, क्योंकि स्टेशन पर पुलिस पूरी तरह मुस्तैद होगी; लेकिन उनके पास इसके सिवाय कोई चारा भी नहीं था। सुखदेव ने सुझाया था कि उनके लिए देहरादून एक्सप्रेस सबसे अच्छा विकल्प होगी, क्योंकि वह कलकत्ता के लिए तड़के ही रवाना होती थी। उनके पास वक्त बहुत कम था। सुखदेव ने विस्तृत योजना तैयार की थी। भगत सिंह खुद को दुर्गा देवी का पति बताएँगे। दुर्गा देवी 'सुजाता' के नाम से सफर करेंगी, जबकि भगत सिंह 'रंजीत' के छद्म नाम से यात्रा करेंगे। दुर्गा देवी का तीन साल का बेटा सचिन उन दोनों का बेटा बनेगा। राजगुरु उनके सेवक की भूमिका में रहेंगे। लेकिन उनके पास पैसे नहीं थे। दुर्गा देवी ने तुरंत 500 रुपए निकालकर उन्हें दिए, जिसे उनके पति भगवती चरण वोहरा घर के खर्च के लिए देकर गए थे।

इस बीच आजाद ने अलग योजना बनाई थी और घर से अकेले ही निकल गए थे। वे दर्शन के लिए मथुरा के भगवान् श्रीकृष्ण के मंदिर जा रहे श्रद्धालुओं की टोली में शामिल हो गए। उनकी ही तरह के वस्त्र पहनकर, भजन गाते हुए वे बड़ी आसानी से पुलिसवालों की नजरों के सामने से निकल गए, जिन्होंने उस टोली को रोकना तो दूर, उनकी पहचान को जाँचने की कोशिश भी नहीं की।

□

लाहौर का रेलवे स्टेशन किसी किले में तब्दील हो चुका था, जहाँ चप्पे-चप्पे पर पुलिस तैनात थी। एक दंपती, जिसमें पति यूरोपीय कपड़ों में था और पत्नी महँगी साड़ी में उसके साथ-साथ चल रही थी, पूरे आत्मविश्वास के साथ फर्स्ट क्लास कंपार्टमेंट तक पहुँच गया। उनके पीछे-पीछे एक बच्चे को गोद में लिये उनका सेवक चल रहा था। यह दल इतनी ठसक के साथ चल रहा था कि पुलिसवालों की उनके पास फटकने की हिम्मत तक नहीं पड़ी। भगवती चरण के ओवरकोट और फेल्ट

भगत सिंह को यकीन था कि अब तक किसी ने भी उनका या राजगुरु का नाम सांडर्स की हत्या में नहीं लिया था। उनकी बात सही थी। वे और उनके कॉमरेड संदिग्धों में शामिल नहीं थे। भले ही सरकार को इस बात की आशंका बहुत अधिक थी कि सांडर्स की हत्या में क्रांतिकारियों का ही हाथ है, लेकिन उनके शामिल होने की इस शंका के पीछे कोई ठोस सबूत नहीं था। एच.एस.आर.ए. आर्मी के पोस्टर ने क्रांतिकारियों का हाथ होने की पुष्टि कर दी थी, लेकिन इसके अलावा कोई सुराग नहीं था।

हैट में, जिसे एक मेहमान कुछ महीने पहले दुर्गा देवी के घर पर गलती से भूल गया था, किसी सरकारी अधिकारी की तरह तैयार हुए भगत सिंह अपनी भूमिका को रोबीले अंदाज में निभा रहे थे। जैसा कि अकसर सरकारी अधिकारी किया करते थे, उनके बक्से पर साफ अक्षरों में नाम लिखे थे। भगत सिंह को यकीन था कि अब तक किसी ने भी उनका या राजगुरु का नाम सांडर्स की हत्या में नहीं लिया था। उनकी बात सही थी। वे और उनके कॉमरेड संदिग्धों में शामिल नहीं थे। भले ही सरकार को इस बात की आशंका बहुत अधिक थी कि सांडर्स की हत्या में क्रांतिकारियों का ही हाथ है, लेकिन उनके शामिल होने की इस शंका के पीछे कोई ठोस सबूत नहीं था। एच.एस.आर.ए. आर्मी के पोस्टर ने क्रांतिकारियों का हाथ होने की पुष्टि कर दी थी, लेकिन इसके अलावा कोई सुराग नहीं था।

फर्स्ट क्लास के सभी यात्रियों को ट्रेन में सवार होने से पहले अपना नाम बताना पड़ता था। भगत सिंह ने टिकट पहले ही खरीद लिया था, जिसे टिकटों की जाँच कर रहे अधिकारी की तरफ बढ़ा दिया। वे जैसे ही कंपार्टमेंट के पास पहुँचे, वहाँ खड़े पुलिसवालों ने धीमे स्वर में कहा, “ये साहेब लोग हैं। कोई बड़ा सरकारी अधिकारी लगता है, जो अपने परिवार के साथ यात्रा कर रहा है।” इसके बाद वे अपनी-अपनी सीट पर बैठ गए और गोरे अधिकारियों की नाक के नीचे से आसानी से निकल गए, जो अपनी-अपनी पत्नी और बच्चों को रूमाल हिलाकर विदा कर रहे थे, जब देहरादून एक्सप्रेस धीरे-धीरे लाहौर से बाहर निकल रही थी। उन पर किसी को रत्ती भर भी शक नहीं हुआ था। कुछ देर तक वे तनाव में थे; लेकिन ट्रेन ने जैसे ही रफ्तार पकड़ी, उन्हें सुकून महसूस हुआ। आखिरकार, वे पुलिस को चकमा देने में कामयाब हो चुके थे।

□

भगत सिंह जब तेजी से पीछे भागते खेतों और गाँवों को देख रहे थे, तब उन्हें भारत की भावना के साथ अपनेपन का अहसास हुआ, देश के संघर्ष और त्याग के साथ जुड़ाव का अनुभव हुआ, जहाँ लोगों ने अपनी पहचान को, अपने अस्तित्व को सदियों तक अनगिनत आक्रमणकारियों से बचाकर रखा था। हमलावर आए और चले गए, साम्राज्य बने और बिखर गए। राजवंशों का उदय और पतन हुआ। भारत पर बार-बार विजय प्राप्त की गई, उसे तहस-नहस किया गया, लेकिन वह जिंदा रहा। विदेशी शासन किसी तूफान की तरह आया और चला गया, लेकिन शायद ही कभी देश में जीवन की लय बिगड़ी या नैतिक आचारों और पारंपरिक मूल्यों में कोई परिवर्तन आया। राजाओं और उनके साम्राज्यों से कभी लोगों की निजता, उनके मूल्यों या उनके जन्मजात आत्मसम्मान पर असर नहीं पड़ा।

समय उस प्रभाव का मूक दर्शक बना रहा, जो भारत ने सभी विदेशियों पर डाला था, जो इसे अपने अधीन करने आए थे, लेकिन अंततः अपना घर बना लिया। गुलाम वंश के दौरान और मुगलों के शासन के दौरान सभी एक मिले-जुले समाज में समा गए, जैसा कि सदियों पहले बौद्धों और जैनों के मामले में हुआ था। बरसों तक शासक और शासित उसी चित्रपट का हिस्सा बनते चले गए, विभिन्न सूत्रों से अपनी शक्ति को प्राप्त किया, जो देश के ताने-बाने में बुनी गई थी, जिससे एक ऐसी व्यवस्था का निर्माण हुआ, जिसमें विभिन्न रंग एक सरल और सुघड़ रूप में दिखाई पड़ते थे। लोगों को धर्म, जाति या भाषा ने एक साथ जोड़कर नहीं रखा था, बल्कि एक प्रकार के जीवन जीने का तरीका था, जो किसी की विविधता और व्यक्तिगत पहचान को एक साथ दिखाता था। यह सहिष्णुता और समायोजन के साथ ही भागीदारी का साझा अनुभव था।

समय उस प्रभाव का मूक दर्शक बना रहा, जो भारत ने सभी विदेशियों पर डाला था, जो इसे अपने अधीन करने आए थे, लेकिन अंततः अपना घर बना लिया। गुलाम वंश के दौरान और मुगलों के शासन के दौरान सभी एक मिले-जुले समाज में समा गए, जैसा कि सदियों पहले बौद्धों और जैनों के मामले में हुआ था।

गंगा ने जिस प्रकार अनगिनत धाराओं को अपनी गोद में समा रखा था, चाहे उग्र हों, शांत या मैली, उसी प्रकार भारत ने भी विभिन्न देशों से आए विचित्र और शक्तिशाली लोगों को अपने भीतर समा लिया। न नदी मैली हुई, न ही यह देश; दोनों

ही पवित्र रहे। यहाँ संगीत और नृत्य था तो तलवारें भी आपस में टकराती थीं और तोपें भी गरजती थीं। इन सबके बावजूद माहौल में सद्भाव और शांति का कोमल भाव भी था। भगत सिंह को इस बात का मलाल था कि भारतीय लोग इसी धैर्य के कारण अपनी गरीबी को भी सौम्यता से स्वीकार कर चुके थे। वे अपनी दुर्दशा का जिम्मेदार अपनी किस्मत को ठहराते थे। लोगों के बीच इस प्रकार की निराशा को बढ़ाने का जिम्मेदार वे गांधी को मानते थे, जो इसे 'गीता' के श्रेष्ठ वचनों को दोहराकर पुष्ट करते थे।

भले ही वे यह जानते थे कि उनका पीछा नहीं किया जा रहा है, फिर भी दुर्गा देवी ने सुझाव दिया कि वे कानपुर में ही उतर जाएँ। वे स्टेशन के करीब ही एक होटल में रुके। दुर्गा देवी ने अपने पति को टेलीग्राम भेजकर अपने आने की सूचना दी और लिखा कि वे अपने भाई के साथ हैं। इस संदेश के जरिए वे भगत सिंह के आने की सूचना देना चाहती थीं, क्योंकि उनका अपना कोई भाई नहीं था। अगली सुबह वे कलकत्ता की ट्रेन में सवार हुए।

यहाँ तक भगत सिंह की दुर्गा देवी से एक या दो बार ही थोड़ी-बहुत बातचीत हुई थी। उनके मन में पिछले कुछ दिनों की बातें घूम रही थीं। अब अचानक ही उनके मन में अपने बारे में सबकुछ बता देने की बेचैनी मच गई, खासतौर पर यह बताने की कि वह कैसे क्रांति की राह पर निकल पड़े। उन्होंने लाहौर के नेशनल कॉलेज के दिनों के बारे में बताया, जिसकी स्थापना ऐसे कुछ पंजाबियों ने की थी, जो उस सूबे के युवाओं के बीच राष्ट्रवाद का संदेश फैलाना चाहते थे। भीमसेन सच्चर, जो आगे चलकर पंजाब के मुख्यमंत्री बने, उसके रजिस्ट्रार थे। क्रांतिकारी विचारोंवाले छबील दास प्रिंसिपल थे, जो छात्रों को देशभक्ति पर व्याख्यान दिया करते थे। उनकी चार पंक्तियाँ काफी मशहूर हैं—

दुनिया से गुलामी का मैं नाम मिटा दूँगा
इक बार जमाने को मैं आजाद करा दूँगा,
जो लोग गरीबों पर करते हैं सितम नाहक
गर दम है मेरा कायम गिन-गिन के सजा दूँगा।

भगत सिंह ने दुर्गा देवी के सामने स्वीकार किया कि व्यक्तिगत रूप से वे क्रांतिकारी हिंसा के साथ होनेवाले उपद्रव को पसंद नहीं करते थे, लेकिन अंग्रेज उन पर इतने कठोर और क्रूर थे कि उन्हें लगता था कि उसकी तुलना में उपद्रव न के बराबर थे। देश का भाग्य बदलने के लिए अंग्रेजों को उखाड़ फेंकनेवाली क्रांति

आवश्यक थी। उन्होंने दुर्गा देवी को बताया कि बंगाल के क्रांतिकारी और नेशनल कॉलेज में उनके समकालीन शचींद्रनाथ सान्याल ने उन्हें स्पष्ट रूप से कहा था कि क्रांति की सच्ची भावना उनके मन में तभी जागेगी, जब वे अपने घर को छोड़ देंगे। कलम से आग उगलनेवाले लेखक यशपाल, जो नेशनल कॉलेज के ही थे, का कहना था कि जब तक पुरुष अपने-अपने परिवारों में विशुद्ध रूप से निजी जीवन बिताते रहेंगे, तब तक वे स्वाभाविक बंधनों में बँधे रहेंगे। वे कभी आजाद नहीं हो सकते। वक्त की यह माँग थी कि पूरे समाज, और सच कहें तो पूरी मानवता, के विषय में समग्र रूप से सोचा जाए। उन्हें दुनिया के बीच जाना ही होगा और इतिहास के मंच पर अपनी भूमिका निभानी पड़ेगी।

दुर्गा देवी सुखदेव को एक कुशल रणनीतिकार के रूप में जानती थीं। वे जानना चाहती थीं कि वे किसे संवेदनशील और भावनात्मक मानते थे, कैसे वे सुखदेव के करीब आए। उन्हें बताया गया कि सुखदेव से उनकी पहली मुलाकात नेशनल कॉलेज में हुई और उस मुलाकात के बिना वे एक-दूसरे से अलग नहीं रह सके। भगत सिंह ने दुर्गा देवी को बताया कि कैसे सुखदेव और वह भारत की राजनीतिक स्थिति और उस क्रांतिकारी जोश के अभाव पर अंतहीन चर्चा किया करते थे, जिसके बिना उन्हें नहीं लगता था कि अंग्रेजों या पूँजीवादियों के वर्चस्व से देश आसानी से मुक्त हो सकेगा। वे द्वारका दास लाइब्रेरी से ली गई पुस्तकों पर नोट्स का आदान-प्रदान किया करते थे। निजी पैसे से चलनेवाली उस लाइब्रेरी में इटली, रूस, आयरलैंड और चीन में हुए क्रांतिकारी आंदोलनों के इतिहास पर नवीनतम किताबें मौजूद थीं। उन दोनों की दिलचस्पी मुख्य रूप से राजनीति और अर्थशास्त्र में थी, लेकिन उनकी अभिरुचि जीवन के सौंदर्य के पक्ष पर भी समान रूप से थी। वे संगीत और कला के लिए भी समय निकाल लिया करते थे और यही दो विषय थे, जिन पर वे क्रांति और क्रांतिकारियों पर चर्चा से अलग जाकर बात किया करते थे।

दुर्गा देवी सुखदेव को एक कुशल रणनीतिकार के रूप में जानती थीं। वे जानना चाहती थीं कि वे किसे संवेदनशील और भावनात्मक मानते थे, कैसे वे सुखदेव के करीब आए। उन्हें बताया गया कि सुखदेव से उनकी पहली मुलाकात नेशनल कॉलेज में हुई और उस मुलाकात के बिना वे एक-दूसरे से अलग नहीं रह सके।

भगत सिंह ने दुर्गा देवी को बताया कि सिर्फ एक बार दोनों के बीच गंभीर मतभेद तब हुआ, जब वे विक्टर ह्यूगो के आखिरी उपन्यास 'नाइनटी-थ्री' के एक अध्याय सीमोरडेन पर चर्चा कर रहे थे। सुखदेव ने सीमोरडेन के किरदार की इस बात को लेकर निंदा की थी कि उसने गुइवानो के लिए मौत की सजा के फैसले के बाद खुदकुशी कर ली, क्योंकि उसे उन्होंने ही पाला-पोसा था और जो गणतंत्र के सबसे होनहार नौजवानों में से एक था। सुखदेव का मानना था कि क्रांतिकारी सिद्धांतों को हर हाल में व्यक्तिगत भावनाओं से ऊपर रखा जाना चाहिए। सुखदेव ने कहा कि सीमोरडेन ने भावुकता के आगे हथियार डाल दिए, जो एक क्रांतिकारी को शोभा नहीं देता। उसे गुइवानो को मौत को गले लगाने देना चाहिए था, लेकिन भगत सिंह ने सीमोरडेन के कदम को इस आधार पर सही ठहराया कि जब उसने गुइवानो को मौत की सजा सुनाई तो उसने क्रांतिकारी होने के अपने धर्म को निभाया। भगत सिंह की दलील थी कि सीमोरडेन ने इस कारण आत्महत्या की, क्योंकि वह गुइवानो से स्नेह रखता था। वह दोनों के बीच तालमेल नहीं बिठा सका—एक तरफ अपने दोस्त के प्रति प्रेम था तो दूसरी तरफ न्याय की कुरसी पर बैठकर उसे अपना कर्तव्य निभाना था। भगत सिंह ने जब ऐसा कहा तो उन्हें अहसास नहीं था कि वे गांधी की भाषा बोल रहे हैं। यदि साधन सही नहीं तो साध्य का भी गलत होना निश्चित होता है।

भगत सिंह के लिए भावनाएँ महत्त्वपूर्ण थीं। किसी क्रांतिकारी में मानवीय भावनाएँ न हों, ऐसा नहीं हो सकता। भावनाएँ ही उसे किसी आतंकवादी से अलग बनाती हैं। उनका मानना था कि संवेदनशील-सहानुभूतिपूर्ण स्वभाव कट्टरपंथियों पर लगाता है और बेवजह की हिंसा से उन्हें रोकता है। भगत सिंह नहीं चाहते थे कि क्रांतिकारी भावनात्मक या संवेदनशील रूप से शून्य हों और निष्ठुर बन जाएँ। जैसा कि सुखदेव कहा करते थे, "भगत सिंह के मानवीय सोच में किसी हद तक स्वच्छंदतावाद की झलक

भगत सिंह के लिए भावनाएँ महत्त्वपूर्ण थीं। किसी क्रांतिकारी में मानवीय भावनाएँ न हों, ऐसा नहीं हो सकता। भावनाएँ ही उसे किसी आतंकवादी से अलग बनाती हैं। उनका मानना था कि संवेदनशील-सहानुभूतिपूर्ण स्वभाव कट्टरपंथियों पर लगाता है और बेवजह की हिंसा से उन्हें रोकता है। भगत सिंह नहीं चाहते थे कि क्रांतिकारी भावनात्मक या संवेदनशील रूप से शून्य हों और निष्ठुर बन जाएँ।

थी।" उन्हें लगता था कि इससे एक क्रांतिकारी कोमल और भावुक हो जाता है।

भगत सिंह और सुखदेव में कितना अंतर था ? एक जहाँ दया के गुण में गहरा विश्वास रखता था, वहीं दूसरा उसे एक ऐसी रुकावट मानता था, जो शत्रु को मिटाने की बाधा बन जाती है। लड़ाई में फँस जाने पर भगत सिंह कम-से-कम क्षति में विश्वास रखते थे, जबकि सुखदेव के लिए ऐसी कोई सीमा नहीं थी। भगत सिंह ने दुर्गा देवी को बताया कि समय के साथ उनके तरीके में अंतर गहरा होता चला गया। फिर भी, उनका कहना था कि वह सुखदेव की इच्छा को मानते थे, क्योंकि वे चीजों को निष्पक्ष रूप से देखते थे।

□

दुर्गा देवी के साथ बिताए दो दिनों में भगत सिंह सौम्य और सहज हो गए। वे उनकी बातों को संवेदनशील होकर सुनती थीं। वे चाहते थे कि अपने हर विचार, हर भावना, हर भय को उन्हें बताएँ। वे उनके व्यक्तित्व के इस पहलू से हैरान थीं, क्योंकि वह उन्हें एक क्रांतिकारी के रूप में जानती थीं, जो अपने दिल की नहीं, दिमाग की सुनता है।

भगत सिंह ने उन्हें बताया कि भारत जरूरतों की पूर्ति के लिए प्रयास का प्रतीक है। कई बाहरी लोग सोचते थे कि यह देश समस्याओं और उथल-पुथल से घिरा है; लेकिन वे एक पहलू को नहीं देख पाते थे। इसके पास समस्याओं के मुकाबले की जबरदस्त क्षमता है। इसमें संघर्ष की असीम क्षमता है। इस प्रकार के देश को कभी पराजित नहीं किया जा सकता है। उन्होंने स्वामी रामतीर्थ के एक छंद को सुनाया—

हम रूखे टुकड़े खाएँगे, भारत पर वारे जाएँगे।
हम सूखे चने चबाएँगे, भारत की बात बनाएँगे।
हम नंगे उमर बिताएँगे, भारत पर जान मिटाएँगे।

भगत सिंह ने बताया कि कैसे अमेरिका में सूर्यास्त को देखकर रामतीर्थ अकसर रो पड़ते थे, "अब मेरे प्यारे देश में तुम्हारा उदय हो रहा है। भारत की सिंचित भूमि पर ओस की बूँदों की तरह मेरे आँसुओं को टपका देना।"

भगत सिंह ने पंजाब के 'स्वामी रामतीर्थ की प्रशंसा की तो बंगाल के स्वामी विवेकानंद की सराहना भी की। उन्हें इस पर गर्व था कि दोनों ने ही दुनिया में भारतीय अध्यात्म के गौरव का प्रचार-प्रसार कर ख्याति प्राप्त की थी। उन्हें इस बात

भगत सिंह ने पंजाब के 'स्वामी रामतीर्थ की प्रशंसा की तो बंगाल के स्वामी विवेकानंद की सराहना भी की। उन्हें इस पर गर्व था कि दोनों ने ही दुनिया में भारतीय अध्यात्म के गौरव का प्रचार-प्रसार कर ख्याति प्राप्त की थी। उन्हें इस बात का दुःख था कि विवेकानंद का मिशन जहाँ बंगाल में स्थायी संस्थान का रूप ले चुका था, वहीं रामतीर्थ का पंजाब में एक स्मारक तक नहीं था।

का दुःख था कि विवेकानंद का मिशन जहाँ बंगाल में स्थायी संस्थान का रूप ले चुका था, वहीं रामतीर्थ का पंजाब में एक स्मारक तक नहीं था।

रामतीर्थ और विवेकानंद—दोनों ही व्यक्ति की आजादी में विश्वास रखते थे, लेकिन उसके स्वार्थी होने पर नहीं। भगत सिंह को लगता था कि निस्संदेह रूप से सही तरक्की तभी होगी, जब हर व्यक्ति को पूरे समुदाय की भलाई के लिए विकसित होने का मौका दिया जाएगा। इसकी कसौटी यह होगी कि कोई राजनीतिक, सामाजिक या आर्थिक सिद्धांत किस हद तक व्यक्ति को अपने क्षुद्र स्वार्थ से ऊपर उठने के काबिल बनाता है और वह सबकी भलाई की बात सोचता है।

भगत सिंह सोच रहे थे कि वे पिछले दो दिनों में दुर्गा देवी के कितने करीब आ गए थे। पहले तो वे उन्हें बस, भगवती चरण की पत्नी के रूप में जानते थे, फिर उस कॉमरेड के रूप में देखा, जिसने उस बैठक की अध्यक्षता की, जिसमें स्कॉट के खात्मे का निर्णय लिया गया और फिर उस व्यक्ति के रूप में, जिसने मौत के मुँह से बच निकलने में उनकी मदद की। अब यह संबंध बढ़ता हुआ अधिक व्यक्तिगत हो चुका था। इसने उन्हें रोमांचित भी किया और भयभीत भी करने लगा। यह एक विचित्र प्रकार की भावना थी, जिसका अनुभव उन्होंने पहले नहीं किया था।

भगत सिंह अपने खयालों में खोए थे, जब दुर्गा देवी ने उन्हें बताया कि वे कलकत्ता पहुँचने वाले हैं। सच में, ट्रेन की रफ्तार धीमी हो गई थी। हरे-भरे खेतों की हरियाली को ईंट-गारे की इमारतें तेजी से निगलती जा रही थीं। ट्रेन बढ़ती जा रही थी और रेल की पटरियों का आड़ा-तिरछा जाल स्टेशन के सामने दिखने लगा था। प्लेटफॉर्म मेम साहबों और साहबों से भरा था, जो अपने तौर-तरीकों से अपने रसूख की झलक दिखा रहे थे। उनकी बातचीत भी ऊँची आवाज में सुनाई दे रही थी। भगत सिंह का अनुमान था कि सांडर्स के मारे जाने की खबर सुनकर अंग्रेजों में

दहशत फैल जाएगी; लेकिन उसका यहाँ कहीं कोई प्रमाण नहीं था।

प्लेटफॉर्म के किनारे बग्घी जैसे कोच खड़े थे। अमीरों के वरदीधारी, लेकिन नंगे पैर रहनेवाले नौकर अपर क्लास के कंपार्टमेंट से सामान उतार रहे थे। पुलिसवालों का एक छोटा दल मौजूद था, लेकिन किसी खास व्यक्ति की तलाश करने की बजाय अपनी नियमित ड्यूटी पर तैनात था।

भगत सिंह, दुर्गा देवी, उनका बच्चा सचिन और राजगुरु किसी का ध्यान आकर्षित किए बिना ही ट्रेन से उतर गए। भगवती चरण स्टेशन पर उनसे मिले। वे जानने के लिए उत्सुक थे कि उनका साला है कौन, क्योंकि उनकी पत्नी का तो कोई भाई था ही नहीं। उन्हें लग रहा था कि शायद भगत सिंह उनके साथ आ रहे होंगे। उन्होंने कलकत्ता से प्रकाशित होनेवाले अखबार *'द स्टेट्समैन'* में सांडर्स के मारे जाने की खबर पढ़ी थी।

प्लेटफॉर्म के किनारे बग्घी जैसे कोच खड़े थे। अमीरों के वरदीधारी, लेकिन नंगे पैर रहनेवाले नौकर अपर क्लास के कंपार्टमेंट से सामान उतार रहे थे। पुलिसवालों का एक छोटा दल मौजूद था, लेकिन किसी खास व्यक्ति की तलाश करने की बजाय अपनी नियमित ड्यूटी पर तैनात था।

□

कलकत्ता अब भारत की राजधानी नहीं था, फिर भी इसके माहौल में राजसी वैभव का अहसास होता था। नई दिल्ली बस, राजनीतिक केंद्र थी, जबकि कलकत्ता सामाजिक, आर्थिक और सांस्कृतिक गतिविधियों का वास्तविक केंद्र था। इसकी इमारतें सुंदर थीं और पार्क लंबे-चौड़े तथा विविध प्रकार के थे।

भगवती चरण जानते थे कि जल्दी ही पुलिस भगत सिंह की तलाश में जुट जाएगी। उन्होंने भगत सिंह के रहने का बंदोबस्त एक अमीर मारवाड़ी दोस्त छज्जू राम के घर पर किया, जो अलीपुर में रहते थे। यह धनी-मानी लोगों का इलाका था, जहाँ के बड़े-बड़े बँगलों को सम्मान की दृष्टि से देखा जाता था और कभी कोई तलाशी नहीं होती थी। वहाँ के अमीर लोग यहीं रहते थे। छज्जू राम और उनकी पत्नी लक्ष्मी देवी भगत सिंह के बड़े प्रशंसक थे। वास्तव में, सभी क्रांतिकारियों के प्रति उस दंपती में गहरा सम्मान था। वे इस बात को सोचकर हैरत में पड़ जाते थे कि कैसे मुट्ठी भर लोग निडरता के साथ गोरे लोगों से लोहा ले रहे थे।

कलकत्ता में लोगों को रिक्शा खींचते देखकर भगत सिंह का मन बैठ गया।

यह भारतीय गरीबों की बदहाली और शोषण का जीता-जागता उदाहरण था। खैर, उन्हें ट्रामों पर दौड़कर चढ़ते और उतरते मजा आता था। वैसे तो विक्टोरिया मेमोरियल को संगमरमर से गढ़ा गया था, लेकिन सुंदरता के मामले में वह आगरा के ताजमहल के सामने कहीं टिकता नहीं था। कलकत्ता का यह स्मारक उतना ही निष्ठुर और भावना-शून्य था, जितने कि अंग्रेज थे। उन्हें बंगाल का मिलनसार होना, उसकी मिली-जुली संस्कृति और सभ्यता अच्छी लगी। वहाँ की हवा में गीत-संगीत और कला घुली थी; लेकिन उन्हें यह भी महसूस हुआ कि वहाँ के लोग अपने आप को श्रेष्ठ समझते थे। उन्हें बंगाली क्रांतिकारियों के जोश के ठंडा पड़ जाने का अफसोस था, जो कभी आदर्शवाद और समर्पण को प्रेरित करता था। महान् क्रांतिकारी रास बिहारी बोस जहाँ इसके लिए संघर्ष कर रहे थे, वहीं बंगाल से ज्यादा उनके समर्थक पंजाब में थे।

भगत सिंह को याद आया कि कैसे जब वे घर से भागे थे तो कानपुर की जगह कलकत्ता चले आए थे। अरविंद घोष और वारींद्र कुमार घोष जैसे क्रांतिकारियों की जबरदस्त लोकप्रियता के बाद भी बंगाली युवा इस संग्राम से दूर ही रहे। बंगाल के बँटवारे के वाइसरॉय लॉर्ड कर्जन के फैसले का जबरदस्त विरोध हुआ था; लेकिन उस विरोध का प्रभाव लोगों पर ज्यादा दिनों तक नहीं रहा।

भगत सिंह को याद आया कि कैसे जब वे घर से भागे थे तो कानपुर की जगह कलकत्ता चले आए थे। अरविंद घोष और वारींद्र कुमार घोष जैसे क्रांतिकारियों की जबरदस्त लोकप्रियता के बाद भी बंगाली युवा इस संग्राम से दूर ही रहे। बंगाल के बँटवारे के वाइसरॉय लॉर्ड कर्जन के फैसले का जबरदस्त विरोध हुआ था; लेकिन उस विरोध का प्रभाव लोगों पर ज्यादा दिनों तक नहीं रहा। दरअसल, जब उनकी मुलाकात बंगाल के क्रांतिकारियों से हुई तो उन्हें जोशीले भगत सिंह में क्रांति की ज्वाला को सुलगानेवाला युवक दिखाई पड़ा। अपनी पहचान छिपाने के लिए भगत सिंह ने कलकत्ता में नया नाम रख लिया। वे अपना नाम 'हरि' बताते थे। वे बंगालियों की तरह ही धोती पहनते थे और शॉल भी रखते थे। बटुकेश्वर दत्त से उन्होंने बँगला भाषा भी सीखी।

भगत सिंह महानगर में आयोजित भारतीय राष्ट्रीय कांग्रेस के अधिवेशन में भी शामिल हुए; लेकिन उनका मन क्षुब्ध हो गया। लक्ष्य देश की पूर्ण आजादी का

और अंग्रेजों से संबंधों को पूरी तरह से तोड़ लेने का रखा जाना चाहिए था; लेकिन कांग्रेस नेता अब भी उपनिवेश के दर्जे पर चर्चा कर रहे थे, जिसमें सारे अधिकार लंदन के पास ही होते। शर्तों के साथ सत्ता कोई सत्ता नहीं होती। यदि भारत ब्रिटिश साम्राज्य के अधीन एक उपनिवेश होगा तो फिर उसे स्वतंत्रता का अहसास कैसे हो सकता था ? और उस अधिवेशन में किसी ने भी भारत में किसी व्यापक बदलाव की बात नहीं की।

उन्हें लगा कि कांग्रेस अब भी उच्च वर्ग के लोगों के हाथों में है। यह अपने ही वर्ग के लोगों के अधिकारों को सुरक्षित करना चाहती थी। जहाँ तक लाखों मजदूरों और किसानों की बात थी, तो कांग्रेस के लिए उनका कहीं कोई मतलब नहीं था। भगत सिंह ने मोजांग रोड वाले घर पर होनेवाली बैठकों में कई बार कहा था, "यदि हम देश की आजादी के लिए लड़ना चाहते हैं तो मजदूरों, किसानों और सामान्य लोगों को आगे लाना होगा।" उन्हें लगा कि कांग्रेस नेता पार्टी के आधार का विस्तार नहीं करना चाहते थे, क्योंकि लोग कांग्रेस की आर्थिक नीतियों में बड़े और व्यापक बदलाव की बात करने लग जाते। यह जिम्मेदारी क्रांतिकारियों के कंधे पर आ गई कि वे मजदूरों और किसानों को न केवल विदेशी शासन से, बल्कि लालची मालिकों और घुटने टेक चुके जमींदारों से भी आजाद कराएँ।

भगत सिंह ने मोजांग रोड वाले घर पर होनेवाली बैठकों में कई बार कहा था, "यदि हम देश की आजादी के लिए लड़ना चाहते हैं तो मजदूरों, किसानों और सामान्य लोगों को आगे लाना होगा।" उन्हें लगा कि कांग्रेस नेता पार्टी के आधार का विस्तार नहीं करना चाहते थे, क्योंकि लोग कांग्रेस की आर्थिक नीतियों में बड़े और व्यापक बदलाव की बात करने लग जाते।

कांग्रेस के अधिवेशन ने भगत सिंह में ऊब पैदा कर दी। वे सीधे एक सिनेमा हॉल में चले गए। यह देखकर उन्हें खुशी हुई कि वहाँ 'अंकल टॉम्स केबिन' फिल्म चल रही थी। वह अब्राहम लिंकन के बहुत बड़े प्रशंसक थे, जो गुलामी को मिटाने के मुद्दे पर दक्षिण अमेरिकी राज्यों के उत्तरी राज्यों से अलग होने के संकट को टालने के लिए गृह युद्ध लड़ चुके थे। उत्तर व दक्षिण के बीच मतभेद ने भगत सिंह को लाला लाजपत राय की बातें याद दिलाईं, जो हिंदुओं और मुसलमानों के लिए अलग-अलग देश बनाने के लिए भारत का बँटवारा करना चाहते थे। उन्हें

उम्मीद थी कि ऐसी नौबत कभी नहीं आएगी। यदि आई भी तो उस दिन समाजवादी विचारधारा का अंत हो जाएगा। भगत सिंह को आशंका थी कि अंग्रेजों की 'फूट डालो और राज करो' की नीति विरासत में एक कड़वी विरासत और बँटा हुआ देश छोड़ जाएगी।

कलकत्ता में भगत सिंह प्रफुल्ल चंद्र गांगुली, ज्योतिष घोष, त्रैलोक्यनाथ चक्रवर्ती, फणींद्रनाथ घोष और जतींद्रनाथ दास जैसे क्रांतिकारियों से मिले। वे जिस समय कलकत्ता में थे, उस दौरान अधिकांश क्रांतिकारी बंगाल में ही थे। उन्होंने कथित 'अराजकतावाद' या बम और बंदूक के रास्ते को छोड़ दिया था। उन्हें लगा कि जनता को एकजुट कर समाजवाद के लिए लड़ना संभव है। उन्हें नहीं लगता था कि काकोरी ट्रेन डकैती या सांडर्स की हत्या से देश पूर्ण आजादी के लक्ष्य के करीब पहुँचा है, न ही क्रांतिकारियों के पक्ष में हवा बनी है।

कलकत्ता में भगत सिंह प्रफुल्ल चंद्र गांगुली, ज्योतिष घोष, त्रैलोक्यनाथ चक्रवर्ती, फणींद्रनाथ घोष और जतींद्रनाथ दास जैसे क्रांतिकारियों से मिले। वे जिस समय कलकत्ता में थे, उस दौरान अधिकांश क्रांतिकारी बंगाल में ही थे। उन्होंने कथित 'अराजकतावाद' या बम और बंदूक के रास्ते को छोड़ दिया था। उन्हें लगा कि जनता को एकजुट कर समाजवाद के लिए लड़ना संभव है। उन्हें नहीं लगता था कि काकोरी ट्रेन डकैती या सांडर्स की हत्या से देश पूर्ण आजादी के लक्ष्य के करीब पहुँचा है, न ही क्रांतिकारियों के पक्ष में हवा बनी है।

हालाँकि बंगाल के क्रांतिकारी काफी सफल रहे थे। उनके पूर्ववर्तियों ने लोगों से धर्म के नाम पर संपर्क साधा था। सन् 1894 में कलकत्ता में गठित अनुशीलन समिति ने क्रांतिकारियों को दो वर्गों में बाँट दिया था—एक वे, जो धर्म को मानते थे, जबकि दूसरे वे, जो धर्म को नहीं मानते थे। उस समय बंगाल के अधिकांश क्रांतिकारी बंकिम चंद्र चटर्जी और स्वामी विवेकानंद से प्रभावित थे। समिति के सदस्य हिंदू धर्मग्रंथों को, विशेष रूप से 'गीता' को पढ़ा करते थे। हिंदू मिथकों पर आधारित गीत और नारे बीसवीं सदी की शुरुआत में बंगाल के क्रांतिकारियों को प्रेरित करते थे। प्रार्थना के लोकप्रिय गीत 'वंदे मातरम्' में देवी से आशीर्वाद माँगा जाता है।

प्लेग के दौरान पूना में अत्याचारी शासन के कारण ब्रिटेन के रैंड को गोली

मारनेवाले चाफेकर बंधु उन शुरुआती क्रांतिकारियों में से एक थे, जो हिंदू विधि-विधानों और संस्कारों से प्रेरित थे। वे खुले तौर पर मुसलिम-विरोधी थे। अंडमान की जेल में बरसों लंबी सजा काटनेवाले वीर सावरकर उसी किस्म के क्रांतिकारी थे, जो घोर अंग्रेज-विरोधी थे, लेकिन उन्माद की हद तक हिंदू समर्थक थे। भगत सिंह इन सारी बातों को जानते थे। उन्हें इस बात की खुशी थी कि पंजाब के क्रांतिकारी अलग ही मिट्टी के बने थे और पूरी तरह से सेकुलर थे।

महाराष्ट्र के चाफेकर बंधुओं द्वारा शुरू की गई हिंदू संरक्षणी समिति नहीं बदली, लेकिन बंगाल की अनुशीलन समिति ने आर्थिक बेहतरी की बात जरूर की। सन् 1902 की एक घोषणा में उसने कहा, "असमानता के बीच मानवता की तरक्की नहीं हो सकती। हमें धन की असमानता, सामाजिक असमानता, सांप्रदायिक असमानता और क्षेत्रीय असमानता को दूर कर सभी लोगों के बीच समानता को लाना होगा। इसे केवल एक राष्ट्रीय सरकार के अधीन प्राप्त किया जा सकता है।"

जेल में तीस साल बिता चुके त्रैलोक्यनाथ चक्रवर्ती ने भगत सिंह को सुझाव दिया कि जिस प्रकार कांग्रेस ने एक कोर के गठन का निर्णय लिया है, उसी प्रकार वे भी 5,000 युवाओं की एक स्वयंसेवी कोर बनाएँ। भगत सिंह ने देखा कि बंगाल के क्रांतिकारी काफी धर्मनिरपेक्ष थे। उन्होंने पहली बार इस बात को सामने रखा कि धर्म और राजनीति में घालमेल नहीं होना चाहिए।

जेल में तीस साल बिता चुके त्रैलोक्यनाथ चक्रवर्ती ने भगत सिंह को सुझाव दिया कि जिस प्रकार कांग्रेस ने एक कोर के गठन का निर्णय लिया है, उसी प्रकार वे भी 5,000 युवाओं की एक स्वयंसेवी कोर बनाएँ। भगत सिंह ने देखा कि बंगाल के क्रांतिकारी काफी धर्मनिरपेक्ष थे। उन्होंने पहली बार इस बात को सामने रखा कि धर्म और राजनीति में घालमेल नहीं होना चाहिए।

किसी कोर का गठन करना कोई नया सुझाव नहीं था। भगत सिंह और उनके साथियों ने अप्रैल 1925 में नौजवान भारत सभा की स्थापना की थी, जो युवाओं का एक मंच था। भगवतीचरण का लिखा इसका घोषणा-पत्र युवाओं से अपील करता था कि वे स्वतंत्र होकर, शांति व धैर्य के साथ सोचें और उनसे कहा कि वे भारत की स्वतंत्रता को अपने जीवन के एकमात्र लक्ष्य के रूप में अपनाएँ। घोषणा-पत्र ने सवाल किया, "क्या युवा रूसियों ने रूस की आजादी के लिए

अपने प्राणों की आहुति नहीं दी?" इसने युवाओं को धार्मिक भेदभाव से बचने की चेतावनी दी थी—

> "पीपल के वृक्ष की एक शाखा को काटते ही हिंदुओं की धार्मिक भावनाओं को ठेस पहुँच जाती है। किसी कागज का एक टुकड़ा, मूर्ति तोड़नेवाले मुसलमानों का ताजिया टूट जाए तो 'अल्लाह' खफा हो जाते हैं, जिन्हें काफिर हिंदुओं के रक्तपात के बिना संतुष्टि नहीं मिलती। मनुष्य को जानवरों से अधिक महत्त्व देने की जरूरत है, लेकिन भारत में तो 'पवित्र पशुओं' के नाम पर वे एक-दूसरे के सिर फोड़ देते हैं।"

नौजवान भारत सभा में अपना नाम दर्ज कराने से पहले उसके प्रत्येक सदस्य को एक शपथ-पत्र पर दस्तखत करना पड़ता था कि वह युवक या युवती समुदाय के हितों से पहले देशहित को रखेगा या रखेगी। हलाल और झटका मीट साथ बनता था और हिंदू, मुसलिम व सिख साथ बैठकर खाते थे।

लेकिन भगत सिंह को यह स्वीकार करना पड़ा कि नौजवान भारत सभा युवाओं को अपनी ओर आकर्षित नहीं कर सकी। उनका मानना था कि तमाम बड़े राष्ट्रीय आंदोलनों की शुरुआत अनजान लोगों ने की, जिनका खास प्रभाव नहीं था। विश्वास और संकल्प के सिवाय बाकी सब का कोई महत्त्व नहीं था।

लाहौर के नेशनल कॉलेज में भगत सिंह को क्रांतिकारी कार्यों की दीक्षा देने वाले प्रोफेसर जयचंद्र विद्यालंकार उन दिनों कलकत्ता में ही थे। वे उन्हें प्रोफेसर ज्योतिष घोष से मिलवाने ले गए, जो कलकत्ता रिवॉल्यूशनरी पार्टी के सदस्य थे। उनके जरिए भगत सिंह कई अन्य क्रांतिकारियों से मिले, जिन्होंने अपनी जवानी जेलों में बिता दी थी।

लाहौर के नेशनल कॉलेज में भगत सिंह को क्रांतिकारी कार्यों की दीक्षा देने वाले प्रोफेसर जयचंद्र विद्यालंकार उन दिनों कलकत्ता में ही थे। वे उन्हें प्रोफेसर ज्योतिष घोष से मिलवाने ले गए, जो कलकत्ता रिवॉल्यूशनरी पार्टी के सदस्य थे। उनके जरिए भगत सिंह कई अन्य क्रांतिकारियों से मिले, जिन्होंने अपनी जवानी जेलों में बिता दी थी।

भगत सिंह जितने लोगों से मिले, उनमें त्रैलोक्यनाथ चक्रवर्ती ने उन्हें सबसे अधिक प्रभावित किया था। चक्रवर्ती भी भगत सिंह के क्रांतिकारी जोश से प्रभावित हुए। लेकिन न तो चक्रवर्ती और न ही किसी अन्य बंगाली क्रांतिकारी का उन तरीकों में विश्वास था, जिन्हें भगत सिंह

और पंजाब एवं संयुक्त प्रांत के उनके कॉमरेड अपनाते थे। भगत सिंह का कहना था कि व्यक्तियों की हत्या केवल युवाओं के जोश को दिशा देने का एक माध्यम था। यह साधन था, न कि साध्य। साध्य तो क्रांति थी, जिस पर बंगाल और पंजाब के क्रांतिकारी यकीन करते थे। उन्हें बम की जरूरत थी और वे उन्हें बनाना सीखना चाहते थे। चक्रवर्ती को भगत सिंह की निष्ठा और ईमानदारी पर भरोसा था और शुरुआत में मना करने के बाद उन्होंने भगत सिंह को रिवॉल्वर एवं कारतूस दिए।

कलकत्ता में भगत सिंह जतींद्रनाथ दास से भी मिले, जो पक्के क्रांतिकारी थे और जिन्होंने एच.एस.आर.ए. की गतिविधियों को बढ़ाने में महत्त्वपूर्ण भूमिका निभाई थी। दोनों के बीच जल्दी ही गहरी दोस्ती हो गई। हालाँकि जतींद्रनाथ दास भगत सिंह को बम बनाना सिखाने पर सहमत नहीं हुए। उनका कहना था कि उनकी पार्टी 'व्यक्तिगत आतंकवाद की गतिविधियों' को छोड़ चुकी है और वे अपनी पार्टी के अनुशासन को भंग नहीं करना चाहते; हालाँकि दास ने अपना फैसला तब बदल दिया, जब उन्हें विश्वास हो गया कि आला अंग्रेज अधिकारियों की हत्या से युवाओं में साहस की भावना पैदा होगी और वे क्रांतिकारी गतिविधियों में हिस्सा लेंगे। उन्होंने उस दहशत को अंग्रेजों के चेहरों पर देखा था, जो एक-दो हत्याओं के बाद पैदा हुई थी। पुरानी शांत स्थिति काफी बदल चुकी थी।

और कुछ नहीं तो भगत सिंह के कलकत्ता दौरे ने बंगाल में क्रांतिकारियों के कम होते जोश को बढ़ा दिया। एक बार फिर, सामाजिक संरचना में बदलाव लाने के दिखावे की चर्चा होने लगी। सन् 1917 की रूसी क्रांति ने उन सभी का हौसला बुलंद कर दिया था। निचले स्तर तक जाने में भले ही कुछ वक्त लगा हो, लेकिन प्रगतिशील होना और गरीबों से सहानुभूति रखना तेजी से चलन में आ रहा था।

लोकतंत्र सैद्धांतिक रूप से राजनीतिक और कानूनी समानता की एक व्यवस्था थी, लेकिन ठोस और व्यावहारिक लिहाज से यह पर्याप्त नहीं थी। राजनीति में और कानून के सामने तब तक समानता संभव नहीं थी, जब तक कि समाज में घोर आर्थिक असमानता थी। जब तक नौकरियों और प्रेस तथा देश के स्कूलों के साथ-साथ सार्वजनिक राय के सभी

लोकतंत्र सैद्धांतिक रूप से राजनीतिक और कानूनी समानता की एक व्यवस्था थी, लेकिन ठोस और व्यावहारिक लिहाज से यह पर्याप्त नहीं थी। राजनीति में और कानून के सामने तब तक समानता संभव नहीं थी, जब तक कि समाज में घोर आर्थिक असमानता थी।

अंगों पर सत्ताधारी वर्ग का नियंत्रण था, जब तक इसने सभी प्रशिक्षित सार्वजनिक अधिकारियों पर एकाधिकार जमा रखा था और चुनावों को प्रभावित करने के लिए बेहिसाब धन खर्च कर सकता था, जब तक कानून सत्ताधारी वर्ग के लोग बनाते रहेंगे, जब तक निजी वकालत करनेवाले वकील अपनी दक्षता को सबसे ऊँची बोली लगानेवालों के हाथों बेचते रहेंगे और कानूनी लड़ाई महँगी और कुछ विशेष लोगों के लिए उपलब्ध रहेगी, तब तक कानून के समक्ष कहने भर की ही समानता होगी। क्रांतिकारियों की यही धारणा थी और वे ऐसी ही बातें किया करते थे।

अंग्रेजों पर दबाव बढ़ रहा था। भारतीय पुलिस में आपराधिक खुफिया विभाग के सहायक निदेशक और वर्ष 1900 से 1936 तक नौकरी कर चुके सर डेविड पेट्री ने लंदन को भारत में 'बोल्शेविक संकट' से आगाह किया। एक रिपोर्ट में उन्होंने कहा—

> "बोल्शेविक इस बात को मान चुके हैं कि अंग्रेजी साम्राज्य में भारत सबसे कमजोर कड़ी है...और उनका दृढ़ विश्वास है कि जब तक भारत आजाद नहीं हो जाता, तब तक रूस इंग्लैंड से निजात नहीं पा सकेगा।"

गवर्नर जनरल की कार्यकारी परिषद् में तत्कालीन गृह सदस्य सर जेम्स क्रेरार ने कहा कि भारत 'साम्यवाद के सिद्धांत और व्यवहार से दूषित हो रहा है'।

इस बात से निश्चिंत होकर कि कुछ बंगाली क्रांतिकारी आगे आएँगे और पंजाबी क्रांतिकारियों को बम बनाना सिखाएँगे, भगत सिंह कलकत्ता को छोड़ आगरा के लिए निकल पड़े। आगरा क्रांतिकारी गतिविधियों का नया केंद्र बनने वाला था।

□

3

दुनिया से गुलामी का मैं नाम मिटा दूँगा,
इक बार जमाने को मैं आजाद करा दूँगा।

आगरा में भगत सिंह और उनके दो साथियों ने हींग की मंडी नाम के एक गुमनाम से मोहल्ले में दो घर किराए पर लिये। अंग्रेज पुलिस अधिकारी सांडर्स की हत्या के बाद पंजाब से जितने भी क्रांतिकारी भागे थे, सब यहाँ इकट्ठा हुए। लाहौर स्थित मोजांग रोड के मकान की तरह ही आगरा के घर उनकी शरण-स्थली और मिलने की जगह दोनों ही थे। चंद्रशेखर आजाद, भगत सिंह, राजगुरु और सुखदेव—सभी यहाँ छिपे थे। बंगाल के क्रांतिकारी जतींद्रनाथ दास एवं ललित मुखर्जी भी आगरा में उनसे मिले और उन्हें बम बनाना सिखाया। अपने बमों के परीक्षण के लिए करीब के झाँसी के जंगल आदर्श ठिकाना थे।

आगरा का जीवन बेहद कठिन था। क्रांतिकारियों के पास न सोने के लिए पर्याप्त चारपाई थी, न खाना पकाने के लिए पर्याप्त बरतन थे और न ही राशन खरीदने के लिए जरूरी पैसे थे। कई दिन तो उनमें से कुछ ने दोपहर का खाना नहीं खाया या रात को भूखे पेट सोए, ताकि थोड़े-बहुत राशन में काम चल जाए। संयमित जीवन का मंत्र थोड़े समय के लिए ही सही, लेकिन क्रांतिकारियों की दिनचर्या की मजबूरी बन गया था। उन्हें इन कठिनाइयों से फर्क नहीं पड़ता था। इस प्रकार के जीवन का चुनाव उन्होंने ही किया था, जहाँ वे अपने घरों के आरामदेह माहौल और अपनों के स्नेह से दूर थे। यह सब लोकप्रियता या अपनी बड़ाई के लिए नहीं था, बल्कि बड़े मकसद के लिए था।

पैसों का बंदोबस्त आजाद के जिम्मे था और वे कई अहम लोगों के संपर्क में रहते थे। कांग्रेस के वरिष्ठ नेता मोतीलाल नेहरू और पुरुषोत्तम दास टंडन नियमित योगदान दिया करते थे। कुछ भारतीय अधिकारी संदेश-वाहकों के जरिए पैसे भिजवाते थे। एक बार तो आजाद हैरत में पड़ गए, जब बंगाल के महाधिवक्ता ने

धारक चेक भिजवा दिया। उन्होंने उसे तुरंत भुनाया, ताकि उनके ठिकाने का कोई अता-पता न चले।

अपने गुप्त ठिकाने पर छिपे क्रांतिकारी दुनिया के किसी भी विषय पर बहस किया करते थे, चाहे वह अर्थव्यवस्था हो, राज़नीतिक मुद्‌दा हो या फिर सामाजिक सरोकार की बात। उनका मानना था कि सरकार अपने आप में लक्ष्य नहीं है और मनुष्य कानून या सरकार के लिए नहीं बना, बल्कि सरकार और कानून का अस्तित्व मनुष्य के लिए है। मूल बात यह थी कि कोई भी राजनीतिक या सामाजिक सिद्धांत किस हद तक मनुष्य को अपने क्षुद्र स्वार्थ से ऊपर उठने और सबकी भलाई के लिए सोचने के काबिल बनाता है।

अकसर उनकी लंबी बहस से माहौल गंभीर और तनावपूर्ण हो जाता था। थोड़ी राहत के लिए राजगुरु ने एक दिन किसी पत्रिका से बाथिंग सूट में एक लड़की की तसवीर फाड़ी और उसे दीवार पर टाँग दिया। आजाद ने तसवीर देखी तो आगबबूला हो गए और उसे नोचकर हटा दिया। उन्होंने कहा कि क्रांतिकारियों के पास फिजूल की चीजों के लिए समय नहीं होता। उनका रास्ता लंबा और काँटों से भरा था। आजाद जब तसवीर को देख आपे से बाहर हुए थे, तब राजगुरु घर पर नहीं थे; लेकिन जब वे लौटकर आए तो उसे दीवार से गायब पाया। इससे पहले कि राजगुरु तसवीर के बारे में पूछते, आजाद ने बता दिया कि उन्होंने उसका क्या हश्र किया। राजगुरु को चोट पहुँचाते हुए आजाद यहाँ तक कह गए कि वे किसी भी सुंदर चीज को नष्ट कर देंगे, यहाँ तक कि ताज महल को भी। "हम तो इस दुनिया को सुंदर बनाने निकले हैं। यह ऐसी बात कैसे कर सकते हैं?" राजगुरु ने दुःख के साथ कहा।

इससे पहले कि राजगुरु तसवीर के बारे में पूछते, आजाद ने बता दिया कि उन्होंने उसका क्या हश्र किया। राजगुरु को चोट पहुँचाते हुए आजाद यहाँ तक कह गए कि वे किसी भी सुंदर चीज को नष्ट कर देंगे, यहाँ तक कि ताज महल को भी। "हम तो इस दुनिया को सुंदर बनाने निकले हैं। यह ऐसी बात कैसे कर सकते हैं?" राजगुरु ने दुःख के साथ कहा।

लेकिन आजाद ने जो कुछ कहा, वह बस, गुस्से में कहा था। किसी प्रकार की गतिविधि का न होना और मामला आगे न बढ़ने का असर क्रांतिकारियों में दिखने लगा था। जब दोनों का गुस्सा ठंडा पड़ा, तब आजाद ने अपनी बातों के लिए माफी

माँगी और कहा कि वह सुंदरता के विरोधी नहीं हैं, लेकिन वे अपना ध्यान भटकाने की स्थिति में नहीं हैं।

इस घटना ने बैठकों को और गंभीर तथा काम की बात तक सीमित कर दिया। भगत सिंह सुबह के समय किसी स्थानीय लाइब्रेरी में चले जाते और दोपहर में अपने साथियों से उन जानकारियों को साझा करते, जिन्हें वह पढ़कर आए थे। एक दिन उन्होंने कहा कि अपनी पूरी कोशिश के बाद भी वे यह नहीं ढूँढ़ पाए कि कोई क्रांतिकारी दल क्यों लड़ रहा है, इसकी उनके पास कोई स्पष्ट वजह हो। उन्होंने कहा कि इसका एकमात्र अपवाद गदर पार्टी थी, जिसने स्पष्ट रूप से कहा था कि वह सरकार की मौजूदा व्यवस्था को गणतांत्रिक व्यवस्था में बदलना चाहती है। भगत सिंह के अनुसार, बाकी सारे दलों में ऐसे लोग थे, जिनका सोच एक ही था—विदेशी शासकों से लड़ना। उन्होंने कहा कि यह प्रशंसनीय विचार है, लेकिन इसे क्रांतिकारी सोच नहीं कहा जा सकता है।

भगत सिंह ने कहा, “हमें यह स्पष्ट कर देना चाहिए कि क्रांति का मतलब उथल-पुथल नहीं होता।”

क्रांति का मतलब होता है—समाज का एक व्यवस्थित पुनर्निर्माण, जो एक नए और बेहतर आधार पर हो, जिसमें अकसर मौजूदा व्यवस्था को पूरी तरह से नष्ट कर दिया जाता है। हर पीढ़ी को यह भ्रम होता है कि जिन सामाजिक संस्थानों में वह जी रही है, वे स्वाभाविक और स्थायी हैं। इसके बावजूद असंख्य वर्षों से सामाजिक संस्थानों को अस्थायी जरूरतों के मुताबिक अपनाए गए संस्थानों ने बदला है।

> क्रांति का मतलब होता है—समाज का एक व्यवस्थित पुनर्निर्माण, जो एक नए और बेहतर आधार पर हो, जिसमें अकसर मौजूदा व्यवस्था को पूरी तरह से नष्ट कर दिया जाता है। हर पीढ़ी को यह भ्रम होता है कि जिन सामाजिक संस्थानों में वह जी रही है, वे स्वाभाविक और स्थायी हैं। इसके बावजूद असंख्य वर्षों से सामाजिक संस्थानों को अस्थायी जरूरतों के मुताबिक अपनाए गए संस्थानों ने बदला है।

गदर पार्टी भगत सिंह के प्रेरणा-स्रोतों में से एक थी। यह ऐसा पहला उग्रपंथी समूह था, जिसने भारत को बलपूर्वक आजाद कराने का प्रयास किया था। ऐसा ही प्रण उन्होंने और उनके साथियों ने किया था। गदर पार्टी का गठन सन् 1913 में कनाडा और अमेरिका में रहनेवाले भारतीयों ने ब्रिटिश राज के खिलाफ युद्ध छेड़ने

के लिए किया था। पार्टी का उद्देश्य उसके घोषणा-पत्र से स्पष्ट था, "हमारा नाम क्या है ? गदर। हमारा काम क्या है ? गदर। गदर कहाँ होगा ? भारत में। ऐसा समय जल्दी ही आएगा, जब राइफल और रक्त कलम और दवात का स्थान ले लेंगे।"

यह दल कठोर रूप से सेकुलर था, जिस सोच को भगत सिंह भी पसंद करते थे। गदर पार्टी की ओर से जारी की गई एक बुकलेट में निम्नलिखित कविता थी—

हमें न पंडित चाहिए, न मुल्ला
हमें मंत्रोच्चार या ईसाई प्रार्थना की जरूरत नहीं
ये हमारे नाव को बस डगमगाएँगे
निकालो तलवार के लड़ने का वक्त है।
भले ही हम हों हिंदू, मुसलमान और सिख,
पर हैं तो भारत माता के ही सपूत
कर लेना झगड़े कभी और
आज तो कत्ल करने का दिन है।
डूबे थे जब हम सब जड़ता में
विदेशियों ने हथिया ली हमारी सत्ता
बेवजह हम आपस में लड़ते रहे
झगड़ालू वेश्याओं की तरह लड़कर समय गँवाया
एक ही देश में हम जनमे
जातियों की ऊँच-नीच का भेद बनाया
हमने ही की मूर्खता भरी गुटबंदी
फूट के बीज भी हमने ही बोए थे।
कुछ करते हैं गाय की पूजा, कुछ करते सुअर से घृणा,
गोरे लोग दोनों को ही खाते हर जगह,
भूलो कि तुम हिंदू हो, भूलो कि तुम हो मुसलमान,
अपने देश अपनी नस्ल पर हो जाओ कुरबान।

ऐसे समय में, जब महाराष्ट्र और बंगाल हिंदू पुनर्जागरण (जिसमें महाराष्ट्र में शिवाजी और बंगाल में विनाश की देवी काली की प्रधानता थी) के प्रभाव में थे और मुसलमानों को इस विद्रोह से दूर रखा गया था, क्योंकि बाल गंगाधर तिलक जैसे राष्ट्रवादी नेता भी उन्हें म्लेच्छ (अशुद्ध) कहा करते थे, उस समय भी गदर पार्टी

की आस्था धर्मनिरपेक्षता में थी।

सिख गदर पार्टी की रीढ़ थे। गुरुमुखी उसकी भाषा थी और गुरुद्वारा उसका स्थल। यह दल सिखों को राजनीतिक मुख्यधारा में लेकर आया और सन् 1857 के पहले विद्रोह के दौरान अंग्रेजों का साथ देने का जो दाग इस समुदाय पर लगा था, उसे धो दिया।

सिख गदर पार्टी की रीढ़ थे। गुरुमुखी उसकी भाषा थी और गुरुद्वारा उसका स्थल। यह दल सिखों को राजनीतिक मुख्यधारा में लेकर आया और सन् 1857 के पहले विद्रोह के दौरान अंग्रेजों का साथ देने का जो दाग इस समुदाय पर लगा था, उसे धो दिया।

गदर पार्टी का विद्रोह उस दिन शुरू हुआ, जब अमृतसर के रहनेवाले पार्टी के नेता गुरदीत सिंह ने हांगकांग से कनाडा जाने के लिए सन् 1914 में एक जापानी व्यापारिक जहाज, *'कामागाटा मारू'* को किराए पर लिया। उसमें 376 भारतीय सवार थे, जिनमें अधिकांश सिख थे और सभी कनाडा जा रहे थे। उस समय कनाडा में भारतीय प्रवासियों के लिए कोई रोक नहीं थी। जहाज जब कनाडा के जल क्षेत्र में घुसा, तब उसे घेर लिया गया और यात्रियों से कहा गया कि उन्हें देश में प्रवेश करने का कोई अधिकार नहीं है। गुरदीत सिंह पर एक बार में ही जहाज का पूरा किराया चुकाने का दबाव बनाया गया। उन्होंने कहा कि वे माल बेचने के बाद भाड़ा चुकाएँगे; लेकिन जहाज से सामान उतारने की इजाजत नहीं दी गई। वैंकूवर में मौजूद भारतीयों ने जहाज को छोड़ देने के लिए प्रदर्शन किया। उनमें एक वकील हुसैन रहीम सबसे अधिक मुखर थे। कुछ कनाडा निवासी भी उनके समर्थन में आ गए। समाजवादी फिट्जगेराल्ड ने एक अपील की, जिसे भगत सिंह ने अपने साथियों के सामने दोहराया, "उठो और हथियारबंद हो जाओ और फिर से आजादी पाने की लड़ाई लड़ो। अपने देशवासियों को प्रेरित करो कि वे लौटें और भारत से सारे गोरों को खदेड़ दें।"

दिल्ली में बैठे वाइसरॉय ने फँसे हुए यात्रियों के प्रति कोई सहानुभूति नहीं दिखाई, न ही इस गंभीर संकट को समाप्त करने के लिए हस्तक्षेप किया। आखिरकार, कनाडा की बंदूकों ने *'कामागाटा मारू'* को दो महीने बाद लौटने पर मजबूर कर दिया। कलकत्ता के रास्ते में जहाज को किसी भी बंदरगाह पर रुकने नहीं दिया गया।

एक अज्ञात स्थानीय पुजारी मेवा सिंह ने इस अपमान का बदला विलियम

हॉपकिंसन सन् 1907 में वैंकूवर आया था और कनाडा की सरकार ने उसे आप्रवासी इंस्पेक्टर तथा दुभाषिए के रूप में नौकरी पर रखा था। वह ब्रिटिश कोलंबिया में रह रहे पूर्वी भारतीय उग्रवादियों की गतिविधियों पर भी नजर रख रहा था और अंग्रेज समर्थक सिख मुखबिर तैयार कर रहा था। मेवा सिंह ने मौत की सजा दिए जाने से पहले एक बयान जारी किया, "मेरा धर्म किसी के विरुद्ध शत्रुता रखना नहीं सिखाता, चाहे वह किसी भी वर्ग, जाति या संप्रदाय का हो; न ही हॉपकिंसन से मेरी कोई दुश्मनी थी।"

हॉपकिंसन को वैंकूवर कोर्ट में उस वक्त मौत के घाट उतारकर लिया, जब वह उस विचारधारा की निंदा करने का इंतजार कर रहा था, जिसका प्रचार करने का प्रयास गदर पार्टी कर रही थी। स्वाभाविक रूप से इस घटना ने वैंकूवर के सिख समुदाय के सदस्यों में एक तनाव पैदा कर दिया। उनमें से कुछ की स्थानीय आप्रवासन अधिकारी विलियम हॉपकिंसन से खासतौर पर दुश्मनी थी। किसी समय में वह कलकत्ता पुलिस बल में काम कर चुका था। वह धड़ल्ले से हिंदी बोलता था और टूटी-फूटी पंजाबी भी बोल लेता था। हॉपकिंसन सन् 1907 में वैंकूवर आया था और कनाडा की सरकार ने उसे आप्रवासी इंस्पेक्टर तथा दुभाषिए के रूप में नौकरी पर रखा था। वह ब्रिटिश कोलंबिया में रह रहे पूर्वी भारतीय उग्रवादियों की गतिविधियों पर भी नजर रख रहा था और अंग्रेज समर्थक सिख मुखबिर तैयार कर रहा था। मेवा सिंह ने मौत की सजा दिए जाने से पहले एक बयान जारी किया, "मेरा धर्म किसी के विरुद्ध शत्रुता रखना नहीं सिखाता, चाहे वह किसी भी वर्ग, जाति या संप्रदाय का हो; न ही हॉपकिंसन से मेरी कोई दुश्मनी थी।"

आखिरकार *'कामागाटा मारू'* ने हुगली के बजबज बंदरगाह पर लंगर डाला। पुलिस ने जहाज की तलाशी ली, लेकिन कोई हथियार नहीं मिला। यात्रियों को घेरकर एक ट्रेन में सवार कराया गया और पंजाब भेज दिया गया। उनमें से कुछ ने *'गुरुग्रंथ साहिब'* की प्रति कलकत्ता के एक गुरुद्वारे में जमा करने पर जोर दिया। पुलिस ने उस जुलूस पर गोलियाँ चला दीं, जो पवित्र ग्रंथ को लेकर बंदरगाह से निकला था। फायरिंग में 18 लोग मारे गए। उनमें से 200 से अधिक को जेल में डाल दिया गया।

'कामागाटा मारू' की घटना ने वह चिनगारी पैदा की, जिसने विदेश में बसे

भारतीयों के बीच विरोध की ज्वाला भड़काई। '*द गदर*' नामक पार्टी के मुखपत्र ने लगातार लोगों को विद्रोह के लिए उकसानेवाले लेख लिखे। विदेश में बसे हजारों लोग जैसे-तैसे जहाजों से भारत के लिए निकल गए।

7 अगस्त को छपे '*द पोर्टलैंड टेलीग्राम*' ने खबर को सांप्रदायिक रंग दे दिया—

क्रांति के लिए हिंदू स्वदेश लौटे

एस्टोरिया (ओरेगन) 7 अगस्त—दक्षिण जानेवाली हर ट्रेन और हर बोट पर इस शहर के हिंदू भारी संख्या में सवार हैं और अगर यह पलायन कुछ समय तक और जारी रहा तो एस्टोरिया में पूर्वी भारतीय नहीं बचेंगे। हैमंड हिल्स में काम करनेवाले अधिकांश हिंदू जा चुके हैं और जो बचे हैं, वे जल्द-से-जल्द जाने की तैयारी में हैं। ऐसा कहा जा रहा है कि ये लोग सैन फ्रांसिस्को के रास्ते भारत लौट रहे हैं। ऐसा कहा जा रहा है कि वहाँ एक जहाज किराए पर लिया गया है, जो भारत में होनेवाली क्रांति की मदद के लिए खड़ा है, जो इंग्लैंड के कारण भड़कने वाली है। इंग्लैंड यूरोप के युद्ध में फँसा है। ऐसा कहा जा रहा है कि एक जापानी स्टीमर हिंदुओं को उनके देश ले जाएगा।

उस समय गदर पार्टी का कोई नेता नहीं था। सैन फ्रांसिस्को में 'अराजक' घोषित किए जाने के बाद उसके महासचिव हरदयाल स्विट्जरलैंड चले गए थे। सोहन सिंह भकना और करतार सिंह सराबा, दोनों नेता भारत पहुँच गए थे। लाल हरदयाल के एक प्रतिनिधि रामचंद्र गदर पार्टी को चला रहे थे। उन्होंने सभी भारतीयों से पंजाब के मोगा में इकट्ठा होने के लिए कहा। "आपका कर्तव्य स्पष्ट है। भारत जाइए,

लाल हरदयाल के एक प्रतिनिधि रामचंद्र गदर पार्टी को चला रहे थे। उन्होंने सभी भारतीयों से पंजाब के मोगा में इकट्ठा होने के लिए कहा। "आपका कर्तव्य स्पष्ट है। भारत जाइए, देश के कोने-कोने में विद्रोह की शुरुआत कीजिए। अमीरों को लूटिए और गरीबों पर दया दिखाइए। इस प्रकार सबकी सहानुभूति हासिल कीजिए। भारत पहुँचने पर आपको हथियार मुहैया कराए जाएँगे। अगर ऐसा न हो पाए तो राइफलों को लूटने के लिए पुलिस थानों पर हमला कीजिए। अपने नेताओं के आदेश का पालन बेहिचक कीजिए।"

देश के कोने-कोने में विद्रोह की शुरुआत कीजिए। अमीरों को लूटिए और गरीबों पर दया दिखाइए। इस प्रकार सबकी सहानुभूति हासिल कीजिए। भारत पहुँचने पर आपको हथियार मुहैया कराए जाएँगे। अगर ऐसा न हो पाए तो राइफलों को लूटने के लिए पुलिस थानों पर हमला कीजिए। अपने नेताओं के आदेश का पालन बेहिचक कीजिए।"

एक और जहाज 'कोरिया' कुछ भारतीयों को लेकर पहुँचा। उन सभी को कलकत्ता पहुँचते ही गिरफ्तार कर लिया गया। जो गिरफ्तारी से बच निकले, वे मोगा पहुँच गए; लेकिन उन्हें हथियार नहीं मिले, जबकि वे कई दिनों तक इंतजार करते रहे। उनके पास अपने-अपने गाँव लौट जाने के सिवाय कोई चारा नहीं था।

हांगकांग, चीन, जापान, बोर्नियो और फिलिपींस से आनेवाले लोगों ने उन इलाकों में तैनात भारतीय सैनिकों से संपर्क साधा। सिंगापुर की 26वीं पंजाबी रेजिमेंट के अलावा किसी ने भी उनका साथ नहीं दिया। अंग्रेजों ने इस विद्रोह को निर्दयता से कुचल दिया।

दूसरी तरफ, उत्तरी बंदरगाहों से आ रहे अधिकांश गदर पार्टीवालों को गिरफ्तार कर लिया गया; लेकिन दक्षिणी हिस्से के रास्ते यात्रा कर रहे कई सदस्य पंजाब पहुँच गए, जिनकी संख्या 1,000 के लगभग थी। 19 मार्च, 1915 को सरकार ने डिफेंस ऑफ इंडिया ऐक्ट पास किया, जिसने प्रशासन को यह अधिकार दिया कि वह 'किसी प्रशासनिक या सैन्य अधिकारी को यह शक्ति दे कि वह किसी व्यक्ति के किसी भी इलाके में प्रवेश करने या रहने पर पाबंदी लगा सके, जिस पर किसी भी प्रकार से सार्वजनिक सुरक्षा के विरुद्ध कार्य करने की आशंका हो या किसी विशेष क्षेत्र में उसे रहने की इजाजत दे।'

आखिरकार गदरवादियों को मुश्किलों का सामना करना पड़ा, क्योंकि न कोई सही कार्यक्रम था, न कोई रणनीति थी। भगत सिंह ने कहा कि दुर्भाग्य से कोई क्रांतिकारी नेता भी नहीं था, जो गदरवादियों का उपयोग कर सके। उन्होंने पाया कि पंजाब के लोग मददगार नहीं थे। अंग्रेजों के विरुद्ध कोई प्रदर्शन नहीं हुआ, जबकि प्रथम विश्व युद्ध, जो शुरू हो चुका था, ने विद्रोह के लिए आदर्श अवसर दिया था। इसकी बजाय गांधी ने सैनिकों को स्वास्थ्य सेवा उपलब्ध कराने का प्रस्ताव दिया था। तिलक जैसे कट्टरवादी भी युद्ध के प्रयासों में अड़ंगा डालना नहीं चाहते थे। गदरवादियों से अवांछित लोगों जैसा व्यवहार किया जाता था। पुलिस उन्हें खुलेआम गिरफ्तार करती थी और सताती थी। उनमें से कुछ की हत्या भी कर दी गई थी।

गदरवादियों का स्वागत कितने ठंडे तरीके से हुआ, इसकी पुष्टि बजबज हार्बर पर हुई फायरिंग की न्यायिक रिपोर्ट ने कर दी—"किसानों को उनके कार्यों में कुछ भी न्यायसंगत नहीं दिखा, भले ही वे देशभक्ति की किसी भी मंशा के प्रति समर्पित हों। वे क्रांतिकारियों को हत्यारे और ईमानदार लोगों को लुटेरे मानते थे, जिनका विरोध हर प्रकार से करना चाहिए और उन्हें पकड़ा जाना चाहिए।"

गदरवादियों का स्वागत कितने ठंडे तरीके से हुआ, इसकी पुष्टि बजबज हार्बर पर हुई फायरिंग की न्यायिक रिपोर्ट ने कर दी—"किसानों को उनके कार्यों में कुछ भी न्यायसंगत नहीं दिखा, भले ही वे देशभक्ति की किसी भी मंशा के प्रति समर्पित हों। वे क्रांतिकारियों को हत्यारे और ईमानदार लोगों को लुटेरे मानते थे, जिनका विरोध हर प्रकार से करना चाहिए और उन्हें पकड़ा जाना चाहिए।"

इसके बाद भी गदरवादियों ने हार नहीं मानी। उन्होंने रासबिहारी बोस से संपर्क साधा, जो बंगाल के क्रांतिकारी थे और अपना ठिकाना कलकत्ता की बजाय लाहौर को बना लिया था। उनके लोगों ने कई छावनियों में भारतीय सैनिकों से इस उम्मीद में संपर्क किया कि वे उन्हें उकसाकर बागी बना लेंगे। फिरोजपुर छावनी को इसके लिए सबसे उपयुक्त माना गया। रासबिहारी बोस को लगता था कि सैनिक बागी हो जाएँगे और एक जबरदस्त विद्रोह शुरू हो जाएगा। उन्हें उम्मीद थी कि अफगानिस्तान क्रांतिकारियों की सरकार को मान्यता दे देगा, जिसकी स्थापना वे करेंगे।

बोस ने विद्रोह के लिए 21 फरवरी, 1915 की तारीख तय की। लाहौर स्थित 23वीं घुड़सवार सेना और फिर उसके बाद अन्य छावनियों के सैनिक अंग्रेज अधिकारियों को गोलियों से उड़ाकर उनकी जीवन-लीला समाप्त करेंगे, हथियार लूटेंगे और क्रांतिकारियों के बीच हथियार बाँट देंगे। गदरवादियों ने बम बनाने के लिए अमृतसर और लुधियाना के करीब झाबल में फैक्टरियाँ बनाई थीं। उन्हें ट्रेनों को पटरी से उतारने और टेलीग्राफ लाइनों को काटने की ट्रेनिंग दी गई थी। ऐलान-ए-जंग घोषित करनेवाले पोस्टर साइक्लोस्टाइल किए गए और बाँटने के लिए तैयार किए गए।

लेकिन अचानक गदरवादी मूला सिंह को गिरफ्तार कर लिया गया और उसने पुलिस को सबकुछ बता दिया। बोस ने विद्रोह की तारीख को पीछे खिसका कर 19 फरवरी कर दिया; लेकिन उन्होंने जिन रेजिमेंटों को चुना था, उनसे हथियार रखवा

लिये गए। कई गदरवादियों को हिरासत में ले लिया गया और उनकी हत्या कर दी गई। बोस किसी तरह बचकर निकल गए।

249 गदरवादियों पर मुकदमा चलाया गया। 42 को मौत की सजा सुनाई गई, 114 को अंडमान भेज दिया गया और 93 को अलग-अलग अवधि के लिए जेल की सजा सुनाई गई। 23वीं घुड़सवार सेना को असम भेज दिया गया; लेकिन उनके सामानों में छिपाकर ले जाए जा रहे बम फट गए और उनका भेद खुल गया। उनके 12 जवानों को फाँसी दे दी गई और 6 को उम्रकैद की सजा सुनाई गई।

249 गदरवादियों पर मुकदमा चलाया गया। 42 को मौत की सजा सुनाई गई, 114 को अंडमान भेज दिया गया और 93 को अलग-अलग अवधि के लिए जेल की सजा सुनाई गई। 23वीं घुड़सवार सेना को असम भेज दिया गया; लेकिन उनके सामानों में छिपाकर ले जाए जा रहे बम फट गए और उनका भेद खुल गया। उनके 12 जवानों को फाँसी दे दी गई और 6 को उम्रकैद की सजा सुनाई गई।

इस प्रकार गदर आंदोलन को कुचल दिया गया। लेकिन इसने कट्टर अकाली आंदोलन को जन्म दिया। अकाली उग्रवादी बब्बरों का जन्म इसी गदर आंदोलन से हुआ। उन्होंने गदरवादियों की मौत का बदला लेने के लिए कई अंग्रेजों को मार डाला। कुछ गदरवादी अपनी सजा काटने के बाद एक बार फिर से अंग्रेजों के खिलाफ विद्रोह को जिंदा करने के लिए पंजाब लौटे। कुछ वामपंथी राजनीतिक आंदोलन खड़े हुए। 'कीर्ति' उनमें से एक था।

□

भगत सिंह ने अपने साथियों को गदर पार्टी का इतिहास इस मकसद से सुनाया, ताकि वह उन्हें यह समझा सकें कि क्रांति में शामिल होनेवालों के लिए मौत सामान्य-सी बात होती है।

गदरवादियों की बहादुरी या उन्होंने जो बलिदान दिए, उन पर कोई शक नहीं किया जा सकता; लेकिन सवाल यही है कि वे कितने सफल हुए?

भगत सिंह और उनके क्रांतिकारी साथी खुद से यही सवाल कर रहे थे—क्या जिसके लिए उन्होंने अपने घर छोड़े, उसे वे हासिल कर रहे हैं? क्या उनके प्रयासों से देश क्रांति के करीब आया है? क्या उन्हें अपनी रणनीति बदलनी चाहिए या समझौता करना चाहिए?

उनके पास जवाब नहीं थे; लेकिन उन्हें यकीन था कि उनकी सफलता कितनी भी सीमित क्यों न हो, उनके लक्ष्य पर शक नहीं किया जा सकता था। विदेशी शासन के अधीन रहना देश की दुर्दशा का एक सबसे बड़ा कारण था। अपने आततायियों के खिलाफ सिर उठानेवाले किसी भी देश का शुरुआत में विफल होना निश्चित होता है। अपने संघर्ष के दौरान वह आंशिक सुधार हासिल कर सकता है; लेकिन वह आखिरी चरण में ही अंतिम हमला कर विदेशी सरकार को ध्वस्त कर सकता है, जब सारी ताकतों और देश के सारे संसाधनों को संगठित कर ले।

इन सबके बावजूद भगत सिंह और उनके साथी सोच रहे थे कि उनकी रणनीतियों से वैसे नतीजे मिले या नहीं, जिसकी कल्पना उन्होंने की थी। ध्यान आकर्षित करने के लिए कभी-कभी बम आवश्यक हो सकते हैं; लेकिन क्रांतिकारियों को तर्क और व्यक्तिगत उदाहरण से लोगों को यह समझाना भी होगा कि वे जिस तरीके को अपना रहे हैं, वह विदेशियों की गुलामी और गरीबी की बेड़ियों से आम आदमी को आजाद कराने का सबसे अच्छा तरीका है।

सरकारी मशीनरी सत्ताधारी वर्ग के हाथों में अपने हितों की रक्षा का एक हथियार थी। "हम उस हथियार को अपने आदर्श, यानी सामाजिक पुनर्निर्माण के आदर्श को साकार करने के लिए छीन लेना चाहते हैं।" लेकिन भगत सिंह ने यह भी कहा, "हमें जनता को शिक्षित करना होगा, ताकि अपने सामाजिक कार्यक्रमों के लिए सकारात्मक माहौल बन सके।"

सरकारी मशीनरी सत्ताधारी वर्ग के हाथों में अपने हितों की रक्षा का एक हथियार थी। "हम उस हथियार को अपने आदर्श, यानी सामाजिक पुनर्निर्माण के आदर्श को साकार करने के लिए छीन लेना चाहते हैं।" लेकिन भगत सिंह ने यह भी कहा, "हमें जनता को शिक्षित करना होगा, ताकि अपने सामाजिक कार्यक्रमों के लिए सकारात्मक माहौल बन सके।"

□

क्रांतिकारियों का मानना था कि देश का मिजाज अधिक उदारवादी होता जा रहा था। नेहरू ने भी समाजवाद की उस सुहानी हवा का अहसास किया, जो देश में बह रही थी। कांग्रेस कार्यकर्ता लोकतंत्र पर ब्राइस और क्रांति पर मैजिनी की लिखी किताबें माँग-माँगकर पढ़ रहे थे। खुफिया रिपोर्ट से अंग्रेजों को पता चला

कि क्रांतिकारियों का प्रभाव कार्यकर्ताओं, छात्रों और युवाओं के बीच फैल रहा था। मजदूर संघ की गतिविधियाँ बढ़ रही थीं, यहाँ तक कि कुछ भारतीय अधिकारियों पर भी क्रांतिकारियों से सहानुभूति रखने का शक था।

भगत सिंह और उनके साथी आगरा के घर में सांडर्स के वध के परिणामों पर चर्चा कर रहे थे। उन्हें समझ आया कि इसके अपेक्षित परिणाम नहीं मिले थे। उन्होंने जो सोचा था कि अंग्रेज भारत छोड़कर जाने लगेंगे, वैसा कुछ भी नहीं हुआ। महज कुछ अंग्रेजों ने अपनी पत्नियों को वापस इंग्लैंड भेज दिया। शुरुआती दहशत के बाद अंग्रेजों को यह लगने लगा कि बदले की कठोर कारवाई विद्रोहियों को सबक सिखाएगी। न तो कांग्रेस और न ही गांधी से उन्हें कोई खतरा था, बस, क्रांतिकारियों से ही था। इसलिए अंग्रेजों ने राजनीतिक और श्रमिकों की गतिविधियों पर लगाम लगाने और क्रांतिकारियों की अपीलों को खारिज करने के लिए केंद्रीय असेंबली के समक्ष दो नए विधेयक लाने का फैसला किया।

दोनों विधेयकों का मकसद अंग्रेजी शासन के विरोध को कुचलना था। पहला विधेयक 'सार्वजनिक सुरक्षा विधेयक' सरकार को किसी को भी बिना मुकदमा चलाए हिरासत में रखने का अधिकार देता था। दूसरा, 'व्यापार विवाद विधेयक' मजदूर संघों को हड़ताल करने, खासतौर पर बंबई में हड़ताल पर जाने से रोकता था, जहाँ मिल मालिकों को वेतन बढ़ाने पर मजबूर किया गया था।

सांडर्स की हत्या के साढ़े नौ महीने बाद भी पुलिस हत्यारों का सुराग पाने में नाकाम थी। तत्कालीन भारत सचिव को भेजे गए टेलीग्राम में वाइसरॉय ने लिखा—'सांडर्स मर्डर केस में जाँच ज्यादा आगे नहीं बढ़ पाई है।' लंदन से जवाब आया—'यह सुनकर काफी निराशा हुई कि जाँच में उतनी संतोषजनक प्रगति नहीं हुई है।'

वाइसरॉय इरविन ने दोनों विधेयकों पर चर्चा के लिए 8 अप्रैल, 1929 की तारीख निश्चित की। क्रांतिकारियों ने विरोध दर्ज कराने के लिए उसी दिन को तय किया। वे जानते थे कि गिरफ्तारी के बाद अंग्रेजी न्याय-प्रणाली कभी उनके लिए निष्पक्ष नहीं होगी। अंग्रेज न्याय के नाम पर बस, धूल झोंकने का काम करेंगे।

दोनों विधेयकों का मकसद अंग्रेजी शासन के विरोध को कुचलना था। पहला विधेयक 'सार्वजनिक सुरक्षा विधेयक' सरकार को किसी को भी बिना मुकदमा

चलाए हिरासत में रखने का अधिकार देता था। दूसरा, 'व्यापार विवाद विधेयक' मजदूर संघों को हड़ताल करने, खासतौर पर बंबई में हड़ताल पर जाने से रोकता था, जहाँ मिल मालिकों को वेतन बढ़ाने पर मजबूर किया गया था।

□

आगरा स्थित अपने मुख्यालय में क्रांतिकारी घंटों तक बैठकर दोनों विधेयकों के देश पर पड़नेवाले प्रभावों और अपनी गतिविधियों पर लगनेवाली लगाम को लेकर बहस किया करते थे। वे असेंबली को फिजूल का संस्थान मानते थे, क्योंकि यह दुनिया के सामने भारतीयों के अपमान और मजबूरी को दिखाती थी और उपनिवेश में एक गैर-जिम्मेदार व निरंकुश शासन को विश्वसनीयता प्रदान करती थी। फिर भी असेंबली का महत्त्व था, क्योंकि यह अवैध शासन को आधिकारिक स्वीकृति देती थी।

ऐसे समय में ही क्रांतिकारियों को सोचने पर मजबूर होना पड़ा कि क्या असेंबली को इस बात को रखने का मंच बनाया जा सकेगा कि दोनों ही विधेयक अंग्रेजों के अत्याचार को और भी निंदनीय बनाते हैं? क्या असेंबली उनके विरोध को दर्ज कराने की सही जगह थी? दरअसल, दोनों विधेयक क्रांतिकारियों के लिए स्पष्ट संदेश थे कि वे अधिक दमन और दंड के लिए तैयार रहें। क्या उन्हें इस चुनौती का जवाब देना चाहिए? इसका मतलब था कि वे अपनी और एच.एस. आर.ए. की लोकप्रियता की परीक्षा के लिए खुलकर सामने आएँ।

वैसे, क्रांतिकारियों को लग रहा था कि वे कुछ प्रगति कर रहे हैं; लेकिन उनके काम की जो प्रकृति थी, वह गुप्त थी, जिसके चलते वे खुद को मजबूर महसूस कर रहे थे। दोनों विधेयक इस स्थिति को और विकट बना देंगे। अब उन्हें इस पर चर्चा करनी थी कि उनका संदेश लोगों तक कैसे पहुँचेगा। सांडर्स के वध ने उन्हें देश में पहचान दिला दी थी, लेकिन उसके बाद साल भर का समय बीत चुका था। आखिर वे ऐसा क्या करें कि सबका ध्यान उनकी ओर और उनके संदेश की ओर फिर से आ जाए? क्या उन्हें एक और अंग्रेज अधिकारी को यमलोक भेज देना चाहिए? उससे फायदा होगा? यह बात पहले ही अच्छी तरह समझ ली गई थी कि असली जरूरत अपनी विचारधारा पर लोगों को भरोसा दिलाना था, न कि यहाँ-वहाँ बम फेंकना और हत्याएँ करना।

वे इस बात को समझते थे कि असेंबली के बाहर किसी भी प्रकार का प्रदर्शन उन्हें मुश्किल में डाल देगा। उन्हें तुरंत गिरफ्तार कर जेल में डाल दिया जाएगा। फिर उन्होंने अपने संदेश के प्रचार के लिए असेंबली हॉल का इस्तेमाल करने पर विचार

किया। अपनी मौजूदगी और विरोध को दर्ज कराने के लिए कोई शांतिपूर्ण तरीका जरूरी था। यह अंग्रेजों के उस दुष्प्रचार का भी जवाब होगा, जो उन्हें 'मुट्ठी भर हत्यारे' बताते थे। सरकार ने जान-बूझकर उन्हें बदनाम किया था। उन्हें इस दाग को धोना था।

अगले कदम पर फैसले के लिए एच.एस.आर.ए. की औपचारिक बैठक बुलाई गई। हमेशा की तरह भगत सिंह पहले वक्ता थे। उन्होंने कहा, "अंग्रेज हमें लूटने व मारने के लिए घूम रहे हैं और हम अपनी आवाज तक नहीं उठा सकते। इससे भी अधिक दमनकारी कानून आएँगे। हम तो गुलाम हैं। हमारे पास विरोध करने तक की गुंजाइश नहीं होगी।"

अगले कदम पर फैसले के लिए एच.एस.आर.ए. की औपचारिक बैठक बुलाई गई। हमेशा की तरह भगत सिंह पहले वक्ता थे। उन्होंने कहा, "अंग्रेज हमें लूटने व मारने के लिए घूम रहे हैं और हम अपनी आवाज तक नहीं उठा सकते। इससे भी अधिक दमनकारी कानून आएँगे। हम तो गुलाम हैं। हमारे पास विरोध करने तक की गुंजाइश नहीं होगी।" अपनी आवाज उठाने के तरीके पर वह लाहौर में सुखदेव से पहले ही चर्चा कर चुके थे। संयुक्त प्रांत के एक क्रांतिकारी, ताराचंद ने भगत सिंह की बात को समझ लिया। उन्होंने कहा, "असेंबली के सदस्यों, विशेष रूप से जो भारतीय हैं, उनके आँख-कान खोलने के सिवाय और कोई रास्ता नहीं है।"

आजाद ने बीच में ही पूछ लिया, "कैसे?"

वे सभी इस मूल विचार पर सहमत थे कि विधेयकों के खिलाफ धमाकेदार विरोध दर्ज कराना जरूरी है।

□

आखिर में क्रांतिकारियों ने तय किया कि उनमें से ही दो लोग सेंट्रल असेंबली हॉल में सत्ता पक्ष की सार्वजनिक गैलरी से बम फेंकेंगे और इस बात का ध्यान रखेंगे कि किसी को कोई नुकसान न पहुँचे। सार्वजनिक स्थल पर दिन-दहाड़े होनेवाला धमाका निश्चित रूप से इस बहस की शुरुआत करेगा कि क्यों क्रांतिकारियों ने अपनी जान को जोखिम में डालकर असेंबली के भारी सुरक्षा वाले माहौल को चुना है? लोगों को यह अहसास होगा कि क्रांतिकारी अपनी गिरफ्तारी केवल उस 'जंगल राज' के खिलाफ अपना विरोध दर्ज कराने के लिए दे रहे हैं, जिसका प्रतीक इस देश के लिए अंग्रेज बन चुके थे।

इस काम के लिए बटुकेश्वर दत्त और रामशरण दास को चुना गया। बटुकेश्वर दत्त के चुने जाने से कानपुर में बिताए दिनों की याद ताजा हो गई। भगत सिंह ने याद दिलाया कि कैसे दोनों क्रांति के जरिए भारत में वैसे बदलावों को लाने पर चर्चा करते थे, जिन्हें वे इस देश में देखना चाहते थे। दत्त ने ही भगत सिंह को वह गीत सुनाया था, जिसे वे अकसर साथ-साथ गुनगुनाते थे—

एक हलोरा इधर से आए
एक हलोरा उधर से आए
सारा उलट-पुलट हो जाए
धूआँधार जगत में छाए
नाश और सत्यानाश की धूल
उड़ चले दाएँ-बाएँ।

दास को सन् 1915 में दोषी ठहराया गया था और वह हाल ही में अंडमान से अपनी सजा काटकर लौटे थे। अपनी रिहाई के बाद उन्होंने भगत सिंह से संपर्क किया था और एच.एस.आर.ए. के कार्यकर्ता बन गए थे। दोनों के विचारों में जमीन-आसमान का अंतर था। फिर भी दोनों के बीच करीबी थी। आगे चलकर दास ने *'ड्रीमलैंड'* नाम की किताब लिखी, जिसके परिचय में भगत सिंह ने लिखा था—

दास को सन् 1915 में दोषी ठहराया गया था और वह हाल ही में अंडमान से अपनी सजा काटकर लौटे थे। अपनी रिहाई के बाद उन्होंने भगत सिंह से संपर्क किया था और एच.एस.आर.ए. के कार्यकर्ता बन गए थे। दोनों के विचारों में जमीन-आसमान का अंतर था। फिर भी दोनों के बीच करीबी थी। आगे चलकर दास ने 'ड्रीमलैंड' नाम की किताब लिखी।

"ब्रह्मांड की उनकी व्याख्या वैचारिक और आध्यात्मिक है, जबकि मैं एक भौतिकतावादी हूँ और सृष्टि की मेरी व्याख्या अनौपचारिक होगी। इसके बावजूद यह न तो असामान्य है, न ही प्राचीन। सामान्य रूप से हमारे देश में जिस प्रकार की बातें हो रही हैं, उनके जैसी बातें ही उन्होंने व्यक्त की हैं। उस हताश करनेवाली मनोस्थिति से लड़ने के लिए उन्होंने प्रार्थना का सहारा लिया।"

"इस पुस्तक की पूरी शुरुआत भगवान् के प्रति समर्पित है। परमात्मा का गुणगान, उनकी परिभाषा, भगवान् में विश्वास उस रहस्यवाद का परिणाम है, जो स्वाभाविक रूप से अवसाद के कारण सामने आता है। यह संसार माया या मिथ्या है, स्वप्न या कहानी, स्पष्ट रहस्यवाद है, जिसकी उत्पत्ति और विवेचना हिंदू संतों, जैसे शंकराचार्य और अन्य संतों ने की है; लेकिन भौतिकवादी दर्शन में इस प्रकार

के सोच का कहीं कोई स्थान नहीं है। लेखक का यह रहस्यवाद किसी भी प्रकार से हेय या निंदनीय नहीं है। इसमें केवल सुंदरता और आकर्षण है।"

भगत सिंह की इच्छा थी कि बम फेंकने के लिए उन्हें चुना जाता। वे अदालत का उपयोग यह घोषित करने के लिए करते कि इस धमाके का उद्देश्य अंग्रेजों को चेतावनी देना था कि लोगों का धैर्य जवाब दे रहा है और समस्याओं का निपटारा जल्द नहीं किया गया तो हालात गंभीर हो सकते हैं। भगत सिंह ने जब रामशरण दास की जगह खुद बम फेंकने की जिम्मेदारी का सुझाव दिया तो उनके सामने एक शर्त रखी गई, "उन पर तभी विचार किया जाएगा, जब वे बम फेंकने के बाद भाग निकलें, जैसा कि उन्होंने सांडर्स के वध के बाद किया था।"

भगत सिंह ने इसे खारिज कर दिया। उन्होंने कहा कि वक्त आ गया है, जब अपनी बात कही जाए। किसी भी क्रांति की याद नहीं बची, सिवाय उसके, जो लोगों के दिमाग में घर कर जाए। ऐसा सिर्फ शब्दों से ही हो सकता है। शासकों को कठघरे में खड़ा करना होगा। कोर्ट का इस्तेमाल क्रांतिकारी देशभक्ति के विचारों का प्रचार करने के मंच के रूप में और लोगों में स्वतंत्रता की भावना को जगाने के लिए करना होगा। लोगों को क्रांतिकारियों की मंशा को स्पष्ट रूप से समझना होगा और उसका साथ देना होगा।

आर.एच. टॉनी की 'द एक्वीजिटिव सोसाइटी' ऐसी किताब थी, जो भगत सिंह ने कुछ दिनों पहले ही पढ़ी थी। टॉनी के समय के लोगों ने समाजवादी सिद्धांत को उन बिगड़ती आर्थिक और नैतिक परिस्थितियों के कारण अपनाया था, जिनका सामना उस समय के लोग कर रहे थे। उन्होंने राजनीतिक स्वतंत्रता और आर्थिक निर्भरता के बीच विरोधाभास को दिखाया और आर्थिक सुधार के लिए स्वतंत्रता की अनिवार्यता के महत्त्व को बताया।

भगत सिंह ने कहा कि यदि मंशा पर विचार ही नहीं होता तो फिर 'ईसा मसीह भी एक ऐसे व्यक्ति के रूप में देखे जाते, जिन्होंने अराजकता पैदा की, शांति भंग की और विद्रोह का पाठ पढ़ाया और उन्हें कानून की भाषा में एक खतरनाक व्यक्तित्व माना जाता; लेकिन हम उनकी पूजा करते हैं।'

आर.एच. टॉनी की 'द *एक्वीजिटिव सोसाइटी*' ऐसी किताब थी, जो भगत सिंह ने कुछ दिनों पहले ही पढ़ी थी। टॉनी के समय के लोगों ने समाजवादी सिद्धांत को उन बिगड़ती आर्थिक और नैतिक परिस्थितियों के कारण अपनाया था, जिनका सामना उस

समय के लोग कर रहे थे। उन्होंने राजनीतिक स्वतंत्रता और आर्थिक निर्भरता के बीच विरोधाभास को दिखाया और आर्थिक सुधार के लिए स्वतंत्रता की अनिवार्यता के महत्त्व को बताया। भगत सिंह ने कहा कि सभी समाजों का इतिहास वर्ग संघर्ष का इतिहास था। यह उन लोगों के बीच का टकराव था, जो 'काम नहीं करते' और 'जो करते हैं।' यह तबाही मचाने की गतिविधियों या साजिशों और कुटिल नेताओं के कारण नहीं होती, बल्कि उन्हीं निर्दयी सामाजिक नियमों के कारण होती है, जिन्होंने पिछली व्यवस्था, जैसे कि यूरोप में सामंतवाद को समाप्त किया था।

भगत सिंह यह बताना चाहते थे कि उनके दर्शन को वे सबसे अच्छी तरह सामने रख सकेंगे, लेकिन चंद्रशेखर आजाद ने, जो बैठक की अध्यक्षता कर रहे थे, उनकी बात नहीं मानी। वे उन्हें उस खतरे में नहीं डालना चाहते थे, जो उन पर मँडरा रहा था। आजाद इस बात को जानते थे कि पंजाब पुलिस भगत सिंह को ढूँढ़ रही है। एक बार वे उनके चंगुल में फँस गए तो वे उन्हें कोर्ट में ले जाएँगे। यह तय था कि मुकदमे का अंत उन्हें दोषी ठहराने और फाँसी दिए जाने पर ही होगा।

दल का चुनाव कर लिये जाने के बाद जिस मुद्दे पर गरमागरम बहस हुई, वह था कि क्या बम फेंकने के बाद बटुकेश्वर दत्त और रामशरण को बचाकर निकाला जाएगा। आजाद ने याद दिलाया कि किस प्रकार उन्होंने सांडर्स की हत्या के बाद अपने साथियों को निकाला था; लेकिन तब उनका उद्‌देश्य कुछ और था। इस बार समर्पण करने की सोच थी, ताकि लोग देख सकें कि क्रांतिकारियों ने अंग्रेजों के उन दमकारी कदमों का विरोध दर्ज कराने के लिए अपना बलिदान दिया, जिन्हें वे लागू करने पर तुले थे। दत्त और रामशरण भागने का प्रयास नहीं करेंगे, बल्कि अदालत के मंच का उपयोग अपनी बात को और क्रांति की अवधारणा को समझाने के लिए करेंगे।

सुखदेव को जब पता चला कि भगत

भगत सिंह यह बताना चाहते थे कि उनके दर्शन को वे सबसे अच्छी तरह सामने रख सकेंगे, लेकिन चंद्रशेखर आजाद ने, जो बैठक की अध्यक्षता कर रहे थे, उनकी बात नहीं मानी। वे उन्हें उस खतरे में नहीं डालना चाहते थे, जो उन पर मँडरा रहा था। आजाद इस बात को जानते थे कि पंजाब पुलिस भगत सिंह को ढूँढ़ रही है। एक बार वे उनके चंगुल में फँस गए तो वे उन्हें कोर्ट में ले जाएँगे। यह तय था कि मुकदमे का अंत उन्हें दोषी ठहराने और फाँसी दिए जाने पर ही होगा।

सुखदेव को जब पता चला कि भगत सिंह उस दल में नहीं थे तो उन्हें भारी निराशा हुई। उन्होंने आजाद से बात की। सुखदेव का कहना था कि यदि उनके बीच कोई ऐसा था, जो पार्टी के दृष्टिकोण को प्रभावशाली और स्पष्ट रूप से रख सकता था और हिंसा के उपयोग का बचाव कर सकता था, तो वे भगत सिंह ही थे। "हम पर हिंसा का जो इल्जाम लगाया जाता है, उसे सुन-सुनकर हम थक चुके हैं।

सिंह उस दल में नहीं थे तो उन्हें भारी निराशा हुई। उन्होंने आजाद से बात की। सुखदेव का कहना था कि यदि उनके बीच कोई ऐसा था, जो पार्टी के दृष्टिकोण को प्रभावशाली और स्पष्ट रूप से रख सकता था और हिंसा के उपयोग का बचाव कर सकता था, तो वे भगत सिंह ही थे। "हम पर हिंसा का जो इल्जाम लगाया जाता है, उसे सुन-सुनकर हम थक चुके हैं। हम न तो हत्यारे हैं, न आतंकवादी। हम इस देश और दुनिया को क्रांति में अपने विश्वास के बारे में बता देना चाहते हैं।" सुखदेव ने कहा कि भगत सिंह के पास एक नाम, एक पृष्ठभूमि और संकल्प था, जिससे वह उन सभी की आकांक्षाओं को समझा सकते थे। भगत सिंह भी हिंसा के आरोपों से थक चुके थे। उन सभी के लिए गांधी की ओर से प्रयोग किया गया 'गैर-जिम्मेदार युवक' शब्द का इस्तेमाल उनमें चिढ़ पैदा कर देता था।

क्या गांधी ने कभी किसी किसान के साथ किसी शाम अलाव के किनारे बैठकर यह जानने का प्रयास किया कि वह क्या सोचता है? क्या उन्होंने किसी फैक्टरी मजदूर के साथ एक भी शाम बिताई है और उससे बात की है? क्रांतिकारी जानते थे कि जनता क्या सोचती है। वह दिन दूर नहीं, जब वे हजारों लोगों को 'क्रांति की दिशा में ले जाने' के लिए आरक्षित कर लेंगे। उन्होंने याद दिलाया कि एक बार लेनिन ने मैक्सिम गोर्की से कहा था—

"मैं नहीं जानता कि दिल को छू लेनेवाले संगीत से भी बड़ा कुछ होता है। मैं उसे हर दिन सुनना चाहूँगा। यह बेहतरीन व रहस्यमयी संगीत है। मैं हमेशा ही गर्व के साथ सोचता हूँ कि मनुष्य कितने शानदार काम कर सकता है, शायद यह मेरा भोलापन है!...लेकिन मैं हमेशा संगीत नहीं सुन सकता। इससे आपका मन प्रभावित होता है। आप बेवकूफी भरी अच्छी-अच्छी बातें करना चाहते हैं और जी करता है कि उन लोगों के सिर थपथपाएँ, जो इस नरक में जीकर भी इतनी खूबसूरत चीज बनाते हैं और अब आप किसी का सिर नहीं थपथपा सकते। हो सकता है कि

आपके हाथ को काट खाए। आपको बिना तरस खाए उनके सिर पर जबरदस्त चोट करनी होगी, भले ही हमारा आदर्श यह है कि किसी के भी खिलाफ बल का प्रयोग न किया जाए। हुँह, हुँह, हमारा काम बेहद कठिन है!"

जब क्रांतिकारियों को बंदूक या बम का इस्तेमाल करना होता था तो उन्हें ऐसा ही महसूस होता था। जब काररवाई सही हो तो ऐसा करना आवश्यक था। पंजाब में नौजवान भारत सभा और एच.एस.आर.ए. के माध्यम से जब वे अपने आंदोलन को खड़ा कर रहे थे, तब उनके दो लक्ष्य थे—एक था, अत्याचारी अंग्रेज अधिकारियों को डराना या खत्म करना। दूसरा, जो कि अधिक महत्त्वपूर्ण था—मजदूरों, किसानों, छात्रों और युवाओं के जन-आंदोलन का आयोजन करना। उनकी दो चरणों वाली रणनीति चाहे कितनी ही सीमित क्यों न हो, उनका मानना था कि उन्होंने स्वतंत्रता संग्राम की रफ्तार को तेज कर दिया था और लोगों को आदर्शवाद एवं विचारधारा के करीब ला खड़ा किया था।

सुखदेव ने भगत सिंह को चिढ़ाया कि जेल जाने के डर से वे उस दल में शामिल नहीं हुए। यह अनुचित था। सुखदेव भगत सिंह की तुलना भाई परमानंद से कर रहे थे, जो एक ऐसे क्रांतिकारी थे, जो आगे चलकर कट्टर हिंदू नेता बन गए। उनका संदर्भ परमानंद केस में लाहौर हाई कोर्ट की ओर से की गई यह टिप्पणी थी, "भले ही पार्टी के पीछे दिमाग और आत्मा उनकी ही थी, लेकिन वे (परमानंद) बुजदिल थे। खुद पीछे रहकर वह दूसरों को दाँव पर लगाते थे।"

□

सुखदेव ने भगत सिंह को चिढ़ाया कि जेल जाने के डर से वे उस दल में शामिल नहीं हुए। यह अनुचित था। सुखदेव भगत सिंह की तुलना भाई परमानंद से कर रहे थे, जो एक ऐसे क्रांतिकारी थे, जो आगे चलकर कट्टर हिंदू नेता बन गए। उनका संदर्भ परमानंद केस में लाहौर हाई कोर्ट की ओर से की गई यह टिप्पणी थी, "भले ही पार्टी के पीछे दिमाग और आत्मा उनकी ही थी, लेकिन वे (परमानंद) बुजदिल थे। खुद पीछे रहकर वह दूसरों को दाँव पर लगाते थे।"

"तुम मेरा अपमान कर रहे हो।" भगत सिंह ने सुखदेव से कहा।

"मैं तो एक दोस्त के प्रति अपना धर्म निभा रहा हूँ।" सुखदेव बोले।

सुखदेव इतने पर ही नहीं रुके। उन्होंने वहाँ वार किया, जहाँ सबसे ज्यादा दर्द होता है, जहाँ कोई बात दिल को लग जाती है। उन्होंने कहा, "तुम क्रांति के लिए

फिजूल हो जाओगे, क्योंकि तुम एक स्त्री की जुल्फों में उलझ गए हो।" वह दुर्गा देवी की ओर इशारा कर रहे थे, जो सांडर्स-वध के बाद पुलिस को चकमा देने और भागने के लिए भगत सिंह के साथ लाहौर से ट्रेन से कलकत्ता गई थीं।

सुखदेव ने जो कुछ कहा, उससे भगत सिंह को तकलीफ हुई; लेकिन उस समय वे चुप रह गए। बाद में एक भावुक पत्र के माध्यम से उन्होंने सुखदेव को जवाब दिया। उन्होंने यह नहीं कहा कि उन्हें दुर्गा देवी से प्रेम हो गया था या नहीं, लेकिन इतना जरूर कहा कि प्यार किसी क्रांतिकारी के जीवन का हिस्सा नहीं हो सकता। उन्होंने सुखदेव को आश्वस्त किया कि जरूरत पड़ने पर वह सबकुछ छोड़ सकते हैं और 'वही सच्चा बलिदान होता है।'

उन्होंने मैजिनी के उदाहरण का जिक्र किया, जिसने लिखा था कि विद्रोह के अपने पहले प्रयास में भयंकर विफलता और घोर पराजय के बाद अपने मृत साथियों की बात सोचकर वे डर जाते थे और इस दु:ख को सहन नहीं कर सके थे। वे जिस लड़की से प्रेम करते थे, उसकी एक चिट्ठी ने उन्हें पागल होने या खुदकुशी करने से बचा लिया।

"एक व्यक्ति के प्रेम को मैंने ठुकरा दिया''और वह भी आदर्शवादी चरण में और उसके बाद भी, मनुष्य में प्रेम की प्रबलतम भावना होनी चाहिए, जिसे वह किसी व्यक्ति तक सीमित न रखे और उसे सार्वभौमिक बना दे।"

'जहाँ तक प्रेम के नैतिक दर्जे की बात है,' भगत सिंह ने सुखदेव को 5 अप्रैल, 1929 की एक चिट्ठी में लिखा—

> "मैं कह सकता हूँ कि यह अपने आप में और कुछ नहीं, बल्कि इच्छा है; पाशविक इच्छा नहीं, बल्कि मानवीय इच्छा और वह भी काफी मधुर। प्रेम कभी पाशविक इच्छा नहीं हो सकता। प्रेम सदैव मनुष्य के चरित्र को ऊँचाई देता है। यह उसे कभी नीचा नहीं दिखाता, बशर्ते प्रेम प्रेम हो''और मैं तुम्हें यह बता सकता हूँ कि एक युवक और एक युवती एक-दूसरे से प्रेम कर सकते हैं और अपने प्रेम की सहायता से वे इच्छा को वश में कर सकते हैं और अपनी पवित्रता को बनाए रख सकते हैं।"

ब्रह्मचर्य के विषय पर भगत सिंह का सोच गांधी के जैसा लगता था। भगत सिंह के पत्र से यह संकेत मिला कि एक बार वह प्रेम के सागर में गोते लगा चुके थे। उन्होंने स्वीकार किया—

"एक व्यक्ति के प्रेम को मैंने ठुकरा दिया···और वह भी आदर्शवादी चरण में और उसके बाद भी, मनुष्य में प्रेम की प्रबलतम भावना होनी चाहिए, जिसे वह किसी व्यक्ति तक सीमित न रखे और उसे सार्वभौमिक बना दे।"

भगत सिंह ने सुखदेव पर तंज किया—

"मेरी एक बात जरूर याद रखना। हम अपने प्रगतिशील विचारों का चाहे कितना ही बखान क्यों न कर लें, नैतिकता को लेकर अति आदर्शवादी आर्य-समाजी अवधारणा को छोड़ नहीं पाए हैं। हम उन सारी प्रगतिशील बातों को लेकर चिकनी-चुपड़ी बातें करते हैं, जिनके विषय में सोच सकते हैं, लेकिन व्यावहारिक जीवन में पहले कदम पर ही थरथर काँपने लगते हैं।"

इस पत्र ने भगत सिंह के कोमल पक्ष को उजागर किया। वे एक क्रांतिकारी थे, लेकिन इसका मतलब यह नहीं था कि उनके भीतर भावनाएँ नहीं थीं। जब तक उनकी भावनाएँ उनके क्रांतिकारी कार्यों के रास्ते में नहीं आईं, तब तक इससे क्या फर्क पड़ता था कि वे रातों को तारे गिनने के लिए जाग उठते थे या कान लगाकर कहीं से आते दुःख भरे नगमे की आवाज को सुनने लग जाते थे?

दुर्गा देवी, जो कि बुद्धिमान और सुलझी हुई थीं, ने पुलिस से बचने में उनकी सहायता की थी। भगत सिंह पुलिस को झाँसा देने के लिए उनके पति बने थे। यह सच है कि वे शादीशुदा थीं और उनका एक बेटा था, लेकिन दोनों साथ मिलकर काम कर चुके थे। उन्होंने जीत और मायूसी के पल साथ बिताए थे। क्या दोनों के बीच इससे अधिक कुछ था? भगत सिंह ने नहीं बताया।

सुखदेव ने कथित तौर पर जिसकी ओर इशारा किया, वैसा किसी और ने नहीं किया, यहाँ तक कि आजाद ने भी नहीं, जो भगत सिंह के लिए पिता-तुल्य थे। शायद आजाद को भी लगा कि प्रेम इतना अनैतिक नहीं कि किसी को नीचा दिखाया जाए और उसका मजाक उड़ाया जाए, भले ही वह कोई 'खतरनाक क्रांतिकारी' क्यों न हो और जिसके सिर पर 30,000 रुपए का इनाम हो।

आजाद और भगत सिंह महज कॉमरेड नहीं थे। वे क्रांतिकारी आंदोलन को स्वरूप देने के लिए साथ-साथ लंबा सफर तय कर चुके थे। दोनों ने साथ मिलकर एक ऐसे भारत का सपना देखा था, जो आजाद होगा और फिर दुनिया के गुलाम देशों को आजाद कराने की लड़ाई का नेतृत्व करेगा।

वे जानते थे कि भगत सिंह के जीवन

में क्या चल रहा है, लेकिन आजाद इसे भी समझते थे कि असेंबली हॉल की घटना भगत सिंह के सफल होने का अंत हो सकती थी। उन्हें गिरफ्तार कर लिया जाएगा, उन पर मुकदमा चलेगा और सांडर्स की हत्या के आरोप में उन्हें फाँसी दे दी जाएगी। आजाद और भगत सिंह महज कॉमरेड नहीं थे। वे क्रांतिकारी आंदोलन को स्वरूप देने के लिए साथ-साथ लंबा सफर तय कर चुके थे। दोनों ने साथ मिलकर एक ऐसे भारत का सपना देखा था, जो आजाद होगा और फिर दुनिया के गुलाम देशों को आजाद कराने की लड़ाई का नेतृत्व करेगा। उस संसार में समाजवादी व्यवस्था होगी, जिसमें हर एक को उसकी क्षमता और जरूरत के हिसाब से सबकुछ मिलेगा।

भगत सिंह के आग्रह पर केंद्रीय समिति की बैठक फिर से बुलाई गई। भगत सिंह सदस्यों को यह समझाने में सफल रहे कि वे रामशरण दास के स्थान पर उन्हें चुनें। उन्होंने यह कहकर समर्पण करने पर छिड़ी बहस को भी समाप्त कर दिया कि किसी को भी बचाया नहीं जाएगा। वे और बटुकेश्वर दत्त सार्वजनिक दर्शक दीर्घा से बम फेंकेंगे और वे इस प्रकार से ऐसा करेंगे कि कोई घायल न हो। चूँकि उनकी यह काररवाई अपने वैचारिक लक्ष्य की ओर ध्यान आकृष्ट करने के लिए की जाएगी, इसलिए काम हो जाने पर वे समर्पण कर देंगे। सुखदेव ने कुछ भी नहीं कहा; लेकिन उनकी आँखें लाल थीं, मानो वे पूरी रात रोते रहे हों। लेकिन देश के प्रति धर्म हमेशा सबसे पहले आता है।

दल में भगत सिंह के चुने जाने के बाद आजाद जानते थे कि भगत सिंह के दिन अब गिनती के रह गए हैं। वे उन्हें अलविदा कहने के लिए नहीं आए, लेकिन उन्हें इसमें कोई शक नहीं था कि वे दोबारा भगत सिंह से रिहा किए गए व्यक्ति के रूप में नहीं मिल सकेंगे। क्या उनका बलिदान इस क्रांति की इमारत की बुनियाद बनेगा? क्या लोगों को अहसास होगा कि वे भारत का अपमान और नहीं सह सकते थे?

रूस में जब लेनिन का वर्चस्व स्थापित हुआ, तब भी युद्ध में हुई उनकी हार ने रूसी सेनाओं को फिर से उठ खड़े होने की प्रेरणा दी। लेनिन ने केवल उद्देश्य को स्पष्ट किया। उनके समर्थन के बिना उनका क्रांतिकारी कार्य किसी काम का नहीं था। चंद्रशेखर आजाद ने एक अन्य क्रांतिकारी साथी शिव वर्मा से कहा—

> "कुछ ही दिनों बाद इतिहास उन्हें (भगत सिंह और बटुकेश्वर दत्त को) निगल जाएगा और वक्त की राह में केवल उनकी कहानी रह जाएगी…"

□

4

उसे ये फिक्र है कि हरदम नया तर्ज-ए-जफा क्या है,
हमें ये शौक है देखें, सितम की इंतेहा क्या है।

पुरानी दिल्ली के शोरगुल और उसकी आबो-हवा से दूर नई दिल्ली शहर जाग चुका था। ऊँची-ऊँची इमारतों के कारण भव्य और किसी व्यक्ति से संबंध-विहीन। अलग ही तरह के खंभे और लाल पत्थर की इमारतें इसकी पहचान थीं, जिनसे लंदन के एक अंग्रेज वास्तुकार एडविन लुटियंस ने इसकी कल्पना की थी। उनमें से ही एक इमारत काउंसिल हाउस सेंट्रल लेजिस्लेटिव असेंबली की थी, जिसका निर्माण लुटियंस के एक साथी हरबर्ट बेकर ने कराया था। यह विशालकाय इमारत थी, जिसमें लंबे-चौड़े गलियारे थे, जिन्हें कुछ आलोचकों ने 'सुनसान गोल चक्कर' नाम भी दे दिया था।

भगत सिंह और बटुकेश्वर दत्त ने 6 अप्रैल, 1929 को असेंबली हॉल का मुआयना किया, ताकि वे यह देख सकें कि हॉल के सामने सार्वजनिक दर्शक दीर्घा कहाँ है और बम फेंकने की योजना बना सकें। यह दोनों विधेयकों के पेश किए जाने से दो दिन पहले की बात है। वे सुनिश्चित करना चाहते थे कि बम से कोई भी घायल न हो। जहाँ तक व्यापार विवाद विधेयक की बात है, जो औद्योगिक मजदूरों की ओर से की जानेवाली हड़ताल पर पाबंदी लगाता था, तो उसे इंपीरियल लेजिस्लेटिव असेंबली पास कर चुकी थी। वहीं सार्वजनिक सुरक्षा विधेयक पर अध्यक्ष विट्ठलभाई पटेल ने अपना फैसला नहीं सुनाया था। यह सरकार को बिना मुकदमा चलाए संदिग्धों को हिरासत में रखने का अधिकार देता था।

8 अप्रैल की सुबह 11 बजे से कुछ पहले, जब सत्र की शुरुआत होने वाली थी, तभी भगत सिंह और बटुकेश्वर दत्त सबकी नजरें बचाते हुए अंदर दाखिल हो गए और दर्शक दीर्घा में जाकर बैठ गए। दोनों ने खाकी शर्ट और खाकी निकर पहनी थी। प्रवेश द्वार पर असेंबली के एक भारतीय सदस्य ने उन्हें पास दिए और

फिर वह वहाँ से चला गया। दर्शक दीर्घा में आगंतुकों की भीड़ थी। गैलरी में उनकी नजर सर जॉन साइमन पर पड़ी, जिसके खिलाफ उन्होंने लाहौर रेलवे स्टेशन के बाहर प्रदर्शन किया था। सदन के भीतर उन्होंने कुछ नेताओं को पहचाना—मोतीलाल नेहरू, मोहम्मद अली जिन्ना, एन.सी. केलकर और एम.आर. जयकर।

भगत सिंह जानते थे कि उनके बमों से विधेयकों को कानून बनने से नहीं रोका जा सकेगा। अंग्रेजों के पास 'हाँ कहनेवाले' तैयार बैठे थे, जो अपनी मुहर लगा देंगे। वैसे भी, वाइसरॉय के पास असाधारण शक्तियाँ थीं; लेकिन बमों से कम-से-कम अंग्रेजों की सरकार के खिलाफ असंतोष के खौलते लावे का अंदाजा तो मिल ही जाएगा और यह उस घृणा की पूर्व चेतावनी होगी, जिसकी आग में एक दिन विदेशी शासन जलकर नष्ट हो जाएगा। भगत सिंह ने फ्रांस के एक अराजकतावादी ऑगस्टे वेइलैंट के शब्दों की याद दिलाई, जो कहते थे, "बधिरों के कान खोलने के लिए धमाकेदार आवाज की जरूरत पड़ती है।" हमारे बमों से कान में तेल डाले पड़े बेपरवाह शासकों के कान खुल जाएँगे।

पहले धमाके से सदन के सदस्य अचंभे में पड़ गए। दूसरे ने उन्हें डरा दिया। उनमें से कई, गृह सदस्य समेत, दौड़कर छुपने लगे। कुछ सदन में लकड़ियों की कुरसी के पीछे छिप गए। दोनों बम कम तीव्रतावाले थे और उन्हें इस तरीके से फेंका गया था कि कोई घायल न हो। उसके बाद परचों का ढेर उड़ता हुआ गैलरी से आया, जैसे पत्तियाँ झड़कर गिर रही हों और सदस्यों ने सुना कि पूरा सभागार 'इनकलाब जिंदाबाद' और 'सर्वहारा वर्ग जिंदाबाद' के नारों से गूँज उठा।

भगत सिंह ने अपने मौके का इंतजार धैर्य के साथ किया। उन्होंने बम से बड़े ध्यान से निशाना लगाया, ताकि वह बैठे हुए सदस्यों से दूर जाकर फर्श पर गिरे। बम एक धमाके के साथ फटा। पूरा सभागार अँधेरे में डूब गया। दर्शक दीर्घा में अफरा-तफरी मच गई। भागम-भाग के बीच महिलाओं की चीख सबसे तेज सुनाई दे रही थी। फिर बटुकेश्वर दत्त ने दूसरा बम फेंका। दर्शक दीर्घा में बैठे लोग निकास द्वार की ओर भागे। दहशत में मची भाग-दौड़ के कारण रास्ता जाम हो गया।

पहले धमाके से सदन के सदस्य अचंभे में पड़ गए। दूसरे ने उन्हें डरा दिया। उनमें से कई, गृह सदस्य समेत, दौड़कर छुपने लगे। कुछ सदन में लकड़ियों की

कुरसी के पीछे छिप गए। दोनों बम कम तीव्रतावाले थे और उन्हें इस तरीके से फेंका गया था कि कोई घायल न हो। उसके बाद परचों का ढेर उड़ता हुआ गैलरी से आया, जैसे पत्तियाँ झड़कर गिर रही हों और सदस्यों ने सुना कि पूरा सभागार 'इनकलाब जिंदाबाद' और 'सर्वहारा वर्ग जिंदाबाद' के नारों से गूँज उठा। स्वयं भगत सिंह ने परचों का मजमून लिखा था और पार्टी के लेटर हेड पर तीस से चालीस प्रतियों को एक मशीन पर टाइप किया था, जिन्हें पार्टी के ही सदस्य जयदेव कपूर एक मारवाड़ी स्कूल के ड्रिल मास्टर से लेकर आए थे।

सदस्यों ने परचों को उठाया और उन्हें पढ़ने लगे—

हिंदुस्तान सोशलिस्ट रिपब्लिकन एसोसिएशन
नोटिस

'बधिरों के कान खोलने के लिए धमाकेदार आवाज की जरूरत पड़ती है।' ऐसे ही अवसर पर फ्रांस के एक अराजकतावादी वेइलैंट की ओर से कहे गए इन अमर शब्दों के साथ हम अपनी इस काररवाई का पुरजोर समर्थन करते हैं।

सुधारों (मॉण्टेग्यू-चेम्सफोर्ड सुधारों) पर काम करने के पिछले दस वर्षों के अपमानजनक इतिहास को दोहराए बिना और इस सदन के माध्यम से, जो तथाकथित भारतीय संसद् है, भारत देश के विरुद्ध अपमानजनक शब्दों का जिक्र किए बिना हम देखते हैं कि एक बार फिर जब साइमन कमीशन से सुधार के कुछ टुकड़ों की उम्मीद है, तब लोग हमेशा की तरह ही उस लाभ के बँटवारे पर झगड़ा कर रहे हैं, जिसकी उम्मीद है और सरकार हम पर सार्वजनिक सुरक्षा अधिनियम और व्यापार विवाद विधेयक जैसे नए दमनकारी कदमों को थोप रही है, जबकि प्रेस देशद्रोह विधेयक को अगले सत्र के लिए रखा गया है। खुले मैदानों में काम करनेवाले मजदूर नेताओं की अंधाधुंध गिरफ्तारी स्पष्ट रूप से बताती है कि हवा का रुख क्या है।

ऐसी भड़काऊ परिस्थितियों में हिंदुस्तान सोशलिस्ट रिपब्लिकन एसोसिएशन ने पूरी गंभीरता के साथ, अपनी पूरी जिम्मेदारी को महसूस करते हुए यह तय किया और अपनी सेना को आदेश दिया कि वह इस पर काररवाई करे, ताकि इस अपमानजनक फर्जीवाड़े को बंद किया जाए और शोषक विदेशी नौकरशाही जो चाहे करे, लेकिन यह जान ले कि लोग देख रहे हैं कि वे कैसी नीचता पर उतर आए हैं।

जन प्रतिनिधि अपने-अपने क्षेत्रों में जाएँ और जनता को आनेवाली क्रांति के लिए तैयार करें और सरकार यह जान ले कि सार्वजनिक सुरक्षा अधिनियम

और व्यापार विवाद विधेयक तथा लाला लाजपत राय की नृशंस हत्या को लेकर असहाय भारतीय जनता की ओर से हम उस सबक पर जोर देना चाहते हैं, जिसे इतिहास अकसर दोहराता है कि लोगों को मारना आसान होता है, लेकिन आप विचारों को नहीं मार सकते। महान् साम्राज्य धराशायी हो गए, लेकिन विचार जीवित रहे। बरबनों और जारों का पतन हो गया, बाकी क्रांति विजयी होकर आगे मार्च करती गई।

हमें यह स्वीकार करते हुए दुःख हो रहा है कि जहाँ हम मानव जीवन को इतना पवित्र समझते हैं और एक सुनहरे भविष्य के सपने देखते हैं, जब मनुष्य परम शांति और संपूर्ण स्वच्छंदता का आनंद उठाएगा, वहीं हमें मनुष्य का रक्तपात करने के लिए विवश कर दिया गया; लेकिन इस बड़ी क्रांति की वेदी पर व्यक्तियों का बलिदान, जिससे सभी को स्वतंत्रता मिलेगी और जो मनुष्य का मनुष्य के हाथों अत्याचार असंभव बना देगा, अवश्यंभावी है।

इनकलाब जिंदाबाद!

बलराज

कमांडर-इन-चीफ

हमें यह स्वीकार करते हुए दुःख हो रहा है कि जहाँ हम मानव जीवन को इतना पवित्र समझते हैं और एक सुनहरे भविष्य के सपने देखते हैं, जब मनुष्य परम शांति और संपूर्ण स्वच्छंदता का आनंद उठाएगा, वहीं हमें मनुष्य का रक्तपात करने के लिए विवश कर दिया गया; लेकिन इस बड़ी क्रांति की वेदी पर व्यक्तियों का बलिदान, जिससे सभी को स्वतंत्रता मिलेगी और जो मनुष्य का मनुष्य के हाथों अत्याचार असंभव बना देगा, अवश्यंभावी है।

जब सदस्य धीरे-धीरे अपनी सीट पर लौटने लगे, तब उन्होंने सार्वजनिक दीर्घा में खड़े दो युवकों को देखा। भगत सिंह और बटुकेश्वर दत्त ने उस अफरा-तफरी में भागने का प्रयास नहीं किया, जो उनकी ओर से बम फेंके जाने के बाद मची थी। भागने की बजाय वे अपनी जगह पर खड़े रहे, जैसा उनकी पार्टी की ओर से तय किया गया था। उन्होंने गिरफ्तार किए जाने और उस अवसर को अपनी काररवाइयों को समझाने के लिए ही चुना था। अब वे उस पल की प्रतीक्षा कर रहे थे, जब अदालत में उन्हें बोलने का मौका मिलेगा।

इस डर से कि दोनों युवक हथियारों से लैस होंगे, सेंट्रल असेंबली हॉल में तैनात

पुलिसकर्मी उनके पास नहीं फटके। वे हथियारबंद नहीं थे और उन्होंने यह बात पुलिसकर्मियों को बता दी। उनका मकसद महज उथल-पुथल मचाकर सरकार का ध्यान आकृष्ट करना था और वे ऐसा करने में सफल हुए थे।

भगत सिंह ने अपनी ऑटोमैटिक पिस्टल सौंप दी। वही पिस्टल, जिसका इस्तेमाल उन्होंने सांडर्स को मारने के लिए किया था; जबकि वे अच्छी तरह जानते थे कि सांडर्स केस में वह उनके शामिल होने का सबसे बड़ा सबूत बन जाएगी। भले ही उन्होंने और दत्त ने अधिकारियों को आश्वस्त कर दिया कि उनके पास हथियार नहीं हैं, फिर भी पुलिसकर्मी उनकी तरफ हिचकते हुए ही बढ़े। दोनों को हथकड़ी लगाई गई और तलाशी ली गई। एक अंग्रेज अधिकारी, जो धमाके की आवाज सुनकर भाग खड़ा हुआ था, हड़बड़ी में लौटा और गिरफ्तारी की देख-रेख की। दोनों को अलग-अलग पुलिस थानों में ले जाया गया। भगत सिंह को मुख्य कोतवाली में, जबकि दत्त को चाँदनी चौक थाने ले जाया गया। इसका मकसद दोनों से अलग-अलग पूछताछ करना था। दोनों को एकांतवास में रखा गया था।

भगत सिंह ने अपनी ऑटोमैटिक पिस्टल सौंप दी। वही पिस्टल, जिसका इस्तेमाल उन्होंने सांडर्स को मारने के लिए किया था; जबकि वे अच्छी तरह जानते थे कि सांडर्स केस में वह उनके शामिल होने का सबसे बड़ा सबूत बन जाएगी। भले ही उन्होंने और दत्त ने अधिकारियों को आश्वस्त कर दिया कि उनके पास हथियार नहीं हैं, फिर भी पुलिसकर्मी उनकी तरफ हिचकते हुए ही बढ़े।

अधिकारियों को आशंका थी कि बम फेंकने की घटना किसी बड़ी कारस्वाई का संकेत भर थी। उन्हें डर था कि असेंबली हॉल में हुए धमाके के बाद हिंसक वारदातों का सिलसिला शुरू हो जाएगा। प्रेस से असेंबली हॉल की घटना को दबाने के लिए कहा गया। छापे गए अधिकांश विवरण संक्षिप्त ही थे, लेकिन नई दिल्ली से प्रकाशित *'द हिंदुस्तान टाइम्स'* ने तीन पंक्तियोंवाली हेडलाइन से पूरी कहानी बयाँ की—

बमों और पिस्तौल से असेंबली में अफरा-तफरी,
दो बम फटे, पिस्टल से चली गोलियाँ।
लेडीज गैलरी से चीखी महिलाएँ,

सर फोमानजी दलाल गंभीर रूप से घायल, दो गिरफ्तार।
सर जॉर्ज शुस्टर, श्री एस.सी. गुप्ता तथा
अन्य अधिकारियों को मामूली चोट।

वाइसरॉय ने एक विशेष बयान जारी किया, जिसमें स्वीकार किया कि दोनों हमलावरों ने ध्यान रखा कि किसी की हत्या न हो। उन्होंने माना कि अगर वे चाहते तो तबाही मचा सकते थे, लेकिन उन्होंने कहा कि उनके निशाने पर सेंट्रल असेंबली का 'संस्थान' था। कांग्रेस सदस्य चमन लाल, जिन्हें प्रगतिशील विचारोंवाला माना जाता था, क्रांतिकारियों की भर्त्सना करनेवालों में सबसे आगे थे। उन्होंने कहा कि बम फेंकना पागलपन से भरी काररवाई थी। क्रांतिकारियों ने उनके बयान को निंदाजनक बताकर खारिज कर दिया।

अधिकारियों को लग रहा था कि भगत सिंह की गिरफ्तारी से उनके हाथ एक बड़ी मछली लगी है, जो भारत में सभी क्रांतिकारी गतिविधियों के मास्टरमाइंड थे। हालाँकि सरकार इस बात को लेकर अचंभे में थी कि दोनों क्रांतिकारियों ने इतनी आसानी से हथियार डाल दिए। क्या वे जेल से भागना चाहते हैं? क्या उनका समर्पण शासकों को उल्लू बनाना था? अंग्रेज कोई चूक नहीं करना चाहते थे, इसलिए दोनों क्रांतिकारियों को समन भी जेल में ही भिजवाए गए।

सदन में फेंके गए परचों की शैली और उनके लिखने का प्रारूप अंग्रेज खुफिया अधिकारियों को जाना-पहचाना-सा लगा। एक वरिष्ठ अधिकारी को लाहौर भेजा गया, ताकि वे सांडर्स की हत्या की घोषणा करनेवाले पोस्टरों की जाँच करे, जिन्हें शहर की दीवारों पर चिपकाया गया था। टाइप किए गए परचों और हाथ से

वाइसरॉय ने एक विशेष बयान जारी किया, जिसमें स्वीकार किया कि दोनों हमलावरों ने ध्यान रखा कि किसी की हत्या न हो। उन्होंने माना कि अगर वे चाहते तो तबाही मचा सकते थे, लेकिन उन्होंने कहा कि उनके निशाने पर सेंट्रल असेंबली का 'संस्थान' था। कांग्रेस सदस्य चमन लाल, जिन्हें प्रगतिशील विचारोंवाला माना जाता था, क्रांतिकारियों की भर्त्सना करनेवालों में सबसे आगे थे। उन्होंने कहा कि बम फेंकना पागलपन से भरी काररवाई थी। क्रांतिकारियों ने उनके बयान को निंदाजनक बताकर खारिज कर दिया।

लिखे गए पोस्टरों में कुछ बातें समान थीं। दोनों ही गुलाबी कागज पर लिखे गए थे। दोनों को ही हिंदुस्तान सोशलिस्ट रिपब्लिकन एसोसिएशन ने जारी किया था और दोनों पर पार्टी का नाम सबसे ऊपर था। दोनों पर ही कमांडर-इन-चीफ बलराज के दस्तखत थे और दोनों की ही शुरुआत 'नोटिस' शब्द से हुई थी और समापन में 'इनकलाब जिंदाबाद!' लिखा गया था। यहाँ तक कि इस्तेमाल की गई भाषा भी समान थी। असेंबली में फेंके गए परचों के आखिरी पैराग्राफ में लिखा था—"हमें यह स्वीकार करते हुए दुःख हो रहा है कि जहाँ हम मानव जीवन को इतना पवित्र समझते हैं और एक सुनहरे भविष्य के सपने देखते हैं, जब मनुष्य परम शांति और संपूर्ण स्वच्छंदता का आनंद उठाएगा, वहीं हमें मनुष्य का रक्तपात करने के लिए विवश कर दिया गया। लेकिन इस बड़ी क्रांति की वेदी पर व्यक्तियों का बलिदान, जिससे सभी को स्वतंत्रता मिलेगी और जो मनुष्य का मनुष्य के हाथों अत्याचार असंभव बना देगा, अवश्यंभावी है।" लाहौर के पोस्टर का आखिरी पैराग्राफ इस तरह था—"एक मनुष्य के रक्तपात का खेद है, लेकिन क्रांति की वेदी पर व्यक्तियों का बलिदान, जिससे सभी को स्वतंत्रता मिलेगी और मनुष्य का मनुष्य द्वारा शोषण असंभव हो जाएगा, अवश्यंभावी है।"

अंग्रेजों को शक था कि सांडर्स की हत्या करनेवालों में एक भगत सिंह ही थे। जाँच के आगे बढ़ने के साथ ही यह शक गहरा होता गया। परचों के साथ-साथ पोस्टर पर लिखे शब्दों का जिम्मेदार उन्हें ही माना गया। बेशक, ऐसा ही था भी। उन्होंने अपने हाथों से दोनों को लिखा था।

अंग्रेजों को शक था कि सांडर्स की हत्या करनेवालों में एक भगत सिंह ही थे। जाँच के आगे बढ़ने के साथ ही यह शक गहरा होता गया। परचों के साथ-साथ पोस्टर पर लिखे शब्दों का जिम्मेदार उन्हें ही माना गया। बेशक, ऐसा ही था भी। उन्होंने अपने हाथों से दोनों को लिखा था।

भगत सिंह को इसकी चिंता नहीं थी कि केस की दिशा सीधे-सीधे उनके खिलाफ कुछ अधिक जा रही थी। इस दिशा का अंदाजा तो उन्हें उसी दिन हो गया था, जिस दिन उन्होंने बम फेंकने के लिए रामशरण दास की जगह उन्होंने खुद ले ली थी। उसी समय से वे अदालत में सार्वजनिक रूप से पेशी की तैयारी कर रहे थे। वे अदालत का इस्तेमाल क्रांतिकारियों के दृष्टिकोण को रखने के मंच के रूप में करना चाहते थे और इस प्रक्रिया में लोगों के दिलों में देशभक्ति की भावनाओं

को फिर से जगाना चाहते थे। यदि संघर्ष न हो तो तरक्की भी नहीं होती। वे लोग, जो कहते थे कि वे स्वतंत्रता चाहते हैं और इसके बाद भी आंदोलनों की आलोचना करते थे, वैसे ही थे जैसे कुछ लोग खेत को बिना जोते ही बस, अनाज की इच्छा रखते हैं।

भगत सिंह पर भारतीय दंड संहिता की धारा 307 के तहत हत्या के प्रयास का अभियोग लगाया गया। कांग्रेस पार्टी के युवा सदस्य आसफ अली उनके वकील थे। आसफ अली के साथ पहली मुलाकात में भगत सिंह ने उनसे आग्रह किया कि वे चमन लाल से जाकर कह दें कि वे पागल नहीं हैं। "हम विनम्रता से इतना कहना चाहते हैं कि हम इतिहास के और अपने देश की परिस्थितियों तथा उसकी आकांक्षाओं के गंभीर छात्र भर हैं।"

भगत सिंह पर भारतीय दंड संहिता की धारा 307 के तहत हत्या के प्रयास का अभियोग लगाया गया। कांग्रेस पार्टी के युवा सदस्य आसफ अली उनके वकील थे। आसफ अली के साथ पहली मुलाकात में भगत सिंह ने उनसे आग्रह किया कि वे चमन लाल से जाकर कह दें कि वे पागल नहीं हैं। "हम विनम्रता से इतना कहना चाहते हैं कि हम इतिहास के और अपने देश की परिस्थितियों तथा उसकी आकांक्षाओं के गंभीर छात्र भर हैं।"

अंग्रेजों को भगत सिंह की कारखाई में वही कारखाई दोहराई जाती दिखी, जैसी सन् 1909 में मदन लाल ढींगरा ने की थी। ढींगरा ने भी लंदन स्थित इंस्टीट्यूट ऑफ इंपीरियल स्टडीज में भारत सचिव के सहायक सैनिक अधिकारी सर विलियम कर्जन वाइली की हत्या के मामले में अपना बचाव नहीं किया था। ढींगरा ने अंग्रेजों के खिलाफ अपनी भड़ास निकालने के लिए कोर्ट में पेशी से इनकार कर दिया था। इसकी बजाय उन्होंने लंदन के अखबार *'द डेली न्यूज'* को एक बयान जारी किया था—

> "अमानवीय फाँसियों और देशभक्त भारतीय युवकों के देश-निकाले का एक मामूली सा बदला लेने के लिए उस दिन मैंने अंग्रेजों का खून बहाने का जो प्रयास किया, उसे स्वीकार करता हूँ। इस प्रयास के लिए मैंने किसी से बात नहीं की, बल्कि अपनी अंतरात्मा की सुनी। मैंने किसी के साथ मिलकर साजिश नहीं की, बल्कि अपना कर्तव्य निभाया।
>
> "मेरा मानना है कि विदेशी संगीन की ताकत से गुलाम बनाकर रखा गया

एक देश लगातार युद्ध लड़ रहा है, क्योंकि निहत्था कर दिए जाने के कारण खुली लड़ाई संभव नहीं है। मैंने अचानक हमला किया, क्योंकि मुझे बंदूक नहीं दी गई। मैंने अपनी पिस्तौल निकाली और गोली चला दी। एक हिंदू होने के नाते मुझे लगा कि मेरे देश के साथ दुर्व्यवहार मेरे भगवान् का अपमान है। मातृभूमि के लिए संघर्ष राम के लिए संघर्ष है, उसकी सेवा कृष्ण की सेवा है। निर्धन और सामान्य बुद्धिवाला मेरे जैसा एक बेटा अपनी माँ को अपने रक्त के सिवाय और क्या दे सकता है, इसलिए मैंने उसकी वेदी पर यही अर्पित किया है। वर्तमान में भारत में केवल एक ही सबक सीखने की आवश्यकता है कि प्राणों की आहुति कैसे दी जाए—और उसे खुद प्राण देकर ही सिखाया जा सकता है। इस कारण, मैं जा रहा हूँ और मुझे अपनी शहादत पर गर्व है। भगवान् से मेरी बस, एक ही प्रार्थना है कि मैं उसी माँ की गोद में जन्म लूँ और उसी पवित्र उद्देश्य के लिए फिर से प्राण त्यागूँ, तब तक, जब तक कि वह उद्देश्य सफल न हो और मानवता की भलाई तथा भगवान् के ऐश्वर्य के लिए वह मुक्त न हो जाए—वंदे मातरम्।"

ढींगरा को 17 अगस्त, 1909 को फाँसी दे दी गई। अंग्रेज भगत सिंह और बटुकेश्वर दत्त की तुलना उन अनेक क्रांतिकारियों से कर रहे थे, जिनका अंत फाँसी के फंदे पर हुआ।

□

भले ही गांधी अगाध श्रद्धा पानेवाले नेता थे, लेकिन भारतीय युवा क्रांतिकारियों से अधिक जुड़ाव महसूस करते थे। भगत सिंह और बटुकेश्वर दत्त जैसे लोग उनके नायक थे। युवाओं का उन्हें इतना जबरदस्त समर्थन हासिल था कि अंग्रेजों ने दिल्ली जेल (जो अब मौलाना आजाद मेडिकल कॉलेज है) में ही अदालत लगाने का फैसला किया। 7 मई, 1929 को जेल जानेवाले सारे रास्तों पर जबरदस्त पहरा

अंग्रेजी हुकूमत की पैरवी सरकारी वकील राय बहादुर सूर्यनारायण कर रहे थे। सुनवाई कर रहा मैजिस्ट्रेट एक अंग्रेज जज पी.बी. पूल था। भगत सिंह के माता-पिता भी अदालत में मौजूद थे। भगत सिंह और दत्त को जब अदालत में लाया गया, तब उन्होंने मुट्ठी बाँधकर जोरदार नारा लगाया, 'इनकलाब जिंदाबाद' और 'साम्राज्यवाद मुर्दाबाद'। अदालत ने नारों को दर्ज कर लिया। मजिस्ट्रेट ने दोनों आरोपियों को हथकड़ी पहनाने का आदेश दिया। दोनों में से किसी ने विरोध नहीं किया और लोहे की रेलिंग के पीछे रखी बेंच पर बैठ गए। यह सब अस्थायी बंदोबस्त था।

था। सादे कपड़ों में सी.आई.डी. के जवान अहम जगहों पर तैनात थे। अदालत में आनेवाले हर व्यक्ति की तलाशी ली जा रही थी, यहाँ तक कि प्रेसवालों को भी नहीं बख्शा गया।

अंग्रेजी हुकूमत की पैरवी सरकारी वकील राय बहादुर सूर्यनारायण कर रहे थे। सुनवाई कर रहा मैजिस्ट्रेट एक अंग्रेज जज पी.बी. पूल था। भगत सिंह के माता-पिता भी अदालत में मौजूद थे। भगत सिंह और दत्त को जब अदालत में लाया गया, तब उन्होंने मुट्ठी बाँधकर जोरदार नारा लगाया, 'इनकलाब जिंदाबाद' और 'साम्राज्यवाद मुर्दाबाद'। अदालत ने नारों को दर्ज कर लिया। मजिस्ट्रेट ने दोनों आरोपियों को हथकड़ी पहनाने का आदेश दिया। दोनों में से किसी ने विरोध नहीं किया और लोहे की रेलिंग के पीछे रखी बेंच पर बैठ गए। यह सब अस्थायी बंदोबस्त था।

सरकारी वकील ने अपना पक्ष जिस प्रकार सामने रखा, उससे भगत सिंह को कोई संदेह नहीं रह गया कि अंग्रेज उन्हें दोषी ठहराने पर तुल गए थे। दोपहर के भोजनावकाश के दौरान उन्होंने पुलिस अधिकारियों की मौजूदगी में यह बात अपने पिता और अपनी माँ को भी बता दी।

अभियोजन पक्ष के प्रमुख गवाह थे सार्जेंट टेरी, जिनका कहना था कि असेंबली में गिरफ्तारी के समय भगत सिंह के पास से उन्हें एक पिस्तौल मिली थी। यह बात तथ्यात्मक रूप से गलत थी, क्योंकि भगत सिंह ने स्वयं वह पिस्तौल सौंपी थी, जब वे पुलिस से कह रहे थे कि वह उन्हें गिरफ्तार कर ले, यहाँ तक कि जिन ग्यारह गवाहों ने कहा कि उन्होंने दोनों को बम फेंकते देखा था, वे भी सिखा-पढ़ाकर लाए गए थे।

पूरी काररवाई इतनी अचानक की गई कि किसी को भी इसकी आशंका नहीं होगी, न ही किसी ने कुछ देखा होगा। बेशक, भगत सिंह और बटुकेश्वर दत्त ने पूरी सावधानी बरती थी। उन्होंने बमों को एक जेब में और डेटोनेटर को दूसरी जेब में रखा था और धीरे-धीरे चल रहे थे, ताकि दुर्घटनावश कोई धमाका न हो जाए। यह बेहद कठिन कार्य था—अलग-अलग रहना और उसके साथ ही यह ध्यान रखना कि किसी को उन पर शक न हो।

आखिर में, जब भगत सिंह को बोलने की इजाजत दी गई, तब उन्होंने अदालत से आग्रह किया कि जेल में उन्हें अखबार दिया जाए, जैसा कि राजनीतिक कैदियों को दिया जाता था। अदालत ने यह कहकर उनके आग्रह को ठुकरा दिया कि वह किसी भी पहले से चली आ रही परंपरा को मानने के लिए बाध्य नहीं है।

अदालत उनके साथ पहले ही दिन से छोटे अपराधियों जैसा व्यवहार कर रही थी।

भगत सिंह और बटुकेश्वर दत्त को जब अगले दिन 8 मई, 1929 को अदालत लाया जा रहा था, तब वे सोच रहे थे कि ऐसी दुश्मनी पाले मजिस्ट्रेट से भला उन्हें क्या न्याय मिलेगा। हमेशा की तरह ही अदालत में दाखिल होते हुए उन्होंने 'क्रांति जिंदाबाद' और 'साम्राज्यवाद मुर्दाबाद' के नारे लगाए।

भगत सिंह और बटुकेश्वर दत्त को जब अगले दिन 8 मई, 1929 को अदालत लाया जा रहा था, तब वे सोच रहे थे कि ऐसी दुश्मनी पाले मजिस्ट्रेट से भला उन्हें क्या न्याय मिलेगा। हमेशा की तरह ही अदालत में दाखिले होते हुए उन्होंने 'क्रांति जिंदाबाद' और 'साम्राज्यवाद मुर्दाबाद' के नारे लगाए।

भगत सिंह ने अपना नाम बताया और जब पेशा पूछा गया तो उन्होंने कहा, "कोई भी नहीं।" उनसे जब उनके घर का पता पूछा गया तो उनका कहना था, "हम हमेशा ही एक से दूसरी जगह घूमते रहते हैं।"

पूछताछ कुछ इस प्रकार थी—

जज : क्या 8 अप्रैल, 1929 को तुम असेंबली में मौजूद थे?

भगत सिंह : जहाँ तक इस केस का सवाल है, तो इस समय मैं कोई बयान देना जरूरी नहीं समझता। मुझे जब लगेगा तो मैं बयान दूँगा।

जज : तुम जब अदालत में आए तो तुमने नारा लगाया, 'क्रांति जिंदाबाद!' इससे तुम्हारा क्या तात्पर्य है?

भगत सिंह के वकील आसफ अली ने इस प्रश्न पर आपत्ति जताई। अदालत ने आपत्ति को मान लिया। भगत सिंह और दत्त ने इस आरोप को पूरी तरह से नकार दिया कि असेंबली में उन्होंने गोलियाँ चलाई थीं। फिर कोर्ट ने दत्त से कुछ सवाल किए। लेकिन उन्होंने किसी भी सवाल का जवाब देने से इनकार कर दिया। उनका मानना था कि नेतृत्व करनेवाले भगत सिंह सारे सवालों का जवाब देंगे।

मानो अदालत ने पहले ही तय कर लिया हो, उसने भारतीय दंड संहिता की धारा 307 और विस्फोटक सामग्री अधिनियम 3 के तहत आरोप तय कर दिए। भगत सिंह और बटुकेश्वर दत्त पर 'महाराजाधिराज की प्रजा की हत्या करने या उन्हें घायल करने' के आरोप लगाए गए। अदालत ने एक बार फिर उनसे बयान देने को कहा, लेकिन उन्होंने इनकार कर दिया। मजिस्ट्रेट ने दोनों को सत्र न्यायालय भेज दिया, जहाँ के जज थे—लिओनार्ड मिडिलटन।

मुकदमे की सुनवाई वर्ष 1929 के जून माह के पहले सप्ताह में शुरू हुई। सरकारी वकील ने कुछ और गवाह पेश किए। उनका भी कहना था कि उन्होंने भगत सिंह और दत्त को असेंबली हॉल में बम फेंकते देखा था। गोली चलाने के वही आरोप फिर से दोहराए गए। एक बार फिर आरोपियों ने उससे इनकार कर दिया।

"इंग्लैंड को उसके सपनों से जगाना जरूरी था।''हमने बम को असेंबली चैंबर के फ्लोर पर गिराया, ताकि उन लोगों को आवाज देकर अपना विरोध दर्ज करा सकें, जिनके पास हृदय-विदारक पीड़ा को व्यक्त करने का कोई जरिया नहीं बचा था। हमारा एकमात्र उद्‌देश्य बहरों के कान खोलना और लापरवाहों को समय पर चेतावनी देना था।"

भगत सिंह और दत्त—दोनों ही खासतौर पर इस बात से चिढ़ गए थे कि उन पर किसी बंदूक से गोली चलाने के आरोप लगाए गए थे। यह स्पष्ट था कि सरकार केस को असेंबली में बम फेंके जाने तक सीमित नहीं रखना चाहती थी। वह ऊपर से भी कुछ बातें जोड़ रही थी, ताकि इस क्रांतिकारी दल और उसके एजेंडे के बारे में और जानकारी जुटा सके। अब वक्त आ गया था, जब उन्होंने तय किया कि वे बयान देंगे, जिसे उन्होंने जेल में तैयार किया था। बयान में बम फेंकने से इनकार नहीं किया गया। आसफ अली ने उसे पढ़कर सुनाया—

> "इंग्लैंड को उसके सपनों से जगाना जरूरी था।''हमने बम को असेंबली चैंबर के फ्लोर पर गिराया, ताकि उन लोगों को आवाज देकर अपना विरोध दर्ज करा सकें, जिनके पास हृदय-विदारक पीड़ा को व्यक्त करने का कोई जरिया नहीं बचा था। हमारा एकमात्र उद्‌देश्य बहरों के कान खोलना और लापरवाहों को समय पर चेतावनी देना था।"

भगत सिंह ने गांधी पर भी तंज कसा—

> "हमने केवल आदर्शवादी अहिंसा के युग का अंत किया है, जिसकी व्यर्थता के विषय में उभरती पीढ़ी को लेशमात्र भी संदेह नहीं है।"

क्रांतिकारियों ने जिस हिंसा को अपनाया था, उसकी अवधारणा को समझाते हुए भगत सिंह ने कहा—

> "समाज की विकट समस्याओं को हल करने का यही एक प्रभावी तरीका था—मजदूरों और किसानों को आर्थिक व राजनीतिक आजादी दिलाने की

समस्या, जो आबादी का एक बड़ा हिस्सा हैं।"

व्यापार विवाद विधेयक के पास हो जाने के बाद उन्होंने अपनी काररवाई को सही ठहराया—

> "जिसने उनके लिए अपना खून-पसीना एक किया है, जिसने आर्थिक संरचना के निर्माण के लिए चुपचाप खून के घूँट पिए हैं, वे इस निर्मम प्रहार पर अपनी चीख को दबा नहीं सके।

"मानवता के प्रति प्रेम के विषय में कोई भी हमसे आगे नहीं हो सकता। कुछ व्यक्तियों के प्रति किसी भी प्रकार की दुर्भावना पाले बिना हम मनुष्य जीवन को इतना पवित्र मानते हैं कि उसे शब्दों में नहीं बता सकते...किसी भी कीमत पर ताकत को मिटाना आदर्शवादी है और इस देश में जो नया आंदोलन खड़ा हुआ है और हमने जिस सुबह की चेतावनी दी है, वह उन आदर्शों से प्रेरित है, जिसे गुरु गोविंद सिंह, शिवाजी, कमाल पाशा, रिजा खान, वॉशिंगटन, गैरीबाल्डी, लफायत और लेनिन ने सिखाया है। विदेशी सरकार और भारतीय जन नेताओं ने जैसे इस आंदोलन से अपनी आँखें मूँद रखी थीं। हमें लगा कि एक ऐसी चेतावनी सुनाएँ, जिसे अनसुना नहीं किया जा सकता।...हम फिर से दोहराते हैं कि मानव जीवन की पवित्रता हमारे लिए शब्दों से भी परे है और जल्दी ही हम अपना जीवन भी मानवता की सेवा में न्योछावर कर देंगे, बजाय इसके कि किसी और को चोट पहुँचाएँ और इसके बाद भी हम यह स्वीकार करते हैं कि हमने असेंबली हॉल में जान-बूझकर बम फेंके थे। तथ्य अपने आप सबकुछ बोलते हैं और हमारी मंशा को आदर्शवादी, काल्पनिक परिस्थितियों और पूर्वानुमानों को लाए बिना ही हमारी काररवाई के परिणाम से समझा जा सकता है।..."

बयान ने कहा कि 'क्रांति' से हमारा तात्पर्य है—समाज की एक ऐसी व्यवस्था का अंतिम रूप से निर्माण, जिसे इस प्रकार से भंग नहीं किया जा सकता है और जिसमें सामान्य वर्ग की संप्रभुता को पहचाना जाएगा तथा दुनिया का एक संघ मानवता को पूँजीवाद की गुलामी और साम्राज्यवादी युद्धों की तबाही से मुक्ति दिलाएगा।

बयान ने कहा कि 'क्रांति' से हमारा तात्पर्य है—समाज की एक ऐसी व्यवस्था का अंतिम रूप से निर्माण, जिसे इस प्रकार से भंग नहीं किया जा सकता है और जिसमें सामान्य वर्ग की संप्रभुता को पहचाना जाएगा तथा दुनिया का एक

संघ मानवता को पूँजीवाद की गुलामी और साम्राज्यवादी युद्धों की तबाही से मुक्ति दिलाएगा।

उनका कहना था कि जब वाइसरॉय ने कहा कि वे संस्थानों को निशाना बनाना चाहते थे तो वे सही कह रहे थे—

> "हमारा व्यावहारिक विरोध संस्थान के ही विरुद्ध था, जिसने अपने अस्तित्व में आने के बाद से ही न केवल अपनी व्यर्थता, बल्कि शरारत करने की दूरगामी शक्ति का ही प्रदर्शन किया है।"

□

जज लिओनार्ड मिडिलटन भी पी.बी. पूल जैसा ही था। उसने भी अभियोजन पक्ष की कहानी को घोंटकर पी लिया था, या कहीं केस का नतीजा पहले से ही तय तो नहीं कर लिया गया था? जज ने मौखिक गवाही को भगत सिंह और बटुकेश्वर दत्त की ओर से असेंबली चैंबर में बमों के फेंके जाने का सबूत मान लिया था। मिडिलटन ने यहाँ तक कह दिया कि परचे फेंकने के दौरान भगत सिंह ने अपनी पिस्तौल से गोली चलाई।

> ***कोर्ट ने भगत सिंह और दत्त को विस्फोटक सामग्री अधिनियम, 1908 की धारा 3 के तहत दंडनीय अपराध करने का दोषी पाया, जिसमें उन्होंने ऐसे विस्फोट किए, जो प्राणघातक, गैर-कानूनी और दुर्भावनापूर्ण ढंग से किए गए थे। उन्हें उम्रकैद की सजा सुनाई गई।***

कोर्ट ने भगत सिंह और दत्त को विस्फोटक सामग्री अधिनियम, 1908 की धारा 3 के तहत दंडनीय अपराध करने का दोषी पाया, जिसमें उन्होंने ऐसे विस्फोट किए, जो प्राणघातक, गैर-कानूनी और दुर्भावनापूर्ण ढंग से किए गए थे। उन्हें उम्रकैद की सजा सुनाई गई।

अपने फैसले में जज मिडिलटन ने कहा कि उन्हें कोई शक नहीं कि आरोपियों की काररवाई 'जान-बूझकर' की गई थी और उन्होंने 'जटिल किस्म की उन काररवाइयों' की तैयारी की थी। उन्होंने इस दलील को खारिज कर दिया कि विस्फोटकों को जान-बूझकर कम तीव्रता का रखा गया था, क्योंकि बमों के धमाके से असेंबली की डेढ़ इंच मोटी लकड़ी चूर-चूर हो गई थी। न ही जज ने आरोपियों के इस बचाव को स्वीकार किया कि वे मानव जीवन को पवित्र मानते हैं। उन्होंने कहा कि उनका कृत्य सही नहीं ठहराया जा सकता। 'संभवत: उन्होंने जो एक बार किया, उसे वे दोबारा भी करेंगे।' जज ने कहा कि इसके बाद भी वे उन्हें फाँसी नहीं देना चाहते।

भगत सिंह और दत्त अपील दायर नहीं करना चाहते थे, फिर भी उन्हें ऐसा करने के लिए मनाया गया। यदि अदालत का इस्तेमाल क्रांति के संदेश का प्रचार मंच के तौर पर करना था तो फिर ऐसा करने के हर मौके का इस्तेमाल क्यों न किया जाए? शोर जितना ज्यादा होगा, जनता को नींद और गुलामी से जगाने का उतना ही बड़ा मौका मिलेगा। भगत सिंह और दत्त की अपील खारिज कर दी गई। उन्हें चौदह साल के लिए जेल भेज दिया गया, जो आजीवन कारावास की सामान्य अवधि थी।

भगत सिंह कोई पहली बार जेल नहीं भेजे जा रहे थे। इससे पहले उन्हें 29 मई, 1927 को लाहौर के एक सार्वजनिक बाग से गिरफ्तार किया गया था। उन्हें रेलवे पुलिस के लॉकअप में ले जाया गया था, जहाँ एक महीने तक रखा गया और फिर पुलिस ने कहा कि वे दशहरा के दौरान भीड़ पर बम फेंकने के जिम्मेदार हैं, जो कुछ हफ्ते पहले ही मनाया गया था। उन्होंने जब कहा कि वे सरकारी गवाह बन जाएँ तो उनकी हँसी छूट गई। उन्होंने कहा कि उनके जैसे सोच रखनेवाले लोग निर्दोष लोगों पर बम नहीं फेंकते। एक दिन सुबह-सुबह सी.आई.डी. का सुपरिंटेंडेंट न्यूमैन भगत सिंह के पास आया और लंबा लेक्चर झाड़ा कि किस प्रकार असामाजिक तत्त्व युवाओं को गुमराह कर रहे हैं। उसके सहानुभूतिपूर्ण शब्दों को सुनकर भगत सिंह हैरत में पड़ गए। न्यूमैन ने कहा कि वह अपना अपराध स्वीकार कर लें, नहीं तो उसका कहना था कि वह भगत सिंह को न केवल दशहरा के दौरान 'हत्या' के मुकदमे के लिए भेज देगा, बल्कि उन पर काकोरी केस में युद्ध छेड़ने की साजिश का मामला भी चलेगा। उस अंग्रेज ने भगत सिंह को चेतावनी दी कि सरकार के पास इतने सबूत हैं कि उन्हें दोषी ठहराया जा सकता है और फाँसी की सजा हो सकती है। लेकिन यह सच नहीं था। उनके पास उनके खिलाफ रत्ती भर भी सबूत नहीं था। फिर भी, जज ने उन्हें रिहा करने के लिए 50,000 रुपए की भारी-भरकम जमानत राशि थोप दी। चूँकि उन्हें फँसाने के लिए उनके पास कोई सबूत नहीं था,

भगत सिंह कोई पहली बार जेल नहीं भेजे जा रहे थे। इससे पहले उन्हें 29 मई, 1927 को लाहौर के एक सार्वजनिक बाग से गिरफ्तार किया गया था। उन्हें रेलवे पुलिस के लॉकअप में ले जाया गया था, जहाँ एक महीने तक रखा गया और फिर पुलिस ने कहा कि वे दशहरा के दौरान भीड़ पर बम फेंकने के जिम्मेदार हैं, जो कुछ हफ्ते पहले ही मनाया गया था।

इसलिए बाद में जमानत की शर्त को भी वापस ले लिया गया।

उस घटना ने भगत सिंह का सच से सामना करा दिया था। अपने शासन के विरुद्ध बगावत को रोकने के लिए अंग्रेज किसी भी हद तक जा सकते थे। वे उन लोगों के खिलाफ झूठे केस बना देंगे, जो उनके खिलाफ आवाज उठाएगा। वे उसे जीवन भर के लिए जेल में डाल देंगे या फाँसी तक दे देंगे। समय आ गया था, जब वे अपनी जिम्मेदारी को निभाएँ।

□

5

हम रूखे टुकड़े खाएँगे, भारत पर वारे जाएँगे,
हम सूखे चने चबाएँगे, भारत की बात बनाएँगे।

—स्वामी रामतीर्थ

सन् 1927 में जब उन्हें कुछ समय के लिए जेल में रखा गया था, जब पहली बार उन्हें 'विद्रोही' के छद्म नाम से काकोरी केस पर लेख लिखने के लिए आरोपियों के साथ मिलीभगत के आरोप में और दशहरा मेले के दौरान लाहौर में बम धमाके का कथित रूप से जिम्मेदार ठहराए जाने पर गिरफ्तार किया गया था, तब भगत सिंह ने जेल के हालात का विरोध किया था। वे कैदियों के साथ होनेवाले जानवरों जैसे व्यवहार को नहीं सह सके और जेल अधिकारियों का ध्यान जेल में यातना देनेवाली परिस्थितियों की ओर दिलाया; लेकिन उसका कोई फायदा नहीं हुआ।

ढाई साल बाद जब भगत सिंह जेल में दोबारा लौटे, तब हालात को पहले से भी बदतर पाया। इसलिए उन्होंने एक बार फिर इस मामले को उठाने का फैसला किया, हालांकि उन्हें यह समझ आ गया कि जब तक वे कैदियों का विरोध प्रदर्शन आयोजित नहीं करेंगे, तब तक सरकार नहीं सुनेगी। वे गांधी को यह भी दिखाना चाहते थे कि क्रांतिकारी उपवास और निकट आती मृत्यु के कष्ट को भी झेल सकते हैं; लेकिन वे कोई योजना बनाते, इससे पहले ही उन्हें सांडर्स की हत्या के जुर्म में फिर से गिरफ्तार कर लिया गया। हत्या के मुकदमे का फैसला आने तक असेंबली बम केस में सुनाई गई उम्रकैद की सजा को स्थगित रखा गया।

असेंबली बम केस की सुनवाई जब समाप्त होने वाली थी, तब भगत सिंह को लगने लगा था कि कुछ बुरा होने वाला है। जज केस को निपटाने की जल्दी में था। उसने यह भी दावा किया कि भगत सिंह को एक और केस में दोषी पाया गया है। पुलिस ने भगत सिंह के खिलाफ पुख्ता सबूत जुटाए हैं। सहारनपुर और लाहौर

में पुलिस की छापेमारी से बम, पिस्तौल और कारतूस बरामद किए गए थे। ऐसा बताया गया कि सिर्फ लाहौर की मैकलियॉड रोड से, जहाँ भगवती चरण वोहरा रहा करते थे, बाईस बम बरामद किए गए थे। झाँसी में भी बम मिले थे। यह स्पष्ट था कि उनके ही किसी क्रांतिकारी साथी ने पुलिस को बम फैक्टरियों के ठिकाने की सटीक जानकारी दी थी। इतने बरसों तक उन्होंने जितना काम किया था, उन सभी का भेद खुल गया। इससे भी बुरा यह हुआ कि उनके साथी जय गोपाल और हंसराज वोहरा सरकारी गवाह बन गए। वे, जो सरकार के खिलाफ लड़ रहे थे, वही उसके हथियार बन चुके थे।

भगत सिंह के खिलाफ आरोप को साबित करने के लिए अधिकारियों ने लगभग 600 गवाहों को जुटाया था। उन पर जे.पी. सांडर्स और हवालदार चानन सिंह की हत्याओं में शामिल होने का आरोप लगाया गया। उनके खिलाफ इक्कीस केस दर्ज किए गए, जिनमें से कुछ गंभीर थे। अधिकारी जानते थे कि भगत सिंह इस आंदोलन में अकेले नहीं थे। बाकी कौन थे? क्या वे किसी साजिश को साबित कर सकते थे और दिखा सकते थे कि क्रांतिकारियों ने साथ मिलकर उनकी साजिश रची, योजना बनाई और हत्याओं को अंजाम दिया? आखिर सरकार किस प्रकार हिंसा की उनकी अलग-अलग कारवाइयों को एक सूत्र में जोड़कर उस अंग्रेज की हत्या को एक सुनियोजित साजिश बताएगी?

भगत सिंह के खिलाफ आरोप को साबित करने के लिए अधिकारियों ने लगभग 600 गवाहों को जुटाया था। उन पर जे.पी. सांडर्स और हवालदार चानन सिंह की हत्याओं में शामिल होने का आरोप लगाया गया। उनके खिलाफ इक्कीस केस दर्ज किए गए, जिनमें से कुछ गंभीर थे। अधिकारी जानते थे कि भगत सिंह इस आंदोलन में अकेले नहीं थे। बाकी कौन थे?

भगत सिंह को मियाँवाली जेल और बटुकेश्वर दत्त को लाहौर की बोर्स्टल जेल भेजा गया। दोनों को ही 12 मार्च, 1930 को एक ही ट्रेन में, लेकिन अलग-अलग डब्बे में चढ़ाया गया। सरकार ने जो कुछ भी किया, लेकिन वह इस बात को समझती थी कि असेंबली केस में हुई एकतरफा सुनवाई से उसकी छवि दागदार हो गई है। पहली बार मजिस्ट्रेट के सामने और बाद में सेशन जज के सामने। भारत के लोग, विशेष रूप से देश के युवक, इस बात को मान चुके थे कि यह मुकदमा

एक दिखावा था और अंग्रेजों ने हर हाल में इन युवा कट्टरवादियों को फाँसी देने की साजिश रच ली थी।

भगत सिंह उलझन में थे कि क्रांति के संदेश को समझा भी गया है या नहीं। यह पिस्तौल का प्रेम नहीं था, बल्कि स्वयं अपने आप को यातना में डालने की कारररवाई थी। भले ही वे उस समाज के चंगुल में पूरी तरह फँसे हुए थे, जिसने उन्हें दबाया, लेकिन वे मानते थे कि एक क्रांतिकारी इसे बदल सकता है। वे भी अधिकारों और मूल्यों से बँधे थे; लेकिन उन्हें अपना रास्ता खुद तलाशना था—कभी ताकत से तो कभी बातचीत से। भूख हड़ताल भी एक रास्ता था।

भगत सिंह उलझन में थे कि क्रांति के संदेश को समझा भी गया है या नहीं। यह पिस्तौल का प्रेम नहीं था, बल्कि स्वयं अपने आप को यातना में डालने की कारररवाई थी। भले ही वे उस समाज के चंगुल में पूरी तरह फँसे हुए थे, जिसने उन्हें दबाया, लेकिन वे मानते थे कि एक क्रांतिकारी इसे बदल सकता है। वे भी अधिकारों और मूल्यों से बँधे थे; लेकिन उन्हें अपना रास्ता खुद तलाशना था—कभी ताकत से तो कभी बातचीत से। भूख हड़ताल भी एक रास्ता था। जेल में जीवन-स्तर में सुधार की माँग अधिकारियों का ध्यान आकर्षित करने का एक तरीका था।

भगत सिंह ने तय किया कि जैसे ही वे अपनी-अपनी जेल में पहुँचे, 15 जून को उन्हें और दत्त को भूख हड़ताल करनी चाहिए; लेकिन वे सोच रहे थे कि वे दत्त तक इस तारीख की सूचना कैसे पहुँचाएँ।

भगत सिंह पर नजर रखने के लिए तैनात एक अंग्रेज अधिकारी ने रास्ते में कई बार उनसे कहा कि उनके जैसे युवक को अपना जीवन बरबाद नहीं करना चाहिए। भगत सिंह को लगा कि उस अधिकारी को मनाया जा सकता है। उन्होंने उस अधिकारी से आग्रह किया कि वह उन्हें कुछ दूर तक दत्त के साथ यात्रा करने दे, क्योंकि शायद यह उन दोनों की साथ-साथ तय की जानेवाली आखिरी यात्रा हो सकती थी। वे पुराने दोस्त थे और दोनों आखिरी बार जुदा हो रहे थे। विदाई के कुछ पलों से कोई भी नियम नहीं टूटेगा। भगत सिंह ने कहा कि न ही वे भाग सकते हैं, क्योंकि उन्हें हथकड़ियाँ लगी हैं। अधिकारी मान गया और भगत सिंह को अगले स्टेशन तक दत्त के कंपार्टमेंट में भेज दिया। भगत सिंह ने दत्त

से कहा कि वह बोर्स्टल जेल में 15 जून को भूख हड़ताल करें और मियाँवाली जेल में वह स्वयं ऐसा करेंगे।

मियाँवाली जेल पहुँचने के बाद भगत सिंह ने अपने साथी कैदियों से कहा कि काकोरी के क्रांतिकारियों ने जेल के हालात में सुधार के लिए लंबी लड़ाई लड़ी और अधिकारियों से रियायतों का वादा भी हासिल कर लिया, लेकिन जमीन पर कुछ भी नहीं बदला। (कैदियों के लिए वही मैनुअल उस वक्त भी लागू था, जब इमरजेंसी के दौरान मुझे हिरासत में रखा गया था—लेखक की टिप्पणी।) अंग्रेजों ने वादा-खिलाफी की थी। मियाँवाली जेल में पहुँचते ही उन्होंने पहला काम किया कि भारतीय और यूरोपीय—दोनों कैदियों को मिलनेवाली सुविधाओं की एक सूची मँगवाई। उन्होंने पाया कि यूरोपीयों को बेहतर जगह, खाना और दैनिक उपयोग की वस्तुएँ मिलती थीं। जेल अधिकारियों के दुर्व्यवहार का कोई पैमाना नहीं हो सकता था, लेकिन राशन की तुलना संभव थी।

भगत सिंह ने जेल के हालात को बेहतर बनाने का बीड़ा उठाया और विरोध में भूख हड़ताल का प्रस्ताव रखा, जो पूरी तरह से गांधीवादी तरीका था। वे साबित करना चाहते थे कि क्रांतिकारी अंग्रेजों से लड़ने के लिए किसी भी तरीके को अपनाने के लिए तैयार थे। हड़ताल के कुछ दिनों बाद उन्होंने भारत सरकार के गृह सदस्य को 24 जून, 1929 को एक पत्र लिखा।

भले ही भारतीय कैदियों को राजनीतिक कारणों से पकड़ा जाता था, फिर भी ऐसा लगता था, जैसे उन्होंने विपरीत परिस्थितियों से समझौता कर लिया था। भगत सिंह ने देखा कि बब्बर अकाली के सदस्यों के साथ अपराधियों जैसा सलूक हो रहा था, यहाँ तक कि उन्हें बुनियादी सुविधाएँ भी नहीं दी जाती थीं। उन्होंने मुख्य समस्याओं की पहचान इस प्रकार की—(क) पर्याप्त राशन न मिलना, (ख) बरदाश्त करने भर माहौल न होना और (ग) कैदियों के साथ मानवीय व्यवहार न होना। अकसर उनकी तरफ रोटियाँ ऐसे फेंकी जाती थीं, जैसे पिंजरे में बंद जानवरों को टुकड़े फेंके जाते हैं। जेल अधिकारियों की भाषा भी गाली-गलौज से भरी थी।

भगत सिंह ने जेल के हालात को बेहतर बनाने का बीड़ा उठाया और विरोध में भूख हड़ताल का प्रस्ताव रखा, जो पूरी तरह से गांधीवादी तरीका था। वे साबित

करना चाहते थे कि क्रांतिकारी अंग्रेजों से लड़ने के लिए किसी भी तरीके को अपनाने के लिए तैयार थे। हड़ताल के कुछ दिनों बाद उन्होंने भारत सरकार के गृह सदस्य को 24 जून, 1929 को एक पत्र लिखा—

"राजनीतिक बंदी होने के कारण हमें बेहतर भोजना मिलना चाहिए और हमारे खाने का स्तर कम-से-कम यूरोपीय कैदियों जितना होना चाहिए (हम भोजन की सामग्री की समानता की माँग नहीं कर रहे, बल्कि भोजन के स्तर की समानता चाहते हैं)। हमें किसी भी प्रकार की अपमानजनक मजदूरी के काम करने के लिए मजबूर नहीं किया जाना चाहिए। लेखन सामग्री के साथ ही प्रतिबंधित किताबों के सिवाय सारी किताबें किसी पाबंदी के बिना हमारे लिए उपलब्ध होनी चाहिए। शौचालय की जरूरी चीजें हमें दी जानी चाहिए। कपड़े बेहतर हों। कम-से-कम एक सामान्य अखबार हर दिन प्रत्येक राजनीतिक बंदी को मिलना चाहिए। हर जेल में राजनीतिक कैदियों का एक विशेष वार्ड होना चाहिए, जिसमें यूरोपीयों को मिलनेवाली जरूरी सुविधाएँ हों। एक जेल में सभी राजनीतिक कैदियों को उसी वार्ड में साथ रखा जाना चाहिए।"

जब तक जेल अधिकारियों को उनका पत्र नहीं मिला, तब तक उन्होंने उनकी भूख हड़ताल पर कोई गौर नहीं किया था। भगत सिंह ने अपने पत्र में रेखांकित किया था कि जब अपने किसी फायदे के लिए कोई यूरोपीय छोटे से कानून को भी तोड़ता है तो उसे जेल में सभी प्रकार की सुविधाएँ मिलती हैं। उसे बिजली-बत्ती से लैस हवादार कमरा, सबसे अच्छा भोजन, जैसे—दूध, मक्खन, टोस्ट, मीट आदि और अच्छे कपड़े मिलते थे; जबकि राजनीतिक कैदी ऐसी चीजों से वंचित थे।

इससे पहले 17 जून को उन्होंने पंजाब के महानिरीक्षक (जेल) को एक पत्र भेजा था—

"इसके बावजूद कि सांडर्स शूटिंग केस में गिरफ्तार दूसरे युवाओं के साथ मुझे भी सजा दे दी जाएगी, मुझे दिल्ली से मियाँवाली जेल भेज दिया गया। उस केस की सुनवाई 26 जून, 1929 से शुरू होने वाली है। इस तरह भेजे जाने के पीछे का तर्क मेरी समझ से बाहर है। जो भी हो, न्याय की माँग यही है कि हर विचाराधीन कैदी को वैसी सारी सुविधाएँ मिलनी चाहिए, जिससे वह केस की तैयारी कर सके और लड़ सके। मैं यहाँ रहते किसी वकील को कैसे नियुक्त कर पाऊँगा ? अपने पिता और अन्य रिश्तेदारों से मेरा संपर्क नहीं रह पाएगा। यह स्थान निर्जन है, रास्ता मुश्किलों भरा है और लाहौर से काफी दूर है।"

इस पत्र का असर हुआ। भगत सिंह को लाहौर सेंट्रल जेल में स्थानांतरित कर दिया गया। उन्हें इस बात की भनक तक नहीं थी कि इस स्थानांतरण का इस्तेमाल

गलत इरादे के लिए किया जाएगा।

जेल भेजने से पहले अधिकारी उन्हें लाहौर के कैंट पुलिस स्टेशन ले गए। जाँच अधिकारियों ने गवाहों को वहाँ पहले से ही इकट्ठा कर रखा था। उन्हें भगत सिंह को करीब से देखने दिया गया, ताकि पहचान परेड के दौरान उनकी शिनाख्त में उन्हें कोई दिक्कत न हो।

भगत सिंह ने लाहौर सेंट्रल जेल में अपनी भूख हड़ताल जारी रखी। वहाँ उनकी मुलाकात ऊधम सिंह से हुई, जिन्होंने बताया कि एक दिन वह लंदन जाएँगे और माइकल ओ' डायर का वध करेंगे, जो उस समय पंजाब का लेफ्टिनेंट गवर्नर था, जब जलियाँवाला बाग नर-संहार हुआ था। भगत सिंह को फाँसी दिए जाने के नौ साल बाद 13 मार्च, 1940 को उन्होंने लंदन के कॉक्सटन हॉल में ओ' डायर की गोली मारकर हत्या कर दी। जब मौत की सजा सुनाई गई, तब ऊधम सिंह ने कहा, "मुझे मरने की परवाह नहीं। मैं एक मकसद के लिए अपने प्राण दे रहा हूँ।" कमोबेश फाँसी से पहले यही शब्द भगत सिंह के भी थे।

भगत सिंह ने लाहौर सेंट्रल जेल में अपनी भूख हड़ताल जारी रखी। वहाँ उनकी मुलाकात ऊधम सिंह से हुई, जिन्होंने बताया कि एक दिन वह लंदन जाएँगे और माइकल ओ' डायर का वध करेंगे, जो उस समय पंजाब का लेफ्टिनेंट गवर्नर था, जब जलियाँवाला बाग नर-संहार हुआ था। भगत सिंह को फाँसी दिए जाने के नौ साल बाद 13 मार्च, 1940 को उन्होंने लंदन के कॉक्सटन हॉल में ओ' डायर की गोली मारकर हत्या कर दी।

भगत सिंह ने जिस भूख हड़ताल की शुरुआत की, वह दूसरी जेलों तक फैल गई। भगत सिंह ने जब भूख हड़ताल का आह्वान किया, तब पंद्रह साल की सजा काटने के बाद बाबा सोहन सिंह अपनी रिहाई का इंतजार कर रहे थे। सोहन सिंह भी भूख हड़ताल में शामिल हुए। अधिकारियों ने उनकी सजा तीन साल और बढ़ाकर उन्हें दंड दिया।

□

देश को जब पता चला कि राजनीतिक कैदियों ने जेल में अमानवीय व्यवहार के विरोध में भूख हड़ताल की है तो जबरदस्त विरोध-प्रदर्शन हुए। कांग्रेस ने इसे गंभीरता से लिया और मोतीलाल नेहरू ने यह कहते हुए सरकार की निंदा की, "यह

भूख हड़ताल केवल उनके लिए नहीं, बल्कि एक बड़े मकसद के लिए है।"

यह भूख हड़ताल जब अनिश्चित काल तक जारी रही और कोई हल निकलता नहीं दिख रहा था, तब जवाहरलाल नेहरू भगत सिंह और भूख हड़ताल में शामिल अन्य बंदियों से मिले। उन्होंने अपनी चिंता जाहिर की और एक बयान जारी किया, "मुझे इन वीरों की पीड़ा को देखकर काफी दुःख हुआ। इन्होंने इस संघर्ष में अपना जीवन दाँव पर लगा रखा है। वे चाहते हैं कि राजनीतिक बंदियों के साथ राजनीतिक बंदियों जैसा व्यवहार हो। मुझे पूरी उम्मीद है कि उनके बलिदान का परिणाम सफलता के रूप में सामने आएगा।"

मोहम्मद अली जिन्ना, जिन्होंने उस दौरान कांग्रेस के काम करने के तौर-तरीकों के कारण उससे दूरी बना ली थी, भूख हड़ताल के इस मुद्दे को केंद्रीय असेंबली में उठाया। 12 सितंबर, 1929 को अपने भाषण में उन्होंने कहा—

> "उनके (भगत सिंह और बटुकेश्वर दत्त के) साथ जो सलूक किया गया, वह नस्ली आधार पर नहीं किया गया, बल्कि भोजन और जीवन की बुनियादी जरूरतों के मामले में यूरोपीयों के लिए तय पैमाने के आधार पर किया गया। (जिन्ना अंग्रेजों का मजाक उड़ा रहे थे) जहाँ तक मैं जानता हूँ, भगत सिंह और दत्त टोपियाँ पहनते थे और वे निकर पहने दिखाई दिए थे (जब असेंबली हॉल की सार्वजनिक दीर्घा में आए थे)। इसलिए उनके साथ यूरोपीयों जैसा सलूक हुआ होगा।"

"उनके (भगत सिंह और बटुकेश्वर दत्त के) साथ जो सलूक किया गया, वह नस्ली आधार पर नहीं किया गया, बल्कि भोजन और जीवन की बुनियादी जरूरतों के मामले में यूरोपीयों के लिए तय पैमाने के आधार पर किया गया। (जिन्ना अंग्रेजों का मजाक उड़ा रहे थे) जहाँ तक मैं जानता हूँ, भगत सिंह और दत्त टोपियाँ पहनते थे और वे निकर पहने दिखाई दिए थे (जब असेंबली हॉल की सार्वजनिक दीर्घा में आए थे)। इसलिए उनके साथ यूरोपीयों जैसा सलूक हुआ होगा।"

जिन्ना ने भारतीय और यूरोपीय बंदियों के बीच भेदभाव करने के लिए सरकार की आलोचना की—

> "आप मुझसे पूछते हैं, राजनीतिक बंदी क्या होता है ? इसकी कोई परिभाषा देना बेहद मुश्किल है; लेकिन आप अपनी सामान्य समझ का इस्तेमाल करें। अगर

अपनी बुद्धि का इस्तेमाल करें तो इस खास केस के मामले में आप निश्चित रूप से एक नतीजे पर पहुँचेंगे और कहेंगे, यही लोग राजनीतिक बंदी हैं, जिनके साथ हम उचित व्यवहार करना नहीं चाहते। हम उनके साथ विचाराधीन कैदियों जैसा सलूक करना चाहते हैं। अगर आपने ऐसा कहा होता तो इस समस्या का हल कब का निकल चुका होता। आप उन पर मुकदमा चलाना चाहते हैं या यातना देना चाहते हैं?...

"...मुझे अफसोस है, सही है या गलत है, लेकिन आज भारत का युवा आक्रोश में है और जहाँ 30 करोड़ लोग होंगे, वहाँ आप इस तरह के अपराध को होने से रोक नहीं सकते, फिर चाहे आप उन्हें कितना ही कोसें और कितना ही कहें कि वे गुमराह हैं। यह व्यवस्था ही है सरकार की, जिसका विरोध लोग कर रहे हैं। लेकिन इस बात को याद रखिए कि हजारों युवक सड़कों पर हैं। यह अकेला देश नहीं, जहाँ इस प्रकार की कारवाई का सहारा लिया जा रहा है। यह दूसरे देशों में भी हो चुका है; लेकिन वहाँ देशभक्ति की भावना से उद्वेलित बुजुर्गों ने गंभीर किस्म के अपराध किए हैं।"

इस प्रकार के तमाम विरोध पर सरकार की कोई प्रतिक्रिया नहीं आई। कई दिनों बाद उसने चुप्पी तोड़ी, लेकिन भूख हड़ताल करनेवालों के स्वास्थ्य पर चिंता भर जताई, न कि उनकी किसी माँग को स्वीकार किया। इस प्रकार के व्यवहार से बंदी और भड़क गए और उन्होंने सरकार की बातों को नजरअंदाज कर दिया। भूख हड़ताल का संकट जस-का-तस बना रहा। गुस्साए बंदियों ने अपने जोश को इस गीत से बढ़ाया—*'कभी वो दिन भी आएगा, के जब आजाद हम होंगे...'*

कभी-कभी भगत सिंह ने भूख हड़तालियों का ध्यान यह कहकर आकर्षित किया कि वे आंदोलन के आदर्शों पर अपना ध्यान केंद्रित करें। उन्होंने कहा कि उदारवादियों ने सोलह आना लेने के लिए प्रदर्शन किया, लेकिन एक आने लेकर बाकी चीजों के लिए संघर्ष करने लगे। क्रांतिकारियों को यह कभी नहीं भूलना चाहिए कि वे संपूर्ण क्रांति के लिए संघर्ष कर रहे हैं, सत्ता के संपूर्ण नियंत्रण के लिए लड़ रहे हैं।

□

कभी-कभी भगत सिंह ने भूख हड़तालियों का ध्यान यह कहकर आकर्षित किया कि वे आंदोलन के आदर्शों पर अपना ध्यान केंद्रित करें। उन्होंने कहा कि उदारवादियों ने सोलह आना लेने के लिए प्रदर्शन किया, लेकिन एक आने लेकर

बाकी चीजों के लिए संघर्ष करने लगे। क्रांतिकारियों को यह कभी नहीं भूलना चाहिए कि वे संपूर्ण क्रांति के लिए संघर्ष कर रहे हैं, सत्ता के संपूर्ण नियंत्रण के लिए लड़ रहे हैं। ब्रिटेन की लेबर पार्टी के नेताओं ने उनके संघर्ष में उनका साथ नहीं दिया और वे महज ढकोसलेबाज साम्राज्यवादी ही साबित हुए। चिकनी-चुपड़ी बातें करनेवाले साम्राज्यवादी लेबर नेताओं से अच्छे तो कंजरवेटिव पार्टी के नेता थे। उन्होंने कहा कि क्रांति निराशावादियों या दुष्ट अपराधियों का दर्शन नहीं है। यह जीवन को जीने की एक शक्ति है, जो पुराने और नए, जीवन और मृत्यु, प्रकाश और अंधकार के बीच सदैव चलते रहनेवाले संघर्ष को दिखाती है। क्रांति के बिना न सामंजस्य है, न स्वर की समानता, न लय। क्रांति कानून है, क्रांति व्यवस्था है और क्रांति ही सत्य है। इसके बिना न प्रकृति में, न ही मनुष्य के जीवन में कोई प्रगति हो सकती है।

भूख हड़ताल की बातें अब हर किसी की जुबाँ पर थीं। देखते-ही-देखते सलाखों के पीछे संघर्ष कर रहे लोगों के लिए सहानुभूति की जबरदस्त लहर पैदा हो गई। आम लोगों के बीच भी उनके समर्थन में अनशन की शुरुआत हो गई। कुछ अखबारों ने रोजाना सेहत का बुलेटिन जारी करना शुरू कर दिया, जिसमें भूख हड़तालियों की स्थिति का सिलसिलेवार ब्योरा होता था। अंग्रेजों के खिलाफ गुस्से का इजहार करने के लिए कई सभाएँ होने लगीं। अमृतसर के जलियाँवाला बाग में आयोजित एक सभा में नौकरशाही को चेतावनी दी गई कि अगर बंदियों को कोई नुकसान पहुँचा तो इसके लिए वही जिम्मेदार होगी। लाहौर की एक सभा में 10,000 से अधिक लोगों ने भूख हड़तालियों के समर्थन में अपने हाथ उठाए। सहानुभूति की यह लहर इतनी व्यापक थी कि 21 जून, 1929 का दिन पूरे देश में भगत सिंह के रूप में मनाया गया। इसके बावजूद सरकार नहीं झुकी। जेल में अधिक-से-अधिक राजनीतिक कैदी इस चुनौती को स्वीकार कर भूख हड़ताल करना चाहते थे।

भूख हड़ताल की बातें अब हर किसी की जुबाँ पर थीं। देखते-ही-देखते सलाखों के पीछे संघर्ष कर रहे लोगों के लिए सहानुभूति की जबरदस्त लहर पैदा हो गई। आम लोगों के बीच भी उनके समर्थन में अनशन की शुरुआत हो गई। कुछ अखबारों ने रोजाना सेहत का बुलेटिन जारी करना शुरू कर दिया, जिसमें भूख हड़तालियों की स्थिति का सिलसिलेवार ब्योरा होता था।

एक युवा, लेकिन कठोर क्रांतिकारी जतींद्र नाथ दास इस भावनात्मक तरीके के खिलाफ थे। उन्होंने सावधान रहने को कहा। उन्होंने सावधान किया कि यह संघर्ष लंबा खिंचेगा। उनका कहना था, "भूख हड़ताल में तिल-तिल मौत की तरफ बढ़ना गोलीबारी में मौत या फाँसी के फंदे पर झूलने से कहीं अधिक कठिन होता है।" भूख हड़तालियों का कहना था, "उद्देश्य पूरा हुए बिना हड़ताल को वापस लेना क्रांतिकारी परंपराओं के विरुद्ध होगा।" इस पर जतींद्र दास ने जवाब दिया, "समय से पहले पीछे हटने से अच्छा है, भूख हड़ताल में शामिल ही न हुआ जाए।" भूख हड़तालियों ने जतींद्र की बात नहीं मानी। जतींद्र नाथ दास भूख हड़ताल के खिलाफ नहीं थे। वे अपने साथियों को केवल उस मिशन के पूरे महत्त्व को समझाना चाहते थे, जिस पर वे निकले थे। वास्तव में, उन्होंने ही उपवास का नेतृत्व किया था और अंत तक उस पर टिके रहे थे।

अधिकारियों को जब समझ आ गया कि भूख हड़ताली जिद पर अड़ गए हैं, तब उन्होंने इस हड़ताल को तोड़ने के लिए कई तरह की चालबाजियाँ कीं। उनके प्रण की परीक्षा के लिए उनकी कोठरियों में कई तरह के स्वादिष्ट व्यंजन रखे गए और फिर हटा लिये गए, लेकिन कोई भी उनके झाँसे में नहीं आया। उनके कमरों में रखे मटकों में पानी की जगह दूध भर दिया गया, ताकि या तो वे प्यासे रहें या फिर दूध पीकर उपवास तोड़ने पर मजबूर हो जाएँ।

अधिकारियों को जब समझ आ गया कि भूख हड़ताली जिद पर अड़ गए हैं, तब उन्होंने इस हड़ताल को तोड़ने के लिए कई तरह की चालबाजियाँ कीं। उनके प्रण की परीक्षा के लिए उनकी कोठरियों में कई तरह के स्वादिष्ट व्यंजन रखे गए और फिर हटा लिये गए, लेकिन कोई भी उनके झाँसे में नहीं आया। उनके कमरों में रखे मटकों में पानी की जगह दूध भर दिया गया, ताकि या तो वे प्यासे रहें या फिर दूध पीकर उपवास तोड़ने पर मजबूर हो जाएँ।

सरकार को जब यह लग गया कि इस तरीके से उसे कोई फायदा नहीं हो रहा, तब उसने वही तरकीब आजमाई, जिसका इस्तेमाल काकोरी कांड के कैदियों को धोखा देने के लिए किया था। वह रियायतों पर सहमत हो गई, लेकिन उन्हें लागू नहीं किया। सरकार ने ऐलान किया कि वह राजनीतिक कैदियों को बेहतर सुविधाएँ और

पर्याप्त भोजन देगी। कुछ भूख हड़तालियों से सेहत के आधार पर बेहतर सलूक का वादा किया गया, लेकिन कोई इस झाँसे में नहीं आया। भगत सिंह ने अधिकारियों से कहा कि इस तरह के वादों को सब जान चुके हैं। भूख हड़तालियों ने इस प्रस्ताव को ठुकरा दिया।

अधिकारियों ने जबरदस्ती खाना खिलाना शुरू कर दिया। भूख हड़तालियों ने इन प्रयासों का विरोध किया। कसूरी नाम के एक कैदी ने भोजन की नली को बंद करने के लिए लाल मिर्च निगलकर खौलता पानी पी लिया। सरकार को समझौते के सिवाय अब कोई रास्ता नहीं दिखा। शिमला से गवर्नर को जेल अधिकारियों से मिलने आना पड़ा, लेकिन किसी प्रकार की सहमति नहीं बन सकी।

अंग्रेजों को इस मामले पर पंजाब जेल जाँच समिति का गठन करने के लिए मजबूर होना पड़ा। समिति ने सरकार की ओर से यह शपथ-पत्र दिया कि राजनीतिक बंदियों को विशेष आहार और अन्य सुविधाएँ दी जाएँगी। कुछ भूख हड़तालियों ने अपना उपवास तोड़ दिया, हालाँकि उन्होंने समिति के अध्यक्ष दुनी चंद को यह नोट भेजा कि हड़ताल को समाप्त नहीं किया गया है, केवल निलंबित किया गया है। बंदियों की आशंका जल्दी ही सच साबित हुई और सरकार अपने वादों से पलट गई।

□

6

मेरी हवा में रहेगी खयाल की खुशबू,
ये मुश्त-ए-खाक है, फानी रहे न रहे।

सरकार को जब अहसास हुआ कि पूरे देश के लोगों की नजर भूख हड़ताल की ओर है तो उसने आनन-फानन में ऐसी सुनवाई को शुरू कर दिया, जिसे 'लाहौर षड्यंत्र केस' के नाम से जाना गया। मुकदमे की सुनवाई लाहौर की बोर्स्टल जेल में 10 जुलाई, 1929 को शुरू हुई। प्रथम श्रेणी मजिस्ट्रेट राय साहब पंडित श्री किशन जज थे। अंग्रेजों के प्रति स्वामिभक्ति के लिए उन्हें 'राय साहब' की उपाधि मिली थी। भगत सिंह और अन्य सत्ताईस लोगों पर हत्या, साजिश एवं ब्रिटिश साम्राज्य के विरुद्ध युद्ध छेड़ने का आरोप था। दुर्भाग्य से, क्रांतिकारियों की औसत उम्र बाईस वर्ष थी।

मुकदमे की सुनवाई के लिए निश्चित दिन पर पुलिस ने मजिस्ट्रेट कोर्ट को बैरिकेड से घेर दिया। आम लोगों को अंदर आने की इजाजत नहीं थी। यहाँ तक कि आरोपियों के वकीलों को भी कोर्ट में दाखिल होने से रोका गया और जब दबाव बनाया गया, तब जाकर उन्हें अंदर आने दिया गया। कुछ एक आगंतुकों में भगत सिंह के माता-पिता शामिल थे।

क्रांतिकारियों की रणनीति थी कि काररवाई का बहिष्कार किया जाए। उन्होंने सुनवाई में कोई दिलचस्पी नहीं दिखाई और पूरी तरह उदासीन रहने का रुख दिखाया। उन्हें अंग्रेजों की बनाई अदालत पर न तो भरोसा था, न ही उसके लिए कोई सम्मान। फिर भी वे अदालत की काररवाई से गुजरना चाहते थे। उनकी सोच थी कि वे लोगों को दिखा सकेंगे कि अदालत ने अपना मन पहले ही बना लिया था। लोगों ने उनके रुख का सम्मान किया। उनका कहना था कि अंग्रेज अपने लिए तो स्वच्छंदता चाहते थे और सभी प्रकार की अन्यायपूर्ण काररवाई का विरोध करते थे, सिवाय उनके, जो वे स्वयं किया करते थे। हथकड़ियों में जकड़े भगत सिंह को, जो

अब तक भूख हड़ताल पर थे, एक स्ट्रेचर पर अदालत में लाया गया। उनका वजन 133 पाउंड से घटकर 119 पाउंड पर आ गया था।

जतींद्रनाथ दास की हालत तेजी से बिगड़ रही थी। जेल समिति ने सुझाव दिया कि उन्हें बिना शर्त रिहा किया जाए। सरकार ने इसे प्रतिष्ठा का प्रश्न बनाते हुए सुझाव को ठुकरा दिया। उसने उन्हें जमानत पर रिहा करने का प्रस्ताव रखा, लेकिन जतींद्र इस पर सहमत नहीं हुए। किसी ने उनकी ओर से जमानत राशि भर दी, लेकिन जतींद्र ने उसे अस्वीकार कर दिया। वे इतने कमजोर हो गए थे कि बिस्तर पर करवट तक नहीं बदल पाते थे। सरकार का कहना था कि उनकी माँग है कि सभी भूख हड़तालियों को, जिनमें चार्जशीट किए गए लोग भी शामिल थे, बिना शर्त रिहा किया जाए। यह सच नहीं था। जतींद्र ने इस मामले में जेल की सुविधाओं के मुद्दे को पूरी निष्ठा के साथ अलग रखा था।

उनका कहना था कि अंग्रेज अपने लिए तो स्वच्छंदता चाहते थे और सभी प्रकार की अन्यायपूर्ण काररवाई का विरोध करते थे, सिवाय उनके, जो वे स्वयं किया करते थे। हथकड़ियों में जकड़े भगत सिंह को, जो अब तक भूख हड़ताल पर थे, एक स्ट्रेचर पर अदालत में लाया गया। उनका वजन 133 पाउंड से घटकर 119 पाउंड पर आ गया था।

□

जतींद्र की स्थिति तेजी से बिगड़ रही थी। उनकी मौत किसी भी दिन हो सकती थी। भगत सिंह और उनके साथी असहाय थे। पूरा देश गुस्से में था। जतींद्र ने तब भी उपवास नहीं तोड़ा, जबकि जेल समिति के इस आश्वासन के बाद कि वे स्थिति में सुधार करेंगे, उनके अधिकांश साथियों ने समझौता कर लिया था।

भगत सिंह के व्यक्तिगत आग्रह पर जतींद्र ने एनिमा के सुझाव को मान लिया था, ताकि पेट में जमा विषाक्त पदार्थ को साफ किया जा सके। उन्होंने जेलर से कहा था, "भगत सिंह को न कौन कह सकता है!" हालाँकि जतींद्र ने किसी भी खाने को हाथ लगाने से इनकार कर दिया, न ही उन्होंने किसी को जबरन अपने मुँह में खाना डालने दिया। वे बंगाल के क्रांतिकारी थे और भले ही उन्होंने बम के रास्ते को छोड़ दिया था, लेकिन यह ठान लिया था कि अपने आप को बलिदान कर मिसाल के तौर पर पेश करेंगे, ताकि लोगों की अंतरात्मा को जगा सकें। जतींद्र अपने प्रण पर आखिरी साँस तक कायम रहे। उनका उपवास तिरसठ दिनों तक चला। उनके आखिरी शब्द थे, "मैं नहीं चाहता कि पारंपरिक बंगाली तरीके से

काली बाड़ी में किसी प्रकार की अंत्येष्टि की जाए। मैं एक भारतीय हूँ।"

13 सितंबर, 1929 को जतींद्र की मृत्यु हो गई। उनके शव को लाहौर से कलकत्ता लाने के लिए सुभाषचंद्र बोस ने 600 रुपए भेजे। बंबई और पंजाब से भी पैसे आए। उनकी मृत्यु के बाद वाइसरॉय ने लंदन को बताया—

13 सितंबर, 1929 को जतींद्र की मृत्यु हो गई। उनके शव को लाहौर से कलकत्ता लाने के लिए सुभाषचंद्र बोस ने 600 रुपए भेजे। बंबई और पंजाब से भी पैसे आए। उनकी मृत्यु के बाद वाइसरॉय ने लंदन को बताया— "षड्यंत्र केस में शामिल जतींद्र दास भूख हड़ताल पर था, जिसकी मृत्यु आज दोपहर 1 बजे हो गई। बीती रात पाँच भूख हड़तालियों ने अपना अनशन खत्म कर दिया है। इस प्रकार, अब केवल भगत सिंह और दत्त हड़ताल पर हैं।…"

"षड्यंत्र केस में शामिल जतींद्र दास भूख हड़ताल पर था, जिसकी मृत्यु आज दोपहर 1 बजे हो गई। बीती रात पाँच भूख हड़तालियों ने अपना अनशन खत्म कर दिया है। इस प्रकार, अब केवल भगत सिंह और दत्त हड़ताल पर हैं।…"

मौत की आधिकारिक घोषणा निष्ठुर और पेशेवर थी—

"जे.एन. दास की कल दोपहर 1:10 बजे मौत हो गई। उनका शव ले जाने के लिए उनके भाई के.सी. दास ने कलकत्ता से सुभाषचंद्र बोस की ओर से भेजे गए 600 रुपए प्राप्त किए।"

पूरा देश स्तब्ध था। लोगों को लगा, जैसे उनके परिवार का कोई सदस्य इस दुनिया से चला गया। उन्होंने जतींद्र नाथ की लंबी भूख हड़ताल पर पल-पल नजर रखी थी। अब सबकुछ खत्म हो चुका था। वे उदास और क्रोध में थे, लेकिन उन पर गर्व था कि उन्होंने अंतिम साँस तक अपने वचन को निभाया। कभी न झुकनेवाले नायक जतींद्र पर पूरे देश को नाज था और सभी उन्हें शक्तिशाली ब्रिटिश साम्राज्य से लोहा लेनेवाले अजेय योद्धा के रूप में देख रहे थे।

उनकी अंतिम यात्रा बोर्स्टल जेल से दोपहर करीब 4 बजे शुरू हुई, जिसमें पंजाब कांग्रेस के अस्सी प्रमुख नेता और कार्यकर्ता शामिल हुए। शवयात्रा जब रेलवे स्टेशन की ओर मुड़ी, तब सैकड़ों लोग उसमें शामिल हो गए। मौन श्रद्धांजलि में दुकानों के शटर गिर गए।

जतींद्र की मौत की खबर पूरे देश में देखते-ही-देखते फैल गई। न केवल

एक क्षति की, बल्कि असहाय होने की भी भावना थी। उनका पार्थिव शरीर जिस रेलवे स्टेशन से गुजरा, वहाँ लोगों ने अपने सिर को ढककर मौन रहते हुए अपना शोक जताया।

कलकत्ता में करीब छह लाख लोग हावड़ा स्टेशन के प्लेटफॉर्म और बाहर इंतजार कर रहे थे। अंतिम यात्रा में शामिल लोगों की संख्या बढ़ती गई और वह भीड़ को चीरकर आगे बढ़ी, जिसमें सड़क के दोनों तरफ लोग खड़े थे। हुगली के तट तक पहुँचने में उसे कई घंटे लगे, जहाँ उनका अंतिम संस्कार किया गया। पूरे रास्ते उनके शरीर पर फूल बरसाए गए। दीवारें पोस्टरों से पटी थीं, जिन पर बंगाली में लिखा था—'मेरा भी बेटा जतिन दास जैसा हो।' उनके भाई ने जब उन्हें मुखाग्नि दी, तब पूरा आसमान करुण क्रंदन से गूँज उठा।

जुलूस की सूचना लंदन में भारत सचिव को देते हुए वाइसरॉय ने टेलीग्राम भेजा, जिसमें कहा—

> "कलकत्ता का जुलूस रिकॉर्ड स्तर का बताया गया, जिसमें पाँच लाख लोग शामिल हुए होंगे···भीड़ बेशक बेहिसाब थी···दास के प्रति सहानुभूति और सरकार की निंदा के लिए कई जगहों पर सभाएँ हुई हैं, लेकिन अधिकारियों से किसी भी प्रकार की झड़प की अब तक कोई खबर नहीं है।"

"कलकत्ता का जुलूस रिकॉर्ड स्तर का बताया गया, जिसमें पाँच लाख लोग शामिल हुए होंगे···भीड़ बेशक बेहिसाब थी···दास के प्रति सहानुभूति और सरकार की निंदा के लिए कई जगहों पर सभाएँ हुई हैं, लेकिन अधिकारियों से किसी भी प्रकार की झड़प की अब तक कोई खबर नहीं है।"

देश के लगभग हर नेता ने जतींद्रनाथ दास को सर्वोच्च श्रद्धांजलि दी। दो पंजाबी नेताओं—मोहम्मद आलम और गोपीचंद भार्गव ने विरोध में पंजाब विधान परिषद् से इस्तीफा दे दिया। मोतीलाल नेहरू ने केंद्रीय असेंबली में लाहौर के बंदियों के साथ सुलूक पर सरकार की नीतियों की निंदा के लिए कार्य-स्थगन का प्रस्ताव रखा। उन्होंने सरकार पर अमानवीयता का आरोप लगाया और उसे एक ऐसे रवैए को अपनाने का दोषी ठहराया, जिसका परिणाम जतींद्रनाथ दास की मृत्यु और कई दूसरों के जीवन को खतरे में डालने के रूप में सामने आया। एक अन्य सदस्य नियोगी ने गृह सदस्य को 'डायर और ओ' डायर की नस्ल' का बताया। निंदा प्रस्ताव 47 के मुकाबले 55 मतों से पारित हो गया।

भूख हड़ताल पर जैसा जोश पैदा हुआ था, उससे गांधी सहमत नहीं थे। कांग्रेस की पत्रिका में उन्होंने भगत सिंह और बटुकेश्वर दत्त के साझा बयान से असहमति जताई, जो परचों पर छपा था, जिन्हें असेंबली हॉल में फेंका गया था। गांधी ने कांग्रेस के तत्कालीन महासचिव जवाहरलाल नेहरू को लिखे पत्र में अप्रसन्नता जताई।

गांधी की नाराजगी के कारण नेहरू को स्पष्टीकरण जारी करना पड़ा—

> "सच्चाई यह है कि मैं भूख हड़ताल के पक्ष में नहीं हूँ। मैंने कई युवकों से ऐसा कहा, जो इस विषय पर मुझसे मिलने आए थे, लेकिन मैंने अनशन की सार्वजनिक निंदा करना ठीक नहीं समझा।"

भगत सिंह के लिए जतींद्र का जाना अपूर्णीय क्षति थी। बेहद भावुक होने के कारण वे खुलेआम रो पड़े। उन्होंने उस नोटबुक को निकाला, जिसमें वे नियमित रूप से अपनी पसंदीदा किताबों की लाइनों को लिखा करते थे और एक अनाम से कवि यू.एन. फिगनर की कविता को पढ़ा, जिसे उन्होंने उनकी किताब से लिखा था और नाम दिया था—'द नोबलेस्ट फालेन' (श्रेष्ठतम शहीद)।

वे जो श्रेष्ठतम थे, चले गए। उन्हें खामोशी से दफन कर दिया गया
किसी सुनसान स्थान पर।
किसी ने उन पर आँसू नहीं बहाए,
अजनबी उन्हें कब्र तक लेकर आए।
न क्रॉस, दीवार और न मजार पर खुदे उनके गौरवशाली नाम।
उन पर उग गई घास,
कमजोर-सी झुकी घास में दफन हुए राज।
उमड़ती लहरें ही बस एकमात्र गवाह थीं,
जो तट से क्रोध में टकराती रहीं।
लेकिन शक्तिशाली लहरें भी
दूर के आशियाने तक अंतिम विदाई के संदेशों को पहुँचा न सकीं।

जतींद्र की मृत्यु ने क्रांतिकारियों के संकल्प को और फौलादी बना दिया। उन्होंने अपने आप को अगली यातना के लिए तैयार कर लिया। उनका मानना था कि लाहौर षड्यंत्र केस को भगत सिंह और उनके साथियों को फाँसी पर चढ़ाने के लिए बुना जा रहा है। उन्होंने तय किया कि वे अदालत की काररवाइयों को फर्जी

मानेंगे, जो वास्तव में फर्जी ही थीं।

भगत सिंह, सुखदेव और विजय कुमार सिन्हा इस केस पर अपनी सूझ-बूझ से फैसला कर रहे थे। उन्होंने फैसला किया कि कुछ-कुछ दिनों पर वे कोर्ट की काररवाई में हिस्सा नहीं लेंगे, ताकि यह स्पष्ट कर दें कि वे विदेशी सत्ता की ओर से नियुक्त मजिस्ट्रेट को स्वतंत्रता सेनानियों पर मुकदमा चलाने के अधिकार को मानते ही नहीं। उन्होंने यह भी तय किया कि किसी-किसी दिन वे 'इनकलाब जिंदाबाद' और 'साम्राज्यवाद मुर्दाबाद' के नारे लगाने के लिए ही अदालत जाएँगे। नारों के साथ-साथ वे देशभक्ति का कोई गीत गाते थे। किसी-किसी दिन उन्होंने फैसला किया कि वे कोर्ट में सार्वजनिक रूप से केवल अपने इस संकल्प के प्रदर्शन के लिए जाएँगे कि उनके देश को मुक्ति सिर्फ स्वतंत्रता और क्रांति से ही मिल सकती है।

जतींद्र की मृत्यु ने क्रांतिकारियों के संकल्प को और फौलादी बना दिया। उन्होंने अपने आप को अगली यातना के लिए तैयार कर लिया। उनका मानना था कि लाहौर षड्यंत्र केस को भगत सिंह और उनके साथियों को फाँसी पर चढ़ाने के लिए बुना जा रहा है। उन्होंने तय किया कि वे अदालत की काररवाइयों को फर्जी मानेंगे, जो वास्तव में फर्जी ही थीं।

अदालत की काररवाई अकसर आसपास के स्कूल-कॉलेजों के छात्रों के कारण प्रभावित होती थी, जो बाहर भगत सिंह और उनके साथियों के इंतजार में इकट्ठा हो जाते थे। जैसे ही वे अपने नायकों को देखते, उनके साथ मिलकर गाने लगते—*'कभी वो दिन भी आएगा...'*

अन्य दिनों में 'सरफरोशी की तमन्ना अब हमारे दिल में है' के खूबसूरत गीत से आसमान गूँज उठता।

□

क्रांतिकारी अदालत का इस्तेमाल अकसर क्रांति की विचारधारा को आगे बढ़ाने के लिए करते थे। पहले वे भारत को विदेशी शासन से मुक्ति दिलाना चाहते थे और फिर वे इसे एक समाजवादी समाज में बदलना चाहते थे। उनकी पार्टी के घोषणा-पत्र में क्रांति को लेकर लिखा था कि यह 'भगवान्-विरोधी हो सकती है, लेकिन मनुष्य-विरोधी तो निश्चित रूप से नहीं है।' वे यह स्पष्ट रूप से जानते थे कि भारत में यह संघर्ष तब तक समाप्त नहीं होगा, 'जब तक कि मुट्ठी भर लोग अपने हितों के लिए मजदूरों का शोषण करते रहेंगे।' इससे फर्क नहीं पड़ता

कि शोषण करनेवाले ब्रिटिश पूँजीवादी हैं या भारतीय। उनके पूरे वर्ग को यहाँ से जाना होगा।

जेल समिति ने भगत सिंह और बटुकेश्वर दत्त से कहा कि वे अपनी भूख हड़ताल को समाप्त कर दें, लेकिन उन्हें समझाने में वह नाकाम रही। आखिरकार भगत सिंह के पिता ने ही अपना प्रभाव दिखाया। वह कांग्रेस के एक प्रस्ताव के साथ आए, जिसमें यह अपील की गई थी कि वे अपनी भूख हड़ताल को समाप्त कर दें। क्रांतिकारी कांग्रेस पार्टी का सम्मान करते थे, क्योंकि वे भारत की स्वतंत्रता के लिए उसके संघर्ष को जानते थे। वे गांधी को 'एक असंभव दूरदर्शी' कहते थे, लेकिन इस बात के लिए उनकी प्रशंसा करते थे कि उन्होंने देश में जबरदस्त जागरूकता पैदा कर दी थी।

भगत सिंह और दत्त दोनों ही कांग्रेस पार्टी के आग्रह पर भूख हड़ताल टालने पर सहमत हो गए। 5 अक्तूबर, 1929 को 116वें दिन भूख हड़ताल समाप्त हुई। भगत सिंह ने आयरलैंड के एक क्रांतिकारी की ओर से 97 दिनों तक भूख हड़ताल के वर्ल्ड रिकॉर्ड को तोड़ दिया था।

भगत सिंह और दत्त दोनों ही कांग्रेस पार्टी के आग्रह पर भूख हड़ताल टालने पर सहमत हो गए। 5 अक्तूबर, 1929 को 116वें दिन भूख हड़ताल समाप्त हुई। भगत सिंह ने आयरलैंड के एक क्रांतिकारी की ओर से 97 दिनों तक भूख हड़ताल के वर्ल्ड रिकॉर्ड को तोड़ दिया था।

उपवास तोड़ने पर सहमति के बाद भगत सिंह और बटुकेश्वर दत्त ने कांग्रेस को एक संदेश भेजा—

> "अखिल भारतीय कांग्रेस समिति की ओर से पारित प्रस्ताव का पालन करते हुए आज हमने भूख हड़ताल को तब तक के लिए टालने का फैसला किया है, जब तक कि भारतीय जेलों में राजनीतिक बंदियों के साथ व्यवहार के विषय में सरकार अंतिम निर्णय नहीं लेती है। हमें उन सभी की फिक्र है, जिन्होंने हमसे सहानुभूति जताने के लिए भूख हड़ताल की और हम चाहते हैं कि वे इसे तुरंत समाप्त कर दें।"

□

7

जिस धज से कोई मकतल में गया वो शान सलामत रहती है,
ये जान तो आनी-जानी है इस जान की कोई बात नहीं।

—फैज अहमद फैज

भूख हड़ताल के बाद भगत सिंह ने एक बार फिर अपना ध्यान मुकदमे की सुनवाई पर लगा दिया। सम्राट् की ओर से पैरवी सरकारी वकील सी.एच. कार्डेन-नोड कर रहे थे और उन्हें कलंदर अली खान एवं गोपाल लाल के अलावा अभियोजन निरीक्षक बख्शी दीनानाथ सहयोग कर रहे थे। आरोपियों का बचाव दुनी चंद, बरकत अली, मेहता अमीन चंद, बिशन नाथ, अमोलक राम कपूर, डब्ल्यू. चंद्र दत्त और मेहता पूरन चंद कर रहे थे। ये सभी वकील थे।

कोर्ट ने कहा कि कोर्ट रूम में सभी प्रकार की नारेबाजी प्रतिबंधित है; लेकिन बचाव पक्ष के मुख्य वकील दुनी चंद, जो मजिस्ट्रेट के सबसे नजदीक खड़े थे, ने कहा कि यह सरकारी वकील कलंदर अली खान के इशारे पर दिया गया आदेश है। दुनी चंद ने पूछा कि क्या यह ब्रिटिश हुकूमत के वकील की ड्यटी का हिस्सा है कि वह कोर्ट के आदेश तय करे? दुनी चंद ने पूछा, "क्या पुलिस कोर्ट को निर्देश दे रही है?" हालाँकि खान ने इस आरोप को खारिज कर दिया।

सरकारी वकील ने सरकार की ओर से विस्फोटक सामग्री अधिनियम और देशद्रोह से संबंधित दंड संहिता की धाराओं 121, 121ए, 122 और 123 के तहत आदेश दायर किए थे।

लाहौर के पुलिस अधीक्षक हैमिल्टन हार्डिंग ने सरकारी आदेश के तहत औपचारिक शिकायत दर्ज कराई थी। उन्होंने पहले आरोपियों के नाम पढ़े और फिर वह शिकायत, जिसमें सम्राट् के विरुद्ध युद्ध छेड़ने की साजिश रचने का आरोप लगाया गया। आरोपियों पर सरकार को उखाड़ फेंकने के लिए लोगों के साथ ही हथियारों और गोला-बारूद जुटाने का अभियोग लगाया गया। शिकायत में हिंदुस्तान

सोशलिस्ट रिपब्लिकन एसोसिएशन तथा लाहौर और भारत के अन्य स्थानों में हुई उनकी बैठकों का जिक्र था, जो 'इस भूभाग में एक संघीय गणतांत्रिक सरकार का गठन करना चाहती थी।' क्रांतिकारियों ने अपना जवाब 'इनकलाब जिंदाबाद' का नारा लगाकर दिया। कोर्ट ने कहा, "कोई भी समझदार व्यक्ति ऐसे शोर (नारे) पर आपत्ति करेगा।"

दुनी चंद खड़े हुए और कोर्ट की काररवाई जेल में कराए जाने पर आपत्ति जताई। उन्होंने कहा कि यह तथाकथित कोर्ट रूम छोटा है और चारों ओर से इसे पुलिसवाले घेरे खड़े रहते हैं। उन्होंने यह भी कहा कि आरोपियों के रिश्तेदार व दोस्त सड़क पर प्रतीक्षा करते रहते हैं और उन्हें कोर्ट रूम में आने नहीं दिया जाता।

अदालत : क्या पूरे शहर को यहाँ आने दें?

वकील : हर किसी को आने देना चाहिए, जो आना चाहता है, बशर्ते यहाँ जगह हो और सरकारी पक्ष की ओर से व्यक्तियों को लेकर कोई पसंद नहीं होनी चाहिए।

कार्डेन-नोड ने कहा कि बार के सदस्यों और अन्य लोगों में या सरकारी वकीलों और बचाव पक्ष के वकीलों में कोई भेदभाव नहीं किया जा रहा था। उन सभी लोगों के लिए सभागार में इतनी जगह नहीं थी कि जिसकी इच्छा हो, वह काररवाई को देख सके।

वकील बरकत अली ने इस बयान को चुनौती दी। उसने कहा कि उन्हें जहाँ गेट पर रोका गया था, वहीं सरकारी वकील और अन्य यूरोपीय लोग बिना किसी सवाल-जवाब का सामना किए या किसी को पहचान-पत्र दिखाए अंदर दाखिल हो गए। अली ने ड्यटी पर तैनात सब-इंस्पेक्टर से इस भेदभाव की वजह पूछी और उन्हें बताया गया कि सरकारी वकील एवं यूरोपीय लोगों को पास की जरूरत नहीं होती।

वकील बरकत अली ने इस बयान को चुनौती दी। उसने कहा कि उन्हें जहाँ गेट पर रोका गया था, वहीं सरकारी वकील और अन्य यूरोपीय लोग बिना किसी सवाल-जवाब का सामना किए या किसी को पहचान-पत्र दिखाए अंदर दाखिल हो गए। अली ने ड्यटी पर तैनात सब-इंस्पेक्टर से इस भेदभाव की वजह पूछी और उन्हें बताया गया कि सरकारी वकील एवं यूरोपीय लोगों को पास की जरूरत नहीं होती।

कार्डेन-नोड ने इस दौरान मजिस्ट्रेट का ध्यान आरोपियों के बीच फूलों के

बाँटे जाने की ओर दिलाया। उसने कहा कि उसकी कही बात को दर्ज किया जाए। अदालत ने कार्डेन-नोड की आपत्ति पर गौर किया, जबकि बचाव पक्ष के वकील की ओर से प्रवेश पर पाबंदी की शिकायत को अनसुना कर दिया। मजिस्ट्रेट ने कहा कि भीड़भाड़ को नियंत्रित करने के लिए पास से प्रवेश को नियंत्रित करना जरूरी था, लेकिन आरोपियों के रिश्तेदारों को सभी प्रकार की सुविधा दी जाएगी।

सरकार की ओर से अधिक मेहमानों को आने से रोकने के फैसले ने क्रांतिकारियों के उद्‌देश्य को बेमानी बना दिया। उन्हें अपने संदेश को फैलाने का ज्यादा अवसर नहीं मिल पा रहा था, जो उनका प्रमुख उद्‌देश्य था। उन्होंने कोर्ट में प्रवेश के मुद्‌दे पर मजिस्ट्रेट से अपना पुरजोर विरोध दर्ज कराया। पाबंदियों में ढील दी गई। बाहर से आनेवाले लोगों को अंदर आने दिया गया, लेकिन उनकी संख्या काफी सीमित रखी गई।

उन्हें अपने संदेश को फैलाने का ज्यादा अवसर नहीं मिल पा रहा था, जो उनका प्रमुख उद्‌देश्य था। उन्होंने कोर्ट में प्रवेश के मुद्‌दे पर मजिस्ट्रेट से अपना पुरजोर विरोध दर्ज कराया। पाबंदियों में ढील दी गई। बाहर से आनेवाले लोगों को अंदर आने दिया गया, लेकिन उनकी संख्या काफी सीमित रखी गई।

मुकदमे की सुनवाई की शुरुआत में ही दबी जुबान से ऐसा कहा जा रहा था कि अंग्रेज और कांग्रेस कोई समझौता कर लेंगे। भगत सिंह ने युवा राजनीतिक कार्यकर्ताओं को इस प्रकार की अफवाहों से बचने की हिदायत दी। उन्होंने उनसे कहा कि वे किसानों और मजदूरों के बीच काम करने पर ध्यान दें। सच्ची क्रांतिकारी सेनाएँ गाँवों और फैक्टरियों में थीं। उन्होंने उनसे कहा कि वे मार्क्सवादी विचारधारा को अपनाएँ।

एक दिन क्रांतिकारियों के करीबी दोस्त दुर्गा दास खन्ना कोर्ट में प्रवेश पाने में सफल रहे। दर्शक दीर्घा में उन्हें बैठा देख भगत सिंह उन्हें एक ओर ले गए और कहा, "मूर्ख हो तुम भी! यहाँ क्यों आए हो? फौरन यहाँ से चले जाओ और दोबारा नजर मत आना।" एक सिख पुलिस उपाधीक्षक, जो क्रांतिकारियों से सहानुभूति रखता था, उसने सुन लिया कि भगत सिंह खन्ना से क्या कह रहे थे। पुलिस अधिकारी सावधानी से खन्ना के करीब गया और कहा, "तुम्हारा नेता तुम्हें बहुत अच्छी सलाह दे रहा है। मैं कोई काररवाई नहीं करूँगा। मैं भी यही सलाह

> ***एक सिख पुलिस उपाधीक्षक, जो क्रांतिकारियों से सहानुभूति रखता था, उसने सुन लिया कि भगत सिंह खन्ना से क्या कह रहे थे। पुलिस अधिकारी सावधानी से खन्ना के करीब गया और कहा, "तुम्हारा नेता तुम्हें बहुत अच्छी सलाह दे रहा है। मैं कोई काररवाई नहीं करूँगा। मैं भी यही सलाह दूँगा कि तुम अभी यहाँ से चले जाओ।" बेशक, पुलिस के बीच कुछ ऐसे लोग थे, जो क्रांतिकारियों से सहानुभूति रखते थे।***

दूँगा कि तुम अभी यहाँ से चले जाओ।" बेशक, पुलिस के बीच कुछ ऐसे लोग थे, जो क्रांतिकारियों से सहानुभूति रखते थे।

जैसे-जैसे सुनवाई आगे बढ़ी, सरकार को यह संतोष हुआ कि रुकावटों के बावजूद यह केस सही रास्ते पर जा रहा है। लेकिन भगत सिंह और उनके साथियों की सोच अलग थी। एक दिन उन्होंने काकोरी के बंदियों की बहादुरी को याद किया और पूरी घटना को बताया, जबकि अदालत बार-बार उनसे कहा रही थी कि वे ऐसा न करें। 21 जनवरी, 1930 को लेनिन दिवस पर आरोपी लाल स्कार्फ बाँधे अदालत में दाखिल हुए। जैसे ही मजिस्ट्रेट अपनी कुरसी पर बैठा, उन्होंने 'समाजवादी इनकलाब जिंदाबाद', 'जनता जिंदाबाद', 'लेनिन अमर रहें' और 'साम्राज्यवाद मुर्दाबाद' के नारे लगाए। इसके बाद भगत सिंह ने उस टेलीग्राम को पढ़ा, जिसे वे 'थर्ड इंटरनेशनल' को भेजना चाहते थे। टेलीग्राम में लिखा था—

"लेनिन दिवस पर हम उन सभी को हृदय से शुभकामना देते हैं, जो महान् लेनिन के आदर्शों को आगे ले जा रहे हैं। हमारी कामना है कि रूस अपने महान् प्रयोग में सफल हो।"

(तब शायद ही उन्हें अहसास होगा कि उनका देवता साठ साल बाद विफल हो जाएगा।)

जल्दी ही केस की सुनवाई उस ढर्रे पर जाने लगी, जिसकी आशंका थी। मजिस्ट्रेट शिकायतों को सुनता और उन्हें खारिज कर देता, मानो उसे ऐसा करने को कहा गया हो। ऐसा ही एक उदाहरण आरोपी प्रेमदत्त वर्मा का था। वर्मा ने अदालत से एक पुलिस कॉन्स्टेबल की शिकायत की और कहा कि गार्ड ड्यटी के दौरान उसने गाली-गलौज की थी। उन्होंने कॉन्स्टेबल को ड्यटी से हटाने की अपील की। उन्होंने कहा कि यदि ऐसा नहीं हुआ तो वे कानून को हाथ में लेने पर

मजबूर हो जाएँगे। वर्मा के वकील मेहता पूरन चंद ने इस शिकायत को देखते हुए अदालत से कॉन्स्टेबल को उसकी ड्यूटी से हटाए जाने की गुजारिश की। अदालत ने पूछा कि यह कैसे साबित होगा कि कॉन्स्टेबल ने गाली दी थी? बचाव पक्ष के वकील अमोलक राम कपूर ने कहा कि यह घटना कुछ ही मिनट पहले भरी अदालत में हुई थी और उसके कई गवाह थे। यह मामला तुरंत अदालत के संज्ञान में लाया गया था और यह मजिस्ट्रेट की जिम्मेदारी है कि वे इसकी जाँच कराएँ। यह गंभीर मामला था और अदालत यदि इस पर गौर करने से इनकार करती है तो आरोपी विधिवत् शिकायत दर्ज कराने पर मजबूर हो जाएगा। अदालत ने इस मामले पर गौर करने से इनकार कर दिया और काररवाई आगे बढ़ा दी।

स्थिति तब बिगड़ गई, जब सरकारी गवाह बन चुका जय गोपाल मूँछों पर ताव देता हुआ कठघरे में आया और भगत सिंह तथा उनके साथियों पर गालियों की बौछार कर दी। दीर्घा से 'शर्म करो! शर्म करो!' का शोर गूँज उठा। सबसे कम उम्र के आरोपी प्रेमदत्त वर्मा ने जय गोपाल को चप्पल फेंककर मारी। काररवाई रोक दी गई। मजिस्ट्रेट ने एक आदेश दिया, जिसमें कहा गया कि विचाराधीन कैदियों को अब से अदालत में हथकड़ी पहनाए रखा जाए। भगत सिंह ने फौरन ऐलान किया कि जब तक यह आदेश वापस नहीं लिया जाता, तब तक वे काररवाई में शामिल नहीं होंगे।

स्थिति तब बिगड़ गई, जब सरकारी गवाह बन चुका जय गोपाल मूँछों पर ताव देता हुआ कठघरे में आया और भगत सिंह तथा उनके साथियों पर गालियों की बौछार कर दी। दीर्घा से 'शर्म करो! शर्म करो!' का शोर गूँज उठा। सबसे कम उम्र के आरोपी प्रेमदत्त वर्मा ने जय गोपाल को चप्पल फेंककर मारी। काररवाई रोक दी गई। मजिस्ट्रेट ने एक आदेश दिया, जिसमें कहा गया कि विचाराधीन कैदियों को अब से अदालत में हथकड़ी पहनाए रखा जाए। भगत सिंह ने फौरन ऐलान किया कि जब तक यह आदेश वापस नहीं लिया जाता, तब तक वे काररवाई में शामिल नहीं होंगे।

चप्पल फेंके जाने की घटना के बाद कैदियों के साथ भारी बर्बरता का व्यवहार किया गया। बंबई के '*द यंग लिबरेटर*' ने लिखा—

जैसे-जैसे समय बीतता गया, लाहौर षड्यंत्र केस की चर्चा भारत से दूर सात समंदर पार भी होने लगी। भगत सिंह और उनके साथी बिल्कुल ऐसा ही चाहते थे; लेकिन उन्हें उम्मीद नहीं थी कि ऐसा हो पाएगा। दुनिया भर से एच.एस. आर.ए. को पैसे मिलने लगे। कनाडा, जापान और अमेरिका में रहनेवाले भारतीयों ने चंदा भेजना शुरू कर दिया। एक महिला ने तो पोलैंड से पैसा भेजा और वह मुकदमे की सुनवाई के बारे में सबकुछ जानना चाहती थी।

"सरकारी क्रूरता और अराजकता की कोई हद नहीं है। लाहौर के बंदियों के साथ जैसा सलूक किया गया, वैसा मध्य युगीन बर्बरों ने और असभ्य जंगलियों ने भी नहीं किया होगा।"

अगले दिन पुलिस क्रांतिकारियों को बल-प्रयोग कर अदालत ले गई। सोलह विचाराधीन कैदियों में से पाँच को उठाकर जेल की वैन में जबरन डाल दिया गया; लेकिन जब वैन अदालत पहुँची, तब उन्होंने भी सीट को जकड़ लिया और बाहर आने से इनकार कर दिया। आखिरकार जेल अधीक्षक ने उनके साथ समझौता किया और यह वादा किया कि अदालत में उनकी हथकड़ियाँ उतार दी जाएँगी। उनमें से पाँच ने जिद छोड़ दी; लेकिन जल्दी ही उन्हें पता चल गया कि यह बहाना भर था। उनकी हथकड़ियाँ अदालत में नहीं उतारी गईं। इसलिए उन्होंने भी अधिकारियों को उसी भाषा में जवाब दिया। उन्होंने लंच के दौरान अधिकारियों से हथकड़ियाँ खोल देने की अपील की और जब पुलिस खाने के बाद उन्हें दोबारा पहनाने लगी, तब उन्होंने ऐसा करने का विरोध किया। इससे हाथापाई हो गई और बाहर से आए लोगों के सामने ही पुलिसकर्मियों ने विचाराधीन कैदियों की पिटाई कर दी।

भगत सिंह को पुलिस ने अलग कर दिया और उनके साथ खासतौर पर बर्बर सुलूक किया गया। उन्होंने मजिस्ट्रेट से गुस्से में लाल होकर पूछा, "क्या आपने पुलिस को आदेश दिया है कि वह हमें लात मारे? क्या आप उन्हें नियंत्रित कर सकते हैं?"

वर्मा की शिकायत थी कि पुलिसकर्मियों ने बंदियों के मलद्वार में उँगलियाँ तक डाल दीं और उनके अंडकोशों में लातें मारीं। उन्होंने आगबबूला होते हुए पूछा, "इसे आप सभ्य व्यवहार कहते हैं?"

मजिस्ट्रेट ने उस समय तो कुछ भी नहीं किया, लेकिन जब प्रेस ने और लंदन

के कुछ अखबारों ने 'कैदियों की बर्बरता से पिटाई' की खबरें छापीं, तब उन्हें हथकड़ियाँ लगाने के आदेश को वापस लेना पड़ा।

□

जैसे-जैसे समय बीतता गया, लाहौर षड्यंत्र केस की चर्चा भारत से दूर सात समंदर पार भी होने लगी। भगत सिंह और उनके साथी बिल्कुल ऐसा ही चाहते थे; लेकिन उन्हें उम्मीद नहीं थी कि ऐसा हो पाएगा। दुनिया भर से एच.एस.आर.ए. को पैसे मिलने लगे। कनाडा, जापान और अमेरिका में रहनेवाले भारतीयों ने चंदा भेजना शुरू कर दिया। एक महिला ने तो पोलैंड से पैसा भेजा और वह मुकदमे की सुनवाई के बारे में सबकुछ जानना चाहती थी। भगत सिंह और बटुकेश्वर दत्त के फोटो देश के घर-घर और दुकानों में लग गए। उनकी तसवीरवाले कैलेंडर हाथोहाथ बिकने लगे। क्रांतिकारी जो कुछ अदालत में कर रहे थे, उस पर भारत के लोगों को काफी गर्व हुआ। मोतीलाल नेहरू, रफी अहमद किदवई और संयुक्त प्रांत के छोटे से राज्य के राजा कालाकाँकर क्रांतिकारियों के साथ अपनी एकजुटता को दिखाने के लिए अदालत में आए।

अपने एक दौरे के समय मोतीलाल नेहरू ने क्रांतिकारियों की ओर से किए गए कामों के लिए भगत सिंह की प्रशंसा की। उन्होंने कहा कि उनके साहस ने स्वतंत्रता के सपने को भारत के करीब ला दिया। भगत सिंह ने उनकी मदद से इस मामले का प्रचार किया और अंग्रेजों को चेतावनी दी कि जब तक वे देश छोड़कर नहीं जाते, तब तक वे युवाओं की ओर से निशाना बनाए जाते रहेंगे।

जेल में रहने के दौरान भगत सिंह को दो बातों की जानकारी मिली थी—यह कि जो क्रांतिकारी अब भी पुलिस की पकड़ से दूर थे, उन्होंने लाहौर षड्यंत्र केस में जाँच के प्रभारी अधीक्षक खान बहादुर अब्दुल अजीज को गोली मारने की योजना बनाई है, जिसने फर्जी सबूत इकट्ठा किए थे और दूसरा यह कि उन्होंने वाइसरॉय की ट्रेन पर बिजली से चलनेवाले बम के विस्फोट की योजना बनाई है; हालाँकि दोनों ही मामलों में शिकार बाल-बाल बच गए। अजीज पर चलाई गई गोली निशाने से चूक गई। वाइसरॉय की ट्रेन का पिछला डिब्बा तबाह हो गया, लेकिन जिस कंपार्टमेंट में वह सफर कर रहा था, उसे कोई नुकसान नहीं पहुँचा। इसके पीछे आजाद की योजना थी, भगत सिंह को इस बात का पूरा यकीन था।

वाइसरॉय पर यह हमला उस वक्त हुआ, जब मजिस्ट्रेट की अदालत में सुनवाई सरकार की छवि को तार-तार कर सकती थी। क्रांतिकारियों की लोकप्रियता आसमान छूने लगी। एक तो वे इस केस में फर्जी सबूत जुटाने की कोशिशों का

सरकारी पक्ष ने यह केस बनाया कि क्रांतिकारियों की साजिश सितंबर 1928 में ही रची गई थी, जो सांडर्स की हत्या से दो साल पहले की बात है। सरकार ने आरोप लगाया कि कई क्रांतिकारी दलों ने एक संगठन को बनाने के लिए सन् 1928 में ही हाथ मिला लिया था, ताकि लाहौर से कलकत्ता तक, उत्तर से भारत के पूर्वोत्तर तक वे अपनी गतिविधियाँ कर सकें।

पर्दाफाश कर चुके थे और दूसरे, यह बात चारों ओर फैल गई कि उनकी पहुँच इतनी बढ़ गई है कि वे सरकार में किसी पर भी निशाना साध सकते हैं।

सरकारी पक्ष ने यह केस बनाया कि क्रांतिकारियों की साजिश सितंबर 1928 में ही रची गई थी, जो सांडर्स की हत्या से दो साल पहले की बात है। सरकार ने आरोप लगाया कि कई क्रांतिकारी दलों ने एक संगठन को बनाने के लिए सन् 1928 में ही हाथ मिला लिया था, ताकि लाहौर से कलकत्ता तक, उत्तर से भारत के पूर्वोत्तर तक वे अपनी गतिविधियाँ कर सकें।

एक साथ आने की जहाँ तक बात थी तो वह सही थी। एच.एस.आर.ए. को खड़ा करने के लिए विभिन्न राज्यों के क्रांतिकारी समूह एक साथ आए थे, लेकिन सन् 1928 से पहले की क्रांतिकारी गतिविधियों और उसके बाद के कदमों के बीच लकीर खींचना पानी पर लकीर बनाने जैसा था। चाहे वे जहाँ कहीं हों, सारे क्रांतिकारी बरसों से एक ही उद्‌देश्य के लिए काम कर रहे थे—समाज में परिवर्तन और विदेशी शासन से देश की मुक्ति।

□

केस केंचुए की रफ्तार से बढ़ रहा था। सरकार इतनी उत्तेजित हो गई कि उसने मजिस्ट्रेट को निर्देश देने के लिए लाहौर हाई कोर्ट का दरवाजा खटखटा दिया—उन्हें जब भी लगे कि केस में लगे आरोप साबित हो चुके हैं, तब उन्हें और गवाहों से पूछताछ की अपील को खारिज करने का अधिकार होना चाहिए।

लाहौर हाई कोर्ट की एक खंडपीठ, जिसका नेतृत्व श्री शादी लाल कर रहे थे, ने कार्डेन-नोड की अपील को खारिज कर दिया। अपने फैसले में शादी लाल ने कहा—

> "यह याचिका दंड प्रक्रिया संहिता की धारा 561 के तहत है, जिसे सरकारी वकील ने ब्रिटिश हुकूमत की ओर से एक केस में दाखिल किया है, जो मजिस्ट्रेट की अदालत में चल रहा है। यह याचिका जिन परिस्थितियों में दायर की गई है, उनमें किसी प्रकार के विवाद को माना नहीं जा सकता है।"

एक दिन भगत सिंह के कानूनी सलाहकार दुनी चंद को अदालत में बैठने की जगह नहीं मिली। उन्हें ही नहीं, उनके साथ ही न तो बचाव पक्ष के वकील को, न ही प्रेस गैलरी में बैठे बार के सदस्यों के लिए सीट थी। इसका कारण तो अधिकारी ही बेहतर जानते होंगे, लेकिन दुनी चंद ने अदालत से यह कहते हुए वॉक आउट किया, "संसार के किसी भी हिस्से में बार के सदस्यों से ऐसा व्यवहार नहीं होता, जैसा यहाँ इस अदालत में किया जा रहा है।"

दुनी चंद को जिस दिन अपमानित किया गया, उस दिन भगत सिंह और उनके साथियों ने कोर्ट न जाने का फैसला किया। उन्होंने अपनी भूख हड़ताल भी शुरू कर दी। उन्होंने मजिस्ट्रेट से कहा कि उनके पास कोई रास्ता नहीं बचा था, क्योंकि सरकार बेहतर व्यवहार, बेहतर सुविधाएँ और कैदियों को बेहतर खाना देने के अपने वादे से पलट गई थी। लाहौर से प्रकाशित होनेवाले अंग्रेजी दैनिक *'सिविल एंड मिलिट्री गजट'* ने अदालत का बहिष्कार करनेवाले बंदियों के बारे में बुरा-भला लिखा। भगत सिंह ने अपने फैसले का बचाव किया और मजिस्ट्रेट को लिखे एक पत्र में काररवाई में शामिल न होने के कारणों पर सफाई दी।

दुनी चंद को जिस दिन अपमानित किया गया, उस दिन भगत सिंह और उनके साथियों ने कोर्ट न जाने का फैसला किया। उन्होंने अपनी भूख हड़ताल भी शुरू कर दी। उन्होंने मजिस्ट्रेट से कहा कि उनके पास कोई रास्ता नहीं बचा था, क्योंकि सरकार बेहतर व्यवहार, बेहतर सुविधाएँ और कैदियों को बेहतर खाना देने के अपने वादे से पलट गई थी।

भगत सिंह ने कहा कि *'सिविल एंड गिलिट्री गजट'* को पढ़ने के बाद उनके लिए भूख हड़ताल फिर से शुरू करने पर सफाई देना जरूरी हो गया था। उन्होंने अपने समर्थकों के साथ हुए दुर्व्यवहार की शिकायत की। उनके सबसे करीबी शुभचिंतकों को भी उनसे मिलने नहीं दिया गया। उन्होंने कहा—

> "मैं खुद भी पूरे समय के लिए एक वकील नहीं कर सकता, इसलिए मैं चाहता था कि मेरे भरोसेमंद मित्र अदालत की काररवाई को वहाँ मौजूद रहकर देखें; लेकिन बिना किसी ठोस कारण के उन्हें इसकी इजाजत नहीं दी गई।"

भगत सिंह ने इस बात के साथ अपने पत्र को समाप्त किया—

> "न्याय के नाम पर हो रहे इस नाटक को हम कभी देखना नहीं चाहते; क्योंकि अपने बचाव के लिए हमें न कोई सुविधा मिलती है, न ही इसका कोई लाभ

सन् 1930 में पूरे मार्च महीने के दौरान काररवाई अपेक्षाकृत सुगम रही। सरकार और क्रांतिकारियों दोनों को यह समझ आने लगा था कि अब कोई चारा नहीं बचा था। मजिस्ट्रेट को लगा कि वह विचाराधीन कैदियों के सहयोग के बिना आगे नहीं बढ़ सकते। दूसरी तरफ, विचाराधीन कैदी इस बात को मान चुके थे कि काररवाई महज धोखा है। दोनों के लिए यह एक पहेली थी।

है। एक और गंभीर शिकायत अखबारों के न मिलने को लेकर है। विचाराधीन बंदियों के साथ दोषी कैदियों जैसा व्यवहार नहीं किया जा सकता है। हमें कम-से-कम एक अखबार नियमित रूप से दिया जाना चाहिए। हमें उन लोगों के लिए भी एक अखबार चाहिए, जो अंग्रेजी नहीं जानते।...जब ऐसी दिक्कतों को दूर कर दिया जाएगा, तब हम काररवाई में फिर से शामिल होंगे..."

19 फरवरी, 1930 को दूसरी भूख हड़ताल के दस दिन बाद सरकार ने दोषी और विचाराधीन कैदियों के वर्गीकरण पर एक प्रेस विज्ञप्ति जारी की। आरोपियों ने अगले दिन अपनी भूख हड़ताल खत्म कर दी; लेकिन सरकार एक बार फिर अपने वादे से पलट गई। सारे आरोपियों को 'C' क्लास में रखा और उनके साथ 'बदला लेनेवाली बर्बरता' का व्यवहार किया।

पहले सुविधाओं की घोषणा करना और फिर उन्हें वापस ले लेना सरकार की दगाबाजी का ढर्रा बन गया था। वह क्रांतिकारियों को चालबाजी से ऐसी स्थिति में फँसा देती थी, जहाँ सुविधाएँ मिलने से पहले ही वे भूख हड़ताल समाप्त कर देते थे। सरकार ने अपने वादे इतनी बार तोड़े और वह भी इतनी बेशर्मी से कि क्रांतिकारियों को भी उस पर शर्म आने लगी थी।

□

सन् 1930 में पूरे मार्च महीने के दौरान काररवाई अपेक्षाकृत सुगम रही। सरकार और क्रांतिकारियों दोनों को यह समझ आने लगा था कि अब कोई चारा नहीं बचा था। मजिस्ट्रेट को लगा कि वह विचाराधीन कैदियों के सहयोग के बिना आगे नहीं बढ़ सकते। दूसरी तरफ, विचाराधीन कैदी इस बात को मान चुके थे कि काररवाई महज धोखा है। दोनों के लिए यह एक पहेली थी।

1 मई, 1930 को इस फर्जीवाड़े का अंत हो गया, जब वाइसरॉय लॉर्ड इरविन ने पहले से ही प्रसिद्ध हो चुके लाहौर षड्यंत्र केस की सुनवाई के लिए अध्यादेश जारी किया और एक ट्रिब्यूनल की स्थापना कर दी। सन् 1930 के एल.सी.सी.

अध्यादेश सं. 3 नाम के इस अध्यादेश ने मजिस्ट्रेट की अदालत में चल रही काररवाई को समाप्त कर दिया। यह केस हाई कोर्ट के तीन जजोंवाले एक ट्रिब्यूनल के हाथों में सौंप दिया गया, जिसके खिलाफ प्रिवी काउंसिल के सिवाय कहीं अपील का कोई अधिकार नहीं था। यह ट्रिब्यूनल उसी के जैसा था, जिसने पहले विश्व युद्ध के दौरान गदरवादियों पर मुकदमा चलाया था। इसे जान-बूझकर बाधा डालने से निपटने और आरोपियों की गैर-मौजूदगी में भी काररवाई चलाने के अधिकार दिए गए।

अध्यादेश के साथ उद्देश्यों का कथन जारी किया गया, जिसके अनुसार—

1. अपराध असाधारण रूप से गंभीर प्रकृति के थे।

2. आरोपियों के आचरण के कारण काररवाई की सामान्य प्रक्रियाओं से किसी निश्चित समय में नतीजे पर पहुँचना असंभव हो गया था।

“आप भूख हड़ताल की वजह से अध्यादेश लेकर नहीं आए। बात कुछ और है, जिस पर विचार कर आपकी सरकार का सिर चकरा गया। आपने न तो इस केस की रक्षा में, न ही किसी अन्य आपात स्थिति के कारण इस अवैध कानून पर दस्तखत किए हैं। निश्चित रूप से बात कुछ और है, लेकिन हम हमेशा के लिए एक बात साफ कर दें कि आपके अध्यादेशों से हमारे हौसले को दबाया नहीं जा सकता। आप कुछ लोगों को कुचल सकते हैं, लेकिन आप इस देश को नहीं कुचल सकते। जहाँ तक इस अध्यादेश की बात है तो हम इसे अपनी जीत मानते हैं।”

वाइसरॉय ने मुकदमे में शामिल क्रांतिकारियों पर अपनी भूख हड़ताल से काररवाई में बाधा डालने का आरोप भी लगाया। 2 मई, 1930 को वाइसरॉय को लिखे एक पत्र में भगत सिंह ने इस आरोप को खारिज कर दिया, जिसमें उन्होंने कहा कि भूख हड़ताल का सुनवाई से कोई लेना-देना नहीं था—

“आप भूख हड़ताल की वजह से अध्यादेश लेकर नहीं आए। बात कुछ और है, जिस पर विचार कर आपकी सरकार का सिर चकरा गया। आपने न तो इस केस की रक्षा में, न ही किसी अन्य आपात स्थिति के कारण इस अवैध कानून पर दस्तखत किए हैं। निश्चित रूप से बात कुछ और है। लेकिन हम हमेशा के लिए एक बात साफ कर दें कि आपके अध्यादेशों से हमारे हौसले को दबाया नहीं जा सकता। आप कुछ लोगों को कुचल सकते हैं, लेकिन आप इस देश को नहीं कुचल

सकते। जहाँ तक इस अध्यादेश की बात है तो हम इसे अपनी जीत मानते हैं।”

ट्रिब्यूनल की नियुक्ति से एक स्पष्ट संदेश गया कि अपने शासन या अपनी व्यवस्था को चुनौती देनेवालों को कुचलने के लिए अंग्रेज किसी भी हद तक जा सकते थे, फिर चाहे इसका मतलब न्याय के हर सिद्धांत की धज्जी उड़ाना ही क्यों न हो।

लोगों ने इस ट्रिब्यूनल को महज एक औपचारिकता के रूप में देखा, एक ऐसी कवायद के रूप में, जिसका मकसद क्रांति का नेतृत्व करनेवालों, विशेष रूप से भगत सिंह, को फाँसी देना था। लाहौर षड्यंत्र केस ने उस स्वतंत्रता संग्राम में एक नए जीवन का संचार किया था, जो असहयोग आंदोलन की विफलता के बाद निराशा में डूबा था। वास्तव में, लोग इतने जोश में थे कि गांधी को लगा कि दांडी मार्च के लिए यही सही समय है, जिसके तहत उस सरकारी फरमान को चुनौती दी गई कि स्थानीय लोग समंदर के पानी से नमक नहीं बना सकते।

लोगों ने इस ट्रिब्यूनल को महज एक औपचारिकता के रूप में देखा, एक ऐसी कवायद के रूप में, जिसका मकसद क्रांति का नेतृत्व करनेवालों, विशेष रूप से भगत सिंह, को फाँसी देना था। लाहौर षड्यंत्र केस ने उस स्वतंत्रता संग्राम में एक नए जीवन का संचार किया था, जो असहयोग आंदोलन की विफलता के बाद निराशा में डूबा था। वास्तव में, लोग इतने जोश में थे कि गांधी को लगा कि दांडी मार्च के लिए यही सही समय है, जिसके तहत उस सरकारी फरमान को चुनौती दी गई कि स्थानीय लोग समंदर के पानी से नमक नहीं बना सकते।

अदालत में जब ट्रिब्यूनल की नियुक्ति की घोषणा की गई, तब भगत सिंह ने आरोपियों की तरफ से स्वयं मजिस्ट्रेट को धन्यवाद दिया। उन्होंने मजिस्ट्रेट को बताया कि व्यक्तिगत रूप से वे उनके खिलाफ नहीं थे। क्रांतिकारियों में न नफरत था, न भय। भगत सिंह ने उन्हें आश्वस्त किया कि लंबे समय तक यातना सहने के बाद भी उनमें कड़वाहट नहीं आई थी।

सुखदेव ने कहा था कि क्रांतिकारी 'काररवाई से प्रचार' के पथ पर निकल पड़े थे। उन्हें अब विश्वास हो चला था कि आखिरकार वे किसी नतीजे तक पहुँच रहे हैं। असेंबली केस और मजिस्ट्रेट की अदालत ने उन्हें लोगों का ध्यान आकर्षित

करने का मौका दिया था। वे लोगों को यह बता सके थे कि न केवल स्वतंत्रता जरूरी थी, बल्कि एक वर्ग-विहीन समाज की स्थापना भी आवश्यक थी। यह अवधारणा गांधी के सोच से अलग थी, जो चाहते थे कि उस धन के रक्षक वही धनी लोग रहें, जो उसे कमाते हैं। क्रांतिकारियों का मानना था कि धनी लोग यदि आम लोगों का शोषण करते रहे तो स्वतंत्रता के बाद भी भेदभावपूर्ण व्यवस्था चलती रहेगी।

यह ट्रिब्यूनल क्रांतिकारियों की आवाज हमेशा के लिए बंद करने की औपचारिकता थी।

जीवन या मृत्यु, क्या फर्क पड़ता है ?

वे सुनवाई की शुरुआत में ही समझ चुके थे कि फाँसी के फंदे से लटकना ही उनकी नियति है।

भगत सिंह और उनके साथी गुलामी की जंजीरों को उतार फेंकने के लिए अपने प्राणों की आहुति दे रहे थे। वे उन लोगों की आजादी के लिए लड़ रहे थे, जो दुनिया भर में आर्थिक, सामाजिक व राजनीतिक रूप से गुलाम थे।

□

8

एक हलोरा इधर से आए, एक हलोरा उधर से आए, सारा उलट-पुलट हो जाए''

उत्तर भारत में मई का महीना जुल्म का महीना होता है। मॉनसून कम-से-कम दो महीने बाद ही आता है। इस समय तक वासंती हवा का सुकून देनेवाला एक झोंका तक नहीं रह जाता। सच कहें तो लाहौर चिलचिलाती धूप से लगातार तपता रहता है।

5 मई, 1930 को आलीशान पुंछ हाउस में जब केस खुला, तब उस दिन भीषण गरमी थी और तापमान 106.3 डिग्री फॉरेनहाइट था, लेकिन लोगों को इस गरमी ने नहीं, बल्कि आतंक ने अदालत जाने से रोक रखा था। उनमें से कई ने अपने घर पर रहने का फैसला किया था, क्योंकि उन्होंने सुन रखा था कि जो गए, उन्हें परेशान किया गया। कई दिनों तक पुलिस लोगों को बिना सोचे-समझे उठा लिया करती थी। 200 से ज्यादा लोगों को इस संदेह पर हिरासत में ले लिया गया था कि वे क्रांतिकारियों के समर्थक हैं। पूरे शहर में पगड़ीवाले पुलिस के जवान और सोला टोपी पहने गोरे अधिकारी घूम रहे थे। पुंछ हाउस को किसी छोटी छावनी में तब्दील कर दिया गया था, जहाँ सशस्त्र पुलिस का पहरा था; क्योंकि खुफिया विभाग ने सरकार को सावधान किया था कि भगत सिंह को छुड़ा ले जाने की साजिश रची गई है। प्रवेश पास के जरिए था और पास भी चुनिंदा लोगों को ही जारी किए गए थे।

एक बड़ा अंडाकार कमरा, जिसकी छत काफी ऊँचाई पर लहरदार एसबेस्टस की थी, उसे ही कोर्ट रूम बनाया गया था। लकड़ी के मंच पर एक टेबल रखी था। लकड़ी के डैनोंवाले पंखे छत से लटक रहे थे। पूरी गति में चलने पर भी वे बेअसर थे। ट्रिब्यूनल के तीन सदस्य—जस्टिस कोल्डस्ट्रीम और उनके पीछे-पीछे जस्टिस आगा हैदर के साथ जस्टिस जे.सी. हिल्टन 2 बजकर 10 मिनट पर कोर्ट रूम में

दाखिए हुए, तब चालीस कुरसियाँ भी नहीं भरी थीं। तीनों जज टेबल के पीछे उन कुरसियों पर बैठे, जिनका पिछला हिस्सा ऊँचा था। उनके सिर के पीछे किंग जॉर्ज पंचम की तसवीर लगी थी, जिसे जल्दबाजी में दीवार पर लगाया गया था।

दर्शकों में भगत सिंह के पिता किशन सिंह मौजूद थे, जिन्होंने अपने बेटे के विरोध के बावजूद एक बचाव समिति का गठन किया था। भगत सिंह ने अपने पिता से कहा था कि राजनीतिक कार्यकर्ताओं को कोर्ट आने की जरूरत नहीं और उन्हें अपने चेहरे पर मुसकराहट की भी भारी कीमत चुकानी पड़ेगी। लेकिन उनके पिता ने उनकी बात नहीं सुनी। लगभग चालीस आगंतुकों में से अधिकांश के हाथों में भगत सिंह की एक तसवीर थी, जिसे शहरों में जमकर बाँटा गया था। वे उसी से पंखा झल रहे थे। उनकी आँखें आसन की ओर नहीं, बल्कि किनारे के उस दरवाजे पर टिकी थीं, जहाँ से भगत सिंह और उनके साथियों के आने की उम्मीद थी। उन्होंने जब वैनों के ब्रेक लगाकर रुकने, कदमों की आहट और नारेबाजी की आवाज सुनी तो सम्मान के साथ उठ खड़े हुए। लाहौर षड्यंत्र केस के अठारह आरोपी, जो अब उनके नायक थे, कमरे में धड़धड़ाकर घुसे और पूरा हॉल 'इनकलाब जिंदाबाद' एवं 'गोरा जा, जा!' के नारों से गूँज उठा।

दर्शकों में भगत सिंह के पिता किशन सिंह मौजूद थे, जिन्होंने अपने बेटे के विरोध के बावजूद एक बचाव समिति का गठन किया था। भगत सिंह ने अपने पिता से कहा था कि राजनीतिक कार्यकर्ताओं को कोर्ट आने की जरूरत नहीं और उन्हें अपने चेहरे पर मुसकराहट की भी भारी कीमत चुकानी पड़ेगी। लेकिन उनके पिता ने उनकी बात नहीं सुनी।

भगत सिंह और उनके सहयोगी गीत गाते हुए कोर्ट में दाखिए हुए—

सरफरोशी की तमन्ना अब हमारे दिल में है,
देखना है जोर कितना बाजु-ए-क़ातिल में है।
वक्त आने दे बता देंगे तुझे ऐ आसमाँ,
हम अभी से क्या बताएँ, क्या हमारे दिल में है।

जज जहाँ बुत की तरह चेहरे पर बिना किसी भाव को दिखाए बैठे रहे, वहीं कोर्ट में मौजूद आगंतुकों ने गीत की लय के साथ अपने पैरों को थपकी दी और तालियाँ बजाईं। क्रांतिकारियों और आगंतुकों के सुर-ताल में ऐसा सामंजस्य

> *जज जहाँ बुत की तरह चेहरे पर बिना किसी भाव को दिखाए बैठे रहे, वहीं कोर्ट में मौजूद आगंतुकों ने गीत की लय के साथ अपने पैरों को थपकी दी और तालियाँ बजाईं। क्रांतिकारियों और आगंतुकों के सुर-ताल में ऐसा सामंजस्य था, मानो वे एक हो गए हों। वहाँ बैठा कोल्डस्ट्रीम तमतमा गया और उसने सरकारी वकील गोपाल लाल को बुलाया तथा उससे कहा कि ट्रिब्यूनल को इस गीत का बिल्कुल सटीक अनुवाद उपलब्ध कराया जाए।*

था, मानो वे एक हो गए हों। वहाँ बैठा कोल्डस्ट्रीम तमतमा गया और उसने सरकारी वकील गोपाल लाल को बुलाया तथा उससे कहा कि ट्रिब्यूनल को इस गीत का बिल्कुल सटीक अनुवाद उपलब्ध कराया जाए। आगा हैदर ने अनुवाद करना शुरू किया, लेकिन गीत के शोर में उनकी आवाज दब गई। कोल्डस्ट्रीम ने पुलिस की ओर देखा, जो उनके आदेश की प्रतीक्षा में थी। अचानक गीत बंद हो गया। राजगुरु अपने साथियों से अलग हो गए और जजों के सामने जाकर खड़े हो गए। उन्होंने ट्रिब्यूनल के गठन को चुनौती दी। उन्होंने कहा कि यह अवैध था। उसके पास अधिकार नहीं थे। उन्होंने कहा कि वाइसरॉय के पास सामान्य कानूनी प्रक्रिया को छोटा करने का अधिकार नहीं था। भारत सरकार का अधिनियम, 1915 उन्हें किसी ट्रिब्यूनल के गठन के लिए अध्यादेश जारी करने का अधिकार देता है, लेकिन तभी, जब परिस्थिति की जरूरत हो। कानून-व्यवस्था की स्थिति किसी प्रकार से भंग नहीं हुई थी, न ही कोई बलवा हुआ था। उन्हें कोर्ट के सामने साबित करना था कि देश में आपातकाल जैसी स्थिति है।

राजगुरु ने कहा कि ट्रिब्यूनल में सुनवाई को तब तक के लिए टाल देना चाहिए, जब तक कि यह न तय हो जाए कि सामान्य समय में वाइसरॉय के पास असाधारण शक्तियों के इस्तेमाल का अधिकार है या नहीं। केवल उन्होंने ही अध्यादेश की मान्यता को चुनौती नहीं दी, बल्कि कठघरे में खड़े कई क्रांतिकारियों ने उनका साथ दिया। उनमें से पाँच की यह माँग थी कि अपने बचाव में आवश्यक बंदोबस्त के लिए पंद्रह दिनों तक सुनवाई को रोका जाए।

ट्रिब्यूनल ने कहा कि याचिका 'समय पूर्व' है। कोल्डस्ट्रीम ने राजगुरु की आपत्ति को भी खारिज कर दिया और काररवाई को रोकने से इनकार कर दिया।

उसका मानना था कि यह उन्हीं 'चालों' का हिस्सा था, जिनका इस्तेमाल मजिस्ट्रेट श्री किशन के समक्ष चल रही सुनवाई में अड़ंगा डालने के लिए किया गया था।

कोल्डस्ट्रीम ने ठान लिया था कि वह सुनवाई को लेकर की जानेवाली किसी भी आपत्ति को खारिज कर देगा। भगत सिंह और उनके साथियों ने उतनी ही जिद पकड़ ली थी कि ट्रिब्यूनल को सुनवाई करने नहीं देंगे। ऐसा लग रहा था, जैसे दोनों एक-दूसरे के काम में अड़ंगा डालने पर तुल गए थे। क्रांतिकारियों ने कारवाई में बाधा डालने के लिए एक बार फिर 'क्रांति जिंदाबाद!' के नारे लगाए। एक बार फिर राजगुरु अपनी सीट से उठे और इस बार उर्दू में भाषण दिया। उन्होंने दु:ख जताया कि ब्रिटिश शासन ने भारत का खून चूसा और उसे गरीबी व लाचारी में धकेल दिया। उन्होंने कहा कि चाहे कुछ भी कह लें, यहाँ एक ही तरह की सरकार रह सकती है, जहाँ अंतिम नियंत्रण लोगों के हाथों में हो। वे अभी बोल ही रहे थे कि कोल्डस्ट्रीम ने उन्हें टोका और कहा कि ट्रिब्यूनल को उनकी भाषा समझ नहीं आ रही है। राजगुरु ने पलटकर कहा कि उन्हें भी अंग्रेजी समझ नहीं आती, जो कोर्ट की भाषा है। उन्हें एक दुभाषिया चाहिए। कोल्डस्ट्रीम ने उनकी अपील को मान लिया।

सुबह के 11 बजे से कुछ देर बाद का वक्त था, जब सुनवाई शुरू हुई थी। सरकारी वकील कार्डेन-नोड ने अदालत से इजाजत माँगी कि वे अदालत को शिकायतकर्ता के रूप में तथ्यों को बता सकें। मलिक बरकत अली, दुनी चंद, मेहता अमीन चंद और अन्य वकीलों ने इस पर आपत्ति जताई। उनकी दलील थी कि कार्डेन-नोड शिकायतकर्ता नहीं था, क्योंकि उसने ऐसी कोई शपथ नहीं ली थी, जिससे उसे वह दर्जा दिया जाए। चूँकि कोर्ट के पास कोई प्रमाण नहीं थे, इसलिए वह फिजूल की बहस में गया तो उसे रोकना संभव नहीं रह जाएगा। इससे बचाव पक्ष के साथ भेदभाव होना भी निश्चित हो जाएगा। ट्रिब्यूनल ने इस मामले को वहीं-

सुबह के 11 बजे से कुछ देर बाद का वक्त था, जब सुनवाई शुरू हुई थी। सरकारी वकील कार्डेन-नोड ने अदालत से इजाजत माँगी कि वे अदालत को शिकायतकर्ता के रूप में तथ्यों को बता सकें। मलिक बरकत अली, दुनी चंद, मेहता अमीन चंद और अन्य वकीलों ने इस पर आपत्ति जताई। उनकी दलील थी कि कार्डेन-नोड शिकायतकर्ता नहीं था, क्योंकि उसने ऐसी कोई शपथ नहीं ली थी, जिससे उसे वह दर्जा दिया जाए।

का-वहीं छोड़ दिया और इस पर कोई निर्णय नहीं लिया कि कार्डेन-नोड शपथ के बिना कोई बयान दे सकता है या नहीं।

कार्डेन-नोड ने अभियोजन पक्ष की ओर से शुरुआती दलील रखी और भगत सिंह एवं उनके ट्रिब्यूनल पर हत्या की साजिश रचने तथा सम्राट् के खिलाफ युद्ध छेड़ने के आरोप लगाए। उसने उन पर बंदूक की सनक फैलाने का आरोप लगाया, जो पूरे देश में फैल चुकी थी। कार्डेन-नोड का आरोप था कि क्रांतिकारियों का हिंदुस्तान सोशलिस्ट रिपब्लिकन एसोसिएशन नाम का एक संगठन है, जो हथियारों, बमों और विस्फोटकों का इस्तेमाल करता है। उसने आरोप लगाया कि उन्हें अपनी गतिविधियों के लिए विदेश से धन प्राप्त हो रहा है। कार्डेन-नोड ने सांडर्स की हत्या का जिक्र किया और कहा कि यह एक बड़ी साजिश का हिस्सा थी। उसने विचाराधीन कैदियों की ओर से इस्तेमाल किए जानेवाले कई छद्म नामों के बारे में बताया।

इसके बाद कार्डेन-नोड ने उन आरोपों को विस्तार से बताया, जिनमें डकैतियाँ, बैंकों व सरकारी खजानों से लूट के साथ ही हथियार जुटाना, लोगों की भरती करना और गोला-बारूद इकट्ठा करना शामिल था। उसने विस्फोटक बनाने, पुलिसकर्मियों और अधिकारियों की हत्या करने, ट्रेनों को उड़ाने, असेंबली में बम फेंकने, भड़काऊ साहित्य बाँटने, दोषियों को छुड़ाने तथा क्रांतिकारी आंदोलन में शिक्षित युवाओं को शामिल करने के बारे में बताया।

कार्डेन-नोड ने कहा कि कुल मिलाकर अट्ठाईस आरोपी थे। अठारह मौजूद थे, पाँच भागे हुए थे और पाँच सरकारी वकील बन चुके थे। उसने लाहौर षड्यंत्र केस के अठारह आरोपियों के नाम पढ़े, जिन्हें उसी क्रम में नीचे दिया गया है—

1. भगत सिंह
2. सुखदेव उर्फ दयाल उर्फ स्वामी उर्फ ग्रामीण
3. किशोरी लाल रतन उर्फ डी. दत्त रतन उर्फ मस्तराम शास्त्री
4. आज्ञा राम
5. देशराज
6. प्रेमदत्त उर्फ मास्टर उर्फ अमृत लाल
7. जयदेव उर्फ हरीश चंदर
8. शिव वर्मा उर्फ प्रभात उर्फ हमारियाँ उर्फ राम नारायण कपूर
9. गया प्रसाद उर्फ डॉ. बी.एस. निगम उर्फ रामलाल उर्फ रामनाथ उर्फ देश भगत

10. बटुकेश्वर दत्त
11. कँवल नाथ त्रिवेदी उर्फ कँवल नाथ तिवारी
12. अजय कुमार घोष उर्फ नीग्रो जनरल
13. जतींद्रनाथ सान्याल
14. सुरिंदर नाथ पांडे
15. महाबीर सिंह
16. विजय कुमार सिन्हा उर्फ बच्चू
17. कुंदन लाल उर्फ प्रताप उर्फ नंबर 1
18. शिवराम उर्फ राजगुरु।

वरिष्ठ पुलिस अधीक्षक जी.टी. हैमिल्टन हार्डिंग के बयान ने कोर्ट को अचंभे में डाल दिया। उसने कहा कि आरोपियों के खिलाफ उसने प्राथमिकी (एफ. आई.आर.) पंजाब सरकार के मुख्य सचिव से मिले निर्देश के आधार पर दायर की थी। "मुझे केस के तथ्यों की जानकारी नहीं, न ही मैंने कोई बयान दिए। मैं बस, सरकार के निर्देशों पर एक औपचारिक शिकायतकर्ता के रूप में कार्य कर रहा हूँ।"

हैमिल्टन के बयान ने जजों को हिलाकर रख दिया। कार्डेन-नोड ने हैमिल्टन के बयान से लगे झटके को कम करने का प्रयास यह कहते हुए किया कि भागे हुए आरोपियों से हैमिल्टन को कितना खतरा है। उसने कहा कि भगवती चरण, आजाद, कालीचरण और यशपाल की गिरफ्तारी की फिलहाल कोई संभावना नहीं है। कार्डेन-नोड ने अभी अपनी बात समाप्त भी नहीं की थी कि एक आरोपी जतींद्र नाथ सान्याल खड़े हो गए और कहा कि वह आरोपियों महाबीर सिंह, प्रेमदत्त, गया प्रसाद निगम और कुंदन लाल के साथ ही अपनी ओर से कोर्ट से कुछ कहना चाहते हैं।

कोर्ट की इजाजत का इंतजार किए बिना ही उन्होंने ब्रिटिश सरकार पर तीखा हमला किया। सान्याल ने भगत सिंह की ओर से तैयार किए गए एक बयान को पढ़ना शुरू किया, जिस पर चार अन्य आरोपियों के दस्तखत थे। उन्होंने कहा कि अंग्रेजों ने इतनी हत्याएँ की हैं कि भारतीय चाहें भी तो उसका बदला नहीं ले सकेंगे। लोगों को अपना गुलाम बनाना इस संसार का सबसे बड़ा अपराध है और अंग्रेज उस अपराध के मुजरिम हैं। उन्होंने कहा कि अपनी पाशविक शक्ति से उन्होंने उस आंदोलन को, यानी मनुष्य की स्वतंत्रता को, कुचलने की कोशिश की, जो प्रत्येक मनुष्य का अधिकार है।

सान्याल को जब बीच में ही रोक दिया गया, तब कोर्ट में हंगामा मच गया। एक बार फिर पूरा सभागार नारों से गूँज उठा। पूरा कोर्ट 'इनकलाब जिंदाबाद' और 'साम्राज्यवाद मुर्दाबाद' के नारों से हिल गया। सान्याल अब तक खड़े थे। उन्होंने कहा कि यह सुनवाई एक ढोंग है। "हम इस नौटंकी का हिस्सा नहीं बनने वाले हैं।" और उन्होंने कहा कि "इसके बाद हम कोर्ट की किसी भी काररवाई में शामिल नहीं होंगे।"

अपनी आवाज को बुलंद करते हुए सान्याल ने कहा कि वे आरोपी नहीं, बल्कि भारत के मान-सम्मान के रक्षक हैं। आरोपी तो वे लोग हैं, जो अंग्रेजी राज का प्रतिनिधित्व करते हैं। वे उस कागज पर लिखे शब्दों को पढ़ रहे थे और जितनी जल्दी संभव हो, उसे समाप्त करने की कोशिश कर रहे थे। कोल्डस्ट्रीम ने उन्हें ऐसा करने से रोक दिया और कहा कि खुली अदालत में किसी कागज को इस तरह से पढ़ना पूरी तरह से अनुचित है। उसने कहा कि सान्याल ने जो कुछ पढ़ा, उसका आरोपियों के जुर्म या उनके निर्दोष होने से कोई लेना-देना नहीं और उससे 'देशद्रोही प्रचार' की बू आती है; हालाँकि उसने उस कागज को रिकॉर्ड में दर्ज करने का आदेश दिया।

सान्याल को जब बीच में ही रोक दिया गया, तब कोर्ट में हंगामा मच गया। एक बार फिर पूरा सभागार नारों से गूँज उठा। पूरा कोर्ट 'इनकलाब जिंदाबाद' और 'साम्राज्यवाद मुर्दाबाद' के नारों से हिल गया। सान्याल अब तक खड़े थे। उन्होंने कहा कि यह सुनवाई एक ढोंग है। "हम इस नौटंकी का हिस्सा नहीं बनने वाले हैं।" और उन्होंने कहा कि "इसके बाद हम कोर्ट की किसी भी काररवाई में शामिल नहीं होंगे।"

वे जब जा रहे थे, तभी एक छोटे कद का आदमी अंदर आया और उसने कहा कि वह अनुवादक है। वह हिंदी, अंग्रेजी और मराठी जानता था। अचानक कोर्ट में पैदा तनाव कम हो गया। केस की सुनवाई अगले दिन के लिए स्थगित कर दी गई।

□

भगत सिंह ने महसूस किया कि कोर्ट का रवैया उनके और उनके साथियों के खिलाफ बीते समय की याद दिला रहा था, जब वे पिछली बार कोर्ट आए थे। उस समय भी उन्हें महसूस हुआ था कि जज ने उन्हें दोषी साबित करने का मन पहले से ही बना लिया है।

भगत सिंह पक्के तौर पर जान चुके थे कि कोर्ट के रवैए ने उनके सहयोगियों को विश्वास दिला दिया था कि यह सुनवाई एक मजाक थी। केस को आगे बढ़ाने का कोई मतलब नहीं था। वे इस बात को मान चुके थे कि कोर्ट की कारखाई को एक झाँसा मानने का उन सभी का पिछला फैसला ही सही था। उन्हें अब न्याय को लेकर अंग्रेजों की सोच को और भी खुले तौर पर लगातार बेनकाब करने की जरूरत थी। पिछली सुनवाई के बाद उन्होंने अपने सहयोगियों से कहा था कि वे ट्रिब्यूनल को खारिज कर दें; लेकिन उनके कुछ सहयोगी चाहते थे कि उन्हें कारखाई में हिस्सा लेना चाहिए, ताकि वे ऐसा कोई बयान दे सकें, जैसा भगत सिंह ने असेंबली के मुकदमे में किया था।

फिर भी, भगत सिंह इस बात से खुश थे कि कोर्ट में आनेवाले लोगों ने क्रांतिकारियों का पूरे दिल से समर्थन किया था, फिर लाहौर में सांडर्स की हत्या का केस हो या दिल्ली में असेंबली हॉल में बम फेंकने का मामला। उन्हें याद आया कि कैसे जब एक अति उत्साही सरकारी गवाह ने क्रांतिकारियों के खिलाफ बयान दिया था, तब मजिस्ट्रेट कोर्ट में लोगों ने 'शेम-शेम!' का नारा लगाया था। चूँकि अंग्रेजों ने पहले ही उन्हें फाँसी पर लटकाने का मन बना लिया था, इसलिए उन्हें हाजिरी लगाकर ऐसी अदालत को विश्वसनीयता देने की जरूरत क्या थी? बेहतर यही था कि वे उसकी कारखाइयों का बहिष्कार कर दें। क्रांतिकारियों के मन में यही बात चल रही थी। जहाँ तक संभव हो, उन्हें अंग्रेजों की छिछली न्याय व्यवस्था का पर्दाफाश कर देना चाहिए। एक पल के लिए भी वे यही मानते थे कि वे अपनी फाँसी को रोक सकते हैं। उनकी मौत बस, वक्त की बात थी और वे उसके लिए तैयार थे।

भगत सिंह इस बात से खुश थे कि कोर्ट में आनेवाले लोगों ने क्रांतिकारियों का पूरे दिल से समर्थन किया था, फिर लाहौर में सांडर्स की हत्या का केस हो या दिल्ली में असेंबली हॉल में बम फेंकने का मामला। उन्हें याद आया कि कैसे जब एक अति उत्साही सरकारी गवाह ने क्रांतिकारियों के खिलाफ बयान दिया था, तब मजिस्ट्रेट कोर्ट में लोगों ने 'शेम-शेम!' का नारा लगाया था। चूँकि अंग्रेजों ने पहले ही उन्हें फाँसी पर लटकाने का मन बना लिया था, इसलिए उन्हें हाजिरी लगाकर ऐसी अदालत को विश्वसनीयता देने की जरूरत क्या थी?

किसी भी तरह के बचाव का कोई मतलब नहीं था। भगत सिंह ने अपने साथियों से यही कहा। उन्होंने अपने पिता को संदेशा भिजवाया कि अपने बेटे की जान बचाने के लिए उन्होंने जो बचाव समिति बनाई थी, उसे भंग कर दें। वे पहले से ही उसका गठन नहीं चाहते थे। जब उन्हें और उनके सहयोगियों को इस बात का कोई अफसोस ही नहीं था, जो कुछ उन्होंने किया था, तो फिर बचाव समिति की जरूरत क्या थी?

किसी भी तरह के बचाव का कोई मतलब नहीं था। भगत सिंह ने अपने साथियों से यही कहा। उन्होंने अपने पिता को संदेशा भिजवाया कि अपने बेटे की जान बचाने के लिए उन्होंने जो बचाव समिति बनाई थी, उसे भंग कर दें। वे पहले से ही उसका गठन नहीं चाहते थे। जब उन्हें और उनके सहयोगियों को इस बात का कोई अफसोस ही नहीं था, जो कुछ उन्होंने किया था, तो फिर बचाव समिति की जरूरत क्या थी? उनका रुख वैचारिक था, जो जान-बूझकर बना था और जाहिर था। मुद्दा यह नहीं था कि एक अंग्रेज की हत्या हुई थी, बल्कि यह था कि अंग्रेजों को यह समझ आ जाए कि कृत-संकल्प भारतीयों का एक समूह है, जो न केवल अपने देश को बंधन-मुक्त कराके रहेगा, बल्कि पूरी दुनिया में गुलाम बनाए गए लोगों की बेड़ियों को भी उतार फेंकेगा। ट्रिब्यूनल ने बचाव समिति के उन सदस्यों को ढूँढ़ा, जिन्होंने दखल की अर्जी दी थी, लेकिन उनका कोई अता-पता नहीं था। भगत सिंह के पिता ने आखिरकार अपने बेटे की बात मानते हुए समिति को भंग कर दिया था।

यह जानते हुए भी कि यह मुकदमा एक ढोंग था, भगत सिंह और उनके साथी यह देखना चाहते थे कि जब न कोई साक्ष्य था, न गवाह, न सबूत तो फिर ट्रिब्यूनल उन्हें दोषी ठहराने का काम किस प्रकार करेगा? यहाँ तक कि एक अंग्रेज अफसर इंस्पेक्टर डब्ल्यू.जे.सी. फर्न ने भी जेल में पहचान परेड के दौरान भगत सिंह की शिनाख्त नहीं की थी, जबकि वह सांडर्स की हत्या के समय मौका-ए-वारदात पर मौजूद था।

यह सही था कि पाँच सरकारी गवाह थे। उनमें से तीन—जय गोपाल, हंस राज वोहरा और फणींद्रनाथ घोष लंबे समय तक उनके साथ रह चुके थे; लेकिन जय गोपाल का इस्तेमाल केवल संदेश-वाहक के रूप में किया गया था और वह

आंदोलन के विषय में ज्यादा कुछ नहीं जानता था। वोहरा का मेल-जोल छात्रों से ज्यादा था और घोष ने कोई बड़ा क्रांतिकारी काम नहीं किया था। आखिर कैसे एक सरकारी गवाह की कही बात की पुष्टि दूसरे सरकारी गवाह से कराए जाने को दोषी साबित करने का पर्याप्त आधार बन सकता था ? उनके बयानों को प्रमाण नहीं माना जा सकता था।

अगले दिन 6 मई, 1930 को जब ट्रिब्यूनल फिर से सुनवाई के लिए आया, तब भगत सिंह ने एक अर्जी लगाई कि उन्हें एक कानूनी सलाहकार चाहिए, जो काररवाई को देखे और समय-समय पर उन्हें सलाह दे। उन्होंने दुनी चंद का नाम दिया, जो उनके कानूनी सलाहकार के तौर पर भूख हड़ताल केस में उनकी पैरवी कर चुके थे। इस बात को सुनिश्चित करने के लिए कि यह केवल एक औपचारिकता हो, भगत सिंह ने कहा कि कानूनी सलाहकार गवाहों से पूछताछ नहीं करेगा, न ही कोर्ट में दलील रखेगा। कार्डेन-नोड ने इस व्यवस्था पर आपत्ति नहीं की। ट्रिब्यूनल ने सहर्ष इसे अपनी सहमति दे दी।

ट्रिब्यूनल ने औपचारिक तौर पर आरोपियों से पूछा कि क्या वे अंग्रेजी हुकूमत के खर्च पर वकील रखना चाहते हैं ? सभी नौ आरोपियों ने कहा, 'नहीं।' पाँच ने इस सवाल का जवाब देना जरूरी नहीं समझा और चार इस सलाह को मान गए। ट्रिब्यूनल ने उनकी इच्छा को दर्ज किया, जिसका ब्योरा नीचे दिया गया है।

1.	भगत सिंह	नहीं।
2.	सुखदेव	नहीं।
3.	किशोरी लाल	हाँ, लेकिन बचाव समिति के सदस्य किशन सिंह से मशवरा लेना चाहते हैं।
4.	आज्ञा राम	नहीं।
5.	देशराज	हाँ, अभी नहीं बता सकते कि वे किसे रखना चाहते हैं।
6.	प्रेम दत्त	हाँ, अभी नहीं बता सकते कि वे किसे रखना चाहते हैं।
7.	जयदेव	किशन सिंह से मशवरा लेना चाहते हैं।
8.	शिव वर्मा	नहीं।

9.	गया प्रसाद	नहीं।
10.	बटुकेश्वर दत्त	कहते हैं कि कोई जवाब नहीं देंगे। मैं कोर्ट के किसी सवाल का जवाब नहीं दूँगा।
11.	कँवल नाथ त्रिवेदी	नहीं।
12.	अजय कुमार घोष	हाँ, कहते हैं कि जब तक बचाव समिति से न मिल लूँ, कह नहीं सकता।
13.	जतींद्रनाथ सान्याल	कहते हैं, 'मैं कोई जवाब नहीं दूँगा।'
14.	सुरिंदर नाथ पांडे	इस कोर्ट से मदद नहीं चाहिए।
15.	महाबीर सिंह	कहते हैं, काररवाई में हिस्सा नहीं लेंगे।
16.	शिवराम उर्फ राजगुरु	कोई भी मदद नहीं चाहिए।

[अपनी कोठरी में सुखदेव ने केस की काररवाई को लेकर उसके किनारे पर टिप्पणी की—किसी और की नहीं, अपनी ही गलती से हम अपने सबसे बुरे दुश्मन बन गए। हर कदम पर आपको एक कबूलनामा मिलेगा।...सुखदेव ने काररवाई की प्रति के किनारे पर ऐसे कई गवाहों के नाम लिखे, जो 'झूठे गवाह (एफ.डब्ल्यू.) और सिखाए-पढ़ाए गए गवाह (टी.डब्ल्यू.)' थे।]

अगले कुछ दिनों तक आरोपी कोर्ट में आए, 'इनकलाब जिंदाबाद' के नारे लगाए या 'सरफरोशी की तमन्ना अब हमारे दिल में है' के गीत गाए और बेंचों पर बैठ गए। सुनवाई ने एक ढर्रे को अपना लिया था—जब नारे बंद हो जाते, तब जज आते और जब नारे चालू होते तो वे रूम से बाहर चले जाते। कभी-कभी जब नारे लगाए जाते, तब जज मौजूद रहकर उस दृश्य को देखते थे।

केस की सुनवाई फिर से शुरू होने के हफ्ते भर बाद 12 मई, 1930 को कोल्डस्ट्रीम कोर्ट में भगत सिंह और उनके साथियों के आने से पहले ही आ गया। वे जब कठघरे में 'इनकलाब जिंदाबाद' के नारे लगाते हुए दाखिल हुए, तब कोल्डस्ट्रीम ने उनसे चुप हो जाने को कहा। उन्होंने उसके आदेश को मानने से इनकार कर दिया और अपनी आवाज ऊँची कर दी। तब कोल्डस्ट्रीम ने पुलिस को आदेश दिया कि वह उन्हें हथकड़ियाँ पहना दे और कोर्ट को खाली करा दे। यहाँ तक कि प्रेस के संवाददाताओं को भी बाहर जाने को कहा गया। क्रांतिकारियों की नारेबाजी इसके बाद भी बंद नहीं हुई। भगत सिंह ने हथकड़ी लगाए जाने का विरोध

किया। कोल्डस्ट्रीम ने एक आदेश जारी किया, जिस पर हिल्टन ने दस्तखत किए कि कैदियों को हथकड़ियाँ पहनाकर कोर्ट के बाहर कर दिया जाए।

पुलिस उस कठघरे में घुसी, जहाँ बेंचों पर आरोपी बैठे थे और उन पर लाठियाँ बरसाने लगी। उन्होंने अपने हाथों से ही जवाब दिया। भारी झगड़ा छिड़ गया। कोल्डस्ट्रीम वहीं बैठा रहा और देखता रहा, जबकि पुलिस आरोपियों को फर्श पर घसीटती रही और उन्हें जबरन वैन में ठूँस दिया। इस लड़ाई में भगत सिंह और उनके साथी जख्मी हो गए और विरोध में सुनवाई का बहिष्कार करने का ऐलान कर दिया। कोल्डस्ट्रीम ने कहा कि नारेबाजी करना और क्रांतिकारी गीत गाना कोर्ट की अवमानना है। आरोपियों ने कहा कि जब तक कोल्डस्ट्रीम पिटाई के लिए माफी नहीं माँगता, तब तक वे कोर्ट को मान्यता नहीं देंगे।

कोल्डस्ट्रीम वहीं बैठा रहा और देखता रहा, जबकि पुलिस आरोपियों को फर्श पर घसीटती रही और उन्हें जबरन वैन में ठूँस दिया। इस लड़ाई में भगत सिंह और उनके साथी जख्मी हो गए और विरोध में सुनवाई का बहिष्कार करने का ऐलान कर दिया। कोल्डस्ट्रीम ने कहा कि नारेबाजी करना और क्रांतिकारी गीत गाना कोर्ट की अवमानना है। आरोपियों ने कहा कि जब तक कोल्डस्ट्रीम पिटाई के लिए माफी नहीं माँगता, तब तक वे कोर्ट को मान्यता नहीं देंगे।

आगा हैदर, जो ट्रिब्यूनल में एकमात्र भारतीय सदस्य थे, वे पिटाई से खुश नहीं थे। उन्होंने एक नोट लिखा—

> "मैं आरोपियों को कोर्ट से जेल भेजे जाने के आदेश में भागीदार नहीं था और किसी भी प्रकार से इसके लिए जिम्मेदार नहीं हूँ। मैं उन सारी चीजों से खुद को अलग करता हूँ, जो (कोल्डस्ट्रीम के दिए) उस आदेश के फलस्वरूप आज यहाँ हुई थीं।"

(सुखदेव ने काररवाई की अपनी प्रति के हाशिए पर जो टिप्पणी लिखी थी, उसमें उनके कदम को 'सराहनीय' बताया।)

अगले दिन जब सुनवाई फिर से शुरू हुई, तब आगा हैदर ने एक बयान दिया, जिसमें कहा कि उस आदेश के परिणामस्वरूप जो कुछ कल हुआ, उससे वे अपने आप को पूरी तरह अलग करते हैं।

वाइसरॉय को कोर्ट की दैनिक काररवाई की एक रिपोर्ट मिला करती थी।

वे बहिष्कार के बारे में जान चुके थे और नारेबाजी की जानकारी भी उन्हें मिल गई थी; लेकिन वे नहीं जानते थे कि हालात ऐसे हो जाएँगे कि ट्रिब्यूनल के एकमात्र जज को अपना विरोध दर्ज कराना पड़ जाए। आरोपियों की यह शंका अब पुष्ट हो चुकी थी कि यह सुनवाई केवल एक दिखावा थी। फिर भी, जब ट्रिब्यूनल ने आरोपियों की शिनाख्त की औपचारिकता को खारिज कर दिया तो उन्हें झटका लगा। मजिस्ट्रेट की अदालत में जो शिनाख्त हुई थी, उसे ही ट्रिब्यूनल की काररवाई के लिए भी प्रमाण मान लिया गया।

वाइसरॉय को कोर्ट की दैनिक काररवाई की एक रिपोर्ट मिला करती थी। वे बहिष्कार के बारे में जान चुके थे और नारेबाजी की जानकारी भी उन्हें मिल गई थी; लेकिन वे नहीं जानते थे कि हालात ऐसे हो जाएँगे कि ट्रिब्यूनल के एकमात्र जज को अपना विरोध दर्ज कराना पड़ जाए। आरोपियों की यह शंका अब पुष्ट हो चुकी थी कि यह सुनवाई केवल एक दिखावा थी।

अधिकांश अन्य आरोपियों की पहचान जेल में ही हो चुकी थी। आरोपियों की परेड गवाहों के सामने कराई गई और उनसे कहा गया कि वे नाम या किसी अन्य प्रकार से उनकी शिनाख्त करें। यदि किसी गवाह ने कहा कि उसने जेल में आरोपी की शिनाख्त कर ली है तो उस शिनाख्त को सही मान लिया जाता था।

पिटाई की घटना के बाद बोर्स्टल जेल में बंद सुखदेव के अलावा किसी भी अन्य को कोर्ट में पेश नहीं किया गया, क्योंकि उन्होंने आने से इनकार कर दिया था और केवल बलपूर्वक ही उन्हें लाया जा सकता था। प्रत्येक आरोपी से कोर्ट चलने को कहा गया और हर एक ने आने से इनकार कर दिया। उसके बाद से जेल अधिकारियों ने हर सुनवाई पर यही बताया कि आरोपियों ने ट्रिब्यूनल के सामने आने का विरोध किया। जवाब में ट्रिब्यूनल ने जेल अधिकारियों का बयान दर्ज किया और आरोपियों की गैर-हाजिरी को पूरी तरह से अनदेखा कर दिया।

उदाहरण के लिए, 18 जून, 1930 को कोल्डस्ट्रीम ने अपने एक आदेश में कहा, "भगत सिंह और बटुकेश्वर दत्त ने आज कोर्ट आने से इनकार कर दिया। दोनों को ही मेन गेट तक लाया गया, जहाँ पुलिस इंस्पेक्टर ने दोनों के हाथ पकड़े और आदेश दिया कि वे कोर्ट में चलें, जिसके जवाब में दोनों ने आगे बढ़ने से इनकार कर दिया।"

हर दिन ऐसा ही होता रहा।

□

भगत सिंह और उनके साथियों के बहिष्कार के बावजूद ट्रिब्यूनल ने सुनवाई नहीं टाली। अधिकांश भारतीय वकीलों ने खुद को केस से अलग कर लिया। प्रेस ने भी बहिष्कार कर दिया। ट्रिब्यूनल ने सुनवाई जारी रखी और सरकारी गवाहों के बयान दर्ज किए।

अभियोजन पक्ष का केस मुख्य रूप से उस कहानी पर आधारित था, जिसे तीन सरकारी गवाहों—फणींद्रनाथ घोष, जय गोपाल और हंसराज वोहरा ने गढ़ा था। वे भगत सिंह और उनके साथियों के सहयोगी थे। आखिरी के दो के पास यह जानकारी थी कि मोजांग रोड स्थित घर पर क्या हुआ था। दोनों ने ही अपनी गवाही दी थी और सबकुछ जानते थे, क्योंकि वे एच.एस.आर.ए. की केंद्रीय समिति के सदस्य थे। सरकार का केस उनके खुलासों पर आधारित था, क्योंकि उनके खुलासों के अलावा उसके पास ऐसी कोई जानकारी का स्रोत नहीं था कि क्रांतिकारियों ने क्या योजना बनाई थी और कैसे उसे लागू किया था।

घोष ने प्रांतीय क्रांतिकारी दलों के एक क्रांतिकारी दल हिंदुस्तान सोशलिस्ट रिवॉल्यूशनरी आर्मी के रूप में विलय पर काफी कुछ बताया था। जय गोपाल ने सांडर्स की हत्या के बारे में बताया और वोहरा ने अन्य कई गतिविधियों की जानकारी दी, जिनकी योजना भगत सिंह और उनके साथियों ने बनाई थी। सभी तीन सरकारी गवाहों ने उस 'साजिश' के ढाँचे में फिट हो जाने के लिहाज से तथ्यों को तोड़ा-मरोड़ा, जिसे साबित कर सरकार यह बताना चाहती थी कि क्रांतिकारियों ने उसे उखाड़ फेंकने की कोशिश की थी।

जय गोपाल और हंसराज वोहरा सरकार के बेशकीमती गवाह थे। जय गोपाल ने ही सबसे पहले अपनी गुप्त गवाही दी थी। व्यक्तिगत रूप से भगत सिंह को उससे भारी निराशा हुई, क्योंकि

जय गोपाल और हंसराज वोहरा सरकार के बेशकीमती गवाह थे। जय गोपाल ने ही सबसे पहले अपनी गुप्त गवाही दी थी। व्यक्तिगत रूप से भगत सिंह को उससे भारी निराशा हुई, क्योंकि एक बार उन्होंने जय गोपाल को पार्टी का 'रत्न' बताया था। जय गोपाल की गवाही काफी लंबी थी, जो दस दिनों तक चली। उसने ट्रिब्यूनल को बताया कि कैसे सितंबर 1928 के मध्य में जब वे फिरोजपुर स्थित क्रांतिकारी दल के मुख्यालय में थे, तब भगत सिंह और सुखदेव रात के समय आए थे।

एक बार उन्होंने जय गोपाल को पार्टी का 'रत्न' बताया था। जय गोपाल की गवाही काफी लंबी थी, जो दस दिनों तक चली। उसने ट्रिब्यूनल को बताया कि कैसे सितंबर 1928 के मध्य में जब वे फिरोजपुर स्थित क्रांतिकारी दल के मुख्यालय में थे, तब भगत सिंह और सुखदेव रात के समय आए थे। भगत सिंह ने अपने लंबे बालों को काटा था, अपनी दाढ़ी साफ कर दी थी और धोती-कुरता पहना था, जो संयुक्त प्रांत में पारंपरिक तौर पर पहना जाता है। यह सबकुछ पहचान छिपाकर बचने के लिए किया गया था।

अपनी गवाही के दौरान एक बार जय गोपाल ने धन जुटाने के अपने प्रयासों से जुड़ी घटना सुनाई। क्रांतिकारियों ने उस शहर में पंजाब नेशनल बैंक पर छापेमारी की योजना बनाई थी। डकैती के लिए चुने गए दिन को भगत सिंह को सड़क पर बने रहना था, जिसके लिए गाड़ी चलाने के अभ्यास का बहाना बनाना था। कालीचरण को टेलीफोन के तार काटने थे। सुखदेव को बैंक के प्रवेश द्वार पर खड़े संतरी से बंदूक छीननी थी और किशोरी लाल व जय गोपाल को थैलों में पैसे भरने थे। जय गोपाल ने कहा, "मैं जब बैंक पहुँचा तो मैंने देखा कि चंद्रशेखर आजाद, सुखदेव और हंसराज वोहरा मौजूद थे; लेकिन 3 बजने के बाद भी भगत सिंह और प्रताप सिंह वहाँ टैक्सी से नहीं पहुँचे थे। वे ताँगे से आए, क्योंकि टैक्सी का बंदोबस्त नहीं हो सका और डकैती टाल दी गई।" (बैंक को लूटने के बाद क्रांतिकारी लूटी गई रकम की एक परची छोड़ने वाले थे, जिस पर लिखा होता—'आप इसे आजादी के बाद भुना सकते हैं!')

जय गोपाल ने कहा, "कई दिनों बाद हमने मोजांग रोड स्थित घर में तय किया कि वरिष्ठ पुलिस अधीक्षक, स्कॉट की हत्या कर देनी चाहिए, क्योंकि उसने लाला लाजपत राय पर लाठी से वार किया था। मुझे स्कॉट की कार, जिसका नंबर था 6728, को पहचानने की ड्यूटी दी गई थी। मैंने तीन-चार दिनों तक उसके आने-जाने

जय गोपाल ने कहा, "कई दिनों बाद हमने मोजांग रोड स्थित घर में तय किया कि वरिष्ठ पुलिस अधीक्षक, स्कॉट की हत्या कर देनी चाहिए, क्योंकि उसने लाला लाजपत राय पर लाठी से वार किया था। मुझे स्कॉट की कार, जिसका नंबर था 6728, को पहचानने की ड्यूटी दी गई थी। मैंने तीन-चार दिनों तक उसके आने-जाने पर नजर रखी। आखिर में 17 दिसंबर की तारीख हत्या के लिए निश्चित की गई।"

पर नजर रखी। आखिर में 17 दिसंबर की तारीख हत्या के लिए निश्चित की गई।"

जय गोपाल ने इस राज से परदा उठाया कि भगत सिंह ने पतले कागज पर कई पोस्टर बनाए थे, जिन्हें लाल स्याही से प्रिंट किया गया। सारे पोस्टर हिंदुस्तान सोशलिस्ट रिपब्लिकन एसोसिएशन के नाम से छापे गए थे। टाइप की गई मूल प्रति पर लिखा था—'स्कॉट मारा गया, लालाजी का बदला ले लिया।'

जय गोपाल ने याद किया कि कैसे सुखदेव ने उससे पूछा था कि क्या वह देश की सेवा करना चाहता है? बचाव पक्ष के वकील ने जब उससे सुखदेव की पहचान करने को कहा, तब उसने सीधे सुखदेव की तरफ उँगली उठा दी। वकील से जय गोपाल ने कहा, "मैंने इनसे कहा कि मैं खद्दर पहनूँगा और कांग्रेस में शामिल हो जाऊँगा।" उसका मकसद गांधी के अहिंसात्मक तरीके और क्रांतिकारियों के बम की संस्कृति में विश्वास के बीच के अंतर को दिखाना था। जय गोपाल ने कहा कि वह अपने क्रांतिकारी विचारों को बदलना और इतिहास को भुलाना चाहा था। उसने कहा कि जब वह पार्टी में शामिल हुआ था, तब जानता था कि उसका मकसद क्या है। इसके घोषणा-पत्र की शुरुआती पंक्ति थी—'वह भोजन, जिस पर स्वच्छंदता का पौधा पनपता है, वह शहीद का खून होता है।'

जय गोपाल ने कहा कि सुखदेव ने उससे कहा था कि वह एक गुप्त संगठन का सदस्य बन जाए, जिसका उद्देश्य सरकार को उखाड़ फेंकना था। "मैंने सुखदेव के लिए स्कूल की लाइब्रेरी से 'मैनुफैक्चर एंड यूज ऑफ एक्सप्लोसिव्स' (विस्फोटकों का निर्माण और उपयोग) नाम की किताब चुराई थी।"

जय गोपाल ने कहा कि सुखदेव ने उससे कहा था कि वह एक गुप्त संगठन का सदस्य बन जाए, जिसका उद्देश्य सरकार को उखाड़ फेंकना था। "मैंने सुखदेव के लिए स्कूल की लाइब्रेरी से *'मैनुफैक्चर एंड यूज ऑफ एक्सप्लोसिव्स'* (विस्फोटकों का निर्माण और उपयोग) नाम की किताब चुराई थी।"

जय गोपाल ने एक अन्य घटना के बारे में भी खुलासा किया, जब सांडर्स की हत्या के तीन या चार दिनों बाद वह, सुखदेव और किशोरी लाल फिरोजपुर रोड पर कनाल ब्रिज की तरफ गए थे और स्कॉट को अपनी पत्नी के साथ कार से जाते देखा था। जय गोपाल ने कहा कि उसने सुखदेव से कहा था कि अगर वे चाहें तो 'स्कॉट को गोली मार दें।' लेकिन सुखदेव ने कहा कि उसे अभी मारने का कोई

फायदा नहीं, क्योंकि किस्मत ने उसे एक बार बचा लिया है।

[अपनी कोठरी में बैठे सुखदेव ने मुकदमे की काररवाई की अपनी प्रति के हाशिए पर इस आरोप को खारिज करने की बात लिखी। उन्होंने लिखा—"यह बकवास है। एक संगठन के सदस्य के रूप में मैं ऐसा नहीं कर सकता था। मैंने उस पर बहुत ज्यादा भरोसा किया। कई बार मैंने उसके सामने ऐसे राज खोले, जिनके बारे में मुझे उसे नहीं बताना चाहिए था।" भगत सिंह, सुखदेव और राजगुरु—इन तीनों को ही मुकदमे की सुनवाई पूरी होने के बाद उसकी एक-एक प्रति दी गई थी। उनमें से एक सुखदेव ही थे, जिन्होंने हाशिए पर 241 टिप्पणियाँ लिखी थीं।]

□

जय गोपाल के बाद हंसराज वोहरा ने बयान देने का फैसला किया। क्रांतिकारियों के सबसे चहेते रहे वोहरा से भगत सिंह को उम्मीद नहीं थी कि वह सरकारी गवाह बन जाएगा और उस मकसद से गद्दारी करेगा, जिसके लिए एक दिन वह कुछ भी करने को तैयार था। मजिस्ट्रेट ने वोहरा को भी माफ कर दिया था।

हंसराज ने अपनी गवाही मई 1930 के आखिर में दी थी। सरकार के केस के लिए उसकी गवाही बेहद महत्त्वपूर्ण थी। उसकी गवाही के दौरान सरकारी वकील ने उससे पूछा, "इससे पहले जब 17 दिसंबर, 1928 को (दशहरा बम धमाका मामले में) तुम्हें गिरफ्तार किया गया था, तब सत्रह दिनों तक पुलिस हिरासत में रहने के बाद भी तुमने पार्टी के बारे में कुछ नहीं बताया था। इस बार गिरफ्तारी के कुछ समय बाद ही तुमने बयान दे दिया। इसके पीछे क्या कारण हैं?"

हंसराज ने अपनी गवाही मई 1930 के आखिर में दी थी। सरकार के केस के लिए उसकी गवाही बेहद महत्त्वपूर्ण थी। उसकी गवाही के दौरान सरकारी वकील ने उससे पूछा, "इससे पहले जब 17 दिसंबर, 1928 को (दशहरा बम धमाका मामले में) तुम्हें गिरफ्तार किया गया था, तब सत्रह दिनों तक पुलिस हिरासत में रहने के बाद भी तुमने पार्टी के बारे में कुछ नहीं बताया था। इस बार गिरफ्तारी के कुछ समय बाद ही तुमने बयान दे दिया। इसके पीछे क्या कारण हैं?"

वोहरा ने जवाब दिया, "मैं इस ट्रिब्यूनल के सामने उन कारणों पर बयान देना चाहूँगा, जिनके चलते पुलिस के सामने गवाही देने और माफी के स्वीकार करने की प्रेरणा मिली।"

आगा हैदर ने कहा, "अभियोजन

पक्ष को गवाह से इस सवाल को पूछने का अधिकार नहीं है। इस सवाल की इजाजत नहीं दी जाती है।"

तभी हिल्टन ने कहा, "यही तो सवाल है। इसका उद्देश्य गवाह की सच्चाई की परीक्षा लेना है और इसे न पूछने की इजाजत से मुख्य जाँचकर्ता को रोका नहीं जा सकता है।"

अपनी गवाही में वोहरा ने बताया कि वह अपनी बात उर्दू की बजाय अंग्रेजी में अच्छी तरह रख सकेगा। उसे ऐसा करने की इजाजत दे दी गई।

वोहरा ने कहा कि सुखदेव उनकी पत्नी के चाचा हैं। "हमारी बैठकों में हमने कांग्रेस के कार्यक्रम की व्यर्थता पर चर्चा की और विशेष परिस्थितियों में और नैतिक तथा राजनीतिक आधार पर क्रांतिकारी दलों के गठन की जरूरत पर जोर दिया। सुखदेव ने मुझसे कहा कि भारत के पास उसकी तरक्की का पता लगाने के लिए कोई भी संवैधानिक साधन नहीं है, इसलिए हमें असंवैधानिक साधनों का सहारा लेना होगा।"

मजिस्ट्रेट कोर्ट में सुखदेव की शिनाख्त वोहरा ने पहले ही कर ली थी। वोहरा ने कहा कि सुखदेव ने उसे पार्टी का सदस्य बनाया और छात्रों के बीच क्रांतिकारी साहित्य बाँटकर क्रांतिकारी विचारों का प्रचार करने की जिम्मेदारी सौंपी।

क्रांतिकारियों के विचारों का वर्णन करते हुए वोहरा ने एक समय पर यह स्पष्ट किया कि जब उन्होंने कहा 'मेरे कपड़े', तो उनका मतलब था, जिनका इस्तेमाल वे कुछ समय के लिए कर रहे थे। 'कपड़े पार्टी की साझा संपत्ति थे, जिसके सदस्य 'संपत्ति के अधिकार' को नहीं मानते थे।'

जब सांडर्स की हत्या का जिक्र आया, तब वोहरा ने कहा कि सुखदेव ने 1 दिसंबर, 1928 की शाम उसे लाहौर स्थित लॉरेंस गार्डन में बुलाया और वहाँ से मोजांग रोड स्थित घर पर ले गए। वोहरा ने कहा, "मैं उस घर पर बीस या पच्चीस

जब सांडर्स की हत्या का जिक्र आया, तब वोहरा ने कहा कि सुखदेव ने 1 दिसंबर, 1928 की शाम उसे लाहौर स्थित लॉरेंस गार्डन में बुलाया और वहाँ से मोजांग रोड स्थित घर पर ले गए। वोहरा ने कहा, "मैं उस घर पर बीस या पच्चीस मिनट तक था। भगत सिंह ने वहाँ मुझसे कहा कि पार्टी कोई बड़ा काम करना चाहती है और उसके लिए उन्होंने यू.पी. से भी कुछ सदस्यों को बुलाया है। उस दिन मुझे बस, इतना ही बताया गया था।"

मिनट तक था। भगत सिंह ने वहाँ मुझसे कहा कि पार्टी कोई बड़ा काम करना चाहती है और उसके लिए उन्होंने यू.पी. से भी कुछ सदस्यों को बुलाया है। उस दिन मुझे बस, इतना ही बताया गया था।" तभी जय गोपाल को कोर्ट में बुलाया गया। वोहरा ने उसकी पहचान की। वोहरा ने कहा कि "15 दिसंबर को भगत सिंह ने मुझे गुलाबी रंग के टाइप किए गए कुछ पोस्टर दिखाए, जिसका शीर्षक गुलाबी प्रिंट में था। उनके निचले कोने पर एक तरफ तारीख छपी थी और दूसरी तरफ लिखा था—'कमांडर-इन-चीफ'। पोस्टर के टाइप किए गए शीर्षकवाले हिस्से में लिखा था—'स्कॉट मारा गया, लालाजी का बदला ले लिया'।"

वोहरा ने माना कि भगत सिंह ने उससे कहा था कि पार्टी ने लाला लाजपत राय पर लाठियों के ताबड़-तोड़ वार करने के लिए, 'जो उनकी क्रांतिकारी पार्टी को दी गई एक चुनौती थी', स्कॉट को मारने का फैसला किया है। वोहरा ने कहा कि वे स्कॉट की गोली मारकर हत्या करने के प्रस्ताव पर सहमत थे। हालाँकि उसने कहा कि उसे कभी यह नहीं बताया गया कि हत्या कहाँ की जाएगी। जहाँ वह हत्या हुई, वहाँ से वह केवल संयोग से ही गुजरा था।

वोहरा के सरकारी गवाह बनने के बाद भी ट्रिब्यूनल ने यह दिखाने के लिए उससे गहराई से पूछताछ की कि वह कितने आजाद खयाल का है। उसने वोहरा से जो सवाल किए, वे इस प्रकार थे—

प्र. सांडर्स की हत्या से जुड़ी बातें तुम्हें हत्या के बाद पता चलीं या हत्या से पहले तुम जानते थे?

उ. हत्या से पहले जानकारी थी।

प्र. क्या तुमने इसका विरोध किया कि तुम्हें गुप्त बातें नहीं बताई जा रही हैं?

उ. पार्टी के अनुशासन के अनुसार न तो मैं विरोध कर सकता था, न ही उनसे इस तरह की पूछताछवाले सवाल कर सकता था।

प्र. ऐसा कब हुआ, जब सुखदेव ने तुम्हें उन गुप्त स्थानों के बारे में बताया, जहाँ कथित हत्यारों को पार्टी ने भेजा था?

उ. ऐसा कोई विशेष मौका मुझे याद नहीं है।

प्र. क्या यह बस, आत्मविश्वास के हद से अधिक हो जाने का ही मामला था?

उ. हाँ।

वोहरा इतना भोला-भोला था कि वह पुलिस की चालबाजियों को समझ नहीं सका। पुलिस ने जब उसे बताया कि उसके गुरु सुखदेव ने सांडर्स की हत्या के बारे

में अपना पूरा इकबालिया बयान दर्ज करा दिया है, तब उसने पुलिस को सबकुछ बता दिया। उसने क्रांतिकारियों, उनके छिपने के ठिकानों और उनके हथियारों के बारे में सारी जानकारी दे दी।

□

वोहरा इतना भोला-भोला था कि वह पुलिस की चालबाजियों को समझ नहीं सका। पुलिस ने जब उसे बताया कि उसके गुरु सुखदेव ने सांडर्स की हत्या के बारे में अपना पूरा इकबालिया बयान दर्ज करा दिया है, तब उसने पुलिस को सबकुछ बता दिया। उसने क्रांतिकारियों, उनके छिपने के ठिकानों और उनके हथियारों के बारे में सारी जानकारी दे दी।

वोहरा और दो अन्य सरकारी गवाहों के बयानों के बाद गवाह के रूप में खान बहादुर अब्दुल अजीज को बुलाया गया। वे मोंटगोमरी के पुलिस अधीक्षक थे, जब उन्हें दशहरा बम धमाके की जाँच की जिम्मेदारी सौंपी गई। उन्हें लाहौर षड्यंत्र केस की जाँच विशेष रूप से सौंपी गई थी। उन्होंने कोर्ट को बताया कि दशहरा बम धमाके की जाँच के दौरान उन्हें भगत सिंह और नौजवान भारत सभा के सदस्य बाबू सिंह के बारे में जानकारी मिली। बाबू सिंह ने उनसे कहा कि अगर वे उसे एक हजार रुपए दें तो वह उन्हें जानकारी दे सकता है। बाबू सिंह ने ही उन्हें बताया था कि सांडर्स के हत्यारों में से एक भगत सिंह थे और उनके संगठन के गठन के बारे में भी बताया था। अजीज ने कहा कि उन्होंने तुरंत भगत सिंह को गिरफ्तार करने का आदेश दिया था, लेकिन तब तक वे गायब हो चुके थे और फिर अचानक 8 अप्रैल, 1929 को दिल्ली में सामने आए थे। फिर अब्दुल अजीज ने बताया कि कैसे उन्होंने लाहौर की कश्मीरी बिल्डिंग में गुप्त रूप से चल रही बम फैक्टरी का पता लगाया था और 12 अप्रैल, 1929 को वहाँ छापेमारी की थी। उन्होंने कहा कि सुखदेव, किशोरी लाल और जय गोपाल को कश्मीरी बिल्डिंग से गिरफ्तार किया गया था, जहाँ से उनके अपराध का पर्दाफाश करनेवाले कई दस्तावेज बरामद किए गए थे।

30 मई, 1930 को *'ड्रीमलैंड'* के लेखक रामशरण दास, जो कुछ समय के लिए सरकारी गवाह बन गए थे, अपने बयान से पलट गए और कहा कि उन्होंने पुलिस के इशारे पर बयान दिया था। (11 जून, 1929 को उन्होंने मजिस्ट्रेट के सामने बयान दिया था। पुलिस ने बाद में उसे बदल दिया था और उनसे बदले गए बयान पर दस्तखत करवाए गए थे।)

इतने सारे खुलासों के बावजूद काररवाई दिखावे की और फर्जी थी, क्योंकि

आरोपियों ने सुनवाई का बहिष्कार कर दिया था। अंग्रेज चाहते थे कि क्रांतिकारी कोर्ट आएँ। भगत सिंह और उनके साथियों ने कहा कि वे तभी कोर्ट आएँगे, जब कोल्डस्ट्रीम को हटा दिया जाएगा, इसलिए कोल्डस्ट्रीम को लंबी छुट्टी पर भेज दिया गया। लेकिन असहमति जतानेवाले सदस्य आगा हैदर को भी पुनर्गठित ट्रिब्यूनल से बाहर कर दिया गया। उनकी जगह पर जे.के. टैप और अब्दुल कादिर—दो नए सदस्य नियुक्त किए गए और जस्टिस जे.सी. हिल्टन ने अध्यक्ष का पद सँभाला। आरोपियों ने कहा कि हिल्टन को ट्रिब्यूनल का अध्यक्ष नहीं बनाया जाना चाहिए, क्योंकि उसने क्रांतिकारियों की पिटाई पर कोल्डस्ट्रीम की हाँ में हाँ मिलाई थी।

हिल्टन ने इस आपत्ति को खारिज कर दिया गया। काररवाई आरोपियों और उनके वकीलों के बिना ही शुरू कर दी गई। हालाँकि अपने पुनर्गठन के एक दिन बाद जब नए ट्रिब्यूनल की बैठक हुई, तब लगभग सारे आरोपी अपनी इच्छा से कोर्ट आए। यह छह हफ्ते बीत जाने की बात थी। सिर्फ आज्ञा राम ने कोर्ट आने से इनकार किया था। उसने ट्रिब्यूनल या कोर्ट को नहीं माना।

हिल्टन ने इस आपत्ति को खारिज कर दिया गया। काररवाई आरोपियों और उनके वकीलों के बिना ही शुरू कर दी गई। हालाँकि अपने पुनर्गठन के एक दिन बाद जब नए ट्रिब्यूनल की बैठक हुई, तब लगभग सारे आरोपी अपनी इच्छा से कोर्ट आए। यह छह हफ्ते बीत जाने की बात थी। सिर्फ आज्ञा राम ने कोर्ट आने से इनकार किया था। उसने ट्रिब्यूनल या कोर्ट को नहीं माना।

फिर 23 जून को भी आज्ञा राम के सिवाय सारे आरोपी ट्रिब्यूनल के सामने पेश हुए। आज्ञा राम ने जबरन पेश किए जाने का विरोध किया था। ट्रिब्यूनल ने आदेश पारित किया कि उनकी उपस्थिति जरूरी नहीं है। हालाँकि दो दिनों की काररवाई ने क्रांतिकारियों को यह विश्वास दिला दिया कि कोल्डस्ट्रीम और हिल्टन की अगुवाईवाले ट्रिब्यूनल में कोई अंतर नहीं था। उन्होंने अपना बहिष्कार फिर से चालू कर दिया।

अगले दिन उनमें से तेरह लोग काररवाई में शामिल नहीं हुए। एक बार फिर ट्रिब्यूनल ने उनकी उपस्थिति को गैर-जरूरी बतानेवाला आदेश जारी किया। 25 जून को एक भी आरोपी उपस्थित नहीं हुआ। ट्रिब्यूनल ने उसी प्रक्रिया का पालन

किया और उनकी अनुपस्थिति में ही काररवाई को चलाया। उसी दिन भगत सिंह और बटुकेश्वर दत्त ने ट्रिब्यूनल के कमिश्नर को लिखे एक साझा पत्र में उस जज के खिलाफ विरोध दर्ज कराया, जो पिटाई के आदेश में शामिल था और जिसे अध्यक्ष नियुक्त किया गया था—

> "इन परिस्थितियों में हम एक बात पर जोर देना चाहते हैं कि जस्टिस कोल्ड स्ट्रीम से व्यक्तिगत तौर पर हमारी कोई दुश्मनी नहीं थी। हमने अध्यक्ष की ओर से बहुमत से पारित आदेश का और फिर हमारे साथ जैसा दुर्व्यवहार किया गया, उसका विरोध किया था।..."

ट्रिब्यूनल को यह समझ आ गया था कि साजिश की थ्योरी उसे पुख्ता करनेवालों के बिना कमजोर है। यह सच है कि अलग-अलग पृष्ठभूमि को तैयार करते हुए जय गोपाल और हंसराज वोहरा ने कमोबेश एक जैसी बातें कही थीं। दोनों ही सरकारी गवाह थे। किसी बाहरी स्रोत की ओर से पुष्टि किए बिना उनकी गवाही को सजा के लिए पर्याप्त नहीं माना जा सकता था।

10 जुलाई को उनमें से पंद्रह के खिलाफ आरोप तय किए गए और तीन को बरी कर दिया गया।

□

ट्रिब्यूनल की काररवाई अब पहले से ही अधिक फर्जी हो चुकी थी। यह ऐसी थी, जैसे डेनमार्क के बिना *'हैमलेट'*। उस मुकदमे को कितना वैध माना जाए, जिसमें भगत सिंह, सुखदेव और राजगुरु की उपस्थिति को भी आवश्यक नहीं माना गया?

ट्रिब्यूनल को यह समझ आ गया था कि साजिश की थ्योरी उसे पुख्ता करनेवालों के बिना कमजोर है। यह सच है कि अलग-अलग पृष्ठभूमि को तैयार करते हुए जय गोपाल और हंसराज वोहरा ने कमोबेश एक जैसी बातें कही थीं। दोनों ही सरकारी गवाह थे। किसी बाहरी स्रोत की ओर से पुष्टि किए बिना उनकी गवाही को सजा के लिए पर्याप्त नहीं माना जा सकता था। ट्रिब्यूनल जानता था कि विश्वसनीयता के लिए उन्हीं स्रोतों से पुष्टि आवश्यक है, लेकिन ट्रिब्यूनल को ऐसा कोई प्रमाण नहीं मिला, इसलिए उसने कहा कि दो सरकारी गवाहों ने जिन तथ्यों को सामने रखा है, उन पर यकीन न करने का कोई स्पष्ट कारण नहीं दिखता।

ट्रिब्यूनल ने आरोपियों की अनुपस्थिति को गैर-जरूरी ठहराने के लिए अध्यादेश की धारा 9 (1) का सहारा लिया। 10 जुलाई, 1930 को ट्रिब्यूनल ने एक आदेश जारी किया और तय किए गए आरोपों की प्रतियाँ पंद्रह आरोपियों को

जेल में दे दी गईं। उनके साथ ही एक आदेश की प्रति भी लगाई गई थी, जिसमें उन्हें सूचित किया गया था कि आरोपों पर उनकी अपील को अगले दिन सुना जाएगा। 11 जुलाई के उस दिन आरोपियों ने एक बार फिर कोर्ट ले जाने का विरोध किया।

उसी दिन केस की सुनवाई के लिए अगले दिन को तय करते हुए एक आदेश जारी किया गया और सभी आरोपियों को निर्देश दिया गया कि उन्हें अगली सुनवाई पर उपस्थित रहना होगा। फिर उन्हें यह बताना होगा कि जिन गवाहों के बयान पहले दर्ज किए जा चुके हैं, उनमें से वे किसी से जिरह करना चाहते हैं या नहीं। उस दिन कोई भी आरोपी कोर्ट नहीं आया। सभी ने बलपूर्वक पेश किए जाने का विरोध किया और ट्रिब्यूनल ने इस तथ्य को दर्ज करते हुए एक आदेश पारित किया कि कोई भी आरोपी अदालत में उपस्थित नहीं हुआ, न ही किसी ने किसी गवाह से जिरह करने की इच्छा जताई।

12 जुलाई से 4 अगस्त तक व्यावहारिक रूप से कोई सुनवाई नहीं हुई। 4 अगस्त को चिकित्सा अधिकारियों की गवाही हुई, जिन्होंने कहा कि प्रेम दत्त और कुंदन लाल के सिवाय सारे आरोपी भूख हड़ताल पर थे और इतने कमजोर थे कि ट्रिब्यूनल के सामने पेश नहीं हो सकते थे। एक बार फिर उनकी उपस्थिति को अनावश्यक बता दिया गया। 11 अगस्त को ट्रिब्यूनल ने काररवाई में दर्ज किया कि भगत सिंह, सुखदेव और विजय कुमार सिन्हा स्वस्थ थे और सुनवाई में उपस्थित रह सकते थे; लेकिन उन्होंने ऐसा करने से इनकार कर दिया।

26 अगस्त को सरकारी वकील ने कहा कि वे अब किसी भी गवाह को पेश नहीं करेंगे और अपनी तरफ से केस को समाप्त घोषित किया। इस समय तक 457 गवाहों की पेशी हो चुकी थी। ट्रिब्यूनल ने केस की सुनवाई 27 अगस्त तक के लिए टाल दी। आरोपियों से पूछा गया कि क्या वे अदालत से कोई सवाल करना चाहते हैं?

26 अगस्त को सरकारी वकील ने कहा कि वे अब किसी भी गवाह को पेश नहीं करेंगे और अपनी तरफ से केस को समाप्त घोषित किया। इस समय तक 457 गवाहों की पेशी हो चुकी थी। ट्रिब्यूनल ने केस की सुनवाई 27 अगस्त तक के लिए टाल दी। आरोपियों से पूछा गया कि क्या वे अदालत से कोई सवाल करना चाहते हैं?

ट्रिब्यूनल ने अपराध प्रक्रिया संहिता की धारा 256 के तहत एक अलग आदेश जारी किया, जिसमें सभी आरोपियों को अगले दिन की सुनवाई में उपस्थित रहने को

कहा गया। उनमें से प्रत्येक आरोपी को जेल में ही आदेश की एक-एक प्रति सौंपी गई। पहले की तरह ही 28 अगस्त को सभी आरोपियों को ट्रिब्यूनल के सामने पेश किया गया। बचाव पक्ष का कोई भी गवाह नहीं आया, न ही उनकी ओर से बचाव पक्ष के किसी गवाह को बुलाए जाने की अर्जी दी गई। ट्रिब्यूनल की कारवाई स्थगित कर दी गई। 29 और 31 अगस्त को भी किसी कारवाई के बिना सुनवाई स्थगित रही।

1 सितंबर को एक बार फिर सभी आरोपियों ने ट्रिब्यूनल के सामने पेशी का विरोध किया। 5 सितंबर तक उनकी उपस्थिति को अनावश्यक घोषित कर दिया गया। 5 सितंबर को क्रांतिकारियों से सहानुभूति रखनेवाले वकील अमोलक राम कपूर दो आरोपियों विजय कुमार सिन्हा और अजय कुमार घोष की ओर से पेश हुए और ट्रिब्यूनल के सामने एक सामान्य अर्जी दी। उन्होंने अभियोजन पक्ष के पैंतालीस गवाहों से फिर से जिरह करने की इजाजत माँगी। कपूर की अपील थी कि सरकारी गवाह बननेवाले पाँच सदस्यों—जय गोपाल, पी.एन. घोष, मनमोहन बनर्जी, हंसराज वोहरा एवं ललित मुखर्जी को भी जिरह के लिए बुलाया जाए, जो अदालत की हिरासत में थे।

1 सितंबर को एक बार फिर सभी आरोपियों ने ट्रिब्यूनल के सामने पेशी का विरोध किया। 5 सितंबर तक उनकी उपस्थिति को अनावश्यक घोषित कर दिया गया। 5 सितंबर को क्रांतिकारियों से सहानुभूति रखनेवाले वकील अमोलक राम कपूर दो आरोपियों विजय कुमार सिन्हा और अजय कुमार घोष की ओर से पेश हुए और ट्रिब्यूनल के सामने एक सामान्य अर्जी दी।

जय गोपाल को तो कठघरे में खड़ा भी कर दिया गया, लेकिन बचाव पक्ष के वकील कपूर ने उनसे जिरह करने से इनकार कर दिया और कहा कि उनके पास सरकारी गवाहों से जिरह के कोई निर्देश नहीं हैं। बाद में कपूर एक बार फिर ट्रिब्यूनल के सामने पेश हुए और विजय कुमार सिन्हा तथा अजय कुमार घोष के दस्तखतवाली अर्जी पेश की, जिसमें कहा गया था कि अभियोजन पक्ष के किसी भी गवाह से जिरह को शुरू करने से पहले एक हफ्ते के लिए सुनवाई को टाल दिया जाए। सुनवाई टालने की अपील को 'देरी करने' की चाल बताकर खारिज कर दिया गया। इसके बाद कपूर अदालत नहीं आए।

□

यह सुनवाई लंबे समय तक चली और इसमें कई उतार-चढ़ाव आए। यह 5 मई, 1930 को शुरू हुई और 10 सितंबर, 1930 को समाप्त हो गई। यह एकतरफा सुनवाई थी, जिसमें सारे कायदे-कानून को ताक पर रख दिया गया था। यह गैर-कानूनी अदालत थी। एक बार फिर नए ट्रिब्यूनल ने भी न्याय के नाम पर वही सारी बेतुकी बातें कीं। ट्रिब्यूनल को जब बताया गया कि आरोपियों ने सुनवाई का बहिष्कार कर दिया है, तब उसने उन्हें बलपूर्वक पेश किए जाने का आदेश दिया। यह पहले भी आजमाया जा चुका था। कितनी भी मार-पीट से उन्हें कोर्ट नहीं लाया जा सका। पिटाई बेअसर हो चुकी थी। आखिरकार ट्रिब्यूनल ने तय किया कि आरोपियों की उपस्थिति आवश्यक नहीं थी और काररवाई को जारी रखा। इसके बावजूद केस को पूरा होने में लगभग चार महीने लग गए। आरोपियों ने ज्यादातर सुनवाई में हिस्सा नहीं लिया, न ही उन्होंने अपना बचाव किया। ट्रिब्यूनल ने ऐसे-ऐसे आदेश किए, जिनमें कोई शिष्टता नहीं थी, न्याय तो बहुत दूर की बात थी। शक्तिशाली अंग्रेजों ने पहले ही मन बना लिया था कि जो भी उन्हें चुनौती देगा, वे उसे फाँसी पर लटका देंगे और अपना शासन जारी रखेंगे। इतिहास में शायद ही कभी इससे पहले सुनवाई के नाम पर ऐसा फर्जीवाड़ा हुआ होगा, जिसमें सुनवाई से पहले ही फैसला हो चुका था, मौत की सजा तय हो चुकी थी और जजों, अभियोजन पक्ष एवं पुलिस ने वहाँ तक पहुँचने के लिए कानून की किताब के हर नियम की धज्जियाँ उड़ा दीं।

यह सुनवाई लंबे समय तक चली और इसमें कई उतार-चढ़ाव आए। यह 5 मई, 1930 को शुरू हुई और 10 सितंबर, 1930 को समाप्त हो गई। यह एकतरफा सुनवाई थी, जिसमें सारे कायदे-कानून को ताक पर रख दिया गया था। यह गैर-कानूनी अदालत थी। एक बार फिर नए ट्रिब्यूनल ने भी न्याय के नाम पर वही सारी बेतुकी बातें कीं। ट्रिब्यूनल को जब बताया गया कि आरोपियों ने सुनवाई का बहिष्कार कर दिया है, तब उसने उन्हें बलपूर्वक पेश किए जाने का आदेश दिया। यह पहले भी आजमाया जा चुका था।

अभियोजन पक्ष ने सात सरकारी गवाहों के बयान और तीन अज्ञात आरोपियों का कबूलनामा पेश किया। ऐसे 450 गवाह थे, जिन्होंने आरोपियों को अलग-अलग समय पर पहचानने का दावा किया था। उनमें हैंडराइटिंग एक्सपर्ट, प्रिंटिंग

एक्सपर्ट और गोला-बारूद के विशेषज्ञ शामिल थे। अभियोजन पक्ष ने जैसे-जैसे ज्यादा-से-ज्यादा झूठे गवाहों को पेश करना जारी रखा, जो सच्चाई से ज्यादा कहानियाँ बुन रहे थे, वैसे-वैसे यह स्पष्ट होता गया कि सरकार बस, भगत सिंह के गले में फाँसी के फंदे को कसती जा रही थी। भगत सिंह ने अपने बचाव में कुछ भी कहने से इनकार कर दिया। उनके पिता इतना घबरा गए कि 20 सितंबर, 1930 को उन्होंने ट्रिब्यूनल के सामने एक अर्जी दी, जिसकी एक प्रति वाइसरॉय को भेजी गई, जिसमें यह साबित करने का प्रयास किया गया कि सांडर्स की हत्या के दिन भगत सिंह लाहौर में नहीं थे। उस अर्जी में कहा गया था कि भगत सिंह सांडर्स की हत्यावाले दिन कलकत्ता में थे। भगत सिंह को अपने पिता की इस काररवाई पर बहुत क्षोभ हुआ और उन्होंने कहा कि उस अर्जी से उनका कोई लेना-देना नहीं था।

आखिरकार, ट्रिब्यूनल ने पंद्रह आरोपियों के खिलाफ आरोप तय कर दिए। आज्ञा राम और सुरेंद्र पांडे को आरोपों से मुक्त कर दिया गया, जबकि बटुकेश्वर दत्त के खिलाफ केस वापस ले लिया गया, क्योंकि उन्हें असेंबली बम केस में पहले ही देश-निकाला की सजा सुनाई जा चुकी थी।

आखिरकार, ट्रिब्यूनल ने पंद्रह आरोपियों के खिलाफ आरोप तय कर दिए। आज्ञा राम और सुरेंद्र पांडे को आरोपों से मुक्त कर दिया गया, जबकि बटुकेश्वर दत्त के खिलाफ केस वापस ले लिया गया, क्योंकि उन्हें असेंबली बम केस में पहले ही देश-निकाला की सजा सुनाई जा चुकी थी।

भगत सिंह ने दत्त को भेजी चिट्ठी में लिखा—

"...तुम जीवित रहोगे और जीवित रहते हुए तुम्हें दुनिया को दिखाना होगा कि क्रांतिकारी न केवल अपने आदर्श के लिए मौत को गले लगाते हैं, बल्कि किसी भी मुसीबत को झेल सकते हैं। मौत को सांसारिक कठिनाइयों से मुक्ति का साधन नहीं बनाया जा सकता है। ऐसे क्रांतिकारी, जो संयोग से फंदे से बच गए, उन्हें जीना चाहिए और दुनिया को यह दिखाना चाहिए कि वे न केवल अपने आदर्शों के लिए फाँसी के फंदे को गले लगा सकते हैं, बल्कि काल-कोठरियों में निकृष्टतम कोटि के दंड को भी सह सकते हैं।"

आखिरकार 7 अक्तूबर, 1930 को, अपनी अवधि की समाप्ति के तीन हफ्ते पहले, ट्रिब्यूनल ने अपना फैसला सुनाया, जिसमें तीन आरोपियों को दोषी ठहरा

दिया। अजय घोष, जतींद्रनाथ सान्याल और देशराज को बरी कर दिया गया।

भगत सिंह, सुखदेव और राजगुरु को फाँसी की सजा सुनाई गई। किशोरी लाल, महाबीर सिंह, विजय कुमार सिन्हा, शिव वर्मा, गया प्रसाद, जयदेव और कमलनाथ तिवारी को आजन्म देश-निकाला दिया गया। कुंदन लाल को सात साल और प्रेम दत्त को पाँच साल के कठोर कारावास की सजा सुनाई गई।

300 पन्नों के फैसले में प्रमाणों का ब्योरा दिया गया और कहा गया कि "सांडर्स की हत्या में भगत सिंह की भागीदारी सबसे गंभीर और महत्त्वपूर्ण तथ्य है, जिसे उनके विरुद्ध साबित किया गया है और इसे पर्याप्त प्रमाणों से पूरी तरह से सिद्ध किया गया है।"

भगत सिंह ने सांडर्स की हत्या में हिस्सा लिया, इसके प्रमाणों को तीन बातों से सिद्ध किया गया—एक, विभिन्न चश्मदीदों की गवाही, जिन्होंने भगत सिंह की पहचान का दावा किया था। दूसरा, दो सरकारी गवाहों—जय गोपाल और हंस राज वोहरा के बयान, जो उस हत्या में भागीदारों के रूप में उनके साथ थे। और तीसरा, ऐसे पोस्टर (स्कॉट मारा गया), जिन पर उनकी लिखावट थी, जिसे हैंडराइटिंग के जानकारों ने साबित किया था।

भगत सिंह ने सांडर्स की हत्या में हिस्सा लिया, इसके प्रमाणों को तीन बातों से सिद्ध किया गया—एक, विभिन्न चश्मदीदों की गवाही, जिन्होंने भगत सिंह की पहचान का दावा किया था। दूसरा, दो सरकारी गवाहों—जय गोपाल और हंस राज वोहरा के बयान, जो उस हत्या में भागीदारों के रूप में उनके साथ थे। और तीसरा, ऐसे पोस्टर (स्कॉट मारा गया), जिन पर उनकी लिखावट थी, जिसे हैंडराइटिंग के जानकारों ने साबित किया था।

चूँकि आरोपियों ने काररवाई का बहिष्कार कर रखा था, इसलिए उन्हें सजा सुनाए जाने की जानकारी विशेष दूत से मिली, जो जेल में ट्रिब्यूनल का आदेश लेकर आया था। भगत सिंह, सुखदेव और राजगुरु की फाँसी के वारंट पर काले रंग के बॉर्डर थे।

□

किन्हीं कारणों से सुखदेव को उम्मीद थी कि उन्हें देश-निकाला मिलेगा। इसका मतलब था कि वे अगले चौदह वर्षों तक जेल में रहते। सुखदेव ने भगत सिंह को पत्र में लिखा कि यदि उन्हें उम्रकैद मिली तो वे खुदकुशी कर लेंगे। सुखदेव या तो बिना शर्त रिहाई चाहते थे या फिर मौत की सजा, बीच का रास्ता उन्हें मंजूर नहीं

था। यह विचित्र है कि वे सोच रहे थे कि उन्हें फाँसी नहीं दी जाएगी।

सुखदेव की चिट्ठी के जवाब में भगत सिंह ने जवाब दिया कि जेल के जीवन ने उन्हें इस तरह का बना दिया था कि वे जिन चीजों की इच्छा रखते थे, उनकी फिक्र नहीं करते और जिनकी फिक्र करते थे, वे उनके वश में नहीं थीं। उन्होंने कहा, "उदाहरण के लिए, मुझे समाज से दूर व्यक्तिगत जीवन की इच्छा थी; लेकिन अब मेरे दिल-दिमाग पर दूर-दूर तक ऐसी कोई इच्छा नहीं है। भले ही बाहरी तौर पर हम इसका कितना ही कड़ा विरोध क्यों न करें।"

भगत सिंह ने सुखदेव को याद दिलाया कि कभी वह खुदकुशी के कितने बड़े निंदक थे और अब उसकी बात कर रहे हैं, "जरा बताओ कि क्या जेल के बाहर के हालात हमारी सोच के थोड़ा सा भी अनुकूल थे? इसके बावजूद, क्या हम उसे उसके हाल पर छोड़ सकते थे? क्या तुम्हारा मतलब यह है कि अगर हम क्रांतिकारी कार्यों में शामिल नहीं होते तो वे होते ही नहीं?" उन्होंने सुखदेव को सलाह दी, "जियो, जीते रहो और मकसद के लिए लड़ते रहो।"

भगत सिंह ने अब अपना अधिकांश समय अपनी कोठरी में बिताना शुरू कर दिया। उन्हें अब अदालत में पेश होने की औपचारिकता की परवाह भी नहीं थी। वे अब दिन-रात पढ़ने लगे, एक के बाद एक किताबें चट करते गए, यहाँ तक कि द्वारका दास लाइब्रेरी भी उनकी इस भूख को मिटा नहीं पा रही थी। उनसे मिलनेवाले सभी लोगों से कहा जाता था कि वे केवल उनके लिए किताबें लेकर आएँ, क्योंकि वे किसी अन्य उपहार से चिढ़ जाते थे और हमेशा की तरह ही वे किताबों से अपनी पसंदीदा पंक्तियों व उक्तियों को अपनी डायरी में लिख लेते थे। एक दिन उन्होंने

भगत सिंह ने अब अपना अधिकांश समय अपनी कोठरी में बिताना शुरू कर दिया। उन्हें अब अदालत में पेश होने की औपचारिकता की परवाह भी नहीं थी। वे अब दिन-रात पढ़ने लगे, एक के बाद एक किताबें चट करते गए, यहाँ तक कि द्वारका दास लाइब्रेरी भी उनकी इस भूख को मिटा नहीं पा रही थी। उनसे मिलनेवाले सभी लोगों से कहा जाता था कि वे केवल उनके लिए किताबें लेकर आएँ, क्योंकि वे किसी अन्य उपहार से चिढ़ जाते थे और हमेशा की तरह ही वे किताबों से अपनी पसंदीदा पंक्तियों व उक्तियों को अपनी डायरी में लिख लेते थे।

चार्ल्स फोरियर (1772-1837) की लिखी किताब से निम्नलिखित अंश को अपनी नोटबुक में लिखा—

"वर्तमान सामाजिक व्यवस्था एक हास्यास्पद तंत्र है, जिसमें संपूर्ण के हिस्से आपस में टकरा रहे हैं और संपूर्ण से लड़ रहे हैं। हम समाज के हर वर्ग में अपने हितों को लेकर दूसरे वर्ग के दुर्भाग्य से हर प्रकार से कुछ पाने की इच्छा को देखते हैं, जिसमें सार्वजनिक भलाई और व्यक्तिगत हित आमने-सामने हैं। वकीलों को केस-मुकदमे की इच्छा है, खासतौर पर अमीरों के। डॉक्टर चाहते हैं, बीमारी फैल जाए। (यदि सभी बीमार हुए बगैर मरने लगें तो डॉक्टर भूखा मरेगा और बातचीत से ही झगड़े सुलझ जाएँ तो वकील क्या करेगा।) सैनिक युद्ध चाहता है, जिसमें उसके आधे साथी शहीद हो जाएँगे और उसे तरक्की का मौका मिलेगा। मृत्यु के संस्कार करनेवाला चाहता है कि दफन करने का मौका मिलता रहे। एकाधिकार रखनेवाले और पहले ही अनुमान लगानेवाले अकाल चाहते हैं, ताकि अनाज के दाम दोगुना या तिगुना कर सकें। वास्तुकार, बढ़ई, राजमिस्त्री चाहते हैं कि ऐसा अग्निकांड हो, जिसमें सैकड़ों घर तबाह हो जाएँ, ताकि उनके पेशे से जुड़े काम मिल जाएँ।"

मौत की सजा सुनाए जाने की खबर से लोगों को झटका लगा। तत्काल हड़ताल कर दी गई और देश भर में विरोध-प्रदर्शन होने लगे। सभी प्रमुख शहरों में सभाएँ होने लगीं, जिनमें आरोपियों की उपस्थिति के बिना ही फाँसी की सजा सुनाए जाने की निंदा की गई। दंड प्रक्रिया संहिता की धारा 144 लागू होने के बावजूद सैकड़ों सभाएँ हुईं, जिनमें अंग्रेजों पर तीखे हमले किए गए, यहाँ तक कि पुलिस ने महिलाओं पर भी लाठियाँ बरसाईं। एक सार्जेंट ने प्रदर्शन कर रही डी.ए.वी. कॉलेज की एक प्रोफेसर और अस्सी छात्र-छात्राओं की पिटाई की।

लाहौर में छात्रों ने प्रदर्शन का नेतृत्व किया। सिवाय सरकारी कॉलेजों के, जहाँ रईसों के बेटे पढ़ते थे, अन्य सभी कॉलेज बंद कर दिए गए। सरकारी कॉलेज में नाके लग गए। ब्रैडलॉ हॉल, जहाँ भगत सिंह ने कई सभाओं को संबोधित किया था, वहाँ छात्राओं, युवकों और महिलाओं ने उनकी तथा उनके अन्य साथियों के 'साहसिक बलिदान' की सराहना करते हुए एक प्रस्ताव पारित किया। मोरी गेट की सभा में इतनी भीड़ जुटी कि पिछले सारे रिकॉर्ड टूट गए। उसकी अध्यक्षता स्वर्गीय लाला लाजपत राय की बेटी ने की।

चटगाँव शस्त्रागार लूट केस के आरोपियों ने गांधी से दखल की अपील की। इसी प्रकार, कलकत्ता की विशाल जनसभा की अध्यक्षता सुरेंद्र मोहन घोष

ने की। बंगाल के प्रमुख क्रांतिकारियों को जिस बक्सा कैंप में बंदी बनाकर रखा गया था, वहाँ प्रस्ताव पारित कर वाइसरॉय से मौत की सजा को माफ करने की अपील की गई। ऐसी एक सार्वजनिक अपील पर हजारों लोगों ने दस्तखत किए और उन्हें भेजा गया।

लाहौर में छात्रों ने प्रदर्शन का नेतृत्व किया। सिवाय सरकारी कॉलेजों के, जहाँ रईसों के बेटे पढ़ते थे, अन्य सभी कॉलेज बंद कर दिए गए। सरकारी कॉलेज में नाके लग गए। ब्रैडलॉ हॉल, जहाँ भगत सिंह ने कई सभाओं को संबोधित किया था, वहाँ छात्राओं, युवकों और महिलाओं ने उनकी तथा उनके अन्य साथियों के 'साहसिक बलिदान' की सराहना करते हुए एक प्रस्ताव पारित किया। मोरी गेट की सभा में इतनी भीड़ जुटी कि पिछले सारे रिकॉर्ड टूट गए। उसकी अध्यक्षता स्वर्गीय लाला लाजपत राय की बेटी ने की।

अंग्रेजी हुकूमत की सलाहकार समिति से अपील करने के लिए पंजाब में एक बचाव समिति का गठन किया गया। भगत सिंह और उनके साथी इसके पक्ष में नहीं थे, लेकिन उन्हें इस आधार पर राजी किया गया कि यह दुनिया के सामने अंग्रेजों को बेनकाब कर देगी और यह दिखाएगी कि भारत में राजनीतिक बंदियों को किस प्रकार के अपमान का सामना करना पड़ रहा था। भगत सिंह को बस, इस बात का संतोष था कि इस अपील से इंग्लैंड में लोगों का ध्यान एच.एस.आर.ए. की मौजूदगी की तरफ जाएगा।

लंदन में प्रिवी काउंसिल की पाँच जजों की बेंच में चली सुनवाई आश्चर्यजनक रूप से बहुत जल्दी समाप्त हो गई। भगत सिंह बनाम ब्रिटेन के महाराज के मुकदमे में पीड़ित पक्ष ने यह मुद्दा उठाया कि सुनवाई के लिए जिस अध्यादेश के तहत एक विशेष ट्रिब्यूनल बनाया गया, वह अमान्य था। इसने आरोपियों को हाई कोर्ट में अपील करने के अधिकार से वंचित कर दिया, जिसका उन्हें पहले हक था। सरकार का कहना था कि भारत सरकार के अधिनियम, 1915 ने गवर्नर जनरल को ट्रिब्यूनल के गठन के असीम अधिकार दिए थे।

इस सुनवाई को लेकर ब्रिटेन में उदारवादियों ने कड़ी प्रतिक्रिया दी। उनका कहना था कि ट्रिब्यूनल में चली सुनवाई कितनी फर्जी थी। डी.एन. प्रिट जैसे कानून के विद्वान् भगत सिंह और उनके साथियों के पक्ष में बहस करने के लिए स्वेच्छा से आए।

भगत सिंह और उनके साथियों की ओर से जिरह करनेवाले डी.एन. प्रिट ने कहा कि गवर्नर जनरल को मिली विधायी शक्तियाँ तीन शर्तों से बँधी थीं—एक, आपात स्थिति होनी चाहिए; दो, अध्यादेश शांति तथा ब्रिटिश भारत के सुशासन के लिए होना चाहिए और तीन, अध्यादेश भारतीय संसद् के अधिकार के दायरे में होना चाहिए। प्रिट ने कहा, "इनमें से कोई भी परिस्थिति मौजूद नहीं है।"

प्रिट ने कहा कि अभियोजन को यह साबित करना था कि आपात स्थिति है, लेकिन वह ऐसा नहीं कर सका। ऐसी कोई आपात स्थिति नहीं थी, जो धारा 72 के अंतर्गत हो। अध्यादेश के साथ दिए गए गवर्नर जनरल के बयान में किसी आपात स्थिति की चर्चा नहीं थी।

प्रिट ने कहा कि सरकार ने अगर कुछ किया तो यही कि उसने आरोपियों से अपने विरुद्ध प्रथम दृष्टया केस बनाए जाने से रोकने का अधिकार छीन लिया और इस प्रकार उन्हें किसी सत्र न्यायाधीश और आरोपों का निर्धारण करनेवाली न्यायपीठ तक जाने से रोक दिया। इसने लाहौर स्थित हाई कोर्ट में उन्हें अपील भी नहीं करने दी। उनके खिलाफ एक विशेष ट्रिब्यूनल में मुकदमा चलाया गया, जबकि उन्हें यह भी पता नहीं था कि उन पर आरोप क्या हैं। उन्हें तो सरकारी गवाहों और स्वतंत्र गवाहों क़ी कही-सुनी बातों से पता चला कि मामला क्या है।

प्रिट ने कहा कि सरकार ने अगर कुछ किया तो यही कि उसने आरोपियों से अपने विरुद्ध प्रथम दृष्टया केस बनाए जाने से रोकने का अधिकार छीन लिया और इस प्रकार उन्हें किसी सत्र न्यायाधीश और आरोपों का निर्धारण करनेवाली न्यायपीठ तक जाने से रोक दिया। इसने लाहौर स्थित हाई कोर्ट में उन्हें अपील भी नहीं करने दी।

प्रिवी काउंसिल ने प्रिट की अपील को खारिज कर दिया। फैसला सुनानेवाले जज विस्काउंट ड्यूनेडिन ने कहा कि केवल यही मामला उठाया गया कि अधिनियम की धारा 72 गवर्नर जनरल को किसी विशेष ट्रिब्यूनल के गठन का अधिकार नहीं देती है। जज ने कहा कि आपातकाल की स्थिति की कोई सटीक परिभाषा नहीं है। इसमें परिस्थिति का संकेत मिलना चाहिए, जिसके लिए कठोर काररवाई जरूरी हो और उस पर कोई भी निर्णय ले सकता है।

"यह पूरी तरह स्पष्ट है कि वह कोई भी गवर्नर जनरल और वही एक व्यक्ति

होगा। इसकी कोई और व्याख्या पूरे प्रावधान को ही बेतुका बना देगी। आपात स्थिति में तुरंत काररवाई की आवश्यकता होती है और यह बताया गया है कि ऐसी काररवाई गवर्नर जनरल की ओर से ही की जाएगी।"

जहाँ तक यह दलील दी गई थी कि यह अध्यादेश 'ब्रिटिश भारत की सरकार की शांति और सुशासन' के अनुकूल नहीं था तो जज ने कहा कि "उसका निर्णय भी गवर्नर जनरल को ही करना है। धारा 72 के अंतर्गत दी गई शक्ति पूर्ण शक्ति है, जिसकी कोई सीमा निर्धारित नहीं की गई है, सिवाय इसके कि जिसे भारतीय संसद् नहीं कर सकेगी, उसे यह नहीं करेगा..."

जहाँ तक यह दलील दी गई थी कि यह अध्यादेश 'ब्रिटिश भारत की सरकार की शांति और सुशासन' के अनुकूल नहीं था तो जज ने कहा कि "उसका निर्णय भी गवर्नर जनरल को ही करना है। धारा 72 के अंतर्गत दी गई शक्ति पूर्ण शक्ति है, जिसकी कोई सीमा निर्धारित नहीं की गई है, सिवाय इसके कि जिसे भारतीय संसद् नहीं कर सकेगी, उसे यह नहीं करेगा..."

जिस जज विस्काउंट ड्यूनेडिन की बेंच में लॉर्ड थैंकर्टन, किलोवेन के लॉर्ड रसेल, सर जॉर्ज लॉनडेस और सर दिनशाह मुल्ला शामिल थे। उसने यह भी कहा कि गवर्नर जनरल पर ऐसी कोई कानूनी बाध्यता नहीं है कि वे बताएँ कि उन्हें किन कारणों के चलते इस अध्यादेश को लाना पड़ा।

निचली अदालत से ट्रिब्यूनल तक और फिर प्रिवी काउंसिल तक फैसला पहले से ही तय हो चुका था। भारत की जनता पहले दिन से ही इसे अच्छी तरह समझ चुकी थी।

प्रिवी काउंसिल के फैसले से उन्हें कोई आश्चर्य नहीं हुआ।

□

9

खुश रहो अहले वतन हम तो सफर करते हैं...

प्रिवी काउंसिल में की गई अपील से कुछ उम्मीद जगी थी। कुछ लोगों ने सोचा कि इंग्लैंड स्थित सबसे बड़ी अदालत मौत की सजा को उम्रकैद की सजा में बदल सकती है। एक बार मौत की सजा पुख्ता हो गई तो भगत सिंह, सुखदेव और राजगुरु को फाँसी दिया जाना वक्त की बात रह गई। पूरे देश में भारी निराशा और नाराजगी थी। लाहौर में दो लाख से अधिक लोगों का जुलूस प्रदर्शन के लिए सड़कों पर उतरा। लाहौर और कई दूसरे शहरों में हड़ताल हुई। एक बार फिर जगह-जगह पर प्रदर्शन हुए। बाजारों में 'भगत सिंह, सुखदेव, राजगुरु जिंदाबाद!' के नारे गूँजने लगे। इस अवसर के लिए विशेष रूप से तैयार किया गया गीत सबके लबों पर था—

भगत सिंह के खून का असर देख लेना,
मिटा देंगे जालिम का घर देख लेना।

भगत सिंह के जो साथी जेल से बाहर थे, उन्होंने हार नहीं मानी। उन्होंने भगत सिंह, सुखदेव और राजगुरु को छुड़ाने की एक साहसिक योजना बनाई। क्रांतिकारियों ने जेल की चट्टानी दीवारों को बम से उड़ाने और अंदर दाखिल होने के बाद गोलीबारी करते हुए बाहर निकलने की योजना तैयार की। विश्वनाथ वैशंपायन, सुख देशराज और भगवती चरण पहले हमला बोलनेवाले सदस्य रहेंगे। दुर्भाग्य से, यह योजना लागू ही नहीं हो सकी। ढीली पिनवाला बम उस वक्त भगवती चरण के हाथों में ही फट गया, जब इस योजना का अभ्यास किया जा रहा था। घटना-स्थल पर ही उनकी मौत हो गई।

चाहे जो भी हो, जो लोग भगत सिंह को छुड़ाने वाले थे, उन्हें यह अहसास ही नहीं था कि वे इस तरीके से छुड़ाए जाने के पक्ष में नहीं थे। वे नहीं चाहते थे कि

जेल के डिप्टी सुपरिंटेंडेंट खान बहादुर को नीचा देखना पड़े, जिससे जेल में बिताए गए 400 दिनों के दौरान उनकी करीबी काफी बढ़ गई थी। खान बहादुर ने भगत सिंह और उनके दो सहयोगियों के लिए जेलकर्मियों के साथ विदाई के रात्रिभोज का भी बंदोबस्त किया था।

□

गांधी सरकार के साथ किसी ऐसे समझौते के पक्ष में थे, जिसके अंतर्गत कांग्रेस अंग्रेजों के साथ उसकी योजना में सहयोग करेगी, जिसमें शासन में उसकी अपनी सीमित भागीदारी होगी। वाइसरॉय गांधी का ऋणी था, क्योंकि वे स्थिरता को किसी भी प्रकार से भंग नहीं कर रहे थे और शांतिपूर्ण शासन को स्थापित करने में उसकी मदद कर रहे थे। लोग सोच रहे थे कि अगर गांधी वाइसरॉय को दो शब्द कह भी देते तो सजा माफ हो जाती।

अब सबकी नजरें गांधी पर टिक गई थीं। केवल वही कुछ कर पाने का प्रभाव रखते थे। वाइसरॉय इरविन के साथ उनका समझौता शुरुआती चरण में था। भले ही लोग यह समझते थे कि गांधी बम के रास्ते के खिलाफ थे, लेकिन उन्हें लग रहा था कि परिस्थिति अलग मोड़ ले चुकी है। यह सही या गलत, नैतिक या अनैतिक के चरण से आगे जा चुकी थी। भगत सिंह और उनके साथियों को बचाना था।

कोई भी इससे इनकार नहीं कर सकता था कि क्रांतिकारी एक अलग सिद्धांत का प्रतिनिधित्व करते थे। अहिंसा का सिद्धांत हिंसा के विपरीत था। यदि गांधी भारत के राजनीतिक क्षितिज के सूर्य थे तो भगत सिंह ऐसे सितारे थे, जो अँधेरे की गहराइयों से निकला था। गांधी उन लोगों का समर्थन करने में क्यों हिचकेंगे, जो किसी भी प्रकार से स्वतंत्रता संग्राम में कम कृत-संकल्प नहीं थे? सैद्धांतिक ब्योरा नहीं, बल्कि तीन जिंदगियाँ दाँव पर लगी थीं।

गांधी सरकार के साथ किसी ऐसे समझौते के पक्ष में थे, जिसके अंतर्गत कांग्रेस अंग्रेजों के साथ उसकी योजना में सहयोग करेगी, जिसमें शासन में उसकी अपनी सीमित भागीदारी होगी। वाइसरॉय गांधी का ऋणी था, क्योंकि वे स्थिरता को किसी भी प्रकार से भंग नहीं कर रहे थे और शांतिपूर्ण शासन को स्थापित करने में उसकी मदद कर रहे थे। लोग सोच रहे थे कि अगर गांधी वाइसरॉय को दो शब्द कह भी देते तो सजा माफ हो जाती।

भगत सिंह चाहते थे कि उन्हें फाँसी दे दी जाए, क्योंकि उनकी मौत उनकी

विचारधारा को नई ताकत देगी। उनकी वीरता से प्रेरित होकर अन्य युवा भारत को स्वतंत्र और न्यायपूर्ण बनाने के लिए संघर्ष में शामिल होंगे। इससे पहले वे चाहते थे कि उनकी सजा को कुछ समय तक टाल दिया जाए, ताकि लोग उनके बलिदान को अच्छी तरह से समझ सकें; लेकिन अब उसके लिए उपयुक्त समय था। पूरे देश में जगह-जगह पर विरोध प्रदर्शन हो रहे थे और लाठीचार्ज की खबरें आ रही थीं। फाँसी से लोग और भड़क जाएँगे। भगत सिंह इस बात को लेकर भी आश्वस्त थे कि गांधी और वाइसरॉय के बीच का समझौता इस आग में घी का काम करेगा। भगत सिंह चाहते थे कि उन्हें उस वक्त फाँसी दी जाए, जब कांग्रेस पूरी तरह से बेनकाब हो चुकी हो, जिससे कि क्रांतिकारियों का पक्ष और मजबूत हो जाए। गांधी और वाइसरॉय के बीच समझौते के बीच उन तीनों के पार्थिव शरीर पड़े होंगे।

भगत सिंह को विश्वास था कि सामाजिक न्याय की अवधारणा को देश में कई लोगों ने अपना समर्थन दिया है। उन्नीसवीं सदी के आखिरी पच्चीस वर्षों से बीसवीं सदी की शुरुआत तक स्वतंत्रता संग्राम के दो बड़े चरण थे—गांधी से पूर्व और गांधीवादी युग। भले ही क्रांतिकारी आंदोलन दोनों ही चरणों में उबाल मारता रहा, लेकिन वह इन दोनों ही चरणों में प्रमुख स्थान नहीं प्राप्त कर सका, चाहे इसने उसे आगे बढ़ाते रहने की शक्ति ही क्यों न दी हो।

सन् 1857 के विद्रोह की विफलता से विदेशी शासन को उखाड़ फेंकने की भारतीयों की उम्मीदों को करारा झटका लगा था। ऐसा आखिरी बार हुआ था, जब मध्य युगीन तरीके से भारत के लोग युद्धक्षेत्र में उतरे थे—घुड़सवार सैनिक, तलवार लहराते सैनिक, तबाही मचानेवाले हाथी और वीरता के व्यक्तिगत कारनामे; लेकिन एकजुट काररवाई कहीं भी नहीं दिखी थी। इस विद्रोह से भारतीयों को यह समझ आ गया था कि कुछ समय के लिए ही सही, लेकिन युद्धक्षेत्र में अंग्रेजों की ताकत को बड़ी चुनौती नहीं दी जा सकती है।

एकदम अलग ही प्रकार की घटनाओं ने भारतीय जीवन के महत्त्वपूर्ण पहलुओं में बदलाव लाना शुरू कर दिया। हिंदुओं के पुनर्जागरण, अंग्रेजी शिक्षा का प्रसार, मध्यम वर्ग का उदय, धीमा औद्योगिकीकरण, भारतीय प्रेस का उदय और भारत कहे जानेवाले क्षेत्रों का एकीकरण जैसे कारकों को देखा गया।

इनमें से कुछ ने अंग्रेजों के खिलाफ विरोध का रूप ले लिया। इससे एक राष्ट्रीय चेतना का जन्म हुआ। उन भारतीयों के बीच सहभागिता की भावना पैदा होने लगी, जो अंग्रेजों को खदेड़ने की इच्छा के कारण एक हो रहे थे। शुरुआत

में, इस प्रकार के विरोधों ने राजनीतिक संघों का रूप लिया, जिनका नेतृत्व मध्यम वर्ग के हाथों में था। उनकी माँग अपीलों और याचिकाओं के रूप में होती थी, जिसे वे भाषणों और अखबार में तीखे लेखों से व्यक्त करते थे। उनमें से कुछ ने उग्र धार्मिक पुनर्जागरण की शुरुआत की, जो पश्चिमी उपस्थिति का विरोध कर रहा था। इनमें से अनेक धर्मगुरुओं ने विशुद्ध हिंदू संस्कृति की दिशा में लौटने की वकालत की, जो गीता और वैदिक ग्रंथों से प्रेरित थे।

ऐसी कोई एक घटना नहीं थी, जो दूसरी को शुरू करे। कई छोटी-छोटी घटनाएँ थीं। वे ऐसे समय में हो रही थीं, जब देश की आर्थिक स्थिति तेजी से बदहाली की दिशा में बढ़ रही थी। फिर भी, उन्होंने केवल गुस्से को भड़काने का काम किया। उस समय के कई भारतीय नेता कृषि के तेजी से वाणिज्यीकरण, कुटीर उद्योगों के नष्ट होने, औद्योगिकीकरण को समाप्त करने और फिर औद्योगिकीकरण को केवल उस हद तक होने देने का विरोध कर रहे थे, जो केवल भारत को और गरीब बनाने में सहायक था। देश की भयंकर गरीबी के बावजूद अंग्रेज नियमित रूप से बचतवाला बजट (सरप्लस बजट) प्रस्तुत कर रहे थे। लोगों के रहन-सहन की दयनीय स्थिति के प्रति अंग्रेजों की घोर लापरवाही ने लोगों को बुरी तरह भड़का दिया और वे हथियार उठाने के लिए तैयार हो गए। अंग्रेजों का रवैया विशेष रूप से अकाल के दौरान देखने को मिला, जब देश को वर्ष 1860 से 1910 तक दस बड़े अकालों का सामना करना पड़ा।

> *उन भारतीयों के बीच सहभागिता की भावना पैदा होने लगी, जो अंग्रेजों को खदेड़ने की इच्छा के कारण एक हो रहे थे। शुरुआत में, इस प्रकार के विरोधों ने राजनीतिक संघों का रूप लिया, जिनका नेतृत्व मध्यम वर्ग के हाथों में था। उनकी माँग अपीलों और याचिकाओं के रूप में होती थी, जिसे वे भाषणों और अखबार में तीखे लेखों से व्यक्त करते थे। उनमें से कुछ ने उग्र धार्मिक पुनर्जागरण की शुरुआत की, जो पश्चिमी उपस्थिति का विरोध कर रहा था। इनमें से अनेक धर्मगुरुओं ने विशुद्ध हिंदू संस्कृति की दिशा में लौटने की वकालत की, जो गीता और वैदिक ग्रंथों से प्रेरित थे।*

अखबारों ने भी लोगों के इस गुस्से को सामने लाने में महत्त्वपूर्ण भूमिका अदा की। उन्होंने स्वतंत्रता का पुरजोर समर्थन किया और भारत के लोगों के

लिए अधिकारों की माँग करने के साथ ही देश से जागने और स्वतंत्रता संग्राम में शामिल होने का आह्वान किया। उस समय के प्रमुख समाचार-पत्रों में शामिल थे—'*संध्या*' (जिसके संपादक थे ब्रह्मोमाधव उपाध्याय), '*वंदे मातरम*' (बिपिन चंद्र पाल), '*कर्म योगी*' (अरविंद घोष), '*संजीवनी*' (कृष्ण कुमार मित्रा), '*बंगदर्शन*' (बंकिम चंद्र चटर्जी), '*अमृत बाजार पत्रिका*' (शिशिर कुमार घोष व मोतीलाल घोष) और '*युगांतर*' (वारींद्र कुमार घोष)।

क्रांतिकारी युग का आरंभ तब हुआ, जब उदारवादियों का पतन हो रहा था; लेकिन क्रांतिकारी उन लपटों की तरह थे, जो आसमान में कुछ समय तक उजाला करने के बाद बुझ जाती हैं। सरकार की ओर से जवाबी काररवाई उनकी लपटों को बुझा देती थी। क्रांतिकारियों ने जबरदस्त वापसी की थी, जब कांग्रेस के निश्चिंतता और रूढ़िवादी सोच से लोगों के बीच व्यापक गुस्सा था। लोगों की उम्मीदें आसमान छू रही थीं। वे जब पूरी नहीं हुईं तो लोगों ने विद्रोह कर दिया। इसके बावजूद क्रांतिकारी ऐसी किसी स्थिति को हासिल करने या पैदा करने में सफल नहीं हो सके, जिनके कारण फ्रांस और रूस की क्रांति हो सकी थी। उन्हें अभी बहुत कुछ करना था। उन्हें योजना बनाने, आंदोलन करने और भाषण देने के अलावा कई बातों पर जोर देना था। उन्हें युवकों से आत्म-बलिदान की, विरोध के एक उग्र कार्यक्रम की, विदेशी सामानों के बहिष्कार और इसी तरह की काररवाई की जरूरत थी। क्या भगत सिंह की फाँसी उन आदर्शों का प्रचार-प्रसार करेगी, जैसा कि क्रांतिकारी चाहते थे?

क्रांतिकारी युग का आरंभ तब हुआ, जब उदारवादियों का पतन हो रहा था; लेकिन क्रांतिकारी उन लपटों की तरह थे, जो आसमान में कुछ समय तक उजाला करने के बाद बुझ जाती हैं। सरकार की ओर से जवाबी काररवाई उनकी लपटों को बुझा देती थी। क्रांतिकारियों ने जबरदस्त वापसी की थी, जब कांग्रेस के निश्चिंतता और रूढ़िवादी सोच से लोगों के बीच व्यापक गुस्सा था। लोगों की उम्मीदें आसमान छू रही थीं। वे जब पूरी नहीं हुईं तो लोगों ने विद्रोह कर दिया।

इन्हीं विचारों में खोए और अंधाधुंध रफ्तार से किताबें पढ़ते भगत सिंह अपने आखिरी दिनों को जेल में बिता रहे थे। एक दिन आसफ अली और उनकी पत्नी अरुणा जेल में उनसे मिलने आए। वे जब उनकी कोठरी में पहुँचे तो देखा कि वे

मस्त होकर गीत गा रहे थे और ताल-से-ताल मिलाते हुए हथकड़ियों को सलाखों से टकरा रहे थे। उन्होंने पूछा कि उन्हें किसी चीज की जरूरत है? जवाब में वे मुसकराए और उन्हें वह दिखाया, जिसे उन्होंने कुछ ही समय पहले *'इंडिया ओल्ड एंड न्यू'* किताब से अपनी नोटबुक में लिखा था—

"पश्चिमी शिक्षा-प्राप्त ऐसे कितने भारतीय हैं, जो अंग्रेजी नौकरशाही के अत्याचारों के खिलाफ राजनीतिक आंदोलन में कूद पड़े और अपने देशवासियों को उन सामाजिक बुराइयों के उत्पीड़न से मुक्ति दिलाने के लिए उनके विरुद्ध उँगली तक उठाई है? उनमें से कितने सही मायने में स्वयं इससे मुक्त हैं, या मुक्त हैं भी तो उनमें अपने सोच पर अमल करने का साहस है?"

आसफ अली ने उन्हें बताया कि कांग्रेस ने अंग्रेजों के साथ एक समझौता लगभग कर लिया है। इससे बातचीत का माहौल तैयार होगा। उस माहौल में उन तीनों की फाँसी के लिए जगह नहीं होगी।

आसफ अली के जाने के बाद भगत सिंह बैठ गए और 2 फरवरी, 1931 को 'युवा राजनीतिक कार्यकर्ताओं' के नाम एक पत्र लिखा। उन्होंने उन्हें सावधान किया—

"क्रांति शब्द, कम-से-कम हमारे लिए, इतना अधिक पावन है कि हम उसका उपयोग या दुरुपयोग आसानी से नहीं कर सकते। फिर भी, यदि आप कहते हैं कि आप राष्ट्रीय क्रांति चाहते हैं और आपके संग्राम का लक्ष्य संयुक्त राज्य अमेरिका की तरह भारतीय गणतंत्र की स्थापना करना है तो मैं आपसे पूछता हूँ कि किन ताकतों के बलबूते आप उस क्रांति को लाने वाले हैं? चाहे राष्ट्रीय या फिर समाजवादी, किसी भी प्रकार की क्रांति के लिए आपके पास सिर्फ किसानों और मजदूरों की ताकत होती है। कांग्रेस के नेता उन ताकतों को संगठित करने का साहस नहीं रखते।

क्रांति शब्द, कम-से-कम हमारे लिए, इतना अधिक पावन है कि हम उसका उपयोग या दुरुपयोग आसानी से नहीं कर सकते। फिर भी, यदि आप कहते हैं कि आप राष्ट्रीय क्रांति चाहते हैं और आपके संग्राम का लक्ष्य संयुक्त राज्य अमेरिका की तरह भारतीय गणतंत्र की स्थापना करना है तो मैं आपसे पूछता हूँ कि किन ताकतों के बलबूते आप उस क्रांति को लाने वाले हैं?

"···यदि किसी ने मुझे समझने में गलती कर दी है तो मैं उसके सोच में सुधार कर देता हूँ। मेरा मतलब यह नहीं कि बम और पिस्तौल बेकार हैं, बल्कि

इसका उलट है; लेकिन मैं यह कहना चाहता हूँ कि महज बम फेंकना न केवल व्यर्थ है, बल्कि कभी-कभी नुकसानदेह भी होता है। पार्टी के सैन्य विभाग को हमेशा युद्ध के साजो-सामान के साथ तैयार रहना चाहिए, जो किसी भी आपात स्थिति में उसके काम आ सकते हैं। यह पार्टी के राजनीतिक कार्य की ताकत को बढ़ानेवाला होना चाहिए। सिर्फ इसका ही प्रयोग न हो सकता है, न ही करना चाहिए।"

भगत सिंह, सुखदेव और राजगुरु तब हैरान रह गए, जब उनके रिश्तेदारों ने उनसे दया याचिका दाखिल करने को कहा। वे ऐसी बात कैसे कर सकते थे? स्पष्टतया वे उस ज्वाला से परिचित नहीं थे, जिसे वे भारत के युवाओं को प्रेरित करने के लिए जलाना चाहते थे, ताकि वे भारत की स्वतंत्रता के मुद्दे को आगे बढ़ा सकें।

अदालत की ओर से उपर्युक्त वर्णित निष्कर्षों ने दो बातों का पूर्वानुमान लगाया था—पहला, ब्रिटिश राष्ट्र और भारतीय राष्ट्र के बीच एक युद्ध छिड़ा है। दूसरा, हमने वस्तुतः उस युद्ध में हिस्सा लिया था और इस कारण हम युद्धबंदी थे। दूसरी पूर्व धारणा कुछ हद तक प्रशंसापूर्ण है, फिर भी इसे स्वीकार करने का आकर्षण छोड़ने लायक नहीं है...

दया याचिका के इस विचार के कारण उन्हें जेल अधीक्षक के माध्यम से पंजाब सरकार को एक साझा पत्र लिखना पड़ा। 20 मार्च, 1931 का वह पत्र, उनकी फाँसी से तीन दिन पहले लिखा गया, जो उनकी आखिरी याचिका थी—

"सम्मान सहित हम आपके संज्ञान में निम्नलिखित बातें लाना चाहते हैं—महामहिम वाइसरॉय, भारत में ब्रिटिश सरकार के प्रमुख द्वारा लागू विशेष एल.सी.सी. अध्यादेश के अंतर्गत गठित, ब्रिटिश अदालत, एल.सी.सी. ट्रिब्यूनल की ओर से 7 अक्तूबर, 1930 को हमें मौत की सजा सुनाई गई है और हमारे विरुद्ध मुख्य आरोप इंग्लैंड के राजा श्रीमान किंग जॉर्ज के खिलाफ युद्ध छेड़ने का है।

"अदालत की ओर से उपर्युक्त वर्णित निष्कर्षों ने दो बातों का पूर्वानुमान लगाया था—पहला, ब्रिटिश राष्ट्र और भारतीय राष्ट्र के बीच एक युद्ध छिड़ा है। दूसरा, हमने वस्तुतः उस युद्ध में हिस्सा लिया था और इस कारण हम युद्धबंदी थे। दूसरी पूर्व धारणा कुछ हद तक प्रशंसापूर्ण है, फिर भी इसे स्वीकार करने का आकर्षण छोड़ने लायक नहीं है...

"हम घोषित करते हैं कि युद्ध की स्थिति विद्यमान है और यह तब तक

रहेगी, जब तक पसीना बहानेवाली भारत की जनता और उनके प्राकृतिक संसाधनों का दोहन मुट्ठी भर परजीवी करते रहेंगे। वे विशुद्ध अंग्रेज पूँजीवादी हो सकते हैं या मिली-जुली नस्ल के अंग्रेज या विशुद्ध रूप से भारतीय। वे अपने प्रपंची शोषण को मिली-जुली नस्लवाले या विशुद्ध रूप से भारतीय नौकरशाही के तंत्र के माध्यम से जारी रख रहे होंगे। इन सारी बातों से कोई फर्क नहीं पड़ता...

"जहाँ तक हमारी किस्मत की बात है, तो हम यह कहना चाहते हैं कि आपने हमें मारने का फैसला किया है, आप निश्चित रूप से ऐसा करेंगे। आपके हाथों में सत्ता है और इस संसार में सत्ता से सारे दोष छिप जाते हैं। हम उस कहावत को जानते हैं कि 'जिसकी लाठी उसकी भैंस' ही आपका मूलमंत्र है। हमारे खिलाफ चली पूरी काररवाई इसी का एक सबूत है। हम यह कहना चाहते थे कि फैसले के अनुसार हमने युद्ध छेड़ा था और इस कारण हम युद्धबंदी हैं और हम यही होने का दावा करते हैं, यानी हम चाहते हैं कि फाँसी देने की बजाय हमें गोली मार दी जाए। अब यह आप पर निर्भर है कि आपकी अदालत ने जो कहा था, उसे आप पूरा करते हैं या नहीं। हम आग्रह और आशा करते हैं कि आप सैन्य विभाग को आदेश देंगे कि वह हमें मौत की सजा देने के लिए अपनी टुकड़ी को भेज दे।"

आपके हाथों में सत्ता है और इस संसार में सत्ता से सारे दोष छिप जाते हैं। हम उस कहावत को जानते हैं कि 'जिसकी लाठी उसकी भैंस' ही आपका मूलमंत्र है। हमारे खिलाफ चली पूरी काररवाई इसी का एक सबूत है। हम यह कहना चाहते थे कि फैसले के अनुसार हमने युद्ध छेड़ा था और इस कारण हम युद्धबंदी हैं और हम यही होने का दावा करते हैं, यानी हग चाहते हैं कि फाँसी देने की बजाय हमें गोली मार दी जाए।

भगत सिंह, सुखदेव और राजगुरु इस नतीजे पर पहुँचे थे कि कांग्रेस नेता भले ही सुनवाई के दौरान उनसे सहानुभूति रख रहे थे, लेकिन अंग्रेजों से समझौता करने के दौरान उन्होंने 'बेघर और कंगाल मजदूरों' पर विचार नहीं किया। उन्हें यह अहसास हुआ कि जिस क्रांति का नेतृत्व उन्होंने किया, वह ज्यादा प्रगति नहीं कर सकी थी।

अपनी कोठरियों में उन्हें भगवती चरण वोहरा के महान् बलिदान की खबर मिली। उन्हें पता चला कि चंद्रशेखर आजाद को जब पुलिस ने इलाहाबाद में घेरा, तब उन्होंने आत्मसमर्पण नहीं किया, बल्कि अकेले उनसे लड़ते रहे और एक नायक की तरह वीरगति को प्राप्त हुए। उन्हें लगा कि अब उनका वक्त भी आ गया

है। अंग्रेजों ने जब उनकी सभी भूमिगत फैक्टरियों को तहस-नहस कर दिया था और उनके साथी गिरफ्तार किए जा चुके थे, या उनमें से कुछ शत्रुओं से मिल गए थे, तब क्या एच.एस.आर.ए. का अंत हो जाएगा? दमन-चक्र दिन-रात चल रहा था। क्या क्रांतिकारियों के उग्र राष्ट्रवादियों का संग्राम दम तोड़ चुका था?

> ***भगत सिंह को भरोसा था कि कुछ अन्य लोग उठ खड़े होंगे और लोगों को गुलामी व शोषण से मुक्ति दिलाने के अपने ही रास्ते तलाशेंगे। समय-समय पर यह संग्राम अलग-अलग रूप लेगा। यह खुला, गुप्त, प्रदर्शनकारी या भयंकर हो सकता है; लेकिन यह युद्ध तब तक जारी रहेगा, जब तक कि वर्तमान सामाजिक व्यवस्था का स्थान एक नई व्यवस्था नहीं ले लेगी, जहाँ कोई किसी का शोषण नहीं करेगा।***

भगत सिंह को भरोसा था कि कुछ अन्य लोग उठ खड़े होंगे और लोगों को गुलामी व शोषण से मुक्ति दिलाने के अपने ही रास्ते तलाशेंगे। समय-समय पर यह संग्राम अलग-अलग रूप लेगा। यह खुला, गुप्त, प्रदर्शनकारी या भयंकर हो सकता है; लेकिन यह युद्ध तब तक जारी रहेगा, जब तक कि वर्तमान सामाजिक व्यवस्था का स्थान एक नई व्यवस्था नहीं ले लेगी, जहाँ कोई किसी का शोषण नहीं करेगा।

उन्होंने अपनी नोटबुक के पन्नों को तेजी से पलटा और '*द प्रिजनर*' नाम के शीर्षकवाले उस अंश को पढ़ा, जिसे कुछ दिनों पहले ही उन्होंने लिखा था—

"छोटी, गंदी छत के नीचे दम घुटता है। मेरी ताकत साल-दर-साल कम हो रही है। यह पथरीला फर्श, बेड़ियों से बँधी मेज, यह बिस्तर, यह कुरसी, जो दीवार से जंजीर से जकड़ी है—सब कब्र की तख्ती की तरह मुझे सताते हैं। इस अनादि काल के गड्ढे में, इसकी असीम शांति में कोई अपने आप को शव की तरह ही समझ सकता है।"

भारतीय लोगों को अब भी विश्वास था कि इरविन और गांधी के बीच किसी प्रकार का कोई समझौता हो जाएगा। समझौते की शर्तों को जब प्रकाशित किया गया और उसमें भगत सिंह या अन्य किसी की कोई चर्चा नहीं थी तो भारी असंतोष फैल गया। फिर गांधी-इरविन समझौते पर दस्तखत से एक दिन पहले, 4 मार्च को, जब कांग्रेस कार्य समिति ने अपनी मुहर लगाई, तब प्रगतिशील ताकतों ने इस समझौते को 'धोखेबाजी' करार दिया।

जब से सजा का ऐलान किया गया था, तभी से कम-से-कम मौत की सजा

को माफ करवाने के प्रयास शुरू हो गए थे। लाहौर हाई कोर्ट ने बंदी प्रत्यक्षीकरण अधिनियम के अंतर्गत दायर उस याचिका को खारिज कर दिया, जिसमें कहा गया था कि आरोपियों को अवैध रूप से बंदी बनाकर रखा गया है। यही हश्र एक और याचिका का हुआ, जिसके जरिए प्रिवी काउंसिल से उसके फैसले पर पुनर्विचार करने की अपील की गई थी।

गांधी पर आरोप लगाए जाने लगे। 7 मार्च, 1931 को जब वे दिल्ली में एक सार्वजनिक सभा में शामिल होने पहुँचे तो लोगों के बीच एक परचा बाँटा गया, जिसमें लिखा था—

> "कहाँ है आज शांति? उन माताओं के दिल को टटोलिए, जिनके बेटे गोलियों के शिकार हुए, या आज भी फाँसी का इंतजार कर रहे हैं। उन पत्नियों से पूछिए, जिनके पति उनकी माँग सूनी कर गए या विदेशी नौकरशाही की काल-कोठरियों में जीवन-पर्यंत कैद की सजा भुगत रहे हैं। क्या आपको इन शहीदों के प्रति अपना कर्तव्य याद है? क्या आप ऐसे किसी नीच समझौते के साझीदार बनेंगे?"

जो कुछ कहा गया, उस पर गांधी ने प्रतिक्रिया नहीं दी।

पूरे भारतवर्ष से लोगों के सभी वर्गों से अपीलों की बाढ़-सी आ गई, जिनमें आमतौर पर वाइसरॉय को संबोधित करते हुए फाँसी को रोकने के लिए कहा गया था। मदन मोहन मालवीय ने वाइसरॉय को एक टेलीग्राम भेजा, जिसमें लिखा था—

> "महामहिम, क्या मैं आपसे यह अपील कर सकता हूँ कि आप भगत सिंह, राजगुरु और सुखदेव के मामले में दया दिखाने के अपने विशेषाधिकार का प्रयोग कर उन्हें सुनाई गई मौत की सजा उम्रकैद में बदल दें? इन युवाओं की फाँसी से देश में जनता की भावनाओं को भारी सदमा पहुँचेगा, जिनकी काररवाई किसी व्यक्तिगत या स्वार्थ की भावना से नहीं, बल्कि देशभक्ति की भावना से प्रेरित थी, चाहे राह से भटकी हुई ही क्यों न हो...। महामहिम, इस समय आपकी ओर से दया की इस काररवाई से भारतीय जनमत पर एक अच्छा प्रभाव पड़ेगा।"

भगत सिंह की माँ विद्यावती की ओर से 17 फरवरी और 19 फरवरी, 1931 को दो अर्जियाँ भेजी गईं—

> "प्रार्थना है कि 1930 के अध्यादेश 3 के अंतर्गत नियुक्त विशेष ट्रिब्यूनल द्वारा मेरे बेटे भगत सिंह को सुनाई गई मौत की सजा को रोक दिया जाए। भगत सिंह की युवावस्था और केस की विशेष परिस्थितियों को देखते हुए यह दया की अर्जी है। विस्तृत याचिका डाक से भेजी जा रही है।"

वाइसरॉय को एक सार्वजनिक अपील भी भेजी गई—

"महामहिम, सविनय निवेदन है कि हम अधोहस्ताक्षरी आग्रह करते हैं कि लाहौर में ट्रिब्यूनल द्वारा श्री भगत सिंह, सुखदेव और राजगुरु को सुनाई गई मौत की सजा को माफ कर दिया जाए।"

इस याचिका पर सैकड़ों लोगों के दस्तखत थे।

20 मार्च, 1931 को दिल्ली के आजाद मैदान में सुभाषचंद्र बोस ने अपने भाषण में कहा—

"पूरा भारत जानता है कि भगत सिंह और उनके साथियों—राजगुरु और सुखदेव को कुछ ही दिनों बाद फाँसी दे दी जाएगी। कल दोपहर जब मैं दिल्ली स्टेशन पर उतरा तो इस खबर को सुनकर मुझे भयंकर झटका लगा...हम एक आवाज और एक इच्छा के साथ यह माँग करते हैं कि भगत सिंह और उनके साथियों की मौत की सजा को तुरंत माफ किया जाए। आज भगत सिंह एक व्यक्ति नहीं, एक प्रतीक हैं। वे क्रांति की भावना के प्रतीक हैं, जो इस देश में हर तरफ फैली है। हम उनके तरीकों की आलोचना कर सकते हैं, लेकिन उनकी निस्स्वार्थता को अनदेखा नहीं कर सकते।"

पूरा भारत जानता है कि भगत सिंह और उनके साथियों—राजगुरु और सुखदेव को कुछ ही दिनों बाद फाँसी दे दी जाएगी। कल दोपहर जब मैं दिल्ली स्टेशन पर उतरा तो इस खबर को सुनकर मुझे भयंकर झटका लगा...हम एक आवाज और एक इच्छा के साथ यह माँग करते हैं कि भगत सिंह और उनके साथियों की मौत की सजा को तुरंत माफ किया जाए। आज भगत सिंह एक व्यक्ति नहीं, एक प्रतीक हैं।

यह स्पष्ट था कि गांधी अपने आप को क्रांतिकारियों से जोड़ना नहीं चाहते थे, क्योंकि इससे उनका पूरा रुख ही पलट जाता; लेकिन वे नहीं चाहते थे कि उन्हें फाँसी दी जाए। उन्हें इस बात की चिंता थी कि कई लोग ऐसा मानते थे कि उन्होंने मौत की सजा को उम्रकैद में बदलने की दिशा में कोई पहल नहीं की।

गांधी से बातचीत के बाद लॉर्ड इरविन ने लिखा—

"आखिर में, जो उपर्युक्त (समझौते पर बातचीत) से संबंधित नहीं था, उन्होंने (गांधी) भगत सिंह के केस की चर्चा की। उन्होंने सजा को बदलने की अपील नहीं की, लेकिन उन्होंने वर्तमान परिस्थितियों को टालने के लिए जरूर कहा।"

गांधी से अपनी बातचीत को लेकर वाइसरॉय ने 19 मार्च को, यानी फाँसी से

चार दिन पहले, अधिक विस्तार से लिखा—

"वे (गांधी) जब जाने लगे, तब उन्होंने मुझसे पूछा कि वे भगत सिंह के केस की चर्चा करना चाहेंगे, जिनकी फाँसी पर प्रेस में मार्च में खबर छपी थी। उन्होंने कहा, 'यह दुर्भाग्यपूर्ण दिन था, क्योंकि इसी दिन नए अध्यक्ष (कांग्रेस के) कराची पहुँच रहे थे और काफी उत्साह रहेगा।'"

नोट में वाइसरॉय ने कहा—

"मैंने उनसे कहा कि मैंने उस केस को पूरे ध्यान से देखा, लेकिन मुझे ऐसा कोई आधार नहीं दिखा, जिससे कि मैं अपनी अंतरात्मा को उस सजा को कम कर सही ठहरा सकूँ...ऐसा लगा कि वे इस दलील के प्रभाव को समझ रहे थे और कुछ भी नहीं कहा।"

कई वर्षों बाद लॉर्ड इरविन ने अपनी आत्मकथा *'फुलनेस ऑफ डेज'* में लिखा—

"गांधी ने कहा कि यदि उस युवक को फाँसी दी गई तो इसकी संभावना है कि वह पूरे देश का शहीद बन जाएगा और देश का माहौल गंभीर खतरे में पड़ जाएगा...। गांधी ने कहा कि अगर मैंने कुछ नहीं किया तो उन्हें इस बात की गहरी आशंका थी कि इसके प्रभाव से हमारा समझौता टूट जाएगा। मैंने कहा कि उनके जितना ही अफसोस मुझे भी होगा; लेकिन इस बात को वे भी जानते होंगे कि इसके केवल तीन रास्ते हो सकते थे। पहला यह कि कुछ न करें और फाँसी हो जाने दें, दूसरा उस आदेश को बदल दें और भगत सिंह को राहत दें, तीसरा कांग्रेस की बैठक तक किसी भी फैसले को टाल दें। मैंने उनसे कहा कि मेरे विचार से, मेरे लिए उन्हें माफ करना असंभव था।"

उसी दिन गांधी की मुलाकात हरबर्ट एमर्सन से हुई, जो वाइसरॉय के सलाहकार थे, जिन्होंने गांधी की भावना के बारे में इस प्रकार लिखा—

"गांधी इस मामले को लेकर खास चिंतित नहीं दिखे। मैंने उनसे कहा कि

उसी दिन गांधी की मुलाकात हरबर्ट एमर्सन से हुई, जो वाइसरॉय के सलाहकार थे, जिन्होंने गांधी की भावना के बारे में इस प्रकार लिखा— "गांधी इस मामले को लेकर खास चिंतित नहीं दिखे। मैंने उनसे कहा कि अगर अराजकता नहीं हुई तो हमारी किस्मत अच्छी होगी और मैंने उनसे कहा कि हो सके तो अगले कुछ दिनों के लिए दिल्ली में होनेवाली बैठक को टाल दें और हिंसक भाषणों पर अंकुश लगाएँ। उन्होंने यह सबकुछ करने का वादा किया।"

अगर अराजकता नहीं हुई तो हमारी किस्मत अच्छी होगी और मैंने उनसे कहा कि हो सके तो अगले कुछ दिनों के लिए दिल्ली में होनेवाली बैठक को टाल दें और हिंसक भाषणों पर अंकुश लगाएँ। उन्होंने यह सबकुछ करने का वादा किया।"

बेशक, गांधी चिंतित थे। 23 मार्च को वाइसरॉय को लिखी उनकी चिट्ठी से उनकी चिंता झलकती है—

प्रिय मित्र,

तुम पर इस पत्र का भार डालना क्रूरतापूर्ण लग रहा है, लेकिन शांति के हित में एक आखिरी अपील होनी चाहिए। भले ही तुम इतने बेबाक थे कि तुमने बता दिया कि भगत सिंह और दो अन्य को सुनाई गई मौत की सजा को बदला नहीं जा सकता; पर तुमने कहा था कि शनिवार को तुम मेरी बात पर गौर करोगे। डॉ. (तेज बहादुर) सप्रू (एक उदारवादी नेता) कल मुझसे मिले और कहा कि तुम इस विषय को लेकर परेशान हो और गंभीरता से विचार कर रहे हो कि क्या रास्ता निकाला जाए। यदि इस पर पुनर्विचार की जरा सी भी गुंजाइश है तो मैं तुम्हारा ध्यान निम्नलिखित की ओर दिलाना चाहता हूँ—

गलत या सही, लेकिन जनता की राय सजा को बदलने की है। यदि कोई सिद्धांत बलि नहीं चढ़ने वाला तो अकसर इस जनमत का सम्मान करना कर्तव्य हो जाता है।

वर्तमान मामले में, इसकी संभावना है कि अगर सजा को बदला गया तो आंतरिक शांति बढ़ेगी। फाँसी होने पर बेशक शांति खतरे में पड़ जाएगी।

यह देखते हुए क्रांतिकारी दल ने मुझे आश्वस्त किया है कि इन जिंदगियों को अगर बख्श दिया गया तो पार्टी अपने हाथों को रोक देगी। मेरे विचार से, क्रांतिकारी हत्याओं को टालने के लिए सजा को रोक देना स्पष्ट कर्तव्य है।

राजनीतिक हत्याओं को पहले भी माफ किया गया है। यदि कई दूसरे बेगुनाहों की जान बचाई जा सकती है तो इन जिंदगियों को बचाना सही होगा और हो सकता है कि क्रांतिकारी अपराध भी पूरी तरह से समाप्त हो जाएँ।

राजनीतिक हत्याओं को पहले भी माफ किया गया है। यदि कई दूसरे बेगुनाहों की जान बचाई जा सकती है तो इन जिंदगियों को बचाना सही होगा और हो सकता है कि क्रांतिकारी अपराध भी पूरी तरह से समाप्त हो जाएँ। चूँकि तुम मेरे प्रभाव का सम्मान करते हो, क्योंकि यह शांति के पक्ष में है, तो कृपया मेरी मुश्किल को और मत बढ़ाओ, नहीं तो भविष्य के कार्य के लिए और भी कठिन हो जाएगा।

चूँकि तुम मेरे प्रभाव का सम्मान करते हो, क्योंकि यह शांति के पक्ष में है, तो कृपया मेरी मुश्किल को और मत बढ़ाओ, नहीं तो भविष्य के कार्य के लिए और भी कठिन हो जाएगा।

फाँसी अपूर्णीय क्षतिवाली काररवाई है। यदि तुम्हें लगता है कि निर्णय लेने में जरा सी भी चूक की आशंका है तो मैं तुमसे अपील करूँगा कि उस काररवाई को आगे के विचार के लिए टाल दो, जिसे फिर पलटा नहीं जा सकेगा।

यदि मेरी जरूरत हो तो मैं आ सकता हूँ। भले ही मैं बोल नहीं सकूँगा, मैं सुन सकूँगा और जो कहना चाहता हूँ, उसे लिख सकूँगा (सोमवार होने की वजह से उनके मौन व्रत का दिन था)।

परोपकार कभी व्यर्थ नहीं जाता।

तुम्हारा अभिन्न मित्र

उसी दिन वाइसरॉय ने इसका जवाब दिया—

"आपने जो कुछ कहा है, उस पर मैंने काफी ध्यान से एक बार फिर विचार किया और आपके काम को मुश्किल ही नहीं और कठिन बनाने की बात तो मैं सोच भी नहीं सकता, विशेष रूप से इस समय। लेकिन मैं एक बार फिर यही कहना चाहूँगा कि बातचीत में मैंने आपको जैसा बताया था, उसके अनुसार मेरे लिए वह निर्णय लेना सही होगा, जिसका आग्रह आपने किया है…"

अगर किसी को भी यह सबूत चाहिए कि अंग्रेजों ने भगत सिंह और उनके दो साथियों को फाँसी देने का इरादा सुनवाई से पहले ही कर लिया था तो वाइसरॉय का यह पत्र सब देख सकते हैं। वे गांधी की अहिंसात्मक क्रांति पर तो बात कर सकते थे, लेकिन भगत सिंह की हिंसक क्रांति को लेकर वे कुछ सुनना नहीं चाहते थे; अन्यथा उनके जैसे कई क्रांतिकारी खड़े हो जाएँगे, जो अनेक सांडर्स की हत्या करेंगे और उस तूफान को पैदा करेंगे, जो अंग्रेजों को हमेशा के लिए उखाड़ फेंकेगा। गांधी की क्रांति का अंदाजा लगाया जा सकता था, लेकिन भगत सिंह की क्रांति का नहीं। उन्हें और उनके साथियों को उसी दिन फाँसी दे दी गई।

□

10

कुरा-ए-खल्क है गर्दिश में तपिश से मेरी,
मैं वो मजनू हूँ जो जिंदान में आजाद रहा।

भगत सिंह जानना चाहते थे कि क्या 3 मार्च, 1931 को अपने रिश्तेदारों से होनेवाली उनकी मुलाकात उनकी आखिरी मुलाकात होगी, जो फाँसी से पहले अधिकारियों के लिए एक कानूनी बाध्यता थी या फिर एक और मुलाकात होगी, ताकि वह अपने प्रियजनों से आखिरी विदाई के लिए खुद को तैयार कर सकें। मुख्य जेल वार्डर चरत सिंह ने इसका कोई जवाब नहीं दिया और भगत सिंह ने भी उन पर जोर नहीं डाला। वे वार्डर की मजबूरी को समझते थे।

अपनी-अपनी कोठरी में लोहे की सलाखों के पीछे सुखदेव और राजगुरु खड़े थे। भगत सिंह उनके पास आए और चरत सिंह नपे-तुले कदमों से उनके पीछे-पीछे आ रहा था। उन दोनों का कोई भी करीबी रिश्तेदार नहीं था। राजगुरु ने भगत सिंह को बताया था कि उनका कोई भी करीबी रिश्तेदार अब इस दुनिया में नहीं है और उनसे कोई भी मिलने नहीं आएगा। लेकिन सुखदेव ने कहा कि उनके चाचा ने आने का वादा किया था। स्पष्ट था कि वे भी नहीं आए थे। भगत सिंह को उनकी हालत देख दुःख हुआ। वे कल्पना भी नहीं कर सकते थे कि किसी के परिजन उनसे मिलने न आएँ, जबकि एक मौका था—शायद उनकी मौत से पहले का आखिरी मौका।

भगत सिंह का परिवार उनका सहारा था। भले ही उन्होंने अपने घर पर कुछ ही साल बिताए थे, लेकिन उन्हें अपने परिवार से बेहद लगाव था। भगत सिंह ने उन्हें संदेशा भिजवाया था कि विदा करते समय उनकी आँखों में आँसू न हों। वे उस आखिरी मुलाकात को खुशियों से भरा देखना चाहते थे, जिन्हें फाँसी के फंदे की ओर जाते समय याद कर सकें। यह देखकर वे परेशान हो उठे कि उनका परिवार

अपने दर्द को छलकने से रोक नहीं पा रहा था। वे अच्छी तरह समझते थे कि उनकी मौत से उन्हें कितना बड़ा झटका लगेगा। फिर भी, उन्हें यह जान लेना चाहिए कि जिस रास्ते को उन्होंने चुना था, उस पर उनकी मौत अटल थी। उन्होंने उनसे साथ रहने और अपनी क्षति को साहस के साथ सहने की विनती की।

भगत सिंह ने देखा कि उनके दादा अर्जुन सिंह, जिन्होंने उनका नाम 'भगत' रखा था और प्यार से उन्हें 'भगतू' बुलाते थे, फफककर रो रहे थे। उनके पिता की लंबी सफेद दाढ़ी आँसुओं से चमक रही थी। उनके छोटे भाई कुलबीर उनके गाल पोंछ रहे थे। कुलतार, जो सबसे छोटे थे और दस वर्ष के थे, सुबक रहे थे। उनकी माँ का दुपट्टा गीला हो चुका था। वह अपने आँसुओं को रोकना चाहती थीं। उनकी तीन बहनें—अमर कौर, सुमित्रा कौर और शकुंतला कौर लगातार रोती जा रही थीं।

भगत सिंह ने देखा कि उनके दादा अर्जुन सिंह, जिन्होंने उनका नाम 'भगत' रखा था और प्यार से उन्हें 'भगतू' बुलाते थे, फफककर रो रहे थे। उनके पिता की लंबी सफेद दाढ़ी आँसुओं से चमक रही थी। उनके छोटे भाई कुलबीर उनके गाल पोंछ रहे थे। कुलतार, जो सबसे छोटे थे और दस वर्ष के थे, सुबक रहे थे। उनकी माँ का दुपट्टा गीला हो चुका था। वह अपने आँसुओं को रोकना चाहती थीं। उनकी तीन बहनें—अमर कौर, सुमित्रा कौर और शकुंतला कौर लगातार रोती जा रही थीं।

भगत सिंह ने देखा कि उनकी माँ की आँखें उन पर टिकी हैं, मानो वे इस आखिरी मुलाकात में उनके हर आखिरी हाव-भाव को अपने मन में बसा लेना चाहती थीं, ताकि उनकी आँखों में उनकी तसवीर रह जाए, जिसे जब वे उनके इस दुनिया से चले जाने पर बरसों बाद भी याद कर सकें। उन्हें फाँसी दिए जाने के बाद माँ का दर्द बेकाबू हो जाएगा। वे उनकी आँखों से आँसुओं को फूटते देख रहे थे। "माँ, अगर तुम इस तरह रोती रहीं तो मैं भी अपने आप को रोक नहीं पाऊँगा।" उन्होंने कहा। "लोग यह न कह पाएँ कि जब भगत सिंह को फाँसी दी गई, तब उसकी माँ की आँखों में आँसू थे। यह तुम्हें या तुम्हारे स्वतंत्रता सेनानी परिवार को शोभा नहीं देता।" उसकी माँ भला क्यों रोए! या फिर, कोई क्यों रोए? उसने कोई अपराध नहीं किया। उसने अपने देश से विदेशी शासकों को खदेड़ने के लिए हथियार उठाया

था। किसी को भी किसी को गुलाम बनाने और उस पर शासन करने का अधिकार नहीं है। भारत में अंग्रेजों की जरूरत वैसे ही नहीं थी, जैसे कि फ्रांसीसियों और पुर्तगालियों की। वे न केवल भारत, बल्कि दुनिया में गुलाम बनाए गए हर देश को स्वतंत्र देखना चाहते थे।

अपनी माँ के चेहरे को गौर से देखते हुए भगत सिंह को अपने जन्म-स्थान की याद आ गई। उस बचपन की याद आई, जो उन्होंने अपने गाँव बंगा में बिताया था, जहाँ वे अपनी उम्र के लड़कों के साथ धूल भरे रास्तों पर घूमा करते थे। उन्हें याद आया कि कैसे वे हर बात पर अपने पिता से दिन-रात वाद-विवाद किया करते थे। जब भी उनके पिता भगवती (क्रांतिकारी) कार्य के लिए उन्हें डाँटते, तब उनकी माँ उनका साथ देती थीं।

भगत सिंह ने उनके लंबे बालों को छुआ, जिन्हें जूड़े की शक्ल देकर उनके सिर के ऊपर बाँधा गया था। उन्होंने जब उसे काट दिया था, तब वे नाराज हुई थीं। अब वे फिर से लंबे हो गए थे। उनके सिर को प्यार से सहलाते हुए उन्होंने कहा, "एक दिन सबको मरना है; लेकिन सबसे अच्छी मौत वह होती है, जिसे पूरी दुनिया याद रखे।" अपने आँसुओं के बीच साहस के साथ मुसकराते हुए वे बोलीं कि जब वे फाँसी के तख्ते पर खड़े हों, तब जोर से 'इनकलाब जिंदाबाद' का नारा लगाएँ।

अपनी माँ के चेहरे को गौर से देखते हुए भगत सिंह को अपने जन्म-स्थान की याद आ गई। उस बचपन की याद आई, जो उन्होंने अपने गाँव बंगा में बिताया था, जहाँ वे अपनी उम्र के लड़कों के साथ धूल भरे रास्तों पर घूमा करते थे। उन्हें याद आया कि कैसे वे हर बात पर अपने पिता से दिन-रात वाद-विवाद किया करते थे। जब भी उनके पिता भगवती (क्रांतिकारी) कार्य के लिए उन्हें डाँटते, तब उनकी माँ उनका साथ देती थीं। भले ही उन्होंने अपने पति की बात कभी नहीं टाली, लेकिन वे हमेशा उन्हें शांत कर लिया करती थीं। वही थीं, जो उन दोनों के बीच के मतभेदों को दूर किया करती थीं। कभी-कभी पिता और पुत्र के बीच कई दिनों तक बात नहीं होती थी। मतभेद तब होते थे, जब भगत सिंह अपने पिता की बात नहीं सुनते थे। उनके पिता ने जब विवाह के लिए दबाव बनाया, तब वे घर छोड़कर चले गए थे और उनकी माँ ने ही उन्हें लौटने के लिए मनाया था। अपने पिता को लिखे पत्र में उन्होंने यह समझाने का प्रयत्न किया था कि उनका जीवन भारत की स्वतंत्रता के

लिए समर्पित है। उनके पिता स्वयं भी एक क्रांतिकारी थे, लेकिन कभी नहीं चाहते थे कि भगत सिंह उनके या अपने चाचा अजीत सिंह के पदचिह्नों पर चलें, जिन्होंने अंग्रेजों के खिलाफ बगावत कर दी थी। लेकिन भगत सिंह हमेशा ही अपने चाचा की किताब *'मुहिब्ब-ए-वतन'* (देशभक्त) को अपने साथ रखते थे, जिन्हें उनके चाचा ने अपने हाथ से सौंपा था। उनके चाचा के शरीर पर अंग्रेजों ने जो जख्म दिए थे, उनके निशान उन्हें अच्छी तरह याद हो गए थे।

उनके पिता को जब यह समझ आ गया कि भगत सिंह को क्रांतिकारी गतिविधियों में शामिल होने से रोका नहीं जा सकेगा, तब उन्हें बस, उन्होंने सावधान रहने की सलाह दी। सावधान रहने का मतलब कायरता नहीं था, लेकिन भगत सिंह ने उस सावधानी का कोई खयाल नहीं किया। उनका मानना था कि जो लोग अंग्रेजों की दासता से देश को आजादी दिलाना चाहते थे, वे खुलकर सामने आते हैं।

उनके पिता को जब यह समझ आ गया कि भगत सिंह को क्रांतिकारी गतिविधियों में शामिल होने से रोका नहीं जा सकेगा, तब उन्हें बस, उन्होंने सावधान रहने की सलाह दी। सावधान रहने का मतलब कायरता नहीं था, लेकिन भगत सिंह ने उस सावधानी का कोई खयाल नहीं किया। उनका मानना था कि जो लोग अंग्रेजों की दासता से देश को आजादी दिलाना चाहते थे, वे खुलकर सामने आते हैं।

"गांधी फाँसी को रुकवाने के लिए लगातार वाइसरॉय के संपर्क में हैं।" किशन सिंह ने अपने बेटे को आश्वस्त करने के लिए कहा।

भगत सिंह मुसकराए। उन्हें गांधी और उनकी अहिंसा पर भरोसा नहीं था। भगत सिंह ने अपने पिता से कहा कि गांधी की अहिंसा अकर्मण्यता का बहाना है। यह कायरता का नकाब है। उन्हें उनके नेतृत्व पर या अहिंसा के उनके सिद्धांत पर भरोसा नहीं था। गांधी हृदय से दयालु थे, लेकिन स्वतंत्रता आंदोलन के इस चरण में दरियादिली की जरूरत नहीं थी। वे इस विषय पर अपने पिता से बहस नहीं करना चाहते थे, क्योंकि यह उनके बीच की आखिरी मुलाकात थी। इसलिए वे इस बात को मान गए कि असहयोग आंदोलन के जरिए गांधी ने जिस प्रकार की व्यापक जागरूकता पैदा की है, उसके लिए उन्हें सलाम न करना कृतघ्नता होगी; लेकिन वे यह मानते थे कि गांधी असंभव चीजों की कल्पना करते हैं। उन्होंने कहा कि क्रांतिकारी उनका सम्मान करते हैं, लेकिन उनके रास्ते

पर नहीं चलना चाहते। भगत सिंह ने देखा कि जब गांधी के लिए उनके मुँह से 'सम्मान' शब्द निकला, तब उन्हें सुकून मिला।

लेकिन सच्चाई यही है कि उन्होंने दस साल पहले अंग्रेजों के खिलाफ चले असहयोग आंदोलन को वापस लेने के लिए गांधी को माफ नहीं किया था। उनके आत्मसमर्पण कर देने की एक-एक तसवीर उनके दिमाग में ताजा थी। नवंबर 1920 में गांधी ने कांग्रेस की एक बैठक में असहयोग का आह्वान किया था। छात्रों ने अपनी पढ़ाई छोड़ दी, वकीलों ने कोर्ट जाना छोड़ दिया, डॉक्टरों ने क्लिनिक छोड़ दी, नौकरशाहों ने नौकरी छोड़ दी और देश भर में सभी उनके समर्थन में एकजुट हो गए। 30,000 से भी ज्यादा लोग जेल चले गए। विदेशी सामानों का बहिष्कार कर दिया गया। लंकाशायर और बर्मिंघम से आयातित कपड़ों के ढेरों को चौराहों पर जलाया गया। गांधी ने कहा था कि विदेशी कपड़ों से प्रेम के कारण ही अंग्रेजों का प्रभुत्व कायम हुआ था। वे चाहते थे कि अंग्रेज देश में सभी प्रकार की अहिंसात्मक गतिविधियों में पूर्ण अहस्तक्षेप की नीति की घोषणा स्पष्ट शब्दों में करें। इसमें शक नहीं कि असहयोग आंदोलन अंग्रेजों के खिलाफ चलाया गया भारतीयों का अब तक का सबसे बड़ा अहिंसात्मक आंदोलन था।

फिर भी गांधी ने उस आंदोलन को अचानक वापस ले लिया था। वे यू.पी. के गोरखपुर के करीब चौरी-चौरा के गाँववालों के हिंसक हो जाने से नाराज थे। लेकिन उनकी क्या गलती थी? 12 फरवरी, 1921 को अंग्रेजी हुकूमत के खिलाफ उन्होंने स्थानीय पुलिस स्टेशन से होकर एक जुलूस निकाला था। जुलूस के निकलने पर पुलिसवालों ने उन्हें चिढ़ाया, जिससे लोग भड़के और हमला कर दिया। तेईस पुलिसकर्मियों ने प्रदर्शनकारियों को तितर-बितर हो जाने का आदेश दिया, लेकिन वे शांतिपूर्ण ढंग से अपनी जगह पर

12 फरवरी, 1921 को अंग्रेजी हुकूमत के खिलाफ उन्होंने स्थानीय पुलिस स्टेशन से होकर एक जुलूस निकाला था। जुलूस के निकलने पर पुलिसवालों ने उन्हें चिढ़ाया, जिससे लोग भड़के और हमला कर दिया। तेईस पुलिसकर्मियों ने प्रदर्शनकारियों को तितर-बितर हो जाने का आदेश दिया, लेकिन वे शांतिपूर्ण ढंग से अपनी जगह पर डटे रहे। फिर गुस्साए पुलिसवालों ने उन पर फायरिंग शुरू कर दी और तब तक ऐसा किया, जब तक कि उनकी गोलियाँ खत्म नहीं हो गईं।

डटे रहे। फिर गुस्साए पुलिसवालों ने उन पर फायरिंग शुरू कर दी और तब तक ऐसा किया, जब तक कि उनकी गोलियाँ खत्म नहीं हो गईं। इससे भीड़ आपा खो बैठी और उसने पुलिस स्टेशन को आग लगा दी, जिसमें इक्कीस पुलिसवाले या तो जल गए या उन्हें काटकर आग में फेंक दिया गया। गांधी ने आंदोलन वापस ले लिया, लेकिन पुलिस की निंदा में एक शब्द भी नहीं कहा। भगत सिंह को लगता था कि कोई भी क्रांतिकारी अपने फैसले पर फिर से विचार करता, क्योंकि इस प्रकार की घटनाओं से ही सभी विद्रोहों की शुरुआत होती है। उनके अपने ही तर्क थे, राजनीति को मथने का अपना ही तरीका था। उन्हें रोकने का मतलब विद्रोह की आग में ठंडा पानी डालना था, जो निश्चित रूप से पूरे देश को अपनी चपेट में ले लेती।

भगत सिंह का मानना था कि जब गांधी ने अपना असहयोग आंदोलन वापस लिया, तब भारत ने अपने दुश्मन के घुटने टिकाने का सुनहरा मौका गँवा दिया। उस दिन जो संभव था, वह फिर कभी नहीं होगा। एक दिन के नुकसान से भी न केवल लोगों का जोश ठंडा पड़ गया, बल्कि उस मनोवैज्ञानिक पल को भी परास्त कर दिया। भगत सिंह समझ सकते थे कि ग्रामीणों ने क्यों पलटवार किया। उनके सामने कोई रास्ता नहीं बचा था। उन्हें जवाबी हमला करना पड़ा। भगत सिंह ने अपने पिता से कहा कि वे न केवल गांधी की राजनीतिक रणनीति को नहीं समझ सके, बल्कि उस नैतिक सोच को भी नहीं समझ पाए, जिसने एक झटके में आंदोलन को कुचल दिया। विदेशी शासन को डरकर समाप्त नहीं किया जा सकता। उसके लिए कठोर संकल्प की जरूरत थी। कभी-कभी काररवाई अपरिहार्य हो जाती है। ताकत को जब आक्रामक रूप से लागू किया जाए, तब वह कुछ और नहीं, बल्कि हिंसा होती है और नैतिक रूप से उसे सही नहीं ठहराया जा सकता; लेकिन जब इसे किसी वैध उद्देश्य के लिए किया जाए तो नैतिक दृष्टि से भी वह सही होती है।

भगत सिंह आतंक का समर्थन नहीं करते थे। अगर निर्दोषों को निशाना बनाया जाए तो नर-संहार पागलपन था। आतंकी काररवाई का मतलब शक्ति दिखाना और लोकप्रियता हासिल करना होता है। क्रांति विरोध की काररवाई होती है, जबकि हिंसा उसके जैसी नहीं होती। यह एक वैचारिक युद्ध था। आतंकवाद बदला लेने तक सीमित रहता है। यह किसी व्यवस्था के नहीं, व्यक्ति के विरुद्ध क्रोध होता है। इससे हिंसा बढ़ती है और सामाजिक परिवर्तन दरकिनार हो जाता है। इससे केवल भय पैदा होता है। सच है कि साहस होता है, लेकिन आदर्शवाद नहीं होता है। आतंकवाद समाज को उसकी ही नजरों में गिरा देता है।

एक क्रांतिकारी उस समाज में सुधार के लिए लड़ता है, जिसने उसे सताया। वह उसका एक अंग था। इसके साथ ही बदलाव के अपने प्रयासों से उसने इसे बेहतर बनाने की कोशिश की। उसका संघर्ष व्यवस्था से था, मनुष्य द्वारा मनुष्य से, एक देश का दूसरे देश के शोषण से। उसके बलिदान से कुरूपता समाप्त हो जाती है। क्रांतिकारी परिवर्तन विद्यमान सामाजिक संबंधों में गुणात्मक परिवर्तन होता है और उसने नए मनुष्यों का निर्माण किया, जो नैतिक व भौतिक दृष्टि से श्रेष्ठ थे; लेकिन बदले का अर्थ महज एक निष्क्रिय सोच नहीं, बल्कि काररवाई होती है। भगत सिंह इस पर विश्वास रखते थे कि दमन पर महज विरोध की नहीं, बल्कि जवाबी हमले की भावना पैदा होनी चाहिए। हिंसा सताए गए लोगों के लिए निदान होती है। यह स्वच्छ कर देनेवाली शक्ति होती है। यह दास बनाए गए लोगों को उनकी हीन भावना, उनकी हताशा से मुक्त कर देती है। यह उन्हें निडर बनाकर उनका आत्मसम्मान वापस लौटा देती है। यह क्रांति की एक अवस्था, अटल अवस्था होती है।

एक क्रांतिकारी उस समाज में सुधार के लिए लड़ता है, जिसने उसे सताया। वह उसका एक अंग था। इसके साथ ही बदलाव के अपने प्रयासों से उसने इसे बेहतर बनाने की कोशिश की। उसका संघर्ष व्यवस्था से था, मनुष्य द्वारा मनुष्य से, एक देश का दूसरे देश के शोषण से। उसके बलिदान से कुरूपता समाप्त हो जाती है। क्रांतिकारी परिवर्तन विद्यमान सामाजिक संबंधों में गुणात्मक परिवर्तन होता है और उसने नए मनुष्यों का निर्माण किया, जो नैतिक व भौतिक दृष्टि से श्रेष्ठ थे; लेकिन बदले का अर्थ महज एक निष्क्रिय सोच नहीं, बल्कि काररवाई होती है।

□

भगत सिंह का जन्म एक सिख के रूप में हुआ था और उन्हें उसमें शहादत के पंथ की विशेषता सबसे अच्छी लगती थी। उन्हें दसवें गुरु गोविंद सिंह के शब्द अकसर याद आते थे—"लोग जिस मकसद के लिए जीते हैं, उसे शक्ति देने के लिए अपने प्राणों का बलिदान दे देना चाहिए।" उन्हें गुरु के इन शब्दों से प्रेरणा मिलती थी, "चिड़िया नू बाज नाल लड़ाऊँ, ता गुरु गोविंद सिंह कहलाऊँ।" लेकिन भगत सिंह सिख धर्म को या कहें तो किसी भी धर्म को नहीं मानते थे। वे नास्तिक थे। उनके लिए धर्म एक बीमारी थी, जो भय के कारण जन्म लेती है। यह जनता के

लिए अफीम होती है। उन्हें मार्क्स के शब्द याद आते थे, "मनुष्य ने धर्म को बनाया है, धर्म ने मनुष्य को नहीं बनाया।"

भगत सिंह को उनके पिता ने बताया कि महात्मा गांधी ने कहा है कि यदि तीनों युवकों को फाँसी दी जानी है तो इसे कराची में अखिल भारतीय कांग्रेस के अधिवेशन से पहले दी जानी चाहिए। भगत सिंह ने पूछा कि कराची का अधिवेशन कब है? उनके पिता ने कहा, "इसी महीने (मार्च) के आखिर में।" भगत सिंह ने कहा कि फिर तो बड़ी खुशी की बात है। गरमियाँ आ रही हैं। कोठरी में तपने से अच्छा है कि मर जाएँ। लोग कहते हैं कि मरने के बाद बेहतर जीवन मिलता है। भगत सिंह ने कहा, "मैं भारत में ही जन्म लूँगा। शायद अंग्रेजों से फिर मेरा मुकाबला हो। मेरा देश आजाद हो जाएगा।"

भगत सिंह ने पूछा कि कराची का अधिवेशन कब है? उनके पिता ने कहा, "इसी महीने (मार्च) के आखिर में।" भगत सिंह ने कहा कि फिर तो बड़ी खुशी की बात है। गरमियाँ आ रही हैं। कोठरी में तपने से अच्छा है कि मर जाएँ। लोग कहते हैं कि मरने के बाद बेहतर जीवन मिलता है। भगत सिंह ने कहा, "मैं भारत में ही जन्म लूँगा। शायद अंग्रेजों से फिर मेरा मुकाबला हो। मेरा देश आजाद हो जाएगा।"

भले ही उन्होंने इस बात के लिए अपने पिता को माफ नहीं किया था कि उन्होंने ट्रिब्यूनल से लिखित आग्रह किया था कि उनका बेटा निर्दोष है और सांडर्स की हत्या में उसका कोई हाथ नहीं है; लेकिन वे जानते थे कि उनके पिता एक पक्के देशभक्त थे, जिन्होंने अपना जीवन स्वतंत्रता के लिए समर्पित कर दिया था। अपने पिता के संतानोचित प्रेम से कभी-कभी क्रांतिकारी भगत सिंह लज्जित हो जाते थे; लेकिन वे जानते थे कि उनके पिता की आँखों में दु:ख की झलक माफी माँगने का संकेत थी।

भगत सिंह ने एक पत्र में उन्हें कोसा भी था—

> "मैं नहीं समझ पा रहा कि आपने इस समय और इन परिस्थितियों के बीच इस तरह की अर्जी कैसे दे दी...आप जानते हैं कि सियासत में मेरे विचार हमेशा आपसे अलग रहे हैं। मैं हमेशा से ही आपकी मंजूरी या नामंजूरी की परवाह किए बिना स्वतंत्र रूप से कार्य करता रहा हूँ।"

□

जेल के मुख्य वार्डर चरत सिंह ने उन्हें इशारा किया कि मुलाकात का समय

जेल के मुख्य वार्डर चरत सिंह ने उन्हें इशारा किया कि मुलाकात का समय समाप्त हो गया है; लेकिन भगत सिंह ने ध्यान नहीं दिया। परिवार के प्रति उनका प्रेम उन पर हावी था। वे विचारमग्न थे। चरत सिंह ने उन्हें जल्दी करने को कहा। एक-एक कर रिश्तेदारों ने भगत सिंह को गले लगाया। उन्होंने अपनी माँ के पैर छुए। यह आदर देने के लिए था, लेकिन इसे देख सबकी आँखें भर आईं। उनकी बहनें खुलकर रो रही थीं। भगत सिंह बेहद दुःखी थे। उन्होंने जो आखिरी शब्द उनसे कहे, वे थे, 'साथ रहना।' और फिर उन्होंने हाथ जोड़े और चले गए।

समाप्त हो गया है; लेकिन भगत सिंह ने ध्यान नहीं दिया। परिवार के प्रति उनका प्रेम उन पर हावी था। वे विचारमग्न थे। चरत सिंह ने उन्हें जल्दी करने को कहा। एक-एक कर रिश्तेदारों ने भगत सिंह को गले लगाया। उन्होंने अपनी माँ के पैर छुए। यह आदर देने के लिए था, लेकिन इसे देख सबकी आँखें भर आईं। उनकी बहनें खुलकर रो रही थीं। भगत सिंह बेहद दुःखी थे। उन्होंने जो आखिरी शब्द उनसे कहे, वे थे, 'साथ रहना।' और फिर उन्होंने हाथ जोड़े और चले गए।

अपनी कोठरी में जाते समय उन्होंने देखा कि सुखदेव और राजगुरु अब भी सलाखों के पीछे अकेले और उदास खड़े थे। चरत सिंह ने मना किया, फिर भी वे उनसे बातचीत करने के लिए रुक गए। उन्होंने उनसे कहा कि अब किसी भी दिन वह हो सकता था। परिवार के साथ उनकी आखिरी मुलाकात इसका संकेत थी। उन्होंने 'हाँ' में सिर हिला दिया।

पास की कोठरियों में कैद कैदियों ने उस भगत सिंह की एक झलक पाने के लिए अपने सिर सलाखों पर टिका दिए, जिनका वे हृदय से सम्मान करते थे। जेल में एक से दूसरे वार्ड तक जानेवाले जेल के नाई बरकत के जरिए यह खबर फैल गई कि भगत सिंह ने आखिरी मुलाकात कर ली है। अब फाँसी होनी निश्चित है।

अपनी कोठरी में लौटने के बाद भगत सिंह ने अपने कुरते को छुआ, जो परिजनों के आँसुओं से भीग चुका था। छोटा कुलतार लगातार रो रहा था। वह जब अपने बड़े भाई से लिपटकर रो रहा था, तब उसने कहा था, "तुम्हारे बिना जीना अब किसी काम का नहीं होगा।" उसका मासूम, दुःख से भरा चेहरा भगत सिंह को परेशान कर रहा था। उनकी कोठरी का दरवाजा जब बंद कर दिया गया, तब भगत

सिंह ने पेन उठाया और उर्दू में उसके नाम एक पत्र लिखा। अकसर निजी चिट्ठियाँ वह इसी भाषा में लिखा करते थे।

"प्यारे कुलतार, तुम्हारी आँखों में आँसू देख मुझे गहरा दुःख पहुँचा है। मैं तुम्हारे आँसुओं को नहीं सह सकता। मेरे प्यारे भाई, पूरे मन से अपनी पढ़ाई करो और अपनी सेहत का ध्यान रखो। उदास मत होना। मैं और क्या कहूँ? मैं तुम्हें कुछ लाइनें सुनाता हूँ—

उसे ये फिक्र है हरदम नया तर्ज-ए-जफा क्या है,
हमें ये शौक है देखें सितम की इंतेहा क्या है,
मेरी हवा में रहेगी खयाल की खुशबू,
ये मुश्त-ए-खाक है, फानी रहे ना रहे।"

मौत के प्रति भगत सिंह में एक विचित्र, सुलगता-सा प्रेम था। वे अकसर किसी क्रांतिकारी की मौत की तुलना उसकी महबूबा से मुलाकात से करते थे। किसी प्रेमी की तरह एक क्रांतिकारी भी मौत के आलिंगन को महसूस करना चाहता है। वे भी बलिदान की उस हावी हो जानेवाली इच्छा में जल रहे थे। उन्हें तब तक संतुष्टि नहीं मिल सकती थी, जब तक उन्हें जिसकी चाह थी, वह मिल नहीं जाती।

मौत के प्रति भगत सिंह में एक विचित्र, सुलगता-सा प्रेम था। वे अकसर किसी क्रांतिकारी की मौत की तुलना उसकी महबूबा से मुलाकात से करते थे। किसी प्रेमी की तरह एक क्रांतिकारी भी मौत के आलिंगन को महसूस करना चाहता है। वे भी बलिदान की उस हावी हो जानेवाली इच्छा में जल रहे थे। उन्हें तब तक संतुष्टि नहीं मिल सकती थी, जब तक उन्हें जिसकी चाह थी, वह मिल नहीं जाती।

वे मानते थे कि विरोध की ज्वाला धधकती रहे, इसके लिए उनके जैसे लोगों की मृत्यु होनी ही चाहिए। क्रांतिकारी उन छोटे-छोटे कीट-पतंगों की तरह होते हैं, जो दीये की लौ पर मँडराते रहते हैं और अपने आप को आग में झोंक देते हैं। वे जानते थे कि उनकी मौत अब ज्यादा दूर नहीं है। कुलतार के लिखे खत में गालिब का एक शेर खासतौर पर गमगीन करनेवाला था—

कोई दम का मेहमाँ हूँ ऐ अहले महफिल,
चिराग-ए-सहर हूँ बुझा चाहता हूँ।

भगत सिंह ने कभी खुद को विशेष नहीं माना था। वे उन हजारों भारतीयों में से बस एक थे, जिन्हें न अपने धर्म की फिक्र थी, न क्षेत्र की, बस, भारत को आजाद कराने की जंग में शामिल थे। उन्हें उस संकट की घड़ी में डाल दिया गया था। सब साथ मिलकर संघर्ष कर रहे थे और उस उद्देश्य के लिए कष्ट झेल रहे थे। उन्हें इसमें कोई संदेह नहीं था कि वे एक दिन विजयी होंगे।

उनका मानना था कि किसी क्रांतिकारी की गिरफ्तारी के बाद उसकी काररवाई का राजनीतिक महत्त्व क्रांतिकारी की व्यक्तिगत प्रसिद्धि की तुलना में जरा भी कम नहीं होता। जिन्हें गिरफ्तार किया गया, वे उससे अधिक महत्त्वपूर्ण नहीं हुए, जो उन्होंने किया था। वे और उनके दोनों साथी वहीं तक महत्त्वपूर्ण थे, जहाँ तक वे क्रांति के उद्देश्य के संदेश को फैलाने में साधन का काम कर रहे थे। उनका नहीं, क्रांति का महत्त्व था।

कुलतार को खत लिखा जा चुका था। उन्हें उम्मीद थी कि उनके शब्दों से उनके भाई को थोड़ा सुकून मिलेगा; लेकिन उन करोड़ों लोगों का क्या, जो उन पर भरोसा करते थे? उन्होंने हद से ज्यादा उन्हें चाहा था। भूख हड़तालों के दौरान, मजिस्ट्रेट के सामने और फिर ट्रिब्यूनल की सुनवाई के दौरान वे उनके साथ थे। उन्होंने उस समय भी उनका साथ दिया था, जब गांधी ने उनकी पार्टी को 'गुमराह' लोगों का एक झुंड बताया था, जो बम के रास्ते पर चलते हैं। उन्हें उनके प्यार के बदले कुछ देना होगा। कुलतार को लिखी चिट्ठी का उन्होंने उन सभी से विदा लेने के लिए इस्तेमाल किया। अपनी बात रखने के लिए उन्होंने एक बार फिर उर्दू की शायरी का सहारा लिया—

खुश रहो अहले वतन हम तो सफर करते हैं।

अपने भाई को पत्र लिखने के बाद भगत सिंह ने वह नोटबुक उठाई, जिसमें वे रोज कुछ-न-कुछ लिखा करते थे। यह न तो उनका व्यक्तिगत विवरण था, न ही उनकी प्रतिक्रियाओं का दस्तावेज। वे बस, उन किताबों के अंश लिखा करते थे, जिन्हें पढ़ते थे। वे छोटे-छोटे लेख थे, जो अधिकांशतया अंग्रेजी में होते थे और अरस्तू, प्लेटो, देकार्त, हॉब्स, लॉक, रूसो, ट्रॉटस्की, बर्ट्रेंड रसेल, कार्ल मार्क्स एवं एंजेल्स जैसे विचारकों ने लिखे थे। भारतीय लेखकों में वे रवींद्रनाथ टैगोर और लाला लाजपत राय को पढ़ते थे। भगत सिंह को कविताओं का भी शौक था। वे वड्‌र्सवर्थ, बायरन और उमर खैयाम को पढ़ते थे; लेकिन गालिब उनके पसंदीदा शायर थे, जिनके शेर वे अकसर लिखा करते थे।

□

परिवार के साथ हुई मुलाकात ने उन्हें भावनात्मक रूप से झकझोर दिया था, लेकिन भगत सिंह ने इसे स्वाभाविक रूप से लिया और एक बार फिर अपनी किताबों में डूब गए। अपनी नोटबुक में उन्होंने रूसो के उपन्यास *'एमिल'* से एक अंश को लिखा, जिसे वह चरत सिंह द्वारा आखिरी मुलाकात के लिए ले जाने से पहले पढ़ रहे थे—

"लोग केवल अपने बच्चे का जीवन बचाने के बारे में सोचते हैं। यह काफी नहीं है। वह जब वयस्क होता है, तब उसे अपने जीवन को बचाने, किस्मत की गोलियों को झेलने, दौलत और गरीबी को सहने, आइसलैंड की बर्फ या माल्टा की झुलसा देनेवाली चट्टानों के बीच आराम से रहने की शिक्षा भी दी जानी चाहिए।

"उसे मौत से बचने की बजाय जीना सिखाओ। जीवन मृत्यु नहीं, बल्कि कर्म है। अपनी इंद्रियों, अपने दिमाग, अपने अंगों, अपने हर हिस्से का उपयोग ही हमें अपने विषय में सजग बनाता है। जीवन यह नहीं कि वह कितने दिनों का है, बल्कि यह है कि उसे जिया कैसे जाए। एक व्यक्ति सौ वर्ष की आयु में दफनाया जा सकता है, लेकिन जरूरी नहीं कि उसने जीवन को कभी जिया भी हो। अगर जवानी में मर जाता तो अच्छा करता।"

अपने भाई को पत्र लिखने के बाद भगत सिंह ने वह नोटबुक उठाई, जिसमें वे रोज कुछ-न-कुछ लिखा करते थे। यह न तो उनका व्यक्तिगत विवरण था, न ही उनकी प्रतिक्रियाओं का दस्तावेज। वे बस, उन किताबों के अंश लिखा करते थे, जिन्हें पढ़ते थे। वे छोटे-छोटे लेख थे, जो अधिकांशतया अंग्रेजी में होते थे और अरस्तू, प्लेटो, देकार्त, हॉब्स, लॉक, रूसो, ट्रॉटस्की, बर्ट्रेंड रसेल, कार्ल मार्क्स एवं एंजेल्स जैसे विचारकों ने लिखे थे। भारतीय लेखकों में वे रवींद्रनाथ टैगोर और लाला लाजपत राय को पढ़ते थे।

कलकत्ता से प्रकाशित *'मॉडर्न रिव्यू'* के संपादक रामानंद चटर्जी ने 'क्रांति जिंदाबाद!' के नारे की खिल्ला उड़ाई थी और भगत सिंह से उसका सही अर्थ पूछा था। चटर्जी ने एक लेख में लिखा था—

"जब क्रांतिकारियों के जिंदाबाद रहने की इच्छा व्यक्त की जाती है तो क्या ऐसी अपेक्षा की जाती है कि क्रांतिकारी प्रक्रिया हर घंटे, दिन, हफ्ते, महीने और हमारे जीवन के वर्षों में जारी रहेगी? दूसरे शब्दों में, क्या हमें जब मरजी, तब

"जब क्रांतिकारियों के जिंदाबाद रहने की इच्छा व्यक्त की जाती है तो क्या ऐसी अपेक्षा की जाती है कि क्रांतिकारी प्रक्रिया हर घंटे, दिन, हफ्ते, महीने और हमारे जीवन के वर्षों में जारी रहेगी? दूसरे शब्दों में, क्या हमें जब मरजी, तब क्रांति करते रहना चाहिए?''बेशक, कोई भी क्रांति अंतिम सुधार नहीं कर सकती। क्रांति के बाद भी परिवर्तन होगा, लेकिन ऐसा विकास से संभव होता है।"

क्रांति करते रहना चाहिए?''बेशक, कोई भी क्रांति अंतिम सुधार नहीं कर सकती। क्रांति के बाद भी परिवर्तन होगा, लेकिन ऐसा विकास से संभव होता है।"

भगत सिंह ने जवाब दिया कि इस प्रकार के बलिदान के जनक वे नहीं थे। ऐसे बलिदान रूसी क्रांति के समय हुए थे। उन्होंने कहा कि इसका मतलब यह नहीं कि रक्तपात सदैव जारी रहना चाहिए, या पल भर के लिए भी ठहराव नहीं होना चाहिए—

"एक अरसे से इस बलिदान का महत्त्व है, जो व्याकरणिक या व्युत्पत्ति की दृष्टि से सही ठहराने योग्य नहीं हो सकता है। फिर भी, हम उसके साथ जुड़े विचारों को उससे अलग नहीं कर सकते हैं।"

उस वाक्य में 'क्रांति' शब्द का प्रयोग जिस अर्थ में किया गया था, उस पर भगत सिंह का कहना था—

"''यह भावना है, बेहतर बनने के अवसर की इच्छा है। लोगों को उस व्यवस्था की आदत पड़ जाती है कि जो जैसा है, वैसा ही रहने दिया जाए और परिवर्तन के बारे में सोचकर भी घबरा जाते हैं। आलस्य की इसी भावना को क्रांतिकारी भावना से बदलने की जरूरत है। नहीं तो पतन हावी होता जाता है और प्रतिक्रियावादी ताकतें पूरी मानवता को राह से भटका देती हैं। इस प्रकार की स्थिति स्थिरता और मानवीय तरक्की में अपंगता को जन्म देती हैं। क्रांति की भावना सदैव मानवता के सोच में प्रविष्ट होती रहे, ताकि प्रतिक्रियावादी ताकतों को उसकी निरंतर आगे बढ़ते रहने की राह में इकट्ठा (मजबूत) होने का अवसर न मिले। पुरानी व्यवस्था में सदैव और सतत रूप से बदलाव होना चाहिए, जो नए को स्थान दे, ताकि एक 'अच्छी' व्यवस्था इस संसार को भ्रष्ट न बनाती रहे। इसी दृष्टि से हम नारा लगाते हैं—'क्रांति जिंदाबाद!'"

चटर्जी से भगत सिंह का आमना-सामना केवल कागजों पर हुआ। उन्होंने लेख छपने के चार साल बाद जवाब लिखा। हालाँकि उसी जेल में बंद स्वतंत्रता सेनानी बाबा रणधीर सिंह के साथ उनका आमना-सामना प्रत्यक्ष रूप से होता रहा,

वह भी रोजाना। एक दिन रणधीर सिंह उनकी कोठरी में यह समझाने के लिए आए कि भगवान् होते हैं। भगत सिंह ने उनसे कहा—

"यदि आपको लगता है कि कोई परमेश्वर है, जो सर्वभूत, सर्वज्ञ और सर्वशक्तिमान है, जिसने इस धरती या इस संसार को बनाया, तो कृपया मुझे यह बताइए कि उसने इसे क्यों बनाया? यह संसार, जो दुःख से भरा है, जहाँ अनगिनत त्रासदियों का शाश्वत संयोजन है, एक भी मनुष्य पूरी तरह से संतुष्ट नहीं है। क्यों वह सबसे पहले अंग्रेजों के मन में ऐसी भावना पैदा नहीं करता है कि वे भारत को आजाद कर दें?"

रणधीर सिंह इतना क्रोध में आ गए कि लगभग उन्हें गाली दे बैठे—"तुम्हें अपने नाम का गुमान हो गया है और तुम्हारे अंदर इतना अहंकार पैदा हो गया है कि वह भगवान् और तुम्हारे बीच काले परदे की तरह खड़ा है।"

रणधीर सिंह इतना क्रोध में आ गए कि लगभग उन्हें गाली दे बैठे—"तुम्हें अपने नाम का गुमान हो गया है और तुम्हारे अंदर इतना अहंकार पैदा हो गया है कि वह भगवान् और तुम्हारे बीच काले परदे की तरह खड़ा है।"

भगत सिंह को इससे ठेस पहुँची। उन्होंने जवाब में एक लंबा लेख लिखा—'मैं नास्तिक क्यों हूँ?' उन्होंने इस आरोप का विरोध किया—

> "मैं इन मानवीय लक्षणों से ऊपर होने का जरा भी दम नहीं भरता। मैं एक मनुष्य हूँ, और कुछ नहीं। कोई भी इससे अधिक का दावा नहीं कर सकता। मेरे अंदर भी ऐसी कमजोरी है। मेरे स्वभाव में भी घमंड है…।"

एक समय था, जब भगत सिंह की गहरी आस्था थी। भले ही उनके पिता सिख थे, लेकिन वे आर्यसमाजी थे। उनके बाल लंबे थे, जो लड़कपन तक कटे नहीं थे और बँधे भी नहीं रहते थे; लेकिन वह न तो सिख धर्म, न ही किसी दूसरे धर्म के मिथकों व सिद्धांतों में विश्वास करते थे। वह जब क्रांतिकारी कार्यों की जिम्मेदारी सँभालने लगे, तब उनमें एक बदलाव आया।

भगत सिंह ने कहा कि असहयोग आंदोलन के बाद भगवान् के नाम पर ही हिंदू-मुसलिम दंगे भड़के थे। वे हिल गए थे। आखिर कैसे बरसों पहले जब दोनों समुदायों ने अपने मतभेदों को भुला दिया था और अंग्रेजों को खदेड़ने के लिए कंधे-से-कंधा मिलाकर लड़े थे। वे तुर्की में खलीफा के लिए एक-दूसरे के खून के प्यासे हो गए थे? ऐसा नहीं था कि वे इस मुद्दे को उठाना सही नहीं मानते थे। उन्हें निराशा इस बात से हुई कि कैसे दोनों समुदायों के सदस्य एक-दूसरे का गला

काटने के लिए कूद पड़े; जबकि दोनों के आदर्श एक थे, अभियान एक थे, यहाँ तक कि दोनों एक ही जेल में रहते थे। दोनों ही आंदोलन में साथ-साथ शामिल हुए थे, फिर भी एक-दूसरे के लिए अजनबी थे। वे कभी भारतीयों की तरह, कभी मनुष्य की तरह मानवता के लिए नहीं लड़े। वे धार्मिक, राजनीतिक या व्यक्तिगत बातों को लेकर साथ आए थे, लेकिन दिल से वे अंत तक भेदभावपूर्ण और धर्मोन्मादी, हिंदू और मुसलिम ही रहे।

इसके विपरीत, विचारधारा ने क्रांतिकारियों को एक सूत्र में बाँध रखा था। यहाँ तक कि एक दिन के आंदोलन से भी उनका भाईचारा स्पष्ट हो जाता था। वे सभी एक ही सोच-समझवाले थे। वे स्वतंत्रता संग्राम में धर्म और उसकी बातों को शामिल करने के खिलाफ थे। न कोई रहस्यवाद, न कोई अंधविश्वास। यथार्थवाद ही उनका धर्म था। उन्होंने अराजकतावादी नेता बकुनिन को पढ़ा और उतना ही लेनिन, ट्रॉटस्की तथा दूसरों को। वे सभी अनीश्वरवादी थे। उन्होंने निर्लंब स्वामी द्वारा रहस्यवादी नास्तिकता पर लिखी किताब *'कॉमन सेंस'* को पढ़ा और उससे काफी प्रभावित थे।

गांधी में भी लोकप्रिय आंदोलन में धर्म को मिलाने की प्रवृत्ति थी। यह सच है कि इसमें जन-भावना को पैदा करने की क्षमता थी; लेकिन इस प्रक्रिया में इसने लोगों के दिमाग में संकीर्ण धार्मिक भावनाओं के बीज बो दिए और इस देश की धर्मनिरपेक्ष प्रकृति को नष्ट कर दिया। राम राज्य की अवधारणा हिंदू धर्म में एक आदर्श राज्य की अवधारणा थी।

यहाँ तक कि गांधी में भी लोकप्रिय आंदोलन में धर्म को मिलाने की प्रवृत्ति थी। यह सच है कि इसमें जन-भावना को पैदा करने की क्षमता थी; लेकिन इस प्रक्रिया में इसने लोगों के दिमाग में संकीर्ण धार्मिक भावनाओं के बीज बो दिए और इस देश की धर्मनिरपेक्ष प्रकृति को नष्ट कर दिया। राम राज्य की अवधारणा हिंदू धर्म में एक आदर्श राज्य की अवधारणा थी। यह प्लेटो के गणतंत्र जैसी थी, जिसे हासिल नहीं किया जा सकता और 'राम राज्य' जैसे शब्दों ने अल्पसंख्यकों के दिमाग में शक के बीज बो दिए, जिससे उन्हें लगने लगा कि हिंदू विचारधारा उन पर थोपी जा रही है। बहुलवादी समाज में धर्मनिरपेक्ष सोच की आवश्यकता होती है। जरा सा भी पक्षपात देश में जहर घोल सकता है।

उन्हें यह विचित्र लगा कि जिन क्रांतिकारियों ने जीवन भर भेदभाव के

खिलाफ लड़ाई लड़ी, वे मरने से पहले उसी के शिकार हो गए। वे विशेष रूप से काकोरी कांड के क्रांतिकारियों के विषय में सोच रहे थे। वे डकैतियों से क्रांतिकारी गतिविधियों के लिए धन जुटाते थे और यह जितना उन्हें स्वीकार्य था, उतना ही चंद्र शेखर आजाद और उनके कुछ अन्य साथियों को भी। रामप्रसाद बिस्मिल और अशफाक उल्ला खाँ 9 अगस्त, 1925 को शाहजहाँपुर में एक ट्रेन में घुसे, जिसमें सरकारी तिजोरी ले जाई जा रही थी। हरदोई और शाहजहाँपुर के बीच पड़नेवाले काकोरी स्टेशन पर उन्होंने चेन खींची। अफरा-तफरी पैदा करने के लिए उन्होंने अपने रिवॉल्वर से गोलियाँ चलाईं और फिर तिजोरी पर कब्जा कर लिया। वह इतनी मजबूत थी कि अशफाक उल्ला खाँ को उसे तोड़ने के लिए हथौड़े की मदद लेनी पड़ी। भगत सिंह ने उनकी वीरता की प्रशंसा की और सरकारी खजाने की लूट में उन्हें कुछ भी गलत नहीं लगा, क्योंकि उसे भारतीयों की ही गाढ़ी कमाई चूसकर भरा गया था, लेकिन वह समझ नहीं सके कि जब उन्हें फाँसी दी जाने वाली थी, उससे पहले बिस्मिल और अशफाक उल्ला ने क्रांतिकारियों की धर्मनिरपेक्षता की बजाय अपनी धार्मिक पहचान पर जोर देने का फैसला क्यों किया। अशफाक उल्ला अपने गले में 'कुरान' को लटकाकर फाँसी के फंदे तक गए, जबकि बिस्मिल ने 'गीता' ले रखी थी। उन्हें ऐसा करने की जरूरत क्या थी? अशफाक उल्ला, जो एक उर्दू शायर थे, ने जो शायरी पढ़ी, वह धार्मिक नहीं, देशभक्ति की शायरी थी।

भगत सिंह को याद आया कि कैसे वे जिस पहले क्रांतिकारी से मिले थे, उसमें भगवान् के अस्तित्व को नकारने का साहस नहीं था। उसने कहा था, "जब चाहो, तब प्रार्थना करो।" यह एक साथ दो घोड़ों की सवारी करने जैसा था। लोग यह क्यों नहीं समझे कि धर्म लोगों को यथास्थिति स्वीकार करने पर विवश करता है, उन्हें भाग्यवादी बनाकर यह मानने पर मजबूर करता है कि 'यह ईश्वर की ही इच्छा थी।' आखिर कैसे बदलाव को बढ़ानेवाले धार्मिक पुस्तकों की अवश्यंभाविता को स्वीकार कर लेते?

कुछ आरजू नहीं है, है आरजू तो ये,
रख दे कोई जरा सी खाक-ए-वतन कफन में।

भगत सिंह को याद आया कि कैसे वे जिस पहले क्रांतिकारी से मिले थे,

उसमें भगवान् के अस्तित्व को नकारने का साहस नहीं था। उसने कहा था, "जब चाहो, तब प्रार्थना करो।" यह एक साथ दो घोड़ों की सवारी करने जैसा था। लोग यह क्यों नहीं समझे कि धर्म लोगों को यथास्थिति स्वीकार करने पर विवश करता है, उन्हें भाग्यवादी बनाकर यह मानने पर मजबूर करता है कि 'यह ईश्वर की ही इच्छा थी।' आखिर कैसे बदलाव को बढ़ानेवाले धार्मिक पुस्तकों की अवश्यंभाविता को स्वीकार कर लेते?

भगत सिंह को यह देखकर आश्चर्य होता था कि शुरुआती दिनों में बंगाल में क्रांतिकारियों की भरती केवल हिंदू मध्यम वर्ग से की जाती थी। दरअसल, क्रांतिकारी समूहों को मुसलिम-विरोधी माना जाता था। चूँकि ब्रिटिश सरकार मुसलमानों का इस्तेमाल राष्ट्रीय आंदोलन को दबाने के लिए करती थी, इसलिए क्रांतिकारी उन्हें शक की नजर से देखते थे। पूर्वी बंगाल को जब एक अलग प्रांत बनाने की बात हुई, तब तत्कालीन लेफ्टिनेंट गवर्नर बार्नफील्ड फुलर ने खुलकर कहा था कि सरकार मुसलिम समुदाय को 'चहेती पत्नी' के रूप में देखती है। इस टिप्पणी से बंगाल के क्रांतिकारी भड़क गए थे। उन्हें लगा कि मुसलिम भारत की स्वतंत्रता की राह में बाधा थे और इस बाधा को अन्य रुकावटों की तरह ही हटाना होगा।

बंगाली क्रांतिकारी एक अन्य कारण से भी मुसलमानों से नफरत करते थे। अंग्रेजों को लगता था कि क्रांतिकारी गतिविधियों से निपटने में वे बंगाली कर्मचारियों पर पूरा भरोसा नहीं कर सकते, क्योंकि वे 'राजनीतिक रूप से जागरूक थे।' इसलिए यू.पी. से मुसलमान सरकारी कर्मचारियों को लाकर बंगाल पुलिस के खुफिया विभाग में तैनात किया गया। इसका नतीजा यह हुआ कि बंगाल के हिंदुओं को लगने लगा कि मुसलमान राजनीतिक स्वतंत्रता और पूरे हिंदू समुदाय के खिलाफ थे।

भगत सिंह क्रांतिकारी को श्रेष्ठतम मनुष्य नहीं मानते थे। वे उसकी कमजोरियों को जानते थे। वे उन कमजोरियों से लगातार जूझते थे और उन्हें दूर करने का प्रयास करते थे; लेकिन वे धर्मांधता के शिकार कैसे बन सकते थे? आदर्शवाद ने उनके इरादे को मजबूत किया और वे अडिग रहे। इसी से उन्होंने अपने उद्‌देश्य को प्राप्त करने के तरीके निकाले। समाज में रहकर भी वे उससे दूर रहे। यदि वे भेदभाव या ऊँच-नीच से ऊपर नहीं उठे तो वह क्रांतिकारी नहीं थे।

भगत सिंह ने अपनी नोटबुक के पन्नों को पलटा और बर्ट्रेंड रसेल के एक अंश को पढ़ा—

"धर्म को लेकर मेरे विचार लुक्रेटिन जैसे हैं। मैं इसे भय की एक बीमारी

और मानव जाति को उन सारे दु:खों के रूप में देखता हूँ, जिसे बताया नहीं जा सकता। फिर भी, मैं इस बात से इनकार नहीं कर सकता कि सभ्यता में इसका कुछ योगदान है। इसने शुरुआती वर्षों में कैलेंडर को सही करने में मदद की और मिस्र के पुजारियों को इतनी अच्छी तरह ग्रहणों का समय निश्चित करने में सहायता दी कि वे सही अनुमान लगाने लगे। मैं इन दो लाभों को स्वीकार कर सकता हूँ; लेकिन इसके अलावा मैं कुछ और नहीं जानता।"

नोटबुक के पन्नों को पढ़ते हुए भगत सिंह की नजर एक वाक्य पर पड़ी, जिसे उन्होंने लाला लाजपत राय के लेख से वहाँ लिखा था—"परदेसियों पर कोई भी शासन अपनी काररवाई में इतना कठोर और क्रूर नहीं हो सकता, जितना कि लोकतंत्र।" यह सच है कि अगर लोकतांत्रिक ग्रेट ब्रिटेन अगर इस निडरता से उन लोगों को फाँसी देने के लिए फर्जी मुकदमे चला सकता है, जो उसकी गुलामी से मुक्ति चाहते हैं तो यह किसी साम्राज्यवादी राष्ट्र से भी बदतर है। वह उनकी फाँसी को सही नहीं ठहरा सकता, क्योंकि स्वराज उनका जन्मसिद्ध अधिकार है।

नोटबुक के पन्नों को पढ़ते हुए भगत सिंह की नजर एक वाक्य पर पड़ी, जिसे उन्होंने लाला लाजपत राय के लेख से वहाँ लिखा था—"परदेसियों पर कोई भी शासन अपनी काररवाई में इतना कठोर और क्रूर नहीं हो सकता, जितना कि लोकतंत्र।" यह सच है कि अगर लोकतांत्रिक ग्रेट ब्रिटेन अगर इस निडरता से उन लोगों को फाँसी देने के लिए फर्जी मुकदमे चला सकता है, जो उसकी गुलामी से मुक्ति चाहते हैं तो यह किसी साम्राज्यवादी राष्ट्र से भी बदतर है। वह उनकी फाँसी को सही नहीं ठहरा सकता, क्योंकि स्वराज उनका जन्मसिद्ध अधिकार है।

□

बार-बार भगत सिंह के दिगाग गें कुलतार का आँसुओं से भीगा चेहरा घूम जाता था। आखिर वह अपने भाई को कैसे समझाएँ कि जीवन शब्दों का नहीं, काररवाई का नाम है। हमारी इंद्रियाँ, दिमाग, अपने हर अंग के उपयोग का नाम है। अपनी नोटबुक में उन्होंने जेम्स रसेल लॉवेल की एक कविता को उतारा। इसे 'फ्रीडम' नाम दिया।

...सच्ची स्वतंत्रता है साझा करना
उन सारी बेड़ियों को जो हमारे भाइयों ने पहनी हैं,

और, हृदय व हाथों से,
दूसरों को मुक्त करने के लिए तत्पर रहना।

लाचार और कमजोरों के लिए
जो बोलने से घबराएँ वे गुलाम हैं,
वे गुलाम हैं जो
घृणा, उपहास और शोषण को नहीं चुनते,
खामोशी में चले जाते हैं।
सच है उन्हें सोचने की जरूरत है,
वे गुलाम हैं जिनमें साहस नहीं,
दो या तीन के साथ सच कहने का।

□

11

सरफरोशी की तमन्ना अब हमारे दिल में है,
देखना है जोर कितना बाजु-ए-कातिल में है।
वक्त आने दे बता देंगे तुझे ऐ आसमाँ,
हम अभी से क्या बताएँ, क्या हमारे दिल में है।

—रामप्रसाद बिस्मिल

फाँसी की खबर फैलते ही पूरा देश शोक में डूब गया। पूरे देश में प्रदर्शन हो रहे थे। कई लोगों ने उपवास रखा। लोगों ने अपना दुःख प्रकट करने के लिए काले बैच लगाए और अपने कारोबार को बंद रखा। अंग्रेज अपने घरों में बैठे रहे। भारतीय राजनीतिक नेताओं में सबसे पहले जवाहरलाल नेहरू ने अपनी श्रद्धांजलि दी। उन्होंने कहा कि भगत सिंह एक निष्कलंक योद्धा थे, जिन्होंने दुश्मन का सामना खुले मैदान में किया। वे एक ऐसे युवक थे, जो देश के लिए कुछ करने के जोश से लबरेज थे। वे एक ऐसी चिनगारी थी, जिसने देखते-ही-देखते आसमान छूती लपट का रूप ले लिया और एक से दूसरे शहर तक पूरे देश में फैल गए और हर तरफ के अँधियारे में उजाला कर दिया।

गांधी ने भी फाँसी के फंदे को चूमनेवाले नायक के साहस की प्रशंसा दिल खोलकर की। उन्होंने कहा—

"भगत सिंह और उनके साथियों को फाँसी दी गई है और वे शहीद हो गए हैं। उनकी मृत्यु कई लोगों के लिए व्यक्तिगत क्षति है। मैं भी उन युवकों को श्रद्धांजलि देनेवालों में शामिल हूँ। भगत सिंह और उनके दो साथियों को फाँसी दी गई है। उनके प्राणों की रक्षा के कई प्रयास किए गए थे और कुछ उम्मीद भी जगी थी; लेकिन सबकुछ व्यर्थ हो गया। भगत सिंह जीना नहीं चाहते थे। उन्होंने क्षमा माँगने से इनकार कर दिया और अपील दायर करने से मना कर दिया। यदि वह जीने पर सहमत हो जाते तो दूसरों के लिए वह ऐसा करते। यदि वह ऐसा करते तो

उनकी मृत्यु किसी को भी अंधाधुंध हत्या का अवसर नहीं देती।"

लेकिन कई लोगों ने इन शब्दों पर अपना विरोध जताया, जो गांधी से इस बात को लेकर नाराज थे कि उन्होंने भगत सिंह और उनके साथियों को बचाने के लिए पर्याप्त प्रयास नहीं किए।

कराची में कांग्रेस पार्टी के वार्षिक अधिवेशन के दौरान मोतीलाल नेहरू पंडाल पर उदासी की कालिमा छाई थी। सत्र को जब 29 मार्च, 1931 के लिए निर्धारित किया गया था, तब किसी को भी अंदेशा नहीं था कि भगत सिंह, सुखदेव और राजगुरु को निश्चित तारीख से छह दिन पहले फाँसी दे दी जाएगी। शोक के कारण नवनिर्वाचित अध्यक्ष सरदार वल्लभभाई पटेल के नेतृत्व में निकलनेवाले जुलूस को स्थगित कर दिया गया। स्वागत समिति के अध्यक्ष चोइथराम पी. गिडवानी ने अपने स्वागत भाषण में कहा कि इस त्रासद खबर से 'पूरा देश दुःख और आक्रोश में है।' लोगों का जैसे सबकुछ छिन गया था। उसे उम्मीद थी कि इन नायकों को बख्श दिया जाएगा। गांधी-इरविन समझौते और भारत सरकार तथा कांग्रेस के बीच सुलह के कारण ऐसा सोचना स्वाभाविक था।

बोस ने गांधी से कहा कि यदि आवश्यक हो तो भगत सिंह और उनके दो साथियों के मुद्दे पर वाइसरॉय से किए समझौते को तोड़ देना चाहिए। 'क्योंकि फाँसी दिल्ली समझौते की शर्तों के नहीं तो कम-से-कम उसकी भावना के खिलाफ थी।' बोस ने कहा कि इसके बाद भी 'यह स्वीकार करना चाहिए कि उन्होंने (गांधी) भरसक प्रयत्न किए।'

कराची के अधिवेशन में कांग्रेस के वामपंथ का नेतृत्व करनेवाले सुभाषचंद्र बोस युवाओं की आँखों में निराशा को देख सकते थे, जिनमें से सभी ने अपने बाजुओं पर काली पट्टी बाँध रखी थी। वे जानना चाहते थे कि कांग्रेस ने उन तीन युवाओं को बचाने के लिए क्या किया था। उनकी भावना यह थी कि गांधी ने पर्याप्त प्रयास नहीं किए। यदि उन्होंने इरविन के साथ अपने समझौते को वापस लेने की चेतावनी दी होती तो अंग्रेजों ने मृत्युदंड को उम्र कैद में बदल दिया होता।

बोस ने गांधी से कहा कि यदि आवश्यक हो तो भगत सिंह और उनके दो साथियों के मुद्दे पर वाइसरॉय से किए समझौते को तोड़ देना चाहिए। 'क्योंकि फाँसी दिल्ली समझौते की शर्तों के नहीं तो कम-से-कम उसकी भावना के खिलाफ थी।' बोस ने कहा कि इसके बाद भी 'यह स्वीकार करना चाहिए कि उन्होंने (गांधी) भरसक प्रयत्न किए।'

गांधी के सचिव महादेव देसाई ने गुजराती में दिए महात्मा के बयान को उद्धृत किया—

"मैं यहाँ अपना बचाव करने नहीं आया था और इस कारण उन तथ्यों को सामने नहीं रखा कि मैंने भगत सिंह और उनके साथियों को बचाने के लिए क्या किया। मैंने मनाने के सभी तरीकों से वाइसरॉय को मनाने के प्रयास किए, जो मेरे पास मौजूद थे। भगत सिंह के रिश्तेदारों के साथ 23 तारीख की सुबह निश्चित आखिरी मुलाकात के बाद मैंने वाइसरॉय को एक निजी पत्र लिखा, जिसमें मैंने अपना हृदय और अपनी आत्मा—सबकुछ डाल दिया; लेकिन यह सब व्यर्थ हो गया।...एक मनुष्य का दिमाग अपनी सारी भावनाओं और संवेदनाओं के साथ जितना प्रयास कर सकता था, वह सब केवल मेरे ही द्वारा नहीं किया गया; पूज्य पंडित मालवीयजी और डॉ. सप्रू ने भी अपनी ओर से भरसक प्रयास किए।"

जनता के गुस्से का सामना कर रहे कांग्रेस के नेताओं ने सजा को रद्द करवाने में अपनी विफलता पर कई तरह की सफाई दी, लेकिन किसी भी दलील से लोगों का आक्रोश कम नहीं कर सके। कांग्रेस ने एक सफाई यह दी कि इरविन ने गांधी से वादा किया था कि वह मौत की सजा को उम्र कैद में बदल देंगे; लेकिन वरिष्ठ ब्रिटिश आई.सी.एस. अधिकारियों ने धमकी दे दी कि तीनों युवकों को फाँसी नहीं दी गई तो वे सामूहिक रूप से इस्तीफा दे देंगे और वह पलट गए।

एक और अफवाह फैली थी कि वाइसरॉय ने लाहौर सेंट्रल जेल को टेलीग्राम के जरिए सजा को बदलने के आदेश भेजे थे, लेकिन नौकरशाहों ने साजिश रचकर उसे पहुँचाने में देरी की और जेल अधिकारियों को वह टेलीग्राम फाँसी के बाद मिला।

वहाँ इकट्ठा हुई भारी भीड़ को शांत करने के लिए कांग्रेस के अध्यक्ष पद को सँभालने जा रहे सरदार पटेल ने अपने भाषण में भगत सिंह और उनके साथियों को भावभीनी श्रद्धांजलि दी और फाँसी पर देश में व्याप्त भारी आक्रोश को व्यक्त किया; लेकिन उन्होंने गांधी की भाषा का इस्तेमाल किया, जब यह कहा—

"मैं उनके तरीकों का समर्थन नहीं करता। मुझे इसमें कोई संदेह नहीं कि राजनीतिक हत्या किसी अन्य हत्या की तरह उतनी ही निंदनीय है। लेकिन भगत सिंह और उनके साथियों की देशभक्ति, साहस और बलिदान की मैं सराहना करता हूँ।"

पटेल के भाषण के दौरान 'भगत सिंह अमर रहें!' और 'इनकलाब जिंदाबाद!' के नारे पंडाल के बाहर दूर-दूर तक गूँज रहे थे। उन्होंने कहा—

"सरकार की निर्दयता और उसकी विदेशी प्रकृति इससे पहले कभी इतना खुलकर नहीं दिखी, जितना कि मौत की सजा को उम्र कैद में बदलने के लिए चारों ओर से उठ रही माँग के बावजूद उन्हें फाँसी पर चढ़ा दिए जाने के बाद दिखी है। फिर भी, क्रोध के वश में आकर हमें अपने उद्देश्य से भटकना नहीं है। उनकी सैन्य शक्ति का जिस ढिठाई से प्रदर्शन किया गया है, वह इस संगदिल व्यवस्था पर लगे अभियोग को और गंभीर बना देता है और हमने जिस सीधे व सँकरे पथ को चुना है, उससे नहीं भटकते तो अपनी स्थिति को हम और बुलंद करने में सफल रहेंगे।"

फाँसी के बाद गांधी का वक्तव्य फिर से वितरित किया गया—

"भगत सिंह और उनके साथियों को फाँसी दे दी गई है और वे शहीद हो चुके हैं। कई लोगों के लिए उनकी मृत्यु व्यक्तिगत क्षति है। उन युवाओं को श्रद्धांजलि देनेवालों में मैं भी शामिल हूँ और इन सबके बावजूद मैं देश के युवाओं को सावधान करता हूँ कि उनके रास्ते पर न चलें। हमें अपनी ऊर्जा, बलिदान की अपनी भावना, अपने श्रम और अपने अदम्य साहस का उपयोग उस प्रकार नहीं करना चाहिए, जैसा कि उन्होंने किया। हमें इस देश को कभी रक्तपात से स्वतंत्र नहीं कराना चाहिए।

सरकार की निर्दयता और उसकी विदेशी प्रकृति इससे पहले कभी इतना खुलकर नहीं दिखी, जितना कि मौत की सजा को उम्र कैद में बदलने के लिए चारों ओर से उठ रही माँग के बावजूद उन्हें फाँसी पर चढ़ा दिए जाने के बाद दिखी है। फिर भी, क्रोध के वश में आकर हमें अपने उद्देश्य से भटकना नहीं है।

"जहाँ तक इस सरकार की बात है तो मुझे अफसोस है कि इसने विद्रोहियों का दिल जीतने का सुनहरा अवसर गँवा दिया है। कम-से-कम समझौते की दृष्टि से मृत्यु दंड को अनिश्चित काल तक के लिए टालना इसका धर्म था। सरकार ने अपनी ही कारवाई से समझौते पर करारा प्रहार किया है और एक बार फिर जनता की भावना का अनादर करने और अपनी असीम शक्ति का प्रदर्शन करने की क्षमता दिखाई है।

"हिंसा का सहारा लेना अमंगलकारी है और दिखाता है कि बड़ी-बड़ी बातों और शुभ वचनों के बावजूद यह सत्ता छोड़ने की इच्छुक नहीं है; लेकिन लोगों का कर्तव्य स्पष्ट है।

"कांग्रेस ने जो रास्ता चुना है, उससे किसी हाल में भटक नहीं सकती। मेरे विचार से, बड़े-से-बड़े उकसावे के बाद भी कांग्रेस को इस समझौते का पालन

करना चाहिए और उन परिणामों को प्राप्त करने की अपनी क्षमता की परीक्षा लेनी चाहिए।

"इसलिए भले ही हम उन वीर युवाओं के साहस की प्रशंसा करते हैं, हमें उनकी गतिविधियों का समर्थन कभी नहीं करना चाहिए। उन्हें फाँसी देकर सरकार ने अपनी बर्बर प्रकृति का प्रदर्शन किया है। उसने अपने उस अहंकार का ताजा सबूत दिया है, जो सार्वजनिक राय को अनदेखा करने की इसकी ताकत का परिणाम है। इस फाँसी से यह निष्कर्ष निकाला जा सकता है कि सरकार सही मायने में लोगों को किसी भी प्रकार की सत्ता नहीं सौंपना चाहती। निश्चित रूप से सरकार के पास उन्हें फाँसी देने का अधिकार था। फिर भी, कुछ अधिकार होते हैं, जिनसे उन लोगों को श्रेय मिलता है, जो उनका उपयोग कहने भर के लिए ही करते हैं। यदि कोई व्यक्ति हर अवसर पर अपने सभी अधिकारों का प्रयोग करता है तो आखिर में वे नष्ट हो जाते हैं। इस अवसर पर सरकार ने यदि अपने अधिकारों का प्रयोग नहीं किया होता तो उसे इसका श्रेय मिलता और शांति बनाए रखने में वह काफी उपयोगी सिद्ध होता।

इस फाँसी से यह निष्कर्ष निकाला जा सकता है कि सरकार सही मायने में लोगों को किसी भी प्रकार की सत्ता नहीं सौंपना चाहती। निश्चित रूप से सरकार के पास उन्हें फाँसी देने का अधिकार था। फिर भी, कुछ अधिकार होते हैं, जिनसे उन लोगों को श्रेय मिलता है, जो उनका उपयोग कहने भर के लिए ही करते हैं। यदि कोई व्यक्ति हर अवसर पर अपने सभी अधिकारों का प्रयोग करता है तो आखिर में वे नष्ट हो जाते हैं।

"हालाँकि, यह स्पष्ट है कि सरकार ने आज तक कभी इस प्रकार की बुद्धिमानी नहीं दिखाई है। इसने जनता के आक्रोश को भड़काया है। यदि लोगों ने क्रोध दिखाया तो वे निश्चित रूप से उस खेल में मात खा जाएँगे, जिसमें उनकी जीत पक्की है। कुछ अधिकारी ऐसा भी चाहते होंगे कि लोग अपने गुस्से का इजहार करें। वे ऐसा करते हैं या नहीं, लेकिन हमारा रास्ता एकदम सीधा है। समझौता करते समय भगत सिंह की फाँसी को हमने संज्ञान में नहीं लिया था। हमें उम्मीद थी कि सरकार सावधानी बरतेगी और भगत सिंह एवं उनके सहयोगियों को फाँसी देने की बजाय उनकी सजा को कम कर देगी। हमें केवल इस कारण अपने वचन को नहीं तोड़ना चाहिए कि हमारी उम्मीदें पूरी नहीं हुई हैं; बल्कि इस झटके को सह लेना चाहिए, जो हमें लगा है और अपने वचन को निभाना चाहिए। इतनी कठिन परिस्थिति में भी ऐसा करने

पर हम जो चाहते हैं, उसे पाने की इच्छा कम होने की बजाय बढ़ जाएगी; जबकि हमने वचन तोड़ा या समझौते को भंग किया तो हमारा जोश, हमारी ताकत एवं इच्छा कम हो जाएगी और वर्तमान कठिनाइयों के कारण अपने उद्देश्य को हासिल करना और भी कठिन हो जाएगा। इसलिए हमारा धर्म है कि हम क्रोध को पी जाएँ, समझौते का पालन करें और अपने कर्तव्य को निभाएँ।"

कांग्रेस के अधिवेशन से तीन दिन पहले कराची में प्रेस को दिए इंटरव्यू में गांधी ने कहा था—

"भगत सिंह और उनके साथियों को सुनाई गई मौत की सजा को कम करवाने में मैं अपने प्रयासों में विफल रहा और इस कारण युवाओं का गुस्सा मुझ पर निकला। मैं इसके लिए पूरी तरह तैयार था। भले ही वे मुझसे नाराज थे, लेकिन मैं कहूँगा कि उन्होंने इसे बेहद सम्मानजनक तरीके से व्यक्त किया। वे चाहते तो मुझ पर हमला भी कर सकते थे, लेकिन उन्होंने ऐसा नहीं किया। वे चाहते तो कई तरीके से मुझे अपमानित कर सकते थे, लेकिन उन्होंने आक्रोश व्यक्त करने और मुझे अपमानित करने के लिए काले कपड़े के फूल देने तक अपने आप को सीमित रखा, जो मैं समझता हूँ कि उन तीन देशभक्तों की राख का प्रतीक थे। यह भी कि वे चाहते तो मेरे ऊपर बरसाकर या फेंककर कर सकते थे, लेकिन उन्होंने मेरे हाथों में देने के विकल्प को चुना, जिसे मैंने सहर्ष स्वीकार किया। बेशक, उन्होंने नारे लगाए 'गांधीवाद मुर्दाबाद', 'गांधी, वापस जाओ।'

''मैं इसे उनके गुस्से की वैध अभिव्यक्ति मानता हूँ। इस प्रकार के प्रदर्शनों की मुझे आदत है, वह भी इससे बुरे और गंभीर प्रदर्शनों की, इसलिए मैं परेशान नहीं हुआ और इस प्रकार के अपमानों को केवल उनके गहरे दुःख और आक्रोश की हलकी अभिव्यक्ति के रूप में लिया। मैं बस, यही आशा करता हूँ कि कल उन्होंने जितना संयम दिखाया, उतना ही पूरे आई.एन.सी. (भारतीय राष्ट्रीय कांग्रेस) के अधिवेशन के दौरान दिखाएँगे; क्योंकि वे जानते हैं कि उनके

आत्म-दमन और घबराहट के इस देश में जो कायरता की हद तक चला जाता है, हम हद से अधिक वीरता, हद से अधिक आत्म-बलिदान की अपेक्षा नहीं कर सकते। लेकिन मैं इससे भी बड़े साहस की उम्मीद करता हूँ, यदि मैं अपने युवा साथियों को नाराज किए बिना कहूँ कि मैं उन भीरु, सौम्य और अहिंसक लोगों में ऐसी वीरता देखना चाहता हूँ, जो बिना किसी को चोट पहुँचाए या एक भी व्यक्ति को चोट पहुँचाने का विचार किए बिना ही फाँसी पर चढ़ जाएँ।

साथ मैं भी उसी लक्ष्य तक पहुँचना चाहता हूँ। बस, मैं उनसे एकदम अलग तरीके को अपना रहा हूँ। मुझे लेशमात्र भी शंका नहीं कि समय बीतने पर उन्हें अपने तरीकों की चूक का पता लग जाएगा। दूसरे देशों में जो भी सही हो रहा हो, इस देश में जहाँ करोड़ों लोग भूखे हैं, वहाँ हिंसा के रास्ते का कोई अर्थ नहीं है। आत्म-दमन और घबराहट के इस देश में जो कायरता की हद तक चला जाता है, हम हद से अधिक वीरता, हद से अधिक आत्म-बलिदान की अपेक्षा नहीं कर सकते। लेकिन मैं इससे भी बड़े साहस की उम्मीद करता हूँ, यदि मैं अपने युवा साथियों को नाराज किए बिना कहूँ कि मैं उन भीरु, सौम्य और अहिंसक लोगों में ऐसी वीरता देखना चाहता हूँ, जो बिना किसी को चोट पहुँचाए या एक भी व्यक्ति को चोट पहुँचाने का विचार किए बिना ही फाँसी पर चढ़ जाएँ।"

बाद में पत्रकारों ने गांधी से दो सवाल किए—

पहला प्रश्न था—क्या भगत सिंह और उनके साथियों की फाँसी ने समझौते पर उनके दृष्टिकोण को बदल दिया था?

उनका उत्तर था, "मेरी व्यक्तिगत सोच बिल्कुल वही थी, भले ही वह उकसावा सबसे गंभीर किस्म का था। मैं यह बता दूँ कि इन फाँसियों को रोकना उस समझौते का हिस्सा नहीं था। जहाँ तक मेरी बात है, तो शर्तों से परे किसी भी प्रकार का उकसावा मुझे उस राह से भटका नहीं सकता था, जिस पर मैंने समझौता करते समय सहमति जता दी थी।"

दूसरा प्रश्न था—क्या उन्हें लगा कि एक ऐसी सरकार को माफ कर देना अनुचित था, जो हजारों हत्याओं की दोषी थी?

"मुझे एक भी ऐसा अवसर नहीं दिखता, जहाँ माफ करना इतना अनुचित हो सकता है। लेकिन भारत ने ब्रिटेन के प्रति जितनी क्षमाशीलता दिखाई है, उतनी किसी अन्य देश ने नहीं दिखाई है।

"इससे मेरा उत्तर प्रभावित नहीं होने वाला है। जो बात व्यक्तियों के लिए सही है, वह देशों पर भी लागू होती है। किसी को भी क्षमा करना बहुत अधिक नहीं हो सकता। कमजोर कभी क्षमा नहीं कर सकता। क्षमाशीलता शक्तिशाली का गुण होता है।"

इस बात को भाँपते हुए कि अधिवेशन में गांधी-विरोधी भावना काफी अधिक है, नेहरू ने गांधी को 'दुनिया में अहिंसा का सबसे बड़ा पुजारी' बताया। लेकिन नेहरू ने चेतावनी दी—

"हमारा तरीका भगत सिंह जैसा नहीं। हमने सदैव कहा है कि हम कभी

अपने देश को शस्त्र का प्रयोग कर स्वतंत्र नहीं करा सकते।...केवल गांधी के तरीके से ही देश आजाद होगा। यदि हम अहिंसा के पथ को छोड़ते हैं तो हम कई वर्षों तक स्वतंत्र नहीं हो पाएँगे।"

नेहरू ने एक प्रस्ताव पेश किया, जिसका अनुमोदन पं. मदन मोहन मालवीय ने किया। उस प्रस्ताव में कहा गया—

"यह कांग्रेस जहाँ किसी भी प्रकार की राजनीतिक हिंसा से अपने आप को अलग करती है और उसका समर्थन नहीं करती, वहीं स्वर्गीय सरदार भगत सिंह और उनके साथियों—सुखदेव एवं राजगुरु के साहस और बलिदान की प्रशंसा को अभिलिखित करती है तथा प्राणों की क्षति से शोकाकुल हुए परिवारों के साथ खड़ी है। इस कांग्रेस की राय है कि यह तिहरी फाँसी बदले की निर्दयतापूर्ण और सजा को माफ करने की एक स्वर से उठी माँग को जान-बूझकर अनदेखा करने की काररवाई है। इस कांग्रेस की यह भी राय है कि सरकार ने उस सद्भावना को बढ़ाने का सुनहरा अवसर गँवा दिया है, जो इस समय अनिवार्य थी और उस पार्टी पर शांति के तरीके से जीत हासिल नहीं कर सकी, जिसने हताशा में राजनीतिक हिंसा का सहारा लिया था।"

यह कांग्रेस जहाँ किसी भी प्रकार की राजनीतिक हिंसा से अपने आप को अलग करती है और उसका समर्थन नहीं करती, वहीं स्वर्गीय सरदार भगत सिंह और उनके साथियों—सुखदेव एवं राजगुरु के साहस और बलिदान की प्रशंसा को अभिलिखित करती है तथा प्राणों की क्षति से शोकाकुल हुए परिवारों के साथ खड़ी है। इस कांग्रेस की राय है कि यह तिहरी फाँसी बदले की निर्दयतापूर्ण और सजा को माफ करने की एक स्वर से उठी माँग को जान-बूझकर अनदेखा करने की काररवाई है।

गांधी ने इस प्रस्ताव को लाने के लिए नेहरू को चुना, जो युवाओं के बीच लोकप्रिय थे। पटेल को भला-बुरा कहा गया था। मन में भरे जहर को निकालने का काम किसी ने किया तो वह था भगत सिंह के पिता किशन सिंह का भाषण। किशन सिंह ने जब भगत सिंह के शब्दों की याद दिलाई तो सारे प्रतिनिधि फूट-फूटकर रोने लगे—

"हमसे भगत ने कहा था कि तुम परेशान न हो। मुझे फाँसी लगने दो, यही ठीक है। हमें फाँसी लगी तो एक हफ्ते में ही स्वराज मिल जाएगा। वो कहता था

कि प्रिवी काउंसिल में जाने से कोई फायदा नहीं, क्योंकि गुलामों का हक नहीं है कि शिकायत करें।"

किशन सिंह ने बताया कि कैसे उनके साथ-साथ परिवार के सदस्यों को फाँसी से एक दिन पहले जेल अधिकारियों ने भगत सिंह से मिलने की इजाजत नहीं दी थी।

वह वहीं था, हम उससे मिल सकते थे, लेकिन पुलिस ने हमें उससे मिलने नहीं दिया। हम बस, हाथ हिला सके। वे एक पिता के साथ ऐसा कैसे कर सकते हैं, जिसके बेटे को उसकी आँखों के सामने उससे छीन लिया गया?

लेकिन उन्होंने एक जोरदार अपील की—

"आपको अपने जनरल (गांधी) का समर्थन करना चाहिए। आपको कांग्रेस के सभी नेताओं का समर्थन करना चाहिए। तभी आप देश के लिए आजादी हासिल कर सकेंगे।"

भगत सिंह और उनके साथियों की खुलकर प्रशंसा करने के बाद भी कई सदस्यों ने उस प्रस्ताव की आलोचना की। एक सदस्य ने इन शब्दों—'यह कांग्रेस जहाँ किसी भी प्रकार की राजनीतिक हिंसा से अपने आप को अलग करती है और उसका समर्थन नहीं करती' को हटाने के लिए संशोधन पेश किया। उसका कहना था कि भगत सिंह, सुखदेव और राजगुरु को बिना किसी शर्त सम्मान देना चाहिए।

लाल बहादुर शास्त्री ने कहा, "सही मायने में गांधीजी की अहिंसा के एक अनुयायी के रूप में अपना जीवन जीने के बाद भी मैं यह मानता हूँ कि यह इस सदन के सम्मान और विनम्रता का अपमान है कि यह कहें कि हम किसी भी प्रकार की हिंसा के विरुद्ध हैं।"

एक अन्य प्रतिनिधि ने शास्त्रीजी का समर्थन किया और इस प्रस्ताव का अनुमोदन किया, "प्रमुख नेताओं ने भगत सिंह और उनके साथियों की वीरता की प्रशंसा की है; लेकिन मुझे समझ नहीं आता कि क्यों उनकी काररवाई का आकलन निंदाजनक रूप में किया गया? उन्होंने जो कुछ भी किया, वह देश के लिए किया।"

इससे पहले कि अन्य कोई प्रतिनिधि उस संशोधन पर बोलने के लिए खड़ा होता, समापन का प्रस्ताव पेश कर दिया गया। नेहरू ने जो प्रस्ताव पेश किया, उसे गांधी की स्वीकृति से तैयार किया गया था। गांधी चाहते थे कि संशोधन को वापस ले लिया जाए। मतदान कराया गया। संशोधन गिर गया।

गांधी के लिए कांग्रेस का समर्थन इतना महत्त्वपूर्ण था कि वे बहुमत पर फाँसी का प्रभाव पड़ने नहीं दे सकते थे। गांधी पहले ही लंदन में हुए गोलमेज सम्मेलन

11 जून, 1931 को 'यंग इंडिया' में गांधी ने कहा, "मैं भगत सिंह और उनके साथियों को मिली मौत की सजा को कम करने के आंदोलन में शामिल हो गया था। मैंने उस काम में अपना सर्वस्व लगा दिया था।" एक अन्य सार्वजनिक सभा में उन्होंने कहा, "भगत सिंह और अन्य दो की जान बचाने के लिए मैं खुशी-खुशी अपना जीवन वाइसरॉय के हवाले कर सकता था।"

में सिद्धांतों पर 'समझौते' को स्वीकार कर चुके थे। उन्हें कांग्रेस का पूर्ण और खुला समर्थन चाहिए था। कांग्रेस के कोषाध्यक्ष जमनालाल बजाज ने जब गांधी से कहा, "आप गोलमेज सम्मेलन में शर्तों से बँधकर नहीं जा सकते और दुनिया से यह नहीं कह सकते कि आप अब भी स्वतंत्रता पर अड़े हैं।" तो सारा भेद खुल गया।

11 जून, 1931 को *'यंग इंडिया'* में गांधी ने कहा, "मैं भगत सिंह और उनके साथियों को मिली मौत की सजा को कम करने के आंदोलन में शामिल हो गया था। मैंने उस काम में अपना सर्वस्व लगा दिया था।" एक अन्य सार्वजनिक सभा में उन्होंने कहा, "भगत सिंह और अन्य दो की जान बचाने के लिए मैं खुशी-खुशी अपना जीवन वाइसरॉय के हवाले कर सकता था।"

फिर भी, गांधी ने भगत सिंह के लिए स्मारक बनाने के प्रस्ताव से खुद को अलग कर लिया।

□

वार्षिक अधिवेशन अब भी चल रहा था, जब शहीद सुखदेव के भाई मथुरा दास ने सुखदेव का लिखा पत्र गांधी के निजी सचिव महादेव देसाई को सौंपा। वह पत्र फाँसी से सिर्फ दो दिन पहले लिखा गया था। सुखदेव ने सुना था कि गांधी उन कैदियों की रिहाई के लिए सरकार के साथ बातचीत कर रहे हैं, जिन्हें हिंसा के लिए दोषी नहीं ठहराया गया था। इसके साथ ही, गांधी क्रांतिकारियों से अपना आंदोलन रोक देने की अपील भी कर रहे थे। उस पत्र में, जिसे *'यंग इंडिया'* ने 21 अप्रैल, 1931 को प्रकाशित किया, सुखदेव ने गांधीजी को 'परम आदरणीय महात्माजी' के रूप में संबोधित किया—

"अपने समझौते के बाद आपने अपना आंदोलन वापस ले लिया, जिसके बाद आपके सारे बंदी रिहा कर दिए गए हैं। लेकिन क्रांतिकारी कैदियों का क्या होगा? गदर पार्टी के दर्जनों कैदी सन् 1915 के बाद से ही बंद हैं और वे आज भी सड़ रहे हैं। अपनी पूरी सजा काट लेने के बाद भी मार्शल लॉ के न जाने कितने

कैदी उन जिंदा कब्रों में गड़े हैं और यही हाल दर्जनों बब्बर अकाली कैदियों का भी है। देवगढ़, काकोरी, मछुआ बाजार और लाहौर षड्यंत्र केस के कैदी उन अनगिनत लोगों में शामिल हैं, जो अब भी सलाखों के पीछे हैं। लाहौर, दिल्ली, चटगाँव, बंबई, कलकत्ता और अन्य जगहों पर षड्यंत्र के आधा दर्जन से अधिक मुकदमे चल रहे हैं। दर्जनों क्रांतिकारी भागे हुए हैं और उनमें से कई स्त्रियाँ भी हैं। आधा दर्जन से भी अधिक कैदी वास्तव में फाँसी के इंतजार में हैं। इन सारे लोगों का क्या होगा? लाहौर षड्यंत्र केस के तीन सजायाफ्ता कैदी, जो किस्मत से लोकप्रिय हो गए हैं और जिन्हें जनता की बेहिसाब सहानुभूति मिली है, वे उस क्रांतिकारी दल के गिने-चुने सिपाही भर हैं। पार्टी को केवल उनकी ही चिंता नहीं है। दरअसल, इसकी उम्मीद कहीं अधिक है कि सजा में परिवर्तन की बजाय उनकी फाँसी सबके हित में होगी।

"लेकिन इन सबके बावजूद आप सार्वजनिक अपील कर रहे हैं कि वे अपना आंदोलन वापस ले लें। उन्हें ऐसा क्यों करना चाहिए? आपने इस पर कुछ भी नहीं कहा है। इन परिस्थितियों में आपकी अपील का मतलब है कि आप आंदोलन को कुचलने के लिए नौकरशाही से हाथ मिला रहे हैं और आपकी अपील उनके बीच विश्वासघात, भगोड़ा हो जाने और धोखा देने के उपदेश जैसी है। यदि ऐसा नहीं है तो आपके लिए सबसे अच्छा यही होता कि आप प्रमुख क्रांतिकारियों से संपर्क करते और पूरे विषय पर उनसे बातचीत करते। आपको उन्हें उनका आंदोलन समाप्त करने के लिए मनाने का प्रयास करना चाहिए था। मुझे लगता है, आप भी इस सामान्य धारणा को मानते हैं कि क्रांतिकारियों के पास कोई तर्क नहीं और उन्हें केवल विनाश एवं तबाही में आनंद आता है। आपको बता दूँ कि वास्तव में स्थिति ठीक इसके उलट है। वे जो भी कदम उठाते हैं, उसके गुण-दोष पर हमेशा विचार करते हैं और उस जिम्मेदारी को अच्छी तरह समझते हैं, जिसे उठाते हैं और क्रांतिकारी कार्यक्रम के सकारात्मक चरण को किसी भी अन्य की

इन परिस्थितियों में आपकी अपील का मतलब है कि आप आंदोलन को कुचलने के लिए नौकरशाही से हाथ मिला रहे हैं और आपकी अपील उनके बीच विश्वासघात, भगोड़ा हो जाने और धोखा देने के उपदेश जैसी है। यदि ऐसा नहीं है तो आपके लिए सबसे अच्छा यही होता कि आप प्रमुख क्रांतिकारियों से संपर्क करते और पूरे विषय पर उनसे बातचीत करते। आपको उन्हें उनका आंदोलन समाप्त करने के लिए मनाने का प्रयास करना चाहिए था।

तुलना में अधिक महत्त्व देते हैं। भले ही वर्तमान परिस्थितियों में वे अपने कार्यक्रम के किसी अन्य चरण की अपेक्षा विनाशकारी चरण में व्यस्त हैं।

"उनके प्रति सरकार की वर्तमान नीति जनता की सहानुभूति और समर्थन को उनसे छीन लेने की है, जिसे उन्होंने अपने आंदोलन से प्राप्त किया था और फिर उन्हें कुचल देने की है। अलग-थलग पड़ने पर उन्हें आसानी से शिकार बनाया जा सकता है। इस तथ्य के आलोक में उनके सदस्यों के मनोबल को तोड़ने के लिए की गई कोई भी भावनात्मक अपील पूरी तरह से मूर्खतापूर्ण और क्रांति-विरोधी होगी। यह उन्हें कुचलने में सीधे तौर पर सरकार की सहायता करेगी।

"इसलिए, हम आपसे आग्रह करते हैं कि आप क्रांतिकारी नेताओं से बात कीजिए। उनमें से कई जेल में हैं और उनकी बात मानिए या ऐसी अपील करना बंद कीजिए। सबकी भलाई के लिए कृपया इन दो विकल्पों में से किसी एक पर चलिए और उस पर पूरे दिल से चलिए। यदि आप उनकी सहायता नहीं कर सकते तो कृपया उन पर दया कीजिए। उन्हें अकेला छोड़ दीजिए। वे अपना खयाल अच्छी तरह रख सकते हैं। वे जानते हैं कि भविष्य के राजनीतिक संघर्ष में क्रांतिकारी दल का प्रभुत्व निश्चित है। जनता उनके साथ खड़ी हो रही है और वह दिन दूर नहीं, जब वे जनता का नेतृत्व समाजवादी गणराज्य के महान् और उच्च आदर्श की दिशा में अपने बैनर तले ले जाने के लिए कर रहे होंगे।

"या फिर, यदि आप उनकी सहायता के लिए गंभीर हैं तो उनसे बात कर उनके दृष्टिकोण को समझिए और इस समस्या पर विस्तार से चर्चा कीजिए।

"आशा करता हूँ, आप उपर्युक्त आग्रह पर दयालुता से विचार करेंगे और अपने विचार सार्वजनिक करेंगे।"

सुखदेव ने इस पत्र को इस प्रकार समाप्त किया—"कई लोगों में से आपका एक।"

कई लोग ऐसे नहीं होते, जो राजनीतिक स्वतंत्रता के लिए फाँसी की चाह रखते हैं। राजनीतिक हत्या चाहे कितनी ही निंदनीय क्यों न हो, देश के प्रति प्रेम और इस प्रकार के भयंकर कर्मों की प्रेरणा देनेवाले साहस को स्वीकार करने से रोक पाना संभव नहीं होता और हमें यही उम्मीद करनी चाहिए कि यदि भारतीय प्रयोग सफल रहा तो राजनीतिक हत्या की यह सनक आगे नहीं बढ़ेगी; क्योंकि भारतीय प्रयोग का सफल होना निश्चित है। ऐसे में राजनीतिक हत्यारे का काम हमेशा के लिए समाप्त हो जाएगा। किसी भी स्थिति में, मैं उसी दिशा में कार्य कर रहा हूँ।

चूँकि सुखदेव ने गांधी से सार्वजनिक प्रतिक्रिया देने को कहा था, इसलिए उन्होंने ऐसा ही किया। उन्होंने लिखा—

"लेखक 'कई में से एक नहीं'। कई लोग ऐसे नहीं होते, जो राजनीतिक स्वतंत्रता के लिए फाँसी की चाह रखते हैं। राजनीतिक हत्या चाहे कितनी ही निंदनीय क्यों न हो, देश के प्रति प्रेम और इस प्रकार के भयंकर कर्मों की प्रेरणा देनेवाले साहस को स्वीकार करने से रोक पाना संभव नहीं होता और हमें यही उम्मीद करनी चाहिए कि यदि भारतीय प्रयोग सफल रहा तो राजनीतिक हत्या की यह सनक आगे नहीं बढ़ेगी; क्योंकि भारतीय प्रयोग का सफल होना निश्चित है। ऐसे में राजनीतिक हत्यारे का काम हमेशा के लिए समाप्त हो जाएगा। किसी भी स्थिति में, मैं उसी दिशा में कार्य कर रहा हूँ।

"लेखक जब कहता है कि मैंने क्रांतिकारियों के आंदोलन को समाप्त करने के लिए भावुक अपील करने के सिवाय और कुछ नहीं किया तो वह न्याय नहीं करता, और मैं इसके उलट दावा करता हूँ कि मैंने उन्हें ठोस तथ्य बताए हैं, भले ही उनकी चर्चा इन स्तंभों में अकसर हुई है। संक्षेप में फिर से दोहरा देता हूँ—

1. क्रांतिकारी गतिविधि से हम अपने लक्ष्य के करीब नहीं पहुँच सके हैं।
2. इससे देश में सैन्य खर्च बढ़ा है।
3. इससे सरकार ने बदले की कारवाई की है, जिससे किसी का भला नहीं हुआ।
4. जब भी क्रांतिकारी हत्या हुई, इसने कुछ समय तक उस स्थान के लोगों का मनोबल तोड़ा है।
5. इससे किसी भी प्रकार का कोई जन-जागरण नहीं हुआ।
6. लोगों पर इसका दोहरा दुष्प्रभाव हुआ है, क्योंकि सरकार के गुस्से का सामना करते हुए उन्हें अतिरिक्त खर्च और अप्रत्यक्ष प्रभाव झेलना पड़ा है।
7. क्रांतिकारी हत्या भारत की भूमि पर फल-फूल नहीं सकती, क्योंकि इतिहास ने हमें शिक्षा दी है। भारतीय परंपरा राजनीतिक हिंसा के विकास के अनुकूल नहीं है।
8. यदि क्रांतिकारी जनता को अपने तरीके से बदलना चाहते हैं तो हमें न जाने कितने वर्षों तक जनता के बीच उनकी विचारधारा की पैठ बनाने और फिर स्वतंत्रता प्राप्त करने की प्रतीक्षा करनी होगी।

9. यदि हिंसा का तरीका लोकप्रिय हो गया तो जैसा कि दूसरे देशों में हुआ है, इसका हमारे ही मन में विपरीत प्रतिक्रिया करना निश्चित है।
10. क्रांतिकारियों ने अपनी आँखों से इसके विपरीत तरीके, यानी अहिंसा की प्रभावोत्पादकता को देखा है, जो उनकी ओर से और कभी-कभी अहिंसा के तथाकथित समर्थकों द्वारा हिंसा की छिटपुट घटनाओं के बाद भी जारी रहा है।
11. क्रांतिकारियों को केवल ऐसे प्रमाणों को स्वीकार करना चाहिए, जो उन्हें बताते हैं कि उनकी गतिविधि से अहिंसा के आंदोलन को कोई लाभ नहीं मिला। इसकी बजाय इसने उसे नुकसान पहुँचाया है। दूसरे शब्दों में, यदि मुझे पूरी तरह से शांतिपूर्ण माहौल मिला होता तो हम अपने लक्ष्य को अब तक प्राप्त कर चुके होते।

"मेरा दावा है कि ये ठोस तथ्य हैं और इसमें कोई अपील नहीं है; लेकिन लेखक को उसकी पार्टी से सार्वजनिक अपील पर भी आपत्ति है और वह कहता है कि इससे नौकरशाही को आंदोलन को कुचलने में मदद मिलती है। निश्चित रूप से नौकरशाही को आंदोलन से निपटने के लिए मेरी मदद की जरूरत नहीं है। यह क्रांतिकारियों और मुझसे अपनी जान बचाने के लिए लड़ रहा है। हिंसक आंदोलन से कहीं अधिक खतरा उनको अहिंसात्मक आंदोलन से लग रहा है। यह हिंसात्मक आंदोलन से निपटना जानता है। यह अहिंसात्मक आंदोलन से परेशान है, जिसने उसकी जड़ों को हिला दिया है।

"वैसे भी, राजनीतिक हत्या करनेवाले अपने भयंकर सफर पर निकलने से पहले ही उसकी कीमत का अंदाजा लगा लेते हैं। मेरी काररवाई उनकी किस्मत को शायद उससे अधिक नहीं बिगाड़ सकती और यह देखते हुए कि क्रांतिकारी दल को गुप्त रूप से काम करना पड़ता है, मेरे पास इसके अज्ञात सदस्यों से सार्वजनिक अपील करने के

राजनीतिक हत्या करनेवाले अपने भयंकर सफर पर निकलने से पहले ही उसकी कीमत का अंदाजा लगा लेते हैं। मेरी काररवाई उनकी किस्मत को शायद उससे अधिक नहीं बिगाड़ सकती और यह देखते हुए कि क्रांतिकारी दल को गुप्त रूप से काम करना पड़ता है, मेरे पास इसके अज्ञात सदस्यों से सार्वजनिक अपील करने के सिवाय दूसरा रास्ता नहीं है। मैं ऐसे कई पुराने क्रांतिकारियों को जानता हूँ, जो मेरे सहयोगी बन चुके हैं।

सिवाय दूसरा रास्ता नहीं है। मैं ऐसे कई पुराने क्रांतिकारियों को जानता हूँ, जो मेरे सहयोगी बन चुके हैं।

"खुले खत में शिकायत की गई है कि सत्याग्रहियों के अलावा दूसरे बंदियों को रिहा नहीं किया गया है। मैं इसका कारण बता चुका हूँ कि अन्य बंदियों की रिहाई का दबाव बनाना क्यों असंभव था। व्यक्तिगत रूप से मैं उन सभी की रिहाई चाहता हूँ। मैं उन्हें रिहा कराने के सारे प्रयास करूँगा। मैं जानता हूँ कि उनमें से कुछ को बहुत पहले ही छोड़ दिया जाना चाहिए था। इस संबंध में कांग्रेस का एक प्रस्ताव भी है। कार्य समिति ने सार्जेंट नरीमन (एक कांग्रेस नेता) को सारे नामों को जुटाने का काम सौंपा है। जैसे ही उनकी सूची तैयार हो जाती है, उन्हें रिहा कराने के कदम उठाए जाएँगे। लेकिन जो बाहर हैं, उन्हें क्रांतिकारी हत्याओं को रोकने में मदद करनी चाहिए। हम दोनों ही लाभ नहीं ले सकते हैं। बेशक, कुछ राजनीतिक बंदी हैं, जिन्हें किसी भी सूरत में रिहा किया जाना चाहिए। मैं ऐसे सभी लोगों को केवल आश्वस्त कर सकता हूँ कि यह देरी इच्छा-शक्ति के अभाव के कारण नहीं है, बल्कि क्षमता के कारण है। हमें यह भी याद रखना चाहिए कि जब अंतिम समझौता होगा और अगर यह होता है तो कुछ ही महीनों में सारे बंदी रिहा कर दिए जाने चाहिए। यदि ऐसा नहीं होता तो जो अन्य राजनीतिक बंदियों को रिहा कराने का प्रयास कर रहे हैं, वे खुद जेल में डाल दिए जाएँगे।"

□

उपसंहार

भगत सिंह के खून का असर देख लेना,
मिटा देंगे जालिम का घर देख लेना।

वर्ष 1981 के नवंबर में धूप खिली थी और वॉशिंगटन साफ-सुथरा व चमकदार दिख रहा था, यहाँ तक कि कांग्रेस के सदस्यों और सीनेटरों के सुनसान कमरे भी रोशनी में नहाए हुए थे। लेकिन वेस्टसाइड ड्राइव के एक कमरे 1088 के परदे गिरे थे, क्योंकि उसमें रहनेवाले को अँधेरा पसंद था। बेशक, पड़ोसियों को कोई आश्चर्य नहीं था, क्योंकि उन्होंने घर के दरवाजों को अकसर बंद ही देखा था।

उसके विचारमग्न निवासी से कुछ ही लोगों का मिलना-जुलना था। वह एक लंबा, तनाव में रहनेवाला और संकोची स्वभाव का व्यक्ति था। वह हमेशा लोगों से दूर रहता था। बीते कई महीनों से उसने अपने आप को अपने कमरे में कैद कर रखा था।

अब बूढ़े और कमजोरी से झुककर चलनेवाले हंसराज वोहरा एकांत में ही रहना पसंद करते थे। अकसर वे अपने ही खयालों में डूबे रहते थे। आखिर वे अपने साथियों, उन क्रांतिकारियों के खिलाफ सरकारी गवाह बन गए थे! बरसों तक वे अपनी बात कहने की प्रतीक्षा कर रहे थे; लेकिन जब भी उन्हें ऐसा करने की जरूरत महसूस हुई, तब-तब उन्होंने कदम पीछे खींच लिये। उन्होंने यह मान लिया था कि अब कोई उनकी बात सुनने की परवाह नहीं करेगा। वैसे भी, उनकी गवाही उनके तीन पूर्व साथियों—भगत सिंह, सुखदेव और राजगुरु को फाँसी की सजा दिलाने में अहम साबित हुई थी। लोग जब उनकी बातों को सुनेंगे तो उन्हें धिक्कारेंगे।

वे जब सरकारी गवाह बने, तब जिस प्रकार से उनके दोस्तों ने उनका बहिष्कार किया, उसे देखते हुए वे मान चुके थे कि उन्हें समाज से परित्यक्त का

जीवन बिताना पड़ेगा, यहाँ तक कि उनके सबसे करीबी भी उन्हें शक की नजर से देखते थे। उन्होंने परित्यक्त जीवन की आदत डाल ली थी। यह कठिन और अकेलेपन से भरा जीवन था; लेकिन उन्होंने उससे समझौता कर लिया था।

सुनवाई के बाद अंग्रेजों ने वोहरा को चुपके से यू.के. भेज दिया, जहाँ उन्होंने लंदन यूनिवर्सिटी में दाखिला ले लिया। अंग्रेजों की मदद के बिना उन्हें नौकरी नहीं मिल सकती थी।

लंदन में पढ़ाई पूरी करने के बाद उन्होंने लाहौर में ही अंग्रेजों के स्वामित्व वाले अखबार *'सिविल एंड मिलिट्री गजट'* में पहली नौकरी की। एक वरिष्ठ सरकारी अधिकारी ने एडिटर एफ.डब्ल्यू. बस्टिन से बात की, जिसने उन्हें रिपोर्टर के तौर पर रख लिया। उस समय भी वोहरा जानते थे कि उन्हें अपने दोस्तों से दगाबाजी और क्रांतिकारियों के मकसद को नुकसान पहुँचाने के दाग के साथ आजन्म जीना होगा।

भगत सिंह के चेहरे पर निंदा का जो भाव उन्होंने देखा था, उसे वे कभी भुला नहीं पाए थे। भले ही सुखदेव ने उन्हें एच.एस.आर.ए. में भरती किया था, लेकिन भगत सिंह की उनसे करीबी बढ़ गई थी। भगत सिंह की तरह ही वोहरा भी एक बार क्रांतिकारियों से जुड़ने के कारण अपने पिता के गुस्से से बचने के लिए घर से भाग गए थे।

बस्टिन ने एडिटर आर्थर मूर से बात की थी, जिसने उन्हें दिल्ली में विशेष संवाददाता बना दिया था। भले ही उस पद पर रहते हुए उन्हें वरिष्ठ नेताओं से मिलने का अवसर मिलता था, लेकिन उन्हें अकसर इस बात का मलाल रहता था कि वे उन पर भरोसा नहीं करते थे। उनका अतीत उनका पीछा नहीं छोड़ रहा था।

क्या उन तीनों की फाँसी के लिए वही दोषी थे? उन्होंने अपने आप को यह समझा लिया था कि जो पाप उन्होंने नहीं किया था, उसकी वह काफी सजा भुगत चुके हैं। बँटवारे से कुछ महीने पहले उन्होंने कलकत्ता के अखबार *'द स्टेट्समैन'* में नौकरी कर ली थी, जिसका मालिक एक अंग्रेज था। बस्टिन ने एडिटर आर्थर मूर से बात की थी, जिसने उन्हें दिल्ली में विशेष संवाददाता बना दिया था। भले ही उस पद पर रहते हुए उन्हें वरिष्ठ नेताओं से मिलने का अवसर मिलता था, लेकिन उन्हें अकसर इस बात का मलाल रहता था कि वे उन पर भरोसा नहीं करते थे। उनका अतीत उनका पीछा नहीं छोड़ रहा था।

उन्होंने मौका मिलते ही विदेश में नौकरी कर ली। *'द टाइम्स ऑफ इंडिया'* ने उन्हें वॉशिंगटन में अपने संवाददाता के रूप में रख लिया। रिटायरमेंट के बाद वे भारत नहीं लौटे और अमेरिका में 'डेक्कन हेराल्ड' के प्रतिनिधि बन गए। आगे चलकर उन्होंने अपनी फीचर सेवा शुरू की, जो बेनतीजा कोशिश थी और चल नहीं सकी।

समय के साथ-साथ भगत सिंह की फाँसी की याद धुँधली पड़ने लगी; लेकिन जब भी उनके बलिदान को याद किया जाता, तब वोहरा का नाम उस व्यक्ति के तौर पर लिया जाता था, जिसने भगत सिंह के खिलाफ गवाही दी थी और आंदोलन से दगाबाजी की थी।

फाँसी के पचास साल बाद भारत से आई एक चिट्ठी ने वोहरा को झकझोर दिया। वह चिट्ठी सुखदेव के भाई मथुरादास थापर की थी, जो एक इंजीनियर थे। थापर ने कहा कि इतिहास यह जानना चाहेगा कि उन्होंने अपने साथियों के साथ ऐसा क्यों किया?

वोहरा ने अमेरिका में ही अनजानी और अनसुनी मौत मरने का फैसला कर लिया था। चिट्ठी में उन पर जो आरोप लगाए गए थे, उन्हें वे सच नहीं मानते थे। थापर के कटाक्ष ने उन्हें गहरी चोट पहुँचाई—"तुम क्यों भूल गए कि हमारे देश के विदेशी शासक अपनी उस प्रशासनिक मशीनरी के साथ, जिसमें भारतीय भी शामिल थे, लोगों के दमन की नीति पर चल रहे थे?"

वोहरा ने अमेरिका में ही अनजानी और अनसुनी मौत मरने का फैसला कर लिया था। चिट्ठी में उन पर जो आरोप लगाए गए थे, उन्हें वे सच नहीं मानते थे। थापर के कटाक्ष ने उन्हें गहरी चोट पहुँचाई—"तुम क्यों भूल गए कि हमारे देश के विदेशी शासक अपनी उस प्रशासनिक मशीनरी के साथ, जिसमें भारतीय भी शामिल थे, लोगों के दमन की नीति पर चल रहे थे?"

थापर को अब उनसे उम्मीद थी। उसने वोहरा को उस समय की याद दिलाई, जब सत्रह साल की उम्र में भी लाहौर में सन् 1926 में दशहरा मैदान में हुए बम धमाके के बाद वह अड़े रहे। अधिकारी उनका मुँह नहीं खुलवा सके थे। थापर ने पूछा कि लाहौर षड्यंत्र केस में जब उन्हें गिरफ्तार किया गया, तब उनकी हिम्मत क्यों जवाब दे गई?

थापर ने सारा दोष उन पर मढ़ दिया

था। वोहरा को लगा कि उन्हें अपना पक्ष रखना चाहिए। वैसे भी, उनका जीवन अब ज्यादा नहीं बचा था। डॉक्टरों ने एक बीमारी का पता लगाया था, जो जमकर शराब पीने से गंभीर हो चुकी थी।

वोहरा अपने पहनावे को लेकर जिद्दी थे। दिल्ली में झुलसा देनेवाली गरमी में भी वह जैकेट और नेकटाइ पहना करते थे। लंबे समय तक वे अपने कमरे के कोने में पड़े टाइपराइटर को देखते रहे। वे तय नहीं कर पा रहे थे कि उन्हें अपना जवाब टाइप करना चाहिए या लिखना चाहिए। आखिरकार, उन्होंने अपना पेन उठाया। अगर यह कबूलनामा था तो इसे हाथ से लिखा जाना चाहिए।

वोहरा अपने पहनावे को लेकर जिद्दी थे। दिल्ली में झुलसा देनेवाली गरमी में भी वह जैकेट और नेकटाइ पहना करते थे। लंबे समय तक वे अपने कमरे के कोने में पड़े टाइपराइटर को देखते रहे। वे तय नहीं कर पा रहे थे कि उन्हें अपना जवाब टाइप करना चाहिए या लिखना चाहिए। आखिरकार, उन्होंने अपना पेन उठाया। अगर यह कबूलनामा था तो इसे हाथ से लिखा जाना चाहिए।

अपने पत्र में वोहरा ने कहा—

"मैं तुम्हारे पत्र और तुम्हारे स्नेह से भाव-विभोर हो गया, जिसका कि मुझे जरा सा भी हक नहीं है। मुझे अफसोस है कि हमारी कभी मुलाकात नहीं हुई। कौन जानता है कि बीते समय को देखते हुए यह अच्छी ही बात है। अगर हम मिलते, तो पुराने दिनों की बात करते और 1920 के दशक में क्या हुआ था, जब मैं केवल 17 वर्ष का था। मुझे लगता है, तुमने उस घटना पर काफी शोध किया है। मैंने खुद भी ऐसा करने और इस पर एक किताब लिखने की बात सोची थी; लेकिन दूसरे खयालों ने मुझे रोक लिया। मैं जो कुछ भी लिखूँगा, उसे झूठा और स्वार्थ समझ लिया जाएगा। यह समय की बरबादी होगी, भले ही मैं अब भी मानता हूँ कि उस समय के इतिहास के लिए एक तथ्यात्मक ब्योरा मददगार साबित होगा।

"तुम्हें सुखदेव पर गर्व करने का पूरा अधिकार है। वह पार्टी की आत्मा, एक सच्चे संगठनकर्ता थे। मुझे लगता है, वह तुम्हारे नायक थे; लेकिन मैंने बलबीर (वोहरा के चचेरे भाई) को बताया था कि कैसे मेरे विचार बदले और असल में क्या हुआ। संभवतः उसने घटनाओं को लेकर मेरी कही बातें तुम्हें बताई होंगी। यही कारण है कि मैं यह कह रहा था कि हमारा न मिलना अच्छी बात है।

"मेरा जीवन बेहद कठिन, जोखिमों से भरा, लेकिन ईश्वर की कृपा से शारीरिक रूप से ऐसा रहा है कि एक खरोंच तक नहीं आई। लेकिन '20 के

दशक की यादें मेरे साथ बनी रहीं। पीछा करती रहीं; चिढ़ाती, डराती, दु:ख देती रहीं। मैंने पत्रकार के रूप में एक अर्ध-सार्वजनिक नौकरी की। लेखन के पेशे में मुझे 44 वर्षों तक वैसे ही अपने जीवन को आगे बढ़ाना पड़ा, जैसे गँदले पानी में मछली तैरती है। पेशे में सफलता मिली, लेकिन अपनी पहचान को मैं छुपाता रहा। यह आश्चर्यजनक और असीम संतुष्टि की बात है कि अपरिहार्य बाधाओं के बावजूद मैंने अपनी तरह की पत्रकारिता में पर्याप्त पेशेवर सफलता प्राप्त की है।

"…आज भी मैं अपनी आजीविका विशुद्ध रूप से अपनी कलम से ही अर्जित करता हूँ, जो मेरे बाकी के वर्षों को गुजारने का एक साफ तरीका है; क्योंकि मेरा पेशा सोचने के साथ अभिव्यक्ति, वास्तु के साथ कला और पढ़ने के साथ लिखना सिखाता है। मुझे उम्मीद है कि जब मेरी मृत्यु होगी, तब तक मुझे पूरी तरह भुला दिया जाएगा। यही मेरी आकांक्षा है।"

"…आज भी मैं अपनी आजीविका विशुद्ध रूप से अपनी कलम से ही अर्जित करता हूँ, जो मेरे बाकी के वर्षों को गुजारने का एक साफ तरीका है; क्योंकि मेरा पेशा सोचने के साथ अभिव्यक्ति, वास्तु के साथ कला और पढ़ने के साथ लिखना सिखाता है। मुझे उम्मीद है कि जब मेरी मृत्यु होगी, तब तक मुझे पूरी तरह भुला दिया जाएगा। यही मेरी आकांक्षा है।"

थापर ने वोहरा की 7 अक्तूबर, 1980 को लिखी चिट्ठी का जवाब लगभग साल भर बाद 9 सितंबर, 1981 को दिया और विस्तार के साथ और जानकारी माँगी।

उन्होंने लिखा—

"मुझे यह जानकर खुशी हुई कि संघर्ष और अनिश्चितताओं के जीवन से गुजरते हुए आपने अब पत्रकारिता के अपने पेशे में सर्वाधिक सफलता प्राप्त कर ली है…लेकिन, आपके आनंद देनेवाले सुर के बीच मैंने कुछ बेसुरी बातें भी देखीं—यह कि सर्वाधिक पेशेवर सफलता के बावजूद आप सार्वजनिक पहचान से बचते रहे और यह भी (आपकी आखिरी पंक्तियों को उद्धृत कर रहा हूँ) 'मुझे उम्मीद है कि जब मेरी मृत्यु होगी, तब तक मुझे पूरी तरह भुला दिया जाएगा। यही मेरी आकांक्षा है।' नियतिवाद वहाँ गलत सलाहवाला एक सिद्धांत हो सकता है, जहाँ इसके कारण निष्क्रियता आती है। किस्मत से किसी खुश कर देनेवाले मौके के मिलने का अंतहीन इंतजार होता है। लेकिन जहाँ प्रतिभा और प्रयासों के बावजूद किसी कारण से अपेक्षित परिणाम नहीं मिलते, वहाँ यह बेशक प्रशंसनीय होती है। यह सभी व्यथित मनों के लिए राहत का काम करती है। मुझे लगता है कि आप स्वयं वैराग्य से हार मान चुके हैं, जो मेरी समझ कहती है कि जीवन में

उदासी को बढ़ाता है और जीवन से शांति व खुशी को छीन लेता है।

"मेरे अंदर यह जानने की सच में जिज्ञासा है कि असल में क्या हुआ (आपके ही शब्दों में)? और यह जिज्ञासा इस हद तक बढ़ चुकी है कि मैं बेझिझक यह पूछ रहा हूँ कि जब षड्यंत्र का खुलासा हुआ, तब सुखदेव किसी कमजोरी के आगे झुक गए या ऐसी कोई और बात हुई? आखिर क्यों आप पिछली बार की तरह मजबूत नहीं रह सके और क्यों आपके भीतर उनके लिए एक दुराव था, जबकि अपनी आखिरी साँस तक उन्होंने आपका इतना सम्मान किया।"

क्या सुखदेव ने पुलिस का भरोसा जीतने के लिए कोई 'इकबालिया बयान' दे दिया था? वोहरा सोच रहे थे। सुखदेव कॉमरेड जय गोपाल से मिलना चाहते थे, जो सरकारी गवाह बन चुके थे। सुखदेव ने उन्हें भगत सिंह, राजगुरु और आजाद को स्कॉट के उसके दफ्तर में पहुँचने का संदेश देने के लिए चुना था। जय गोपाल ने सांडर्स को स्कॉट समझ लिया। वह पुलिस का प्रमुख चश्मदीद था, जिसने सांडर्स की हत्या होते देखा था। क्या सुखदेव ने जय गोपाल तक पहुँचने और उसे मारने के लिए अपराध कबूल किया था?

क्या सुखदेव ने पुलिस का भरोसा जीतने के लिए कोई 'इकबालिया बयान' दे दिया था? वोहरा सोच रहे थे। सुखदेव कॉमरेड जय गोपाल से मिलना चाहते थे, जो सरकारी गवाह बन चुके थे। सुखदेव ने उन्हें भगत सिंह, राजगुरु और आजाद को स्कॉट के उसके दफ्तर में पहुँचने का संदेश देने के लिए चुना था। जय गोपाल ने सांडर्स को स्कॉट समझ लिया। वह पुलिस का प्रमुख चश्मदीद था, जिसने सांडर्स की हत्या होते देखा था। क्या सुखदेव ने जय गोपाल तक पहुँचने और उसे मारने के लिए अपराध कबूल किया था?

वोहरा चाहते थे कि सबकुछ बता दें। दूसरे पत्र में उन्होंने कहा—

"मुझे लगा कि मेरे गुरु (सुखदेव) ने मुझे धोखा दिया है। तमाम जनता के साथ मैं भी उन लोगों का साथ नहीं दे सकता था, जिनका अब मैं सम्मान नहीं करता था।"

नीचे 27 नवंबर, 1981 को लिखी वोहरा की चिट्ठी है, जो थापर का जवाब मिलने के तीन महीने बाद की है—

"हंसराज वोहरा,

एडीटर, यू.एस. फीचर सर्विस

प्रिय मथुरा दासजी,

आपके स्नेह भरे पत्र का उत्तर देने में देरी के लिए क्षमा चाहता हूँ। आपका स्नेह इतना अधिक और अप्रत्याशित है कि मैं अब भी इससे आश्चर्य में हूँ, क्योंकि मैं अब भी खुद को राजनीतिक अछूत कहलाना पसंद करता हूँ। शायद यह छोटी सी कविता स्थिति को साफ कर देगी—

कभी था मेरा एक दोस्त
अछूत दोस्त था वह
क्या आप कभी उससे हाथ मिलाएँगे?
भीड़ : अरे, नहीं।
क्या आप उससे नजर मिलाएँगे?
भीड़ : अरे नहीं।
क्या आप उसके साथ सोएँगे?
भीड़ : अरे, नहीं, नहीं।

यही त्रासदी थी।

"मैं कोई कवि नहीं, लेकिन उम्मीद करता हूँ कि यह छंद अपने बारे में मेरी सच्ची भावना को बता देगा। यही कारण है कि मैं सोचता हूँ कि क्या आप उस व्यक्ति के लिए अपनी भावनाओं को जाया नहीं कर रहे, जो अपने जीवन में आए मोड़ से दु:खी है। जैसा कि मैंने आपको बताया, मेरे लिए सुखदेव मामले और अपनी गिरफ्तारी के बाद उनकी जो भूमिका थी, उसके बारे में बात करना काफी अनुचित होगा। मुझे कुछ काम के हिस्से पढ़कर सुनाए गए थे। चूँकि आप मुझे विवश कर रहे हैं, इसलिए पूरी ईमानदारी से कहता हूँ कि मैं आपके निष्कर्षों से सहमत नहीं हूँ।

"मैं जान-बूझकर इस पत्र को उन घटनाओं पर अपनी व्यक्तिगत प्रतिक्रिया तक सीमित रखूँगा।

"मुझे सांडर्स की हत्या से पहले ही गिरफ्तार कर लिया गया था। इससे मुझे आश्चर्य नहीं हुआ। मैं शहर का सबसे महत्त्वपूर्ण और सबसे जाना-माना छात्र नेता था। 17 या उसके आसपास की उम्र में मैं पंजाब में छात्रों के आंदोलन का पहला सचिव बना था, जिसे मैंने अपने क्रांतिकारी आंदोलन के एक सार्वजनिक मंच के रूप में बदलने का प्रयास किया था।

"मैंने पंजाब के छात्रों का एक सम्मेलन बुलाया, जिसमें आश्चर्यजनक रूप से भारी संख्या में छात्रों ने हिस्सा लिया। भारतीय राष्ट्रीय कांग्रेस जब स्वतंत्र उपनिवेश का दर्जा प्राप्त करने की बात सोच रही थी, तब मैंने भारत की पूर्ण

स्वतंत्रता के लिए एक संकल्प का प्रस्ताव रखा। इस प्रकार मैंने छात्रों को बड़े नेताओं से आगे रखा।

> *मैंने पंजाब के छात्रों का एक सम्मेलन बुलाया, जिसमें आश्चर्यजनक रूप से भारी संख्या में छात्रों ने हिस्सा लिया। भारतीय राष्ट्रीय कांग्रेस जब स्वतंत्र उपनिवेश का दर्जा प्राप्त करने की बात सोच रही थी, तब मैंने भारत की पूर्ण स्वतंत्रता के लिए एक संकल्प का प्रस्ताव रखा। इस प्रकार मैंने छात्रों को बड़े नेताओं से आगे रखा।*

"गिरफ्तारी के बाद हत्या के षड्यंत्र को छिपाने की जिम्मेदारी मेरे कंधे पर आ गई। मैं उसके बारे में सबकुछ जानता था। मुझे गिरफ्तारी के कई हफ्ते बाद जब जमानत पर रिहा किया गया तो मैंने अपनी पार्टी की जिम्मेदारी को सफलतापूर्वक निभाया था। वह राज मेरे सीने में दफन था। मैं पुलिस लॉकअप में मिली यातना के बारे में नहीं लिखना चाहता, क्योंकि तुम्हें लग सकता है कि मैं दया की भीख माँग रहा हूँ या अपनी शेखी बघार रहा हूँ।

"फिर भी, मुझे जब दूसरी बार गिरफ्तार किया गया, वह भी सुखदेव और पार्टी के कुछ सदस्यों के पकड़े जाने के फौरन बाद, तो मेरे सामने सुखदेव का एक बयान रखा गया, जो शायद 100 या (50) पन्नों का था और बड़े आकारवाले पेपर पर टाइप किया गया था।

"दूसरा, मुझे लगा कि पार्टी के आठ या दस सदस्य, उनमें से भी हर वरिष्ठ सदस्य, सम्राट् का गवाह या सरकारी गवाह जैसा कि कहा जाता था, बन चुका था।

"इसलिए मुझे सारी बातों पर तथ्यों के इस नए आलोक में विचार करना पड़ा—जिस सुखदेव के कहने पर मैंने अपना परिवार छोड़ा और जिसे मैंने अपना गुरु माना था, उसने उसी पार्टी को बरबाद कर दिया, जिसे बनाने के लिए उसने इतना कुछ किया था।

"यह समझ से परे था और पूरी तरह से निराश करने के साथ ही मनोबल को तोड़नेवाला या उस साझा उद्देश्य को नष्ट करनेवाला था, जिसके लिए हम सब निकले थे।

"मैं तुम्हारी इस सफाई को स्वीकार नहीं कर सकता कि वह घबरा गया था। यह उस भावी नायक की गाथा के लिए इतना अटपटा-सा है कि उसका मजाक उड़ाता है। वह एक महान् संगठनकर्ता था। वह निस्स्वार्थ भाव से उस मकसद में जुटा था। वह दिन-रात काम करनेवाला कार्यकर्ता था। वह अपनी

बातों से दिल जीत लेता था, जो इस बात से स्पष्ट है कि उसके ही कहने पर मैं पार्टी में शामिल हुआ था।

"आज तक मैं यह नहीं समझ सका कि उसके दिमाग में ऐसा क्या चला कि गिरफ्तार किए जाने के कुछ ही घंटों के भीतर उसने तोते की तरह सबकुछ बताना शुरू कर दिया। मुझे यकीन है कि पुलिस ने कोई बहुत बड़ा हथकंडा नहीं अपनाया होगा। जाँच अधिकारी काफी सम्मान देनेवाले और दयालु थे।

"सुखदेव ने स्वेच्छा से पार्टी के सारे राज खोल दिए। छिपाने के लिए कुछ बचा नहीं था, भले ही कुछ चीजें मैंने पाईं कि वह भूल गया था, जिसे मैंने भी अपने बयान में नहीं बताया।

"सुखदेव के ऐसा करने को लेकर दो सवाल हैं, जिनमें से तुमने किसी का उत्तर नहीं दिया—(क) अगर उसका कोई फायदा नहीं था तो उसने बयान क्यों दिया? (ख) बयान दे भी दिया तो उसने उसका फायदा क्यों नहीं उठाया?

"जैसा कि मैंने कहा (क) कि पीछे कोई तार्किक कारण नहीं था, सिवाय इसके कि उसका दिमाग पानी से भरे काँच के गिलास जैसा था। गिलास टूटा और पानी बाहर आ गया।

"मुझे लगता है, दिमाग को इस तरह खाली कर उसे शांति मिल गई; लेकिन पार्टी के बारे में उसकी दुनिया भर की जानकारी, जिसे उसने खुलकर बताया, उससे दूसरों के लिए समस्या खड़ी हो गई। मेरे लिए वह समस्या आजन्म मेरे साथी की तरह बन गई।

"मेरा जीवन ठहर गया और उस पर कालिख लग गई। मैं उस भयानक कलंक को मिटा नहीं सकता, जो इतिहास के पन्नों में इस तरह दर्ज हो चुके हैं।

"मैंने जाँच कर रही पुलिस के आगे निम्नलिखित कारणों से अपना विरोध छोड़ दिया—(क) मुझे लगा कि मेरे गुरु ने मुझे और पूरी पार्टी को धोखा दिया। उसने जितना कुछ बता दिया था, उसकी तुलना में मैंने जो बताया, वह तो बहुत छोटा और महत्त्वहीन था।

"मैं असहाय था और यह कहना जहाँ आसान है कि मुझे हलकी सजा मिलती, वहीं मैं उन लोगों के साथ जाने का जोखिम नहीं उठा सकता था, जिनके प्रति मेरे मन में सम्मान नहीं रह गया था।

"दूसरा, इससे मेरा जीवन पूरी तरह तबाह हो जाता, क्योंकि मैं अपनी पढ़ाई के आखिरी साल में था।

"इसलिए मैंने पार्टी को कम-से-कम नुकसान पहुँचाते हुए अपने आप को उस स्थिति से बाहर निकालने का प्रयास किया, ताकि मैं बाकी चीजों को जहाँ तक संभव हो, अच्छी तरह कर सकूँ।

(1)मैं हत्या के किसी व्यक्तिगत प्रमाण को देने से बच सका, जिसकी साजिश को रचते हुए मैंने देखा था और हत्या से कुछ मिनट पहले तक सारे बंदोबस्त करने का गवाह था।

मैंने उसके बारे में कुछ नहीं बताया। इसलिए न तो मैं हत्या की साजिश का गवाह था, न ही हत्या का।

(2) मैं इस बात का भी श्रेय लेता हूँ कि मैंने दुर्गा दास के बारे में कुछ नहीं बताया, जिसे मैंने भरती किया था।

मैं ऐसा कर सका, क्योंकि मैंने देखा कि सुखदेव के बयान में ऐसा कुछ नहीं था।

तुम्हें यह भी याद रखना चाहिए कि मैं पार्टी का सबसे कम उम्र का सदस्य था, लेकिन मैं काररवाई के कानूनी परिणामों को समझता था। प्रमाण देते हुए भी मैंने कम-से-कम नुकसान करने का प्रयास किया और शायद कुछ अच्छा ही किया, जैसा कि दुर्गा दास ने अकसर मुझसे कहा है।

यदि तुम हमारे इस पत्राचार की प्रति बलबीर को दे दो तो मैं तुम्हारा आभारी रहूँगा, क्योंकि वह इस केस के बारे में जानना चाहता है।

एक बार फिर, अगर मैंने सुखदेव के बारे में कुछ भी अपमानजनक लिख दिया हो तो मैं तुमसे क्षमा माँगता हूँ। वह तुम्हारे भाई थे। मैंने न चाहते हुए भी उस केस को लेकर अपने अनुभव को इस पत्र में लिखा है।

आदर सहित,
तुम्हार स्नेहाकांक्षी,
(एच.आर. वोहरा)"

थापर ने पत्र का जवाब देने में लगभग पाँच महीने लगा दिए। उन्होंने सिंगल स्पेस में 14 पन्नों का जवाब लिखा।

थापर ने वोहरा के जवाब को संक्षेप में 'तुम्हारा द्वेष' कहा और जिसे चार बिंदुओं में रखा—

(1) तीसरी और आखिरी बार मई 1929 में तुम्हारी गिरफ्तारी पर तुम्हें सुखदेव का दिया (कथित तौर पर) सौ पन्नों का बयान दिखाया गया।

(2) एक महत्त्वपूर्ण सदस्य होते हुए भी सुखदेव ने तुम्हें धोखा दिया और उस पार्टी को नष्ट कर दिया, जिसे उसने इतनी मेहनत से बनाया था।

(3) पार्टी के आठ या दस वरिष्ठ सदस्य सम्राट् के गवाह बन गए थे और

(4) तुम्हें हैरानी हुई कि बयान देने पर सुखदेव ने अपने लिए कोई लाभ क्यों नहीं लिया।

थापर की दलील थी कि वह बयान, जो तुम्हें दिखाया गया, वह पुलिस ने गढ़ा था।... उन्होंने वोहरा के उस आरोप को गलत बताया कि पंजाब पुलिस ने सुखदेव के खिलाफ कोई बड़ा हथकंडा नहीं अपनाया। थापर ने लिखा—

"पुलिस ने उनका मुँह खुलवाने के लिए थर्ड डिग्री का इस्तेमाल किया था, लेकिन उनका इरादा अटल और संकल्प दृढ़ रहा, भले ही उनके शरीर पर क्रूरता के निशान थे...अब, असल में यह हुआ कि जय गोपाल के बयान से सुखदेव जरूरी दुःखी हो गए होंगे। जैसे ही उन्हें पता चला, उन्होंने जाँच करनेवाली पुलिस से कहा कि जय गोपाल से जानने की बजाय वह उनसे ही जानकारी ले, क्योंकि महत्त्वपूर्ण नेता होने की वजह से वे सबकुछ जानते थे। इस तरीके को अपनाकर, जबकि इससे उनके साथियों के दिमाग में काफी गलतफहमी फैल गई, सुखदेव का इरादा किसी भी तरह से पुलिस को अपने विश्वास में लेना था और जय गोपाल तक पहुँचना था, ताकि वे उसका गला दबाकर उसकी हत्या कर सकें। यह बात सुखदेव ने हमारे परिवार के कुछ लोगों को उस वक्त बताई थी, जब हम उनसे मिलने उस समय पहुँचे थे, जब वह लाहौर षड्यंत्र केस की जाँच कर रहे अजीज अहमद और डिप्टी सुपरिंटेंडेंट सरदार गोपा सिंह की हिरासत में थे।"

इस तरीके को अपनाकर, जबकि इससे उनके साथियों के दिमाग में काफी गलतफहमी फैल गई, सुखदेव का इरादा किसी भी तरह से पुलिस को अपने विश्वास में लेना था और जय गोपाल तक पहुँचना था, ताकि वे उसका गला दबाकर उसकी हत्या कर सकें। यह बात सुखदेव ने हमारे परिवार के कुछ लोगों को उस वक्त बताई थी, जब हम उनसे मिलने उस समय पहुँचे थे, जब वह लाहौर षड्यंत्र केस की जाँच कर रहे अजीज अहमद और डिप्टी सुपरिंटेंडेंट सरदार गोपा सिंह की हिरासत में थे।

थापर का आरोप था कि "हिंदी लेखक यशपाल, जो पुलिस के मुखबिर थे, 'वे जय गोपाल से सारी जानकारी जुटाते थे और उसे पुलिस तक पहुँचाते थे। कुछ साल पहले उनकी मौत हो गई, लेकिन उनके प्रशंसक उन्हें प्यार से एक महान् क्रांतिकारी और जाना-माना हिंदी लेखक मानते हैं।" कैसी विडंबना है!

9 अक्तूबर, 1982 को अपने जवाब में हंसराज वोहरा ने कहा—

"मैं जीवन भर यह नहीं मान सकता कि गिरफ्तारी के बाद सुखदेव ने जो किया, उसके पीछे वैसी मंशा थी, जैसी तुमने बताई है। यह इतना काल्पनिक है कि यकीन नहीं किया जा सकता, न ही मैं इस थ्योरी को मान सकता हूँ कि उनका लंबा-चौड़ा बयान पुलिस का बनाया हुआ था। यह इस बात से भी पता चलता है कि वह पुलिस को पार्टी के कुछ छिपने के ठिकाने तक ले गए, भले ही उन्होंने सारे ठिकाने नहीं दिखाए। न ही मुझे पुलिस की यातना देने की तुम्हारी बात में दम लगता है, जिसने विनम्रता, सम्मान और दयालुतापूर्ण व्यवहार के अधिक ताकतवर हथियार का इस्तेमाल किया।"

वोहरा ने अपना पत्र यह कहते हुए समाप्त किया—"सबसे अच्छा तो हम यह कर सकते हैं कि असहमत होने के लिए सहमत हो जाएँ या मैं जब दिसंबर में भारत आऊँ तो हम दोस्तों की तरह मिल लें।" वह कभी अपने देश नहीं लौटा।

थापर ने भी इस पत्राचार को 19 नवंबर, 1982 को इस जवाब के साथ समाप्त कर दिया, "हाँ, हमारे विचारों में अंतर दिखता है, जिसे तुम्हारे कहे मुताबिक दूर नहीं किया जा सकता है। इसलिए अच्छा होगा कि इस मामले पर हम और बातचीत न करें।"

"वोहरा की बातों की जाँच मैं कैसे करूँ?" मैंने स्वयं से पूछा। मैंने जब ज्यादा जानकारी माँगी तो थापर ने इससे अधिक और कुछ नहीं बताया, जितना कि चिट्ठी में लिखा था। मैं उससे मिल पाता, इससे पहले ही उसकी मौत हो गई। उन्होंने वोहरा की चिट्ठी को सार्वजनिक नहीं किया, क्योंकि उन्हें उस पर विश्वास नहीं था, लेकिन थापर निष्पक्ष थे—उन्होंने वोहरा की चिट्ठी नई दिल्ली में अपने परिवार को भेज दी।

~•~

"वोहरा की बातों की जाँच मैं कैसे करूँ?" मैंने स्वयं से पूछा। मैंने जब ज्यादा जानकारी माँगी तो थापर ने इससे अधिक और कुछ नहीं बताया, जितना कि चिट्ठी में लिखा था। मैं उससे मिल पाता, इससे पहले ही उसकी मौत हो गई। उन्होंने वोहरा की चिट्ठी को सार्वजनिक नहीं किया, क्योंकि उन्हें उस पर विश्वास नहीं था। लेकिन थापर निष्पक्ष थे—उन्होंने वोहरा की चिट्ठी नई दिल्ली में अपने परिवार को भेज दी।

एक व्यक्ति दुर्गा देवी थीं, जो भगवती चरण की विधवा और भगत सिंह की करीबी सहयोगी थीं। वे सच जानती होंगी। मैंने उनसे भी बात की। वे गाजियाबाद में

अपने बेटे सचिन के साथ रहती थीं, जहाँ मैं उनसे मिलने गया। वे अकसर बीच-बीच में बातों को भूल जाती थीं; लेकिन वोहरा उन्हें याद था, जिसे उन्होंने 'पार्टी का एक मामूली कार्यकर्ता' बताकर रफा-दफा कर दिया। वोहरा के आरोपों पर उनका कहना था, "सुखदेव पर हमें हमेशा से शक था।"

फिर भी, संदेह से तथ्य नहीं बदल सकते। सुखदेव को भगत सिंह और राजगुरु के साथ फाँसी दे दी गई थी। इस बात का कोई प्रमाण नहीं है कि सुनवाई के दौरान या उसके बाद उन्होंने कहीं चूक की हो। वे उतने ही जिद्दी थे, जितना कि स्कूल में हुआ करते थे, जब उन्हें गोरे सैन्य अधिकारी को सैल्यूट करने से इनकार करने पर बेंत से पीटा गया था। यदि उन्होंने ही सबकुछ पुलिस को बताया था तो वोहरा की बजाय उन्हें क्यों माफ नहीं कर दिया गया? सुखदेव को वोहरा से कहीं ज्यादा जानकारी थी।

शायद वोहरा पुलिस की चिर-परिचित चालबाजी का शिकार बन गए। आज भी वे आमतौर पर यही चाल चलते हैं, "तुम्हारे साथी ने हमें सबकुछ बता दिया है। तुम भी चाहो तो अपनी बात बता सकते हो और हम तुम्हें माफी दिलाने की कोशिश करेंगे।" कुछ इसी तरह की बात हुई होगी। सच यह है कि वोहरा की बातों में भरोसा नहीं दिखता। आखिर एक व्यक्ति, जिसमें क्रांति के प्रति रत्ती भर भी समर्पण है, वह पिंजरे का तोता कैसे बन सकता है?

वोहरा की मौत 13 सितंबर, 1985 को वॉशिंगटन में अपने कमरे में हो गई, जब उनका दरवाजा बंद था। वह उजाले को तो दूर रख सके, लेकिन अँधेरे को नहीं। वॉशिंगटन में उनका अंतिम संस्कार किया गया, जिसमें परिवार के मुट्ठी भर सदस्य मौजूद थे।
सुखदेव और वोहरा के बीच अंतर को दोनों के प्रति लोगों की प्रतिक्रिया से समझा जा सकता है।

अपने जीवनकाल में वोहरा ने उन वर्षों को याद किया होगा, जब क्रांतिकारी के रूप में उन पर शक नहीं किया जा सकता था। वे जब आंदोलन और अपने साथियों के प्रति समर्पण में ईमानदार थे, तब सभी उनका सम्मान करते थे। वे मार्क्सवादी नहीं थे, लेकिन अंग्रेजों से मुक्ति पाने का खयाल उन्हें अपने वश में कर गया। वे सभी गुप्त बैठकों में मौजूद रहते थे और एक बार भी ऐसा नहीं लगा कि वे किसी दिन क्रांतिकारियों को छोड़कर भाग सकते हैं।

वोहरा की मौत 13 सितंबर, 1985

को वॉशिंगटन में अपने कमरे में हो गई, जब उनका दरवाजा बंद था। वह उजाले को तो दूर रख सके, लेकिन अँधेरे को नहीं। वॉशिंगटन में उनका अंतिम संस्कार किया गया, जिसमें परिवार के मुट्ठी भर सदस्य मौजूद थे।

सुखदेव और वोहरा के बीच अंतर को दोनों के प्रति लोगों की प्रतिक्रिया से समझा जा सकता है।

भगत सिंह, सुखदेव और राजगुरु की अस्थियों को फिरोजपुर के एक आश्रम में भेजा गया, जहाँ एक स्मारक बनाया गया और जहाँ हजारों लोग पूरे साल अपनी श्रद्धांजलि देने आते हैं। वोहरा की अंत्येष्टि जिस शवदाह गृह में की गई, उसे कोई जानता तक नहीं। सुखदेव एक नायक हैं। नायक और बागी के बीच का अंतर कितना बड़ा था। पहला लोगों के दिलों में रहता है और दूसरा उनके शापों में। इतिहास दोनों को याद करता है—एक को उसके जीवन के बलिदान के लिए, दूसरे को इसलिए, क्योंकि उसने अपने साथियों की बलि दे दी।

फैज अहमद फैज ने भगत सिंह, सुखदेव और राजगुरु की मौत को इन पंक्तियों से बताया—

जिस धज से कोई मकतल में गया, वो शान सलामत रहती है,
ये जान तो आनी-जानी है, इस जान की कोई बात नहीं।

□

अनुलग्नक-I

श्री कुलदीप नैयर,
डी-7/2, वसंत विहार
नई दिल्ली-110057

प्रिय श्री नैयर,

मुझे 22 अक्तूबर, 1992 का लिखा आपका पत्र मिला और उत्तर देने में हुई देरी के लिए मुझे खेद है। बीमारी के अलावा भी इसकी कई वजहें हैं। 82 वर्ष की मेरी आयु और आँख की समस्या को देखते हुए दोनों आँखों के ऑपरेशन की जरूरत है। शरीर तो साथ नहीं ही दे रहा, ऊपर से कोल्ड स्टोरेज के जानकार की नौकरी से रिटायर होने के बाद मेरे सिर पर ढंग की छत भी नहीं है। मैंने उस संगठन के लिए हापुड़ में सन् 1940 से ही काम किया। इससे पहले मैं लायलपुर के लाला राम लभाया चनान की बर्फ फैक्टरी में वर्ष 1936 से 1940 तक काम कर रहा था। वे पंजाब के पुराने कांग्रेसी नेताओं के परिवार से आते थे। लायलपुर से मेरे दूर आने का एक ही कारण था कि पंजाब पुलिस इस वजह से मुझे बराबर तंग किया करती थी कि मैं सुखदेव का सगा भाई था। सुखदेव, जिन्हें पंजाब में ब्रिटिश पुलिस अधिकारी ने अपनी टिप्पणियों में लाहौर षड्यंत्र केस का साजिशकर्ता घोषित कर दिया था। यह बात सुखदेव, भगत सिंह और राजगुरु की तिकड़ी के लिए लिखी गई थी। मैं हमेशा ही पत्र पहुँचानेवाले की भूमिका में रहता था। उन पत्रों को, जिन्हें मुख्य साजिशकर्ता, जिनका नाम ऊपर लिखा है (सुखदेव)। सुखदेव ने महात्मा गांधी को 23 मार्च, 1931 को अपनी फाँसी से ठीक पहले पत्र लिखा था। पंजाब के किसी भी नेता ने 31 मार्च, 1931 को कराची में हुए कांग्रेस के अधिवेशन में ले जाने के लिए उस पत्र को स्वीकार करने की जहमत नहीं उठाई। हमारे चाचा लाला

चिंत राम, जो पंजाब के एक बड़े कांग्रेसी नेता थे, वे नहीं जा सके, क्योंकि उन्हें लायलपुर जाना था, जहाँ थापर कुनबे के मुखिया के रूप में उन शोकाकुल लोगों के स्वागत के लिए मौजूद रहना था, जो सुखदेव की मौत पर शोक जताने पहुँचने वाले थे। लाला पिंडी दास और अन्य कांग्रेसी नेता, जो कराची अधिवेशन में जा रहे थे, उन्होंने इस डर से महात्मा गांधी के लिए उस चिट्ठी को ले जाने से इनकार कर दिया कि कहीं उन्हें डाँट न पड़ जाए और महात्मा उन्हें उपर्युक्त आतंकवादियों से किसी प्रकार के संबंध या साँठ-गाँठ के लिए साजिश में शामिल न बता दें। इस कारण थापर कुनबे के मुखिया और हमारे चाचा लाला चिंत राम ने मुझसे कहा कि मैं कराची जाऊँ और गांधीजी को वह चिट्ठी दे दूँ। मैं कांग्रेस नेताओं को कराची लेकर पहुँची ट्रेन से गया और कांग्रेस स्वयंसेवियों की तमाम मारपीट और अपमान के बावजूद गांधीजी के पी.ए. श्री महादेव देसाई से मिला और उन्हें वह चिट्ठी सौंप दी। तीन नायकों को फाँसी पर चढ़ाए जाने के बाद होनेवाले उस अत्यधिक महत्त्वपूर्ण अधिवेशन में गांधीजी काफी व्यस्त थे। श्री देसाई ने मुझे कहा कि मैं लाला चिंत राम को बता दूँ कि मेरी चिट्ठी का जवाब गांधीजी इस अधिवेशन के बाद ही दे पाएँगे और उसे गांधीजी के वर्धा लौटने के बाद *'नवजीवन'* (हिंदी) एवं *'यंग इंडिया'* में देखा जा सकता है।

इससे पहले मुझे भी दो बार सन् 1927 से 1928 और 1930 से 1931 के दौरान जेल में डाल दिया गया था। एक बार जब सुखदेव ने 'बिरादर-ए-मून' को संबोधित करते हुए एक पत्र लिखा और उसे मेरे लाहौर के पते पर डाक से भेजा जाना था। उससे पहले ही लायलपुर में अंग्रेज अधिकारियों के कंपनी बाग क्लब में एक बम फट गया। कई अन्य लोगों

> ***इससे पहले मुझे भी दो बार सन् 1927 से 1928 और 1930 से 1931 के दौरान जेल में डाल दिया गया था। एक बार जब सुखदेव ने 'बिरादर-ए-मून' को संबोधित करते हुए एक पत्र लिखा और उसे मेरे लाहौर के पते पर डाक से भेजा जाना था। उससे पहले ही लायलपुर में अंग्रेज अधिकारियों के कंपनी बाग क्लब में एक बम फट गया। कई अन्य लोगों को लायलपुर में गिरफ्तार किया गया, लेकिन उन सभी को छोड़ दिया गया, जबकि मुझे लाला चिंत राम का भतीजा होने और सुखदेव का सगा छोटा भाई होने के चलते पकड़ लिया गया।***

को लायलपुर में गिरफ्तार किया गया, लेकिन उन सभी को छोड़ दिया गया, जबकि मुझे लाला चिंत राम का भतीजा होने और सुखदेव का सगा छोटा भाई होने के चलते पकड़ लिया गया। मुझे लाहौर के किला गुर्जर सिंह में चार महीने तक बंद रखा गया। यह कहना सही होगा कि मुझे सबसे ज्यादा कष्ट उस वक्त सहना पड़ा, जब मेरे भाई ऊपर वर्णित पत्र को मेरे लाहौर के पते पर भेजने के लिए लिख रहे थे। उस समय वे लाहौर की बोर्स्टल जेल में थे। यह उन्होंने तब किया, जब उन्हें कुछ अन्य (भगत सिंह और राजगुरु) लोगों के साथ बंद कर दिया गया था। पुलिस तत्काल बोर्स्टल जेल पहुँची और आधी-अधूरी चिट्ठी को जब्त कर लिया और पुलिस दल के मुखिया अजीज अहमद ने सुखदेव से पूछा कि यह पत्र किसे भेजा जाना था? उन्होंने कहा कि यह मेरे साथियों—अन्य क्रांतिकारियों के लिए है, जिनके नाम उन्होंने नहीं बताए। तब उसने (अजीज अहमद ने) कहा कि ऐसी परिस्थिति में तुम्हारे भाई मथुरा दास थापर को हिरासत में ले लिया जाएगा और जेल में डाल दिया जाएगा और उसे पुलिस की यातना सहनी पड़ेगी। उनका ज़वाब था, "तो क्या हुआ! वह तो हमेशा ही पुलिस की ज्यादती झेलता रहा है। अतीत में भी ऐसा हो चुका है और एक बार फिर पुलिस की यातना झेलेगा। लेकिन किसी भी स्थिति में, किसी भी सूरत में उन साथियों के नाम का खुलासा नहीं होगा, जिन्हें यह पत्र भेजा जाना था।" पुलिस दल उन्हें बोर्स्टल जेल से सेंट्रल जेल ले जाने के लिए पहुँची थी, जहाँ उन्हें उस कोठरी में डाल दिया, जहाँ दोषी कैदी रखे जाते हैं। मौत की सजा का ऐलान अभी-अभी हुआ था और सारे दोषियों को तुरंत सेंट्रल जेल में दोषियों के लिए निर्धारित कोठरियों में डाल दिया गया।

मैं एक बार फिर पंजाब पुलिस के चंगुल में था और आनेवाले कई महीने तक जेल में यातना को सहता रहा।

मैं यहाँ कहना चाहूँगा कि डॉ. किचलू के बेटे जैसे अन्य राजनीतिक रूप से सताए गए लोगों को हर महीने 5,000 रुपए का खर्च और 50,000 रुपए के एकमुश्त हरजाने के साथ डी.डी.ए. का फ्लैट मुफ्त में दिया गया। डॉ. किचलू के बेटे और हमारे कुनबे के बलिदानों की तुलना कर लीजिए—लाला चिंत राम (मेरे चाचा) सन् 1907 के बाद देश की आजादी के संग्राम में कई बार जेल गए और मेरे बड़े भाई को भगत सिंह व राजगुरु के साथ फाँसी पर लटका दिया गया। मैं पुलिस की यातना का लगातार शिकार होता रहा और मुख्य रूप से इस कारण ही

अपने चाचा लाला चिंत राम की सलाह पर मैं पंजाब छोड़कर चला गया, जैसा कि ऊपर भी मैंने कहा था।

अब भगत सिंह पर मुकदमे की आपकी प्रस्तावित पुस्तक के लिए सामग्री के मुख्य बिंदु पर आते हैं। मैं आपका ध्यान एक बार फिर लाहौर षड्यंत्र केस की काररवाई की ओर दिलाना चाहता हूँ, जिसे मैंने नई दिल्ली स्थित राष्ट्रीय अभिलेखागार को दिया है। एकमात्र इसी दस्तावेज को मैंने जुटाया था, जो 400 से भी अधिक पृष्ठों में है। मैं आपसे कहना चाहूँगा कि मैंने केस के सारे दस्तावेज लाहौर हाई कोर्ट से जुटाए और कुछ अन्य दस्तावेज भी थे, जो अपने आप में ही राष्ट्रीय महत्त्व का इतिहास हैं। यह केस—लाहौर षड्यंत्र केस—सरकारी दस्तावेजों में 'सुखदेव बनाम सम्राट् तथा अन्य आरोपी' के नाम से दर्ज है। इसका अंग्रेजी रूप और फैसला अंग्रेजी में है, जिसमें 'काररवाई पुस्तिका' भी है, जो राष्ट्रीय अभिलेखागार में है और इसका उर्दू संस्करण तीन खंडों में है, जो मेरे पास है। मेरे पास और भी कई दस्तावेज हैं, जो आपके जैसे विश्व ख्यातिवाले लेखक की दिलचस्पी के हो सकते हैं। मैं अपने पास मौजूद इन सारे दस्तावेजों को कुछ समय के लिए आपको सौंप सकता हूँ, जिन्हें मैंने लाहौर हाई कोर्ट से समय और धन खर्च कर जुटाया है। कृपया याद रखें कि जब भी मैं दिल्ली जाता हूँ तो अपनी बेटी श्रीमती लता गुजराल के फ्लैट सं. एल-15, फर्स्ट फ्लोर, साउथ एक्सटेंशन, पार्ट-II, नई दिल्ली में ठहरता हूँ। उनके पास टेलीफोन है और वे आपको उसका नंबर दे सकते हैं। बाद में यदि आपको मेरे पास मौजूद दस्तावेजों और सबूतों को देखना हो तो देख सकते हैं।

जिसे मैंने नई दिल्ली स्थित राष्ट्रीय अभिलेखागार को दिया है। एकमात्र इसी दस्तावेज को मैंने जुटाया था, जो 400 से भी अधिक पृष्ठों में है। मैं आपसे कहना चाहूँगा कि मैंने केस के सारे दस्तावेज लाहौर हाई कोर्ट से जुटाए और कुछ अन्य दस्तावेज भी थे, जो अपने आप में ही राष्ट्रीय महत्त्व का इतिहास हैं।

आशा करता हूँ, ऐतिहासिक महत्त्व की एक और श्रेष्ठ रचना की दिशा में आपके महान् प्रयास के काम आ सकूँगा।

आपका आभारी,
ह.
(एम.डी. थापर)

□

अनुलग्नक-II
मैं नास्तिक क्यों हूँ

भगत सिंह

एक नया सवाल उठ खड़ा हुआ है—क्या मैं किसी अहंकार के कारण सर्वशक्तिमान, सर्वव्यापी तथा सर्वज्ञानी ईश्वर के अस्तित्व पर विश्वास नहीं करता हूँ ? मैंने कभी कल्पना भी नहीं की थी कि मुझे इस समस्या का सामना करना पड़ेगा। लेकिन अपने दोस्तों से बातचीत के दौरान मुझे ऐसा महसूस हुआ कि मेरे कुछ दोस्त, यदि मित्रता का मेरा दावा गलत न हो, मेरे साथ अपने थोड़े से संपर्क में इस निष्कर्ष पर पहुँचने के लिए उत्सुक हैं कि मैं ईश्वर के अस्तित्व को नकार कर जरूरत से कुछ ज्यादा आगे जा रहा हूँ और मेरे घमंड ने कुछ हद तक मुझे इस अविश्वास के लिए उकसाया है। जी हाँ, यह एक गंभीर समस्या है। मैं ऐसी कोई शेखी नहीं बघारता कि मैं ऐसी मानवीय कमजोरियों से बहुत ऊपर हूँ। मैं एक मनुष्य हूँ और इससे अधिक कुछ नहीं। कोई भी इससे अधिक होने का दावा नहीं कर सकता। एक कमजोरी मेरे अंदर भी है। अहंकार मेरे स्वभाव का अंग है। अपने साथियों के बीच मुझे एक निरंकुश व्यक्ति कहा जाता था, यहाँ तक कि मेरे दोस्त श्री बटुकेश्वर दत्त भी मुझे कभी-कभी ऐसा कहते थे। कई मौकों पर स्वेच्छाचारी कहकर मेरी निंदा भी की गई। कुछ दोस्तों को यह शिकायत है और गंभीर रूप से है कि मैं अनचाहे ही अपने विचार उन पर थोपता हूँ और अपने प्रस्तावों को मनवा लेता हूँ। यह बात कुछ हद तक सही है, इससे मैं इनकार नहीं करता। इसे अहंकार भी कहा जा सकता है। जहाँ तक अन्य प्रचलित मतों के मुकाबले हमारे अपने मत का सवाल है, मुझे निश्चय ही अपने मत पर गर्व है; लेकिन यह व्यक्तिगत नहीं है।

ऐसा हो सकता है कि यह केवल अपने विश्वास के प्रति न्यायोचित गर्व हो और इसको घमंड नहीं कहा जा सकता। 'घमंड' या सही शब्दों में 'अहंकार' तो स्वयं के प्रति अनुचित गर्व की अधिकता है। तो फिर क्या यह अनुचित गर्व है, जो मुझे नास्तिकता की ओर ले गया अथवा इस विषय का खूब सावधानी के साथ अध्ययन करने और उस पर खूब विचार करने के बाद मैंने ईश्वर पर अविश्वास किया? यह प्रश्न है, जिसके बारे में मैं यहाँ बात करना चाहता हूँ; लेकिन पहले मैं यह साफ कर दूँ कि आत्माभिमान और अहंकार दो अलग-अलग बातें हैं।

पहली अवस्था में तो वह प्रतिद्वंद्वी के अस्तित्व को नकारता ही नहीं है। दूसरी अवस्था में भी वह एक ऐसी चेतना के अस्तित्व को मानता है, जो परदे के पीछे से प्रकृति की सभी गतिविधियों का संचालन करती है। हमारे लिए इस बात का कोई महत्त्व नहीं कि वह अपने को ही परम आत्मा समझता है या यह समझता है कि वह परम चेतना उससे परे कुछ और है। मूल बात तो मौजूद है, उसका विश्वास मौजूद है। वह किसी भी तरह एक नास्तिक नहीं है।

पहली बात, तो मैं यह समझने में पूरी तरह से असमर्थ रहा हूँ कि अनुचित गर्व या वृथाभिमान किस प्रकार किसी व्यक्ति के ईश्वर में विश्वास करने के रास्ते में रोड़ा बन सकता है। मैं वास्तव में किसी महान् व्यक्ति की महानता को मान्यता न दूँ, यह तभी हो सकता है, जब मुझे भी थोड़ा-बहुत यश प्राप्त हो गया हो, जिसके या तो मैं योग्य नहीं हूँ या मेरे अंदर वह गुण नहीं है, जो इसके लिए आवश्यक या अनिवार्य है। यहाँ तक तो समझ में आता है; लेकिन यह कैसे हो सकता है कि एक व्यक्ति, जो ईश्वर में विश्वास रखता हो, सहसा अपने व्यक्तिगत अहंकार के कारण उसमें विश्वास करना बंद कर दे? दो ही रास्ते संभव हैं—या तो मनुष्य अपने को ईश्वर का प्रतिद्वंद्वी समझने लगे या वह स्वयं को ही ईश्वर मानना शुरू कर दे। इन दोनों ही अवस्थाओं में वह सच्चा नास्तिक नहीं बन सकता। पहली अवस्था में तो वह प्रतिद्वंद्वी के अस्तित्व को नकारता ही नहीं है। दूसरी अवस्था में भी वह एक ऐसी चेतना के अस्तित्व को मानता है, जो परदे के पीछे से प्रकृति की सभी गतिविधियों का संचालन करती है। हमारे लिए इस बात का कोई महत्त्व नहीं कि वह अपने को ही परम आत्मा समझता है या यह समझता है कि वह परम चेतना उससे परे कुछ और है। मूल बात तो

मौजूद है, उसका विश्वास मौजूद है। वह किसी भी तरह एक नास्तिक नहीं है। तो मैं यह कहना चाहता था कि न तो मैं पहली श्रेणी में आता हूँ और न दूसरी में। मैं तो उस सर्वशक्तिमान परम आत्मा के अस्तित्व से ही इनकार करता हूँ। मैं इससे क्यों इनकार करता हूँ, इसको बाद में देखेंगे। यहाँ तो मैं एक बात यह स्पष्ट कर देना चाहता हूँ कि यह अहंकार नहीं है, जिसने मुझे नास्तिकता के सिद्धांत को ग्रहण करने के लिए प्रेरित किया, न तो मैं एक प्रतिद्वंद्वी, न ही अवतार और न ही स्वयं परम आत्मा। एक बात निश्चित है। यह अहंकार नहीं है, जिसके कारण मुझे नास्तिकता के सिद्धांतों को अपनाना पड़ा। मुझे इस भाँति सोचने की ओर ले गया। इस अभियोग को अस्वीकार करने के लिए आइए, तथ्यों पर गौर करें। मेरे इन दोस्तों के अनुसार, दिल्ली बम केस और लाहौर षड्यंत्र केस के दौरान मुझे जो अनावश्यक यश मिला, शायद उस कारण मैं वृथाभिमानी हो गया हूँ। तो फिर आइए, देखें कि क्या यह पक्ष सही है ? मेरा नास्तिकतावाद कोई अभी हाल की उत्पत्ति नहीं है। मैंने तो ईश्वर पर विश्वास करना तब छोड़ दिया था, जब मैं एक अप्रसिद्ध नौजवान था, जिसके अस्तित्व के बारे में मेरे उपर्युक्त दोस्तों को कुछ पता भी न था। कम-से-कम एक कॉलेज का विद्यार्थी तो ऐसे किसी अनुचित अहंकार को नहीं पाल-पोस सकता, जो उसे नास्तिकता की ओर ले जाए। भले ही मैं कुछ अध्यापकों का चहेता था और कुछ अन्य को मैं अच्छा नहीं लगता था, पर मैं कभी बहुत मेहनती या पढ़ाकू विद्यार्थी नहीं रहा। अहंकार जैसी भावना में फँसने का तो कोई मौका ही न मिल सका। मैं तो एक बहुत लज्जालु स्वभाव का लड़का था, जिसकी भविष्य के बारे में कुछ निराशावादी प्रकृति थी और उन दिनों मैं पूर्ण नास्तिक नहीं था। मेरे दादा, जिनके प्रभाव में मैं बड़ा हुआ, एक रूढ़िवादी आर्यसमाजी हैं।

एक आर्यसमाजी और कुछ भी हो, नास्तिक नहीं होता। अपनी प्राथमिक शिक्षा पूरी करने के बाद मैंने डी.ए.वी. स्कूल, लाहौर में प्रवेश लिया और पूरे एक साल उसके छात्रावास में रहा। वहाँ सुबह और शाम की प्रार्थना के अतिरिक्त मैं घंटों गायत्री मंत्र जपा करता था। उन दिनों मैं पूरा भक्त था। बाद में मैंने अपने पिता के साथ रहना शुरू किया। जहाँ तक धार्मिक रूढ़िवादिता का प्रश्न है, वे एक उदारवादी व्यक्ति हैं। उन्हीं की शिक्षा से मुझे स्वतंत्रता के ध्येय के लिए अपने जीवन को समर्पित करने की प्रेरणा मिली। किंतु वे नास्तिक नहीं हैं। उनका ईश्वर में दृढ़ विश्वास है। वे मुझे प्रतिदिन पूजा-प्रार्थना के लिए प्रोत्साहित करते रहते थे। इस प्रकार से मेरा पालन-पोषण हुआ। असहयोग आंदोलन के दिनों में मैंने नेशनल

कॉलेज में प्रवेश लिया। यहाँ आकर ही मैंने सारी धार्मिक समस्याओं, यहाँ तक कि ईश्वर के बारे में उदारतापूर्वक सोचना, विचारना तथा उसकी आलोचना करना शुरू किया। पर अभी भी मैं पक्का आस्तिक था। उस समय तक मैंने अपने बिना काटे व सँवारे हुए लंबे बालों को रखना शुरू कर दिया था; यद्यपि मुझे कभी भी सिख या अन्य धर्मों की पौराणिकता और सिद्धांतों में विश्वास न हो सका था, किंतु मेरी ईश्वर के अस्तित्व में दृढ़ निष्ठा थी।

बाद में मैं क्रांतिकारी पार्टी से जुड़ा। वहाँ पर जिस पहले नेता से मेरा संपर्क हुआ, वे तो पक्का विश्वास न होते हुए भी ईश्वर के अस्तित्व को नकारने का साहस नहीं कर सकते थे। ईश्वर के बारे में मेरे हठपूर्वक पूछते रहने पर वे कहते, "जब इच्छा हो, तब पूजा कर लिया करो।" यह नास्तिकता है, जिसमें इस विश्वास को अपनाने के साहस का अभाव है। दूसरे नेता, जिनके मैं संपर्क में आया, वे पक्के श्रद्धालु थे। उनका नाम बता दूँ—आदरणीय शचींद्रनाथ सान्याल, जो कि आजकल काकोरी षड्यंत्र केस के सिलसिले में आजीवन कारावास भोग रहे हैं। उनकी अकेली प्रसिद्ध पुस्तक 'बंदी जीवन' में पहले पेज से ही ईश्वर की महिमा का जोर-जोर से गान है। उस सुंदर पुस्तक के दूसरे भाग के अंतिम पेज पर उन्होंने ईश्वर के ऊपर प्रशंसा के जो रहस्यात्मक वेदांत के कारण पुष्प बरसाए हैं, वे उनके विचारों का अजीबोगरीब हिस्सा हैं। 28 जनवरी, 1925 को पूरे भारत में जो 'द रिवाल्यूशनरी' (क्रांतिकारी) परचा बाँटा गया था, वह अभियोग पक्ष की कहानी के अनुसार उन्हीं के बौद्धिक श्रम का परिणाम है। अब इस प्रकार के गुप्त कार्यों में कोई प्रमुख नेता अनिवार्यत: अपने विचारों को ही रखता है, जो उसे स्वयं बहुत प्रिय होते हैं और अन्य कार्यकर्ताओं को उनसे सहमत होना होता है। उन मतभेदों के बावजूद, जो उनके हो सकते हैं। उस परचे में पूरा एक पैराग्राफ उस सर्वशक्तिमान तथा उसकी लीला एवं कार्यों की प्रशंसा से भरा पड़ा था। यह सब

रामप्रसाद बिस्मिल एक रूढ़िवादी आर्यसमाजी थे। समाजवाद तथा साम्यवाद में अपने विस्तृत अध्ययन के बावजूद राजेंद्र लाहिड़ी उपनिषद् एवं गीता के श्लोकों के उच्चारण की अपनी अभिलाषा को दबा न सके। मैंने उन सब में सिर्फ एक ही व्यक्ति को देखा, जो कभी प्रार्थना नहीं करता था और कहता था, "दर्शनशास्त्र मनुष्य की दुर्बलता अथवा ज्ञान के सीमित होने के कारण उत्पन्न होता है।"

रहस्यवाद है। मैं जो कहना चाहता था, वह यह है कि ईश्वर के प्रति अविश्वास का भाव क्रांतिकारी दल में भी प्रस्फुटित नहीं हुआ था। काकोरी के प्रसिद्ध सभी चार शहीदों ने अपने अंतिम दिन भजन-प्रार्थना में गुजारे थे। रामप्रसाद बिस्मिल एक रूढ़िवादी आर्यसमाजी थे। समाजवाद तथा साम्यवाद में अपने विस्तृत अध्ययन के बावजूद राजेंद्र लाहिड़ी उपनिषद् एवं गीता के श्लोकों के उच्चारण की अपनी अभिलाषा को दबा न सके। मैंने उन सब में सिर्फ एक ही व्यक्ति को देखा, जो कभी प्रार्थना नहीं करता था और कहता था, "दर्शनशास्त्र मनुष्य की दुर्बलता अथवा ज्ञान के सीमित होने के कारण उत्पन्न होता है।" वह भी आजीवन निर्वासन की सजा भोग रहा है। परंतु उसने भी ईश्वर के अस्तित्व को नकारने की कभी हिम्मत नहीं की।

इस समय तक मैं केवल एक रोमांटिक आदर्शवादी क्रांतिकारी था। अब तक हम दूसरों का अनुसरण करते थे, अब अपने कंधों पर जिम्मेदारी उठाने का समय आया था। कुछ समय तक तो अवश्यंभावी प्रक्रिया के फलस्वरूप पार्टी का अस्तित्व ही असंभव-सा दिखा। उत्साही कॉमरेडों, नहीं, नेताओं ने भी हमारा उपहास करना शुरू कर दिया। कुछ समय तक तो मुझे यह डर लगा कि एक दिन मैं भी कहीं अपने कार्यक्रम की व्यर्थता के बारे में आश्वस्त न हो जाऊँ। वह मेरे क्रांतिकारी जीवन का एक निर्णायक बिंदु था। अध्ययन की पुकार मेरे मन के गलियारों में गूँज रही थी—विरोधियों द्वारा रखे गए तर्कों का सामना करने योग्य बनने के लिए अध्ययन करो। अपने मत के समर्थन में तर्क देने के लिए सक्षम होने के वास्ते पढ़ो। मैंने पढ़ना शुरू कर दिया। इससे मेरे पुराने विचार व विश्वास अद्‌भुत रूप से परिष्कृत हुए। हिंसात्मक तरीकों को अपनाने का रोमांच, जो कि हमारे पुराने साथियों में अत्यधिक व्याप्त था, की जगह गंभीर विचारों ने ले ली। अब रहस्यवाद और अंधविश्वास के लिए कोई स्थान नहीं रहा।

अब तक हम दूसरों का अनुसरण करते थे, अब अपने कंधों पर जिम्मेदारी उठाने का समय आया था। कुछ समय तक तो अवश्यंभावी प्रक्रिया के फलस्वरूप पार्टी का अस्तित्व ही असंभव-सा दिखा। उत्साही कॉमरेडों, नहीं, नेताओं ने भी हमारा उपहास करना शुरू कर दिया। कुछ समय तक तो मुझे यह डर लगा कि एक दिन मैं भी कहीं अपने कार्यक्रम की व्यर्थता के बारे में आश्वस्त न हो जाऊँ।

यथार्थवाद हमारा आधार बना। हिंसा तभी न्यायोचित है, जब किसी विकट

आवश्यकता में उसका सहारा लिया जाए। अहिंसा सभी जन-आंदोलनों का अनिवार्य सिद्धांत होना चाहिए। यह तो रही तरीकों की बात। सबसे आवश्यक बात उस आदर्श की स्पष्ट धारणा है, जिसके लिए हमें लड़ना है। चूँकि उस समय कोई विशेष क्रांतिकारी कार्य नहीं हो रहा था, अतः मुझे विश्व क्रांति के अनेक आदर्शों के बारे में पढ़ने का खूब मौका मिला। मैंने अराजकतावादी नेता बाकुनिन को पढ़ा, कुछ साम्यवाद के जनक मार्क्स को; किंतु ज्यादातर लेनिन, ट्रॉटस्की तथा अन्य लोगों को पढ़ा, जो अपने देश में सफलतापूर्वक क्रांति लाए थे। वे सभी नास्तिक थे। बाकुनिन की पुस्तक 'ईश्वर और राज्य' इस विषय पर, यद्यपि आंशिक रूप में, एक अच्छा अध्ययन है। बाद में मुझे इस बात का विश्वास हो गया कि सर्वशक्तिमान परम आत्मा की बात, जिसने ब्रह्मांड का सृजन किया, दिग्दर्शन और संचालन किया, एक कोरी बकवास है। मैंने अपने इस अविश्वास को प्रदर्शित किया। मैंने इस विषय पर अपने दोस्तों से बहस की। मैं एक घोषित नास्तिक हो चुका था। किंतु इसका अर्थ क्या था, यह मैं आगे बतलाऊँगा।

बाकुनिन की पुस्तक 'ईश्वर और राज्य' इस विषय पर, यद्यपि आंशिक रूप में, एक अच्छा अध्ययन है। बाद में मुझे इस बात का विश्वास हो गया कि सर्वशक्तिमान परम आत्मा की बात, जिसने ब्रह्मांड का सृजन किया, दिग्दर्शन और संचालन किया, एक कोरी बकवास है। मैंने अपने इस अविश्वास को प्रदर्शित किया। मैंने इस विषय पर अपने दोस्तों से बहस की। मैं एक घोषित नास्तिक हो चुका था। किंतु इसका अर्थ क्या था, यह मैं आगे बतलाऊँगा।

मई 1927 में मैं लाहौर में गिरफ्तार हुआ। यह गिरफ्तारी अकस्मात् हुई थी। मुझे इसका जरा भी अहसास नहीं था कि पुलिस को मेरी तलाश है। अचानक एक बगीचे से गुजरते हुए मैंने पाया कि मैं कुछ पुलिसवालों से घिरा हुआ हूँ। मुझे स्वयं आश्चर्य हुआ कि मैं उस समय बहुत शांत रहा। न तो कोई सनसनी महसूस हुई, न ही जरा भी उत्तेजना का अनुभव हुआ। मुझे पुलिस हिरासत में ले लिया गया था। अगले दिन मुझे रेलवे पुलिस हवालात में ले जाया गया, जहाँ मुझे पूरा एक महीना काटना पड़ा। पुलिस अफसरों से कई दिनों की बातचीत के बाद मुझे ऐसा लगा कि उन्हें काकोरी कांड से मेरे संबंधों के बारे में तथा क्रांतिकारी आंदोलन से संबंधित

मेरी गतिविधियों के बारे में कुछ जानकारी है। उन्होंने मुझे बताया कि मैं लखनऊ में था, जब वहाँ मुकदमा चल रहा था कि मैंने उन्हें छुड़ाने की किसी योजना पर बात की थी, कि उनकी सहमति पाने के बाद हमने कुछ बम प्राप्त किए थे, कि सन् 1926 में दशहरा के अवसर पर उन बमों में से एक परीक्षण के लिए भीड़ पर फेंका गया। उसके बाद मेरे भले के लिए उन्होंने मुझे बताया कि यदि मैं क्रांतिकारी दल की गतिविधियों पर प्रकाश डालनेवाला एक वक्तव्य दे दूँ तो मुझे गिरफ्तार नहीं किया जाएगा और इनाम दिया जाएगा। मैं उस प्रस्ताव पर हँसा। यह सब बेकार की बात थी। हम लोगों की भाँति विचार रखनेवाले अपनी निर्दोष जनता पर बम नहीं फेंका करते। एक दिन सुबह सी.आई.डी. के वरिष्ठ अधीक्षक श्री न्यूमैन मेरे पास आए। लंबी-चौड़ी सहानुभूतिपूर्ण बातों के बाद उन्होंने मुझे, अपनी समझ में, यह अत्यंत दुःखद समाचार दिया कि यदि मैंने उनके द्वारा माँगा गया वक्तव्य नहीं दिया तो वे मुझ पर काकोरी केस से संबंधित विद्रोह छेड़ने के षड्यंत्र तथा दशहरा बम केस में क्रूर हत्याओं के लिए मुकदमा चलाने पर बाध्य होंगे। आगे उन्होंने मुझे यह भी बताया कि उनके पास मुझे सजा दिलाने और (फाँसी पर) लटकाने के लिए उचित प्रमाण मौजूद हैं।

उन दिनों मुझे यह विश्वास था, यद्यपि मैं बिल्कुल निर्दोष था, कि पुलिस यदि चाहे तो ऐसा कर सकती है। उसी दिन से कुछ पुलिस अफसरों ने मुझे नियम से दोनों समय ईश्वर की स्तुति करने के लिए फुसलाना शुरू कर दिया। पर अब मैं एक नास्तिक था। मैं स्वयं के लिए यह बात तय करना चाहता था कि क्या शांति और आनंद के दिनों में ही मैं नास्तिक होने का दंभ भरता हूँ या ऐसे कठिन समय में भी मैं उन सिद्धांतों पर अडिग रह सकता हूँ? बहुत सोचने के बाद मैंने यह निश्चय किया कि किसी भी तरह ईश्वर पर विश्वास तथा प्रार्थना मैं नहीं कर सकता, न ही मैंने एक क्षण के लिए भी अरदास की। यही असली

उन दिनों मुझे यह विश्वास था, यद्यपि मैं बिल्कुल निर्दोष था, कि पुलिस यदि चाहे तो ऐसा कर सकती है। उसी दिन से कुछ पुलिस अफसरों ने मुझे नियम से दोनों समय ईश्वर की स्तुति करने के लिए फुसलाना शुरू कर दिया। पर अब मैं एक नास्तिक था। मैं स्वयं के लिए यह बात तय करना चाहता था कि क्या शांति और आनंद के दिनों में ही मैं नास्तिक होने का दंभ भरता हूँ या ऐसे कठिन समय में भी मैं उन सिद्धांतों पर अडिग रह सकता हूँ?

परीक्षण था और इसमें मैं सफल रहा। एक क्षण को भी अन्य बातों की कीमत पर अपनी गरदन बचाने की मेरी इच्छा नहीं हुई। अब मैं एक पक्का नास्तिक था और तब से लगातार हूँ। इस परीक्षण पर खरा उतरना आसान काम न था। 'विश्वास' कष्टों को हलका कर देता है, यहाँ तक कि उन्हें सुखकर बना सकता है। ईश्वर से मनुष्य को अत्यधिक सांत्वना देनेवाला एक आधार मिल सकता है। 'उसके' बिना मनुष्य को स्वयं अपने ऊपर निर्भर होना पड़ता है। तूफान और झंझावात के बीच अपने पाँवों पर खड़े रहना कोई बच्चों का खेल नहीं है। परीक्षा की इन घड़ियों में अहंकार, यदि है, तो भाप बनकर उड़ जाता है और मनुष्य आम विश्वास को ठुकराने का साहस नहीं कर पाता; पर यदि करता है तो इससे यह निष्कर्ष निकलता है कि उसके पास सिर्फ अहंकार नहीं, बल्कि कोई अन्य शक्ति है। आज बिल्कुल वैसी ही स्थिति है। पहले ही अच्छी तरह पता है कि (मुकदमे का) क्या फैसला होगा। एक सप्ताह में ही फैसला सुना दिया जाएगा। मैं अपना जीवन एक ध्येय के लिए कुरबान करने जा रहा हूँ, इस विचार के अतिरिक्त और क्या सांत्वना हो सकती है? ईश्वर में विश्वास रखनेवाला हिंदू पुनर्जन्म पर एक राजा होने की आशा कर सकता है। एक मुसलमान या ईसाई स्वर्ग में व्याप्त समृद्धि के आनंद की तथा अपने कष्टों और बलिदानों के लिए पुरस्कार की कल्पना कर सकता है। किंतु मैं किस बात की आशा करूँ? मैं जानता हूँ कि जिस क्षण रस्सी का फंदा मेरी गरदन पर कसेगा और मेरे पैरों के नीचे से तख्ता हटेगा, वही पूर्ण विराम होगा, वही अंतिम क्षण होगा। मैं या संक्षेप में, आध्यात्मिक शब्दावली की व्याख्या के अनुसार मेरी आत्मा, सब वहीं समाप्त हो जाएगी। आगे कुछ भी नहीं रहेगा। एक छोटी सी जूझती हुई जिंदगी, जिसकी कोई ऐसी गौरवशाली परिणति नहीं है, अपने में स्वयं एक पुरस्कार होगी, यदि मुझमें उसे इस दृष्टि से देखने का साहस हो। यही सबकुछ है। बिना किसी स्वार्थ के, यहाँ या यहाँ के बाद पुरस्कार की इच्छा के बिना, मैंने आसक्त भाव से अपने जीवन को स्वतंत्रता के ध्येय पर समर्पित कर दिया है, क्योंकि मैं और कुछ कर ही नहीं सकता था।

जिस दिन हमें इस मनोवृत्ति के बहुत से पुरुष व स्त्रियाँ मिल जाएँगे, जो अपने जीवन को मनुष्य की सेवा तथा पीड़ित मानवता के उद्धार के अतिरिक्त और कहीं समर्पित कर ही नहीं सकते, उसी दिन मुक्ति के युग का शुभारंभ होगा। वे शोषकों, उत्पीड़कों और अत्याचारियों को चुनौती देने के लिए उत्प्रेरित होंगे, इसलिए नहीं कि उन्हें राजा बनना है या कोई अन्य पुरस्कार प्राप्त करना है, यहाँ या अगले

जिस दिन हमें इस मनोवृत्ति के बहुत से पुरुष व स्त्रियाँ मिल जाएँगे, जो अपने जीवन को मनुष्य की सेवा तथा पीड़ित मानवता के उद्धार के अतिरिक्त और कहीं समर्पित कर ही नहीं सकते, उसी दिन मुक्ति के युग का शुभारंभ होगा। वे शोषकों, उत्पीड़कों और अत्याचारियों को चुनौती देने के लिए उत्प्रेरित होंगे, इसलिए नहीं कि उन्हें राजा बनना है या कोई अन्य पुरस्कार प्राप्त करना है, यहाँ या अगले जन्म में या मृत्योपरांत स्वर्ग में।

जन्म में या मृत्योपरांत स्वर्ग में। उन्हें तो मानवता की गरदन से दास वृत्ति का जुआ उतार फेंकने और मुक्ति एवं शांति स्थापित करने के लिए इस मार्ग को अपनाना होगा। क्या वे उस रास्ते पर चलेंगे, जो उनके अपने लिए खतरनाक, किंतु उनकी महान् आत्मा के लिए एकमात्र शानदार रास्ता है? क्या अपने महान् ध्येय के प्रति उनके गर्व को 'अहंकार' कहकर उसका गलत अर्थ लगाया जाएगा? कौन इस प्रकार के घृणित विशेषण लगाने का साहस करता है? मैं कहता हूँ कि ऐसा व्यक्ति या तो मूर्ख है या धूर्त। हमें चाहिए कि उसे क्षमा कर दें, क्योंकि वह उस हृदय में उद्वेलित उच्च विचारों, भावनाओं, आवेगों तथा उनकी गहराई को महसूस नहीं कर सकता। उसका हृदय मांस के एक टुकड़े की तरह मृत है। उसकी आँखें अन्य स्वार्थों के प्रेत की छाया पड़ने से कमजोर हो गई हैं। स्वयं पर भरोसा करने के गुण को सदैव अहंकार की संज्ञा दी जा सकती है और यह दु:खपूर्ण एवं कष्टप्रद है। पर चारा ही क्या है?

तुम जाओ और किसी प्रचलित धर्म का विरोध करो; जाओ और किसी हीरो की, महान् व्यक्ति की, जिसके बारे में सामान्यत: यह विश्वास किया जाता है कि वह आलोचना से परे है, क्योंकि वह गलती कर ही नहीं सकता, आलोचना करो तो तुम्हारे तर्क की शक्ति हजारों लोगों को तुम पर वृथाभिमानी होने का आक्षेप लगाने को मजबूर कर देगी। ऐसा मानसिक जड़ता के कारण होता है। आलोचना तथा स्वतंत्र विचार—दोनों ही एक क्रांतिकारी के अनिवार्य गुण हैं, क्योंकि महात्माजी महान् हैं, अत: किसी को उनकी आलोचना नहीं करनी चाहिए। चूँकि वे ऊपर उठ गए हैं, अत: हर बात, जो वे कहते हैं, चाहे वह राजनीति के क्षेत्र की हो या धर्म, अर्थशास्त्र अथवा नीतिशास्त्र के, सब सही है। आप चाहे आश्वस्त हों या नहीं, ले जा सकती है। यह तो स्पष्ट रूप से प्रतिक्रियावादी है।

चूँकि हमारे पूर्वजों ने किसी परम आत्मा (सर्वशक्तिमान ईश्वर) के प्रति विश्वास बना लिया था, अत: किसी भी ऐसे व्यक्ति को, जो उस विश्वास की सत्यता या उस परम आत्मा के अस्तित्व को ही चुनौती दे, विधर्मी, विश्वासघाती कहा जाएगा। यदि उसके तर्क इतने अकाट्य हैं कि उनका खंडन वितर्क द्वारा नहीं हो सकता और उसकी आस्था इतनी प्रबल है कि उसे ईश्वर के प्रकोप से होनेवाली विपत्तियों का भय दिखाकर दबाया नहीं जा सकता, तो उसकी यह कहकर निंदा की जाएगी कि वह वृथाभिमानी है, उसकी प्रकृति पर अहंकार हावी है। तो इस व्यर्थ विवाद पर समय नष्ट करने का क्या लाभ? फिर इन सारी बातों पर बहस करने की कोशिश क्यों? यह लंबी बहस इसलिए, क्योंकि जनता के सामने यह प्रश्न आज पहली बार आया है और आज ही पहली बार इस पर वस्तुगत रूप से चर्चा हो रही है।

चूँकि हमारे पूर्वजों ने किसी परम आत्मा (सर्वशक्तिमान ईश्वर) के प्रति विश्वास बना लिया था, अत: किसी भी ऐसे व्यक्ति को, जो उस विश्वास की सत्यता या उस परम आत्मा के अस्तित्व को ही चुनौती दे, विधर्मी, विश्वासघाती कहा जाएगा। यदि उसके तर्क इतने अकाट्य हैं कि उनका खंडन वितर्क द्वारा नहीं हो सकता और उसकी आस्था इतनी प्रबल है कि उसे ईश्वर के प्रकोप से होनेवाली विपत्तियों का भय दिखाकर दबाया नहीं जा सकता, तो उसकी यह कहकर निंदा की जाएगी कि वह वृथाभिमानी है, उसकी प्रकृति पर अहंकार हावी है। तो इस व्यर्थ विवाद पर समय नष्ट करने का क्या लाभ? फिर इन सारी बातों पर बहस करने की कोशिश क्यों?

जहाँ तक पहले प्रश्न की बात है, मैं समझता हूँ कि मैंने यह साफ कर दिया है कि यह मेरा अहंकार नहीं था, जो मुझे नास्तिकता की ओर ले गया। मेरे तर्क का तरीका संतोषप्रद सिद्ध होता है या नहीं, इसका निर्णय मेरे पाठकों को करना है, मुझे नहीं। मैं जानता हूँ कि वर्तमान परिस्थितियों में ईश्वर पर विश्वास ने मेरा जीवन आसान और मेरा बोझ हलका कर दिया होता और उस मेरे अविश्वास ने सारे वातावरण को अत्यंत शुष्क बना दिया है और परिस्थितियाँ एक कठोर रूप ले सकती हैं। थोड़ा सा रहस्यवाद इसे कवित्वमय बना सकता है। किंतु मेरे भाग्य को किसी उन्माद का सहारा नहीं चाहिए। मैं

यथार्थवादी हूँ। मैं अपनी अंत:प्रकृति पर विवेक की सहायता से विजय चाहता हूँ। इस ध्येय में मैं सदैव सफल नहीं हुआ हूँ। प्रयत्न व प्रयास करना मनुष्य का कर्तव्य है, सफलता तो संयोग तथा वातावरण पर निर्भर है।

और दूसरा सवाल, कि यदि यह अहंकार नहीं था तो ईश्वर के अस्तित्व के बारे में प्राचीन तथा आज भी प्रचलित श्रद्धा पर अविश्वास का कोई कारण होना चाहिए। जी हाँ, मैं अब इस पर आता हूँ। कारण है। मेरे विचार से कोई भी मनुष्य, जिसमें जरा सी भी विवेक-शक्ति है, वह अपने वातावरण को तार्किक रूप से समझना चाहेगा। जहाँ सीधा प्रमाण नहीं होता, वहाँ दर्शनशास्त्र महत्त्वपूर्ण स्थान बना लेता है। जैसा कि मैंने पहले कहा था, मेरे क्रांतिकारी साथी कहा करते थे कि दर्शनशास्त्र मनुष्य की दुर्बलता का परिणाम है। जब हमारे पूर्वजों ने फुरसत के समय विश्व के रहस्य को; इसके अतीत, वर्तमान एवं भविष्य; इसके क्यों और कहाँ से को समझने का प्रयास किया तो सीधे प्रमाणों के भारी अभाव में हर व्यक्ति ने इन प्रश्नों को अपने-अपने ढंग से हल किया। यही कारण है कि विभिन्न धार्मिक मतों के मूल तत्त्व में ही हमें इतना अंतर मिलता है, कभी-कभी तो वैमनस्य तथा झगड़े का रूप ले लेता है। न केवल पूर्व और पश्चिम के दर्शनों में मतभेद है, बल्कि प्रत्येक गोलार्द्ध के विभिन्न मतों में आपस में अंतर है। एशियाई धर्मों में, इसलाम तथा हिंदू धर्मों में जरा भी एकरूपता नहीं है। भारत में ही बौद्ध एवं जैन धर्म उस ब्राह्मणवाद से बहुत अलग हैं, जिसमें स्वयं आर्यसमाज व सनातन धर्म जैसे विरोधी मत पाए जाते हैं। पुराने समय का एक अन्य स्वतंत्र विचारक चार्वाक है। उसने ईश्वर को पुराने समय में ही चुनौती दी थी। ये सभी मत एक-दूसरे से मूलभूत प्रश्नों पर मतभेद रखते हैं और हर व्यक्ति अपने को सही समझता है। यही तो दुर्भाग्य की बात है। बजाय इसके कि हम पुराने विद्वानों एवं विचारकों के अनुभवों तथा विचारों को भविष्य में अज्ञानता के विरुद्ध लड़ाई का आधार बनाएँ और इस रहस्यमय प्रश्न को हल करने की कोशिश करें, हम आलसियों

भारत में ही बौद्ध एवं जैन धर्म उस ब्राह्मणवाद से बहुत अलग हैं, जिसमें स्वयं आर्यसमाज व सनातन धर्म जैसे विरोधी मत पाए जाते हैं। पुराने समय का एक अन्य स्वतंत्र विचारक चार्वाक है। उसने ईश्वर को पुराने समय में ही चुनौती दी थी। ये सभी मत एक-दूसरे से मूलभूत प्रश्नों पर मतभेद रखते हैं और हर व्यक्ति अपने को सही समझता है। यही तो दुर्भाग्य की बात है।

की तरह, जो कि हम सिद्ध हो चुके हैं, विश्वास की—उनके कथन में अविचल एवं संशयहीन विश्वास की—चीख-पुकार मचाते रहते हैं और इस प्रकार मानवता के विकास को जड़ बनाने के अपराधी हैं।

प्रत्येक मनुष्य को, जो विकास के लिए खड़ा है, रूढ़िगत विश्वासों के हर पहलू की आलोचना तथा उन पर अविश्वास करना होगा और उनको चुनौती देनी होगी। प्रत्येक प्रचलित मत की हर बात को हर कोने से तर्क की कसौटी पर कसना होगा। यदि काफी तर्क के बाद भी वह किसी सिद्धांत या दर्शन के प्रति प्रेरित होता है तो उसके विश्वास का स्वागत है। उसका तर्क असत्य, भ्रमित या छलावा और कभी-कभी मिथ्या हो सकता है; लेकिन उसको सुधारा जा सकता है, क्योंकि विवेक उसके जीवन का दिशा-सूचक है; लेकिन निरा विश्वास और अंधविश्वास खतरनाक है। यह मस्तिष्क को मूढ़ और मनुष्य को प्रतिक्रियावादी बनां देता है। जो मनुष्य यथार्थवादी होने का दावा करता है, उसे समस्त प्राचीन विश्वासों को चुनौती देनी होगी। यदि वे तर्क का प्रहार न सह सके तो टुकड़े-टुकड़े होकर गिर पड़ेंगे। तब उस व्यक्ति का पहला काम होगा—तमाम पुराने विश्वासों को धराशायी करके नए दर्शन की स्थापना के लिए जगह साफ करना। यह तो नकारात्मक पक्ष हुआ। इसके बाद सही कार्य शुरू होगा, जिसमें पुनर्निर्माण के लिए पुराने विश्वासों की कुछ बातों का प्रयोग किया जा सकता है। जहाँ तक मेरा संबंध है, मैं शुरू से ही मानता हूँ कि इस दिशा में मैं अभी कोई विशेष अध्ययन नहीं कर पाया हूँ। एशियाई दर्शन को पढ़ने की मेरी बड़ी लालसा थी; पर ऐसा करने का मुझे कोई संयोग या अवसर नहीं मिला। लेकिन जहाँ तक इस विवाद के नकारात्मक पक्ष की बात है, मैं प्राचीन विश्वासों के ठोसपन पर प्रश्न उठाने के संबंध में आश्वस्त हूँ। मुझे पूरा विश्वास है कि एक चेतन, परम आत्मा का, जो कि प्रकृति की गति

उसका तर्क असत्य, भ्रमित या छलावा और कभी-कभी मिथ्या हो सकता है; लेकिन उसको सुधारा जा सकता है, क्योंकि विवेक उसके जीवन का दिशा-सूचक है; लेकिन निरा विश्वास और अंधविश्वास खतरनाक है। यह मस्तिष्क को मूढ़ और मनुष्य को प्रतिक्रियावादी बना देता है। जो मनुष्य यथार्थवादी होने का दावा करता है, उसे समस्त प्राचीन विश्वासों को चुनौती देनी होगी। यदि वे तर्क का प्रहार न सह सके तो टुकड़े-टुकड़े होकर गिर पड़ेंगे।

का दिग्दर्शन एवं संचालन करती है, कोई अस्तित्व नहीं है। समस्त प्रगति का ध्येय मनुष्य द्वारा अपनी सेवा के लिए प्रकृति पर विजय पाना है। इसको दिशा देने के लिए पीछे कोई चेतन शक्ति नहीं है। यही हमारा दर्शन है।

जहाँ तक नकारात्मक पहलू की बात है, हम आस्तिकों से कुछ प्रश्न करना चाहते हैं—(1) यदि, जैसा कि आपका विश्वास है, एक सर्वशक्तिमान, सर्वव्यापक एवं सर्वज्ञानी ईश्वर है, जिसने पृथ्वी या विश्व की रचना की, तो कृपा करके मुझे यह बताएँ कि उसने यह रचना क्यों की? कष्टों और विपत्तियों से भरी इस दुनिया में असंख्य दुःखों के शाश्वत और अनंत गठबंधनों से ग्रसित एक भी प्राणी पूरी तरह सुखी नहीं।

जहाँ तक नकारात्मक पहलू की बात है, हम आस्तिकों से कुछ प्रश्न करना चाहते हैं—(1) यदि, जैसा कि आपका विश्वास है, एक सर्वशक्तिमान, सर्वव्यापक एवं सर्वज्ञानी ईश्वर है, जिसने पृथ्वी या विश्व की रचना की तो कृपा करके मुझे यह बताएँ कि उसने यह रचना क्यों की? कष्टों और विपत्तियों से भरी इस दुनिया में असंख्य दुःखों के शाश्वत और अनंत गठबंधनों से ग्रसित एक भी प्राणी पूरी तरह सुखी नहीं।

कृपया यह न कहें कि यही उसका नियम है। यदि वह किसी नियम में बँधा है तो वह सर्वशक्तिमान नहीं। फिर तो वह भी हमारी ही तरह गुलाम है। कृपा करके यह भी न कहें कि यह उसका शगल है। नीरो ने सिर्फ एक रोम जलाकर राख किया था। उसने कुछ लोगों की हत्याएँ की थीं। उसने तो बहुत थोड़ा दुःख पैदा किया, अपने शौक और मनोरंजन के लिए और उसका इतिहास में क्या स्थान है? उसे इतिहासकार किस नाम से बुलाते हैं? सभी विषैले विशेषण उस पर बरसाए जाते हैं। जालिम, निर्दयी, शैतान जैसे शब्दों से नीरो की भर्त्सना में पृष्ठ-के-पृष्ठ रँगे पड़े हैं। एक चंगेज खाँ ने अपने आनंद के लिए कुछ हजार जानें ले लीं और आज हम उसके नाम से घृणा करते हैं। तब फिर, तुम उस सर्वशक्तिमान अनंत नीरो को, जो हर दिन, हर घंटे और हर मिनट असंख्य दुःख देता रहा है और अभी भी दे रहा है, किस तरह न्यायोचित ठहराते हो? फिर तुम उसके उन दुष्कर्मों की हिमायत कैसे करोगे, जो हर पल चंगेज के दुष्कर्मों को भी मात दिए जा रहे हैं? मैं पूछता हूँ कि उसने यह दुनिया बनाई ही क्यों थी—ऐसी दुनिया, जो सचमुच का नरक है, अनंत

और गहन वेदना का घर है ? सर्वशक्तिमान ने मनुष्य का सृजन क्यों किया, जबकि उसके पास मनुष्य का सृजन न करने की ताकत थी ? इन सब बातों का तुम्हारे पास क्या जवाब है ? तुम यह कहोगे कि यह सब अगले जन्म में इन कष्ट सहनेवाले बेकसूर लोगों को पुरस्कार और गलती करनेवालों को दंड देने के लिए हो रहा है। ठीक है, ठीक है। तुम कब तक उस व्यक्ति को उचित ठहराते रहोगे, जो हमारे शरीर को जख्मी करने का साहस इसलिए करता है कि बाद में इस पर बहुत कोमल व आरामदायक मलहम लगाएगा ? ग्लैडिएटर संस्था के व्यवस्थापकों तथा सहायकों का यह काम कहाँ तक उचित था कि एक भूखे-खूँखार शेर के सामने मनुष्य को फेंक दो कि यदि वह उस जंगली जानवर से बचकर अपनी जान बचा लेता है तो उसकी खूब देखभाल की जाएगी ? इसलिए मैं पूछता हूँ, "उस परम चेतन और सर्वोच्च सत्ता ने इस विश्व और उसमें मनुष्यों का सृजन क्यों किया ? आनंद लूटने के लिए ? तब उसमें और नीरो में क्या फर्क है ?"

मुसलमानो और ईसाइयो ! हिंदू-दर्शन के पास अभी और भी तर्क हो सकते हैं। मैं पूछता हूँ कि तुम्हारे पास ऊपर पूछे गए प्रश्नों का क्या उत्तर है ? तुम तो पूर्व जन्म में विश्वास नहीं करते। तुम तो हिंदुओं की तरह यह तर्क पेश नहीं कर सकते कि प्रत्यक्षतः निर्दोष व्यक्तियों के कष्ट उनके पूर्व जन्मों के कुकर्मों का फल हैं। मैं तुमसे पूछता हूँ कि उस सर्वशक्तिशाली ने विश्व की उत्पत्ति के लिए छह दिन मेहनत क्यों की और यह क्यों कहा था कि सब ठीक है ? उसे आज ही बुलाओ, उसे पिछला इतिहास दिखाओ। उसे मौजूदा परिस्थितियों का अध्ययन करने दो। फिर हम देखेंगे कि क्या वह आज भी यह कहने का साहस करता है—सब ठीक है।

कारावास की काल कोठरियों से लेकर झोंपड़ियों और बस्तियों में भूख से तड़पते लाखों-लाख इनसानों के समुदाय से लेकर, उन शोषित मजदूरों से लेकर,

मुसलमानो और ईसाइयो! हिंदू-दर्शन के पास अभी और भी तर्क हो सकते हैं। मैं पूछता हूँ कि तुम्हारे पास ऊपर पूछे गए प्रश्नों का क्या उत्तर है ? तुम तो पूर्व जन्म में विश्वास नहीं करते। तुग तो हिंबुओं की तरह यह तर्क पेश नहीं कर सकते कि प्रत्यक्षतः निर्दोष व्यक्तियों के कष्ट उनके पूर्व जन्मों के कुकर्मों का फल हैं। मैं तुमसे पूछता हूँ कि उस सर्वशक्तिशाली ने विश्व की उत्पत्ति के लिए छह दिन मेहनत क्यों की और यह क्यों कहा था कि सब ठीक है ?

जो पूँजीवादी पिशाच द्वारा खून चूसने की क्रिया को धैर्यपूर्वक या कहना चाहिए, निरुत्साहित होकर देख रहे हैं और उस मानव-शक्ति की बरबादी देख रहे हैं, जिसे देखकर कोई भी व्यक्ति, जिसे तनिक भी सहज ज्ञान है, भय से सिहर उठेगा और अधिक उत्पादन को जरूरतमंद लोगों में बाँटने की बजाय समुद्र में फेंक देने को बेहतर समझने से लेकर राजाओं के उन महलों तक, जिनकी नींव मानव की हड्डियों पर पड़ी है। उसको यह सब देखने दो और फिर कहें, 'सबकुछ ठीक है।' क्यों और किसलिए, यही मेरा प्रश्न है। तुम चुप हो? ठीक है, तो मैं अपनी बात आगे बढ़ाता हूँ।

और तुम हिंदुओ, तुम कहते हो कि आज जो लोग कष्ट भोग रहे हैं, वे पूर्वजन्म के पापी हैं। ठीक है। तुम कहते हो, आज के उत्पीड़क पिछले जन्मों में साधु पुरुष थे, अतः वे सत्ता का आनंद लूट रहे हैं। मुझे यह मानना पड़ता है कि आपके पूर्वज बहुत चालाक व्यक्ति थे। उन्होंने ऐसे सिद्धांत गढ़े, जिनमें तर्क और अविश्वास के सभी प्रयासों को विफल करने की काफी ताकत है; लेकिन हमें यह विश्लेषण करना है कि ये बातें कहाँ तक टिकती हैं।

न्यायशास्त्र के सर्वाधिक प्रसिद्ध विद्वानों के अनुसार, दंड को अपराधी पर पड़नेवाले असर के आधार पर केवल तीन-चार कारणों से उचित ठहराया जा सकता है। वे हैं—प्रतिकार, भय एवं सुधार। आज सभी प्रगतिशील विचारकों द्वारा प्रतिकार के सिद्धांत की निंदा की जाती है। भयभीत करने के सिद्धांत का भी अंत वही है। केवल सुधार करने का सिद्धांत ही आवश्यक है और मानवता की प्रगति का अटूट अंग है। इसका उद्‍देश्य अपराधी को एक अत्यंत योग्य व शांतिप्रिय नागरिक के रूप में समाज को लौटाना है; लेकिन यदि हम यह बात मान भी लें कि कुछ मनुष्यों ने (पूर्व जन्म में) पाप किए हैं तो ईश्वर द्वारा उन्हें दिए गए दंड की प्रकृति क्या है? तुम कहते हो कि वह उन्हें गाय, बिल्ली, पेड़,

न्यायशास्त्र के सर्वाधिक प्रसिद्ध विद्वानों के अनुसार, दंड को अपराधी पर पड़नेवाले असर के आधार पर केवल तीन-चार कारणों से उचित ठहराया जा सकता है। वे हैं—प्रतिकार, भय एवं सुधार। आज सभी प्रगतिशील विचारकों द्वारा प्रतिकार के सिद्धांत की निंदा की जाती है। भयभीत करने के सिद्धांत का भी अंत वही है। केवल सुधार करने का सिद्धांत ही आवश्यक है और मानवता की प्रगति का अटूट अंग है।

जड़ी-बूटी या जानवर बनाकर पैदा करता है। तुम ऐसे 84 लाख दंडों को गिनाते हो। मैं पूछता हूँ कि मनुष्य पर सुधारक के रूप में इनका क्या असर है ? तुम ऐसे कितने व्यक्तियों से मिले हो, जो यह कहते हैं कि वे किसी पाप के कारण पूर्वजन्म में गधे के रूप में पैदा हुए थे ? एक भी नहीं ? अपने पुराणों से उदाहरण मत दो। मेरे पास तुम्हारी पौराणिक कथाओं के लिए कोई स्थान नहीं है। और फिर, क्या तुम्हें पता है कि दुनिया में सबसे बड़ा पाप गरीब होना है ? गरीबी एक अभिशाप है। वह एक दंड है। मैं पूछता हूँ कि अपराध-विज्ञान, न्यायशास्त्र या विधिशास्त्र के एक ऐसे विद्वान् की आप कहाँ तक प्रशंसा करेंगे, जो किसी ऐसी दंड-प्रक्रिया की व्यवस्था करे ? जो कि अनिवार्यत: मनुष्य को और अधिक अपराध करने को बाध्य करें ? क्या तुम्हारे ईश्वर ने यह नहीं सोचा था ? या उसको भी ये सारी बातें—मानवता द्वारा अकथनीय कष्टों के झेलने की कीमत पर—अनुभव से सीखनी थीं ? तुम क्या सोचते हो ? किसी गरीब व अनपढ़ परिवार, जैसे एक चमार या मेहतर के यहाँ पैदा होने पर इनसान का भाग्य क्या होगा ? चूँकि वह गरीब है, इसलिए पढ़ाई नहीं कर सकता। वह अपने उन साथियों से तिरस्कृत और त्यक्त रहता है, जो ऊँची जाति में पैदा होने की वजह से अपने को उससे ऊँचा समझते हैं। उसका अज्ञान, उसकी गरीबी तथा उससे किया गया व्यवहार उसके हृदय को समाज के प्रति निष्ठुर बना देते हैं। मान लो, यदि वह कोई पाप करता है तो उसका फल कौन भोगेगा ? ईश्वर, वह स्वयं या समाज के मनीषी ? और उन लोगों के दंड के बारे में तुम क्या कहोगे, जिन्हें दंभी और घमंडी ब्राह्मणों ने जान-बूझकर अज्ञानी बनाए रखा तथा जिन्हें तुम्हारी ज्ञान की पवित्र पुस्तकों—वेदों के कुछ वाक्य सुन लेने के कारण कान में पिघले सीसे की धारा को सहने की सजा भुगतनी पड़ती थी। यदि वे कोई अपराध करते हैं तो उसके लिए कौन जिम्मेदार होगा और उसका प्रहार कौन

उन लोगों के दंड के बारे में तुम क्या कहोगे, जिन्हें दंभी और घमंडी ब्राह्मणों ने जान-बूझकर अज्ञानी बनाए रखा तथा जिन्हें तुम्हारी ज्ञान की पवित्र पुस्तकों—वेदों के कुछ वाक्य सुन लेने के कारण कान में पिघले सीसे की धारा को सहने की सजा भुगतनी पड़ती थी। यदि वे कोई अपराध करते हैं तो उसके लिए कौन जिम्मेदार होगा और उसका प्रहार कौन सहेगा ? मेरे प्रिय दोस्तो, ये सारे सिद्धांत विशेषाधिकार-युक्त लोगों के आविष्कार हैं।

सहेगा? मेरे प्रिय दोस्तो, ये सारे सिद्धांत विशेषाधिकार-युक्त लोगों के आविष्कार हैं। ये अपनी हथियाई हुई शक्ति, पूँजी तथा उच्चता को इन सिद्धांतों के आधार पर सही ठहराते हैं। जी हाँ, शायद वह अपटन सिंक्लेयर ही था, जिसने किसी जगह लिखा था कि मनुष्य को बस (आत्मा की), अमरता में विश्वास दिला दो और उसके बाद उसकी सारी धन-संपत्ति लूट लो। वह बगैर बड़बड़ाए उस कार्य में तुम्हारी सहायता करेगा। धर्म के उपदेशकों तथा सत्ता के स्वामियों के गठबंधन ने ही जेल, फाँसीघर, कोड़े और ऐसे सिद्धांतों को जन्म दिया है।

□

अनुलग्नक-III
बम का दर्शन

भगत सिंह

हाल ही की घटनाएँ, विशेष रूप से 23 दिसंबर, 1929 को वाइसरॉय की स्पेशल ट्रेन उड़ाने का जो प्रयत्न किया गया था, उसकी निंदा करते हुए कांग्रेस द्वारा पारित किया गया प्रस्ताव और 'यंग इंडिया' में गांधीजी द्वारा लिखे गए लेखों से स्पष्ट हो जाता है कि भारतीय राष्ट्रीय कांग्रेस ने गांधीजी के साथ मिलकर भारतीय क्रांतिकारियों के विरुद्ध जबरदस्त आंदोलन शुरू कर दिया है। जनता के बीच भाषणों तथा पत्रों के माध्यम से क्रांतिकारियों के विरुद्ध बराबर प्रचार किया जाता रहा है या तो यह जान-बूझकर किया गया या फिर केवल अज्ञानता के कारण उनके विषय में गलत प्रचार होता रहा और उन्हें गलत समझा जाता रहा। लेकिन क्रांतिकारी अपने सिद्धांतों एवं कार्यों की ऐसी आलोचना से नहीं घबराते हैं; बल्कि वे ऐसी आलोचना का स्वागत करते हैं, क्योंकि वे इसे इस बात का स्वर्णिम अवसर मानते हैं कि ऐसा करने से उन्हें उन लोगों को क्रांतिकारियों के मूलभूत सिद्धांतों तथा उच्चादर्शों को, जो उनकी प्रेरणा व शक्ति के अनवरत स्रोत हैं, समझाने का अवसर मिलता है। आशा की जाती है कि इस लेख से आम जनता को यह जानने का अवसर मिलेगा कि क्रांतिकारी क्या हैं और उनके विरुद्ध किए गए भ्रामक प्रचार से उत्पन्न होनेवाली गलतफहमियों से उन्हें बचाया जा सकेगा।

हिंसा या अहिंसा

पहले हम हिंसा और अहिंसा के प्रश्न पर ही विचार करें। हमारे विचार से,

इन शब्दों का प्रयोग ही गलत किया गया है और ऐसा करना ही दोनों दलों के साथ अन्याय करना है, क्योंकि इन शब्दों से दोनों ही दलों के सिद्धांतों का स्पष्ट बोध नहीं हो पाता। हिंसा का अर्थ है—अन्याय के लिए किया गया बल-प्रयोग। परंतु क्रांतिकारियों का तो यह उद्‍देश्य नहीं है। दूसरी ओर, अहिंसा का जो आम अर्थ समझा जाता है, वह है—आत्मिक शक्ति का सिद्धांत। उसका उपयोग व्यक्तिगत एवं राष्ट्रीय अधिकारों को प्राप्त करने के लिए किया जाता है। अपने आप को कष्ट देकर आशा की जाती है कि इस प्रकार अंत में अपने विरोधी का हृदय-परिवर्तन संभव हो सकेगा। एक क्रांतिकारी जब कुछ बातों को अपना अधिकार मान लेता है तो वह उनकी माँग करता है, अपनी उस माँग के पक्ष में दलीलें देता है, समस्त आत्मिक शक्ति के द्वारा उन्हें प्राप्त करने की इच्छा करता है, उसकी प्राप्ति के लिए अत्यधिक कष्ट सहन करता है। इसके लिए वह बड़े-से-बड़ा त्याग करने के लिए प्रस्तुत रहता है और उसके समर्थन में वह अपना समस्त शारीरिक बल-प्रयोग भी करता है। उसके इन प्रयत्नों को आप चाहे जिस नाम से पुकारें, परंतु आप इन्हें हिंसा के नाम से संबोधित नहीं कर सकते; क्योंकि ऐसा करना शब्दकोश में दिए इस शब्द के अर्थ के साथ अन्याय होगा। 'सत्याग्रह' का अर्थ है—सत्य के लिए आग्रह। उसकी स्वीकृति के लिए केवल आत्मिक शक्ति के प्रयोग का ही आग्रह क्यों? इसके साथ-साथ शारीरिक बल-प्रयोग भी क्यों न किया जाए?

क्रांतिकारी स्वतंत्रता-प्राप्ति के लिए अपनी शारीरिक एवं नैतिक शक्ति दोनों के प्रयोग में विश्वास करता है; परंतु नैतिक शक्ति का प्रयोग करनेवाले शारीरिक बल-प्रयोग को निषिद्ध मानते हैं। इसलिए अब सवाल यह नहीं है कि आप हिंसा चाहते हैं या अहिंसा, बल्कि प्रश्न तो यह है कि आप अपनी उद्‍देश्य-प्राप्ति के लिए शारीरिक बल सहित नैतिक बल का प्रयोग करना चाहते हैं या केवल आत्मिक शक्ति का?

क्रांतिकारियों का विश्वास है कि देश को क्रांति से ही स्वतंत्रता मिलेगी। वे जिस क्रांति के लिए प्रयत्नशील हैं और जिस क्रांति का रूप उनके सामने स्पष्ट है, उसका अर्थ केवल यह नहीं है कि विदेशी शासकों तथा उनके पिट्ठुओं से क्रांतिकारियों का सशस्त्र संघर्ष हो, बल्कि इस सशस्त्र संघर्ष के साथ-साथ नवीन सामाजिक व्यवस्था के द्वार देश के लिए मुक्त हो जाएँ।

हमारा आदर्श

क्रांतिकारियों का विश्वास है कि देश को क्रांति से ही स्वतंत्रता मिलेगी। वे

जिस क्रांति के लिए प्रयत्नशील हैं और जिस क्रांति का रूप उनके सामने स्पष्ट है, उसका अर्थ केवल यह नहीं है कि विदेशी शासकों तथा उनके पिट्ठुओं से क्रांतिकारियों का सशस्त्र संघर्ष हो, बल्कि इस सशस्त्र संघर्ष के साथ-साथ नवीन सामाजिक व्यवस्था के द्वारा देश के लिए मुक्त हो जाएँ। क्रांति पूँजीवाद, वर्गवाद तथा कुछ लोगों को ही विशेषाधिकार दिलानेवाली प्रणाली का अंत कर देगी। यह राष्ट्र को अपने पैरों पर खड़ा करेगी। यह एक नवीन राष्ट्र और नए समाज को जन्म देगी। क्रांति से सबसे बड़ी बात तो यह होगी कि वह मजदूर व किसानों का राज कायम कर उन सारे सामाजिक अवांछित तत्त्वों को समाप्त कर देगी, जो देश की राजनीतिक सत्ता पर काबिज हैं।

आतंकवाद

आज की युवा पीढ़ी को, जो मानसिक गुलामी तथा धार्मिक रूढ़िवादी बंधन से जकड़े हैं और उससे छुटकारा पाने के लिए युवाओं की जो बेचैनी है, क्रांतिकारी उसी में प्रगतिशीलता के अंकुर देख रहा है। नवयुवक जैसे-जैसे क्रांति के मनोविज्ञान से परिपूर्ण होता जाएगा, वैसे-वैसे राष्ट्र की गुलामी का चित्र उसके सामने स्पष्ट होता जाएगा तथा देश को स्वतंत्र करने की उसकी इच्छा प्रबल होती जाएगी। यह क्रम तब तक चलता रहेगा, जब तक कि युवक न्याय, क्रोध और क्षोभ से ओत-प्रोत हो अन्याय करनेवालों की हत्या शुरू न कर दे। इस प्रकार, देश में आतंकवाद का जन्म होता है। आतंकवाद संपूर्ण क्रांति नहीं और क्रांति भी आतंकवाद के बिना पूर्ण नहीं। यह तो क्रांति का एक आवश्यक और अवश्यंभावी अंग है। इस सिद्धांत का समर्थन इतिहास की किसी भी क्रांति का विश्लेषण कर जाना जा सकता है। आतंकवाद आततायी के मन में भय पैदा करता है और पीड़ित जनता में प्रतिशोध की भावना जाग्रत् कर उसे शक्ति प्रदान करता है। अस्थिर भावनावाले लोगों को इससे हिम्मत बँधती है तथा उनमें आत्मविश्वास पैदा होता है। इससे दुनिया के सामने क्रांति के उद्देश्य का वास्तविक रूप प्रकट हो जाता है, क्योंकि यह किसी राष्ट्र की स्वतंत्रता की उत्कट महत्त्वाकांक्षा का विश्वास दिलानेवाला प्रमाण है। जैसे दूसरे देशों में होता आया है, वैसे ही भारत में भी आतंकवाद क्रांति का रूप धारण कर लेगा और अंत में क्रांति से ही देश को सामाजिक, राजनीतिक एवं आर्थिक स्वतंत्रता मिलेगी।

क्रांतिकारी तरीके

तो ये हैं क्रांतिकारी के सिद्धांत, जिनमें क्रांतिकारी विश्वास करता है और जिन्हें देश के लिए प्राप्त करना चाहता है। वे इसे गुप्त व खुले—दोनों ही तरीके से कर रहे हैं और अपने ही तरीके से कर रहे हैं। इस प्रकार, एक शताब्दी से संसार में जनता तथा शासक वर्ग में जो संघर्ष चला आ रहा है, वही अनुभव उसके लक्ष्य पर पहुँचने का मार्गदर्शक है। क्रांतिकारी जिन तरीकों में विश्वास करता है, वे कभी असफल नहीं हुए।

कांग्रेस और क्रांतिकारी

इस बीच कांग्रेस क्या कर रही थी? उसने अपना ध्येय स्वराज से बदलकर पूर्ण स्वतंत्रता घोषित कर दिया। इस घोषणा से कोई भी व्यक्ति यही निष्कर्ष निकालेगा कि कांग्रेस ब्रिटिश शासन के विरुद्ध युद्ध की घोषणा कर देगी। लेकिन इसकी बजाय हम देखते हैं कि उसने क्रांतिकारियों के विरुद्ध युद्ध की घोषणा कर दी है। इस संबंध में कांग्रेस का पहला वार था उसका वह प्रस्ताव, जिसमें 23 दिसंबर, 1929 को वाइसरॉय की स्पेशल ट्रेन उड़ाने के प्रयत्न की निंदा की गई। इस प्रस्ताव का मसौदा गांधीजी ने तैयार किया था और उसे पारित कराने के लिए उन्होंने अपनी सारी शक्ति लगा दी। परिणाम यह हुआ कि 1,713 सदस्यों के सदन में वह केवल 81 मतों के बहुमत से पारित हुआ। क्या इस अत्यल्प बहुमत में भी राजनीतिक ईमानदारी थी? इस संबंध में हम सरला देवी चौधरानी के उत्तर को यहाँ उद्धृत करेंगे। वे आजन्म कांग्रेस के प्रति समर्पित रहीं। उन्होंने कहा, "मैंने महात्मा गांधी के कई अनुयायियों के साथ इस विषय में जो बातचीत की, उससे मुझे मालूम हुआ कि वे इस संबंध में अपने स्वतंत्र विचार महात्माजी के प्रति व्यक्तिगत निष्ठा के कारण व्यक्त नहीं कर सके और इस प्रस्ताव के विरुद्ध मत देने में असमर्थ रहे, जिसके प्रणेता महात्माजी

इस संबंध में कांग्रेस का पहला वार था उसका वह प्रस्ताव, जिसमें 23 दिसंबर, 1929 को वाइसरॉय की स्पेशल ट्रेन उड़ाने के प्रयत्न की निंदा की गई। इस प्रस्ताव का मसौदा गांधीजी ने तैयार किया था और उसे पारित कराने के लिए उन्होंने अपनी सारी शक्ति लगा दी। परिणाम यह हुआ कि 1,713 सदस्यों के सदन में वह केवल 81 मतों के बहुमत से पारित हुआ।

थे।" जहाँ तक गांधीजी की दलील का प्रश्न है, उस पर हम बाद में विचार करेंगे, जब हम उनके लेख 'बम का सिद्धांत' की चर्चा करेंगे, जो कमोबेश इस संबंध में कांग्रेस में दिए गए उनके भाषण का ही विस्तृत रूप है। इस दुःखद प्रस्ताव के विषय में एक बात मार्के की है, जिसे हम अनदेखा नहीं कर सकते। वह यह कि यह सर्वविदित है कि कांग्रेस अहिंसा के सिद्धांत को मानती है और पिछले दस वर्षों से वह इसके समर्थन में प्रचार करती रही है। यह सब होने पर भी प्रस्ताव के समर्थन में भाषणों में गाली-गलौज की गई। उन्होंने क्रांतिकारियों को 'बुजदिल' कहा और उनके कार्यों को 'घृणित'। उनमें से एक वक्ता ने धमकी देते हुए यहाँ तक कह डाला कि यदि वे गांधीजी का नेतृत्व चाहते हैं तो उन्हें इस प्रस्ताव को सर्वसम्मति से पारित करना चाहिए। इतना सबकुछ किए जाने पर भी यह प्रस्ताव बहुत थोड़े मतों से ही पारित हो सका। इससे यह बात निस्संदेह रूप से साबित हो जाती है कि देश की जनता कितनी एकजुटता से क्रांतिकारियों का समर्थन कर रही है। इस तरह से इसके लिए गांधीजी हमारी बधाई के पात्र हैं कि उन्होंने इस प्रश्न पर विवाद खड़ा किया और इस प्रकार संसार को दिखा दिया कि कांग्रेस, जो अहिंसा का गढ़ माना जाता है, वह संपूर्ण नहीं तो एक हद तक तो कांग्रेस से अधिक क्रांतिकारियों के साथ है।

इस विषय में गांधीजी ने जो विजय प्राप्त की, वह एक प्रकार की हार ही के बराबर थी और अब वे 'द कल्ट ऑफ द बम' लेख द्वारा क्रांतिकारियों पर दूसरा हमला कर बैठे हैं। इस संबंध में आगे कुछ कहने से पूर्व इस लेख पर हम अच्छी तरह विचार करेंगे। इस लेख में उन्होंने तीन बातों का उल्लेख किया है—उनका विश्वास, उनके विचार और उनका मत।

युद्ध पथ पर गांधी

इस विषय में गांधीजी ने जो विजय प्राप्त की, वह एक प्रकार की हार ही के बराबर थी और अब वे 'द कल्ट ऑफ द बम' लेख द्वारा क्रांतिकारियों पर दूसरा हमला कर बैठे हैं। इस संबंध में आगे कुछ कहने से पूर्व इस लेख पर हम अच्छी तरह विचार करेंगे। इस लेख में उन्होंने तीन बातों का उल्लेख किया है—उनका विश्वास, उनके विचार और उनका मत। हम उनके विश्वास के संबंध में विश्लेषण नहीं करेंगे, क्योंकि विश्वास में तर्क के लिए स्थान नहीं है। गांधीजी जिसे हिंसा

कहते हैं और जिसके विरुद्ध उन्होंने जो तर्कसंगत विचार प्रकट किए हैं, हम उनका सिलसिलेवार विश्लेषण करेंगे।

क्या जनता का अहिंसा में विश्वास है?

वे सोचते हैं कि उनकी यह धारणा सही है कि अधिकतर भारतीय जनता को हिंसा की भावना छू तक नहीं गई है और अहिंसा उनका राजनीतिक शस्त्र बन गया है। हाल ही में उन्होंने देश का जो भ्रमण किया है, उस अनुभव के आधार पर उनकी यह धारणा बनी है; लेकिन उन्हें अपनी इस यात्रा के इस अनुभव से इस भ्रम में नहीं पड़ना चाहिए। यह बात सही है कि अधिकांश नेता अपने दौरे वहीं तक सीमित रखते हैं, जहाँ तक मेल ट्रेन उन्हें आराम से पहुँचा सकती है; जबकि गांधीजी ने अपनी यात्रा का दायरा वहाँ तक बढ़ा दिया है, जहाँ तक कि मोटर कार द्वारा वे जा सकें। इस यात्रा में वे धनी व्यक्तियों के ही निवास-स्थानों पर रुके। इस यात्रा का अधिकतर समय उनके भक्तों की ओर से आयोजित गोष्ठियों में की गई उनकी प्रशंसा, सभाओं में कभी-कभार अशिक्षित जनता को दिए जानेवाले दर्शनों में बीता, जिसके विषय में उनका दावा है कि वे उन्हें अच्छी तरह समझते हैं। लेकिन यही बात इस दलील के विरुद्ध है कि वे आम जनता की विचारधारा को जानते हैं। कोई व्यक्ति जन-साधारण की विचारधारा को केवल मंचों से दर्शन और उपदेश देकर नहीं समझ सकता। वह तो केवल इतना ही दावा कर सकता है कि उसने विभिन्न विषयों पर अपने विचार जनता के सामने रखे। क्या गांधीजी ने इन वर्षों में आम जनता के सामाजिक जीवन में भी कभी प्रवेश करने का प्रयत्न किया? क्या कभी उन्होंने किसी शाम गाँव की किसी चौपाल के अलाव के पास बैठकर किसी किसान के विचार जानने का प्रयास किया? क्या किसी कारखाने के मजदूर के साथ एक भी शाम गुजारकर उसके विचार समझने की कोशिश की है? पर हमने यह किया है और इसीलिए हम दावा करते हैं कि हम आम जनता को जानते हैं। हम गांधीजी को

> ***हम गांधीजी को विश्वास दिलाते हैं कि साधारण भारतीय साधारण मानव के समान ही अहिंसा तथा अपने शत्रु से प्रेम करने की आध्यात्मिक भावना को बहुत कम समझता है। संसार का तो यही नियम है—तुम्हारा एक मित्र है, तुम उससे स्नेह करते हो, कभी-कभी तो इतना अधिक कि तुम उसके लिए अपने प्राण भी दे देते हो।***

विश्वास दिलाते हैं कि साधारण भारतीय साधारण मानव के समान ही अहिंसा तथा अपने शत्रु से प्रेम करने की आध्यात्मिक भावना को बहुत कम समझता है। संसार का तो यही नियम है—तुम्हारा एक मित्र है, तुम उससे स्नेह करते हो, कभी-कभी तो इतना अधिक कि तुम उसके लिए अपने प्राण भी दे देते हो। तुम्हारा शत्रु है, तुम उससे किसी प्रकार का संबंध नहीं रखते हो। क्रांतिकारियों का यह सिद्धांत नितांत सत्य, सरल व सीधा है और यह ध्रुव सत्य आदम एवं हौवा के समय से चला आ रहा है और इसे समझने में कभी किसी को कठिनाई नहीं हुई। हम यह बात स्वयं के अनुभव के आधार पर कह रहे हैं। वह दिन दूर नहीं, जब लोग क्रांतिकारी विचारधारा को सक्रिय रूप देने के लिए हजारों की संख्या में जमा होंगे।

प्रेम का प्रवचन

गांधीजी घोषणा करते हैं कि अहिंसा के सामर्थ्य में उनका विश्वास बढ़ गया है। तात्पर्य यह कि उन्हें यह आशा है कि अपने प्रेम के प्रवचन और अपने आप को कष्ट देकर वे एक दिन विदेशी शासकों का हृदय-परिवर्तन कर अपनी विचारधारा का उन्हें अनुयायी बना लेंगे। अब उन्होंने अपने सामाजिक जीवन की इस चमत्कार की 'प्रेम संहिता' के प्रचार के लिए अपने आप को समर्पित कर दिया है। वे अडिग विश्वास के साथ उसका प्रचार कर रहे हैं, जैसा कि उनके कुछ अनुयायियों ने भी किया है। लेकिन क्या वे बता सकते हैं कि भारत में कितने शत्रुओं का हृदय-परिवर्तन कर वे उन्हें भारत का मित्र बनाने में समर्थ हुए हैं? वे कितने ओ' डायर, रीडिंग और इरविन को भारत का मित्र बना सके हैं? यदि किसी को भी नहीं तो भारत उनकी इस विचारधारा से कैसे सहमत हो सकता है कि वे इंग्लैंड को अहिंसा के जरिए समझा-बुझाकर इस बात को स्वीकार करने के लिए तैयार कर लेंगे कि वह भारत को स्वतंत्रता दे दे?

क्या हुआ होता?

यदि वाइसरॉय की गाड़ी के नीचे बमों का ठीक से विस्फोट हुआ होता तो दो में से एक बात अवश्य हुई होती—या तो वाइसरॉय अत्यधिक घायल हो जाते या उनकी मृत्यु हो गई होती। ऐसी स्थिति में वाइसरॉय तथा राजनीतिक दलों के नेताओं के बीच मंत्रणा न हो पाती। यह प्रयत्न रुक जाता और उससे राष्ट्र का भला ही होता। कलकत्ता कांग्रेस की चुनौती के बाद भी स्वशासन की भीख माँगने के लिए वाइसरॉय भवन के आसपास मँडरानेवालों के ये घृणास्पद प्रयत्न विफल हो

साइमन कमीशन के सामूहिक विरोध से देश में जो एकजुटता स्थापित हो गई थी, गांधी व नेहरू की राजनीतिक 'बुद्धिमत्ता' के बाद ही इरविन उसे छिन्न-भिन्न करने में समर्थ हो सका। आज कांग्रेस में भी आपस में फूट पड़ गई है। हमारे इस दुर्भाग्य के लिए वाइसरॉय या उसके चाटुकारों के सिवाय कौन जिम्मेदार हो सकता है ? इस पर भी हमारे देश में ऐसे लोग हैं, जो उसे 'भारत का मित्र' कहते हैं।

जाते। यदि बमों का ठीक से विस्फोट हुआ होता तो भारत का एक शत्रु उचित सजा पा जाता। 'मेरठ' तथा 'लाहौर षड्यंत्र' और 'भुसावल कांड' का मुकदमा चलाने वाले केवल भारत के शत्रुओं को ही मित्र प्रतीत हो सकते हैं। साइमन कमीशन के सामूहिक विरोध से देश में जो एकजुटता स्थापित हो गई थी, गांधी व नेहरू की राजनीतिक 'बुद्धिमत्ता' के बाद ही इरविन उसे छिन्न-भिन्न करने में समर्थ हो सका। आज कांग्रेस में भी आपस में फूट पड़ गई है। हमारे इस दुर्भाग्य के लिए वाइसरॉय या उसके चाटुकारों के सिवाय कौन जिम्मेदार हो सकता है ? इस पर भी हमारे देश में ऐसे लोग हैं, जो उसे 'भारत का मित्र' कहते हैं।

कांग्रेस का भविष्य

देश में ऐसे भी लोग होंगे, जिन्हें कांग्रेस के प्रति श्रद्धा नहीं और वे उससे कोई उम्मीद भी नहीं करते। यदि गांधीजी क्रांतिकारियों को इसी श्रेणी में रखते हैं तो वे उनके साथ घोर अन्याय करते हैं। क्रांतिकारी इस बात को अच्छी तरह जानते हैं कि कांग्रेस ने जन-जागृति का महत्त्वपूर्ण कार्य किया है, जिससे उनमें स्वतंत्रता की भावना प्रबल हुई है। वे भविष्य में इससे काफी उम्मीद लगाए बैठे हैं। भले ही उनका यह दृढ़ विश्वास है कि जब तक सेनगुप्ता जैसे अद्‌भुत प्रतिभाशाली व्यक्ति हैं, जो वाइसरॉय की ट्रेन उड़ाने में हुई देरी के पीछे गुप्तचर विभाग का हाथ होने की बात करते हैं और अंसारी जैसे लोग हैं, जो राजनीति को जानते भी नहीं और बेतुकी व तर्कहीन दलीलें देकर कहते हैं कि किसी भी राष्ट्र ने बम से स्वतंत्रता नहीं प्राप्त की है, उनका कांग्रेस में बोलबाला रहेगा, तब तक देश को कुछ हासिल होता नहीं दिखता। क्रांतिकारी तो उस दिन की प्रतीक्षा में हैं, जब कांग्रेसी आंदोलन से अहिंसा की यह सनक समाप्त हो जाएगी और वह क्रांतिकारियों के कंधे-से-कंधा मिलाकर पूर्ण स्वतंत्रता के सामूहिक लक्ष्य की ओर बढ़ेगी। इस वर्ष कांग्रेस ने इस सिद्धांत

(पूर्ण स्वतंत्रता) को स्वीकार कर लिया है, जिसका प्रतिपादन क्रांतिकारी सदी के 25 वर्षों से भी अधिक समय से करते चले आ रहे हैं। हम आशा करें कि अगले वर्ष वह स्वतंत्रता-प्राप्ति के क्रांतिकारियों के तरीकों का भी समर्थन करेगी।

हिंसा और सैन्य खर्च

गांधीजी का मत है कि जब-जब देश में हिंसा का प्रयोग हुआ है, तब-तब सैन्य खर्च बढ़ा है। यदि उनका इशारा क्रांतिकारियों के पिछले 25 वर्षों की गतिविधियों की तरफ है तो हम उनके वक्तव्य को गलत मानते हैं और चुनौती देते हैं कि वे अपने इस कथन को तथ्यों व आँकड़ों से सिद्ध करें। यदि एक तरफ वे उन युद्धों को ध्यान में रखें, जो भारत में अंग्रेजों के आने के बाद हुए हैं, तो हमारा जवाब यह है कि अहिंसा और सत्याग्रह के उनके साधारण प्रयोगों का परिणाम भी, जो स्वतंत्रता के लिए हुए युद्धों की तुलना में कुछ भी हासिल नहीं कर सके, उनका नौकरशाही पर खर्च में बड़ा योगदान है। आंदोलनों का, फिर वे हिंसात्मक हों या अहिंसात्मक, सफल हों या असफल, बोझ तो भारत की अर्थव्यवस्था पर ही पड़ेगा।

यदि एक तरफ वे उन युद्धों को ध्यान में रखें, जो भारत में अंग्रेजों के आने के बाद हुए हैं, तो हमारा जवाब यह है कि अहिंसा और सत्याग्रह के उनके साधारण प्रयोगों का परिणाम भी, जो स्वतंत्रता के लिए हुए युद्धों की तुलना में कुछ भी हासिल नहीं कर सके, उनका नौकरशाही पर खर्च में बड़ा योगदान है। आंदोलनों का, फिर वे हिंसात्मक हों या अहिंसात्मक, सफल हों या असफल, बोझ तो भारत की अर्थव्यवस्था पर ही पड़ेगा।

सुधार

हमें समझ में नहीं आता कि देश में सरकार ने जो विभिन्न वैधानिक सुधार किए, गांधीजी उनमें क्रांतिकारियों को क्यों घसीट लेते हैं? उन्होंने मार्ले-मिंटो सुधार, मॉण्टेग्यू सुधार या ऐसे ही अन्य सुधारों की न तो कभी परवाह की और न ही उनके लिए आंदोलन किया। ब्रिटिश सरकार ने तो ये टुकड़े वैधानिक आंदोलनकारियों के सामने फेंके थे, जिससे उन्हें सही रास्ते से भटकाया जा सके। ब्रिटिश सरकार ने तो उन्हें एक प्रकार से यह घूस दी थी, जिससे वे क्रांतिकारियों के समूल को नष्ट करने की उनकी नीति के साथ सहयोग करें। गांधीजी जैसा कि इन्हें हथकंडों

का नाम देते हैं, उन लोगों को बहलाने-फुसलाने के लिए लाए गए थे, जो समय-समय पर 'होमरूल', 'स्वशासन', 'जिम्मेदार सरकार', 'पूर्ण जिम्मेदार सरकार', 'औपनिवेशिक स्वराज' जैसे अनेक वैधानिक नामों की बात करते हैं, जो गुलामी के अलग-अलग नाम हैं। क्रांतिकारियों ने कभी दावा नहीं किया कि उनका लक्ष्य शासन में सुधार है। वे कब का स्वतंत्रता के स्तर को ऊँचे स्तर पर ले जा चुके हैं। वे उसके लिए ही जीते हैं। उन्होंने बेहिचक इस सिद्धांत के लिए अपने प्राण न्योछावर किए हैं। उनका दावा है कि उनके बलिदानों ने जनता की विचारधारा में जबरदस्त बदलाव किया है। अपने प्रयत्नों से वे देश को स्वतंत्रता के मार्ग पर बहुत आगे बढ़ा ले गए हैं और यह बात उनसे राजनीतिक क्षेत्र में मतभेद रखनेवाले लोग भी स्वीकार करते हैं।

प्रगति की राह

जहाँ तक गांधीजी का कहना है कि हिंसा से प्रगति का मार्ग अवरुद्ध होकर स्वतंत्रता पाने का दिन टलता जाता है तो हम इस विषय में अनेक ऐसे उदाहरण दे सकते हैं, जिनमें जिन देशों ने हिंसा से काम लिया, उनकी सामाजिक प्रगति होकर उन्हें राजनीतिक स्वतंत्रता हुई। हम रूस व तुर्की का ही उदाहरण लें। दोनों ने हिंसा के उपायों से ही सशस्त्र क्रांति के रास्ते सत्ता प्राप्त की। उसके बाद भी सामाजिक सुधारों के कारण वहाँ की जनता ने बड़ी तीव्र गति से प्रगति की। एकमात्र अफगानिस्तान के उदाहरण से किसी राजनीतिक सूत्र को सिद्ध नहीं किया जा सकता। यह तो अपवाद मात्र है।

हम रूस व तुर्की का ही उदाहरण लें। दोनों ने हिंसा के उपायों से ही सशस्त्र क्रांति के रास्ते सत्ता प्राप्त की। उसके बाद भी सामाजिक सुधारों के कारण वहाँ की जनता ने बड़ी तीव्र गति से प्रगति की। एकमात्र अफगानिस्तान के उदाहरण से किसी राजनीतिक सूत्र को सिद्ध नहीं किया जा सकता। यह तो अपवाद मात्र है।

असहयोग की विफलता

गांधीजी का विचार है कि असहयोग आंदोलन के समय जो जन-जागृति हुई है, वह अहिंसा के उपदेश का ही परिणाम थी। लेकिन यह धारणा गलत है और इसका

श्रेय अहिंसा को देना भी भूल है, क्योंकि जहाँ भी सीधी काररवाई हुई, वहाँ व्यापक स्तर पर जन-जागृति देखी गई है। उदाहरण के लिए, रूस में जब कम्युनिस्टों ने अपने उग्र जनांदोलन की प्रभावशाली काररवाई को शुरू किया, तब किसानों और मजदूरों में व्यापक स्तर पर जागृति उत्पन्न हुई। उन्हें तो किसी ने अहिंसा का उपदेश नहीं दिया था। हम तो यहाँ तक कहेंगे कि अहिंसा के लिए सनक और गांधीजी की समझौता कर लेने की मानसिकता से ही उन शक्तियों में फूट पड़ गई, जो सामूहिक मोर्चे के नारे से एक हो गई थीं। यह प्रतिपादित किया जाता है कि राजनीतिक अन्यायों का मुकाबला अहिंसा के शस्त्र से किया जा सकता है। इस विषय में संक्षेप में यही कहा जा सकता है कि यह नया विचार है, जिसे अभी आजमाया नहीं गया है। दक्षिण अफ्रीका में भारतीयों के जो न्यायोचित अधिकार माँगे जाते थे, उन्हें प्राप्त करने में अहिंसा का शस्त्र असफल रहा। वह भारत को 'साल भर के अंदर स्वराज' दिलाने में भी असफल रहा, जबकि राष्ट्रीय कांग्रेस के स्वयंसेवकों की एक बड़ी सेना उसके लिए प्रयत्न करती रही और उस पर लगभग सवा करोड़ रुपए भी खर्च किए गए। हाल ही में बारदोली सत्याग्रह में इसकी असफलता सिद्ध हो चुकी है, जहाँ सत्याग्रह के नेता गांधी और पटेल ने बारदोली के किसानों को जो कम-से-कम अधिकार दिलाने का आश्वासन दिया था, उसे भी वे नहीं दिला सके। इसके अतिरिक्त, अन्य किसी देशव्यापी आंदोलन में हम अहिंसा को आजमाए जाने की बात नहीं जानते। अब तक इस अहिंसा को एक ही आशीर्वाद मिला और वह है असफलता का। ऐसी स्थिति में इसमें आश्चर्य नहीं कि देश ने फिर उनके प्रयोग से इनकार कर दिया है। वास्तव में, गांधीजी जिस रूप में सत्याग्रह का प्रचार करते हैं, वह एक प्रकार का आंदोलन है, एक विरोध है, जिसका आखिर में जाकर नतीजा घाटे का सौदा ही होता है, जैसा कि पहले भी देखा गया है। यह एक ऐसे देश के शायद ही काम आ सकता है, जो राष्ट्र की स्वतंत्रता के लिए संघर्ष कर रहा है, जो किसी भी घाटे के सौदे से हासिल नहीं की जा सकती है। इसलिए जितनी जल्दी हम समझ लें कि स्वतंत्रता और गुलामी में कोई समझौता नहीं हो सकता, उतना ही अच्छा है।

क्या यही नया युग है?

गांधीजी सोचते हैं, 'हम नए युग में प्रवेश कर रहे हैं।' कांग्रेस ने अपने संविधान में स्वराज को 'पूर्ण स्वतंत्रता' शब्द में बदलने की जो नाम मात्र की काररवाई की है, उससे नया युग आने से रहा। वह दिन वास्तव में एक महान् दिन होगा, जब कांग्रेस देशव्यापी आंदोलन प्रारंभ करने का निर्णय लेगी, जिसका

> ***गांधीजी सोचते हैं, 'हम नए युग में प्रवेश कर रहे हैं।' कांग्रेस ने अपने संविधान में स्वराज को 'पूर्ण स्वतंत्रता' शब्द में बदलने की जो नाम मात्र की काररवाई की है, उससे नया युग आने से रहा। वह दिन वास्तव में एक महान् दिन होगा, जब कांग्रेस देशव्यापी आंदोलन प्रारंभ करने का निर्णय लेगी, जिसका आधार सर्वमान्य क्रांतिकारी सिद्धांत होंगे।***

आधार सर्वमान्य क्रांतिकारी सिद्धांत होंगे। ऐसे समय तक स्वतंत्रता का झंडा फहराना हास्यास्पद होगा और इस विषय में हम सरला देवी चौधरानी की निम्नलिखित टिप्पणियों से सहमति जता सकते हैं, जो हाल ही में उनके एक प्रेस इंटरव्यू में की गई हैं।

वे कहती हैं, "31 दिसंबर, 1929 की अर्धरात्रि के ठीक एक मिनट बाद स्वतंत्रता का झंडा फहराना कुछ ज्यादा ही नाटकीय घटना थी। ठीक उसी प्रकार जिस प्रकार भड़कीली वरदियों में जी.ओ.सी. और असिस्टेंट जी.ओ.सी. तथा अन्य अधिकारी कठपुतली ग्रैंड ऑफिसर कमांडिंग दिख रहे थे।

"वास्तव में, स्वतंत्रता का झंडा फहराने का निर्णय आधी रात तक अधर में लटका रहा, क्योंकि यदि वाइसरॉय या विदेश मंत्री का कांग्रेस को यह संदेश रात के 12 बजे से एक मिनट भी पहले आ जाता कि भारत को औपनिवेशिक स्वराज दे दिया गया है तो स्थिति में परिवर्तन हो सकता था। इससे स्पष्ट है कि पूर्ण स्वतंत्रता-प्राप्ति का ध्येय नेताओं की हार्दिक इच्छा नहीं थी, बल्कि एक बाल हठ के समान था। भारतीय राष्ट्रीय कांग्रेस के लिए उचित तो यही होता कि वह पहले स्वतंत्रता प्राप्त करती, फिर उसकी घोषणा करती।" यह सच है कि अब औपनिवेशिक स्वराज्य की बजाय कांग्रेस के वक्ता जनता के सामने पूर्ण स्वतंत्रता का ढोल पीटेंगे। वे अब जनता से कहेंगे कि जनता को उस संघर्ष के लिए तैयार हो जाना चाहिए, जिसमें एक पक्ष तो डंडे बरसाता रहेगा और दूसरा उन्हें केवल सहता रहेगा, जब तक कि वह खूब पिटकर इतना हताश न हो जाए कि फिर न उठ सके। क्या उसे संघर्ष कहा जा सकता है और क्या इससे देश को पूर्ण स्वतंत्रता मिल सकती है? किसी भी राष्ट्र के लिए सर्वोच्च लक्ष्य-प्राप्ति का ध्येय सामने रखना अच्छा है; लेकिन साथ में यह भी आवश्यक है कि इस लक्ष्य तक पहुँचने के लिए सर्वोत्तम, सबसे प्रभावी और आजमाए गए साधनों से इसे हासिल किया जाए, नहीं तो पूरी दुनिया के सामने आपके हँसी का पात्र बनने का खतरा बना रहेगा।

दादागीरी नहीं चलेगी

गांधीजी ने सभी विचारशील लोगों से कहा कि वे लोग क्रांतिकारियों से सहयोग करना बंद कर दें और उनके कार्यों की निंदा करें, जिससे 'हमारे सम्मोहित देशभक्त अपनी हिंसक भावना को पोषण न मिलने से हिंसा की व्यर्थता को और जब-जब हिंसक गतिविधियाँ हुईं, तब-तब उससे पहुँचे भारी नुकसान को समझ सकें।' लोगों को मोहित और बेतुका कह देना, लोगों से समर्थन वापस लेने और निंदा करने को कहना कितना आसान है, ताकि क्रांतिकारी अलग-थलग पड़ जाएँ और अपनी गतिविधियाँ बंद कर दें, विशेष रूप से जब एक व्यक्ति प्रभावशाली व्यक्तियों का विश्वासपात्र हो। गांधीजी ने जीवन भर जन-जीवन का अनुभव किया है; लेकिन यह बड़े दुःख की बात है कि वे क्रांतिकारियों का मनोविज्ञान न तो समझते हैं और न समझना ही चाहते हैं। जीवन कीमती है, यह सभी जानते हैं। यदि कोई व्यक्ति क्रांतिकारी बनता है और वह अपनी जान हथेली पर लेकर चलता है तो वह उसका बलिदान किसी हँसी-मजाक में करने के लिए तैयार नहीं रहता। वह अपनी जान को इसलिए भी जोखिम में नहीं डालता कि जनता उसके साथ सहानुभूति दिखाए और उसके लिए 'शाबाशी' के नारे लगाए। वह इस मार्ग को इसलिए चुनता है, क्योंकि उसकी बुद्धि उसे इस रास्ते पर चलने के लिए विवश करती है। उसका जमीर उसे इस रास्ते को दिखाता है। एक क्रांतिकारी सबसे अधिक तर्क में विश्वास करता है। वह केवल तर्क और तर्क में ही विश्वास करता है। किसी प्रकार की लानत-मलामत और निंदा उसे उसके निश्चित लक्ष्य से भटका नहीं सकती, चाहे ऐसा करनेवाला बड़े से भी बड़ा व्यक्ति क्यों न हो। यह सोचना कि यदि जनता का सहयोग न मिला या उसके कार्य की प्रशंसा न की गई तो वह अपने उद्देश्य को छोड़ देगा, निरी मूर्खता है। अनेक क्रांतिकारी, जिनके कार्यों की वैधानिक आंदोलनकारियों ने घोर निंदा की, वे उसकी परवाह किए बगैर फाँसी के तख्ते पर झूल गए। यदि तुम चाहते हो कि क्रांतिकारी अपनी गतिविधियों को स्थगित कर दें तो उसके लिए होना तो यह चाहिए कि उनके साथ तर्क के जरिए अपनी बात को

गांधीजी ने सभी विचारशील लोगों से कहा कि वे लोग क्रांतिकारियों से सहयोग करना बंद कर दें और उनके कार्यों की निंदा करें, जिससे 'हमारे सम्मोहित देशभक्त अपनी हिंसक भावना को पोषण न मिलने से हिंसा की व्यर्थता को और जब-जब हिंसक गतिविधियाँ हुईं, तब-तब उससे पहुँचे भारी नुकसान को समझ सकें।'

सिद्ध करो। यही एक रास्ता है। बाकी बातों के विषय में किसी को संदेह नहीं होना चाहिए। क्रांतिकारी इस प्रकार के डराने-धमकाने से कभी हार माननेवाला नहीं।

एक अपील

हम प्रत्येक देशवासी से—युवाओं, मजदूरों व किसानों, क्रांतिकारी बुद्धिजीवियों से निवेदन करते हैं कि वे स्वतंत्रता के इस झंडे को आगे ले जाने में हमारे साथ आएँ। चलिए, हम सब मिलकर समाज में एक नई व्यवस्था का निर्माण करें, जहाँ राजनीतिक व आर्थिक शोषण की संभावना समाप्त हो जाएगी। उन वीर पुरुष-स्त्रियों की खातिर, जिन्होंने स्वेच्छा से अपनी मृत्यु का वरण किया, जिनकी भावी पीढ़ी सुखी जीवन जी सकती है, जिन्होंने अथक परिश्रम किया और गरीबों, भूखों एवं भारत के करोड़ों शोषितों के लिए मिट गए, हम उन सभी देशभक्तों से अपील करते हैं कि वे इस युद्ध में गंभीरता से शामिल हों। कोई भी व्यक्ति अहिंसा और ऐसे ही अजीबोगरीब तरीकों से मनोवैज्ञानिक प्रयोग कर राष्ट्र की स्वतंत्रता के साथ खिलवाड़ न करे। स्वतंत्रता राष्ट्र का प्राण है। हमारी गुलामी हमारे लिए लज्जास्पद है। न जाने कब हममें यह बुद्धि और साहस होगा कि हम उससे मुक्ति प्राप्त कर स्वतंत्र हो सकें? हमारी प्राचीन सभ्यता और गौरव की विरासत का क्या लाभ, यदि हममें यह स्वाभिमान न रहे कि हम विदेशी गुलामी, विदेशी झंडे और बादशाह के सामने सिर झुकाने से अपने आप को न रोक सकें?

हम प्रत्येक देशवासी से—युवाओं, मजदूरों व किसानों, क्रांतिकारी बुद्धिजीवियों से निवेदन करते हैं कि वे स्वतंत्रता के इस झंडे को आगे ले जाने में हमारे साथ आएँ। चलिए, हम सब मिलकर समाज में एक नई व्यवस्था का निर्माण करें, जहाँ राजनीतिक व आर्थिक शोषण की संभावना समाप्त हो जाएगी। उन वीर पुरुष-स्त्रियों की खातिर, जिन्होंने स्वेच्छा से अपनी मृत्यु का वरण किया, जिनकी भावी पीढ़ी सुखी जीवन जी सकती है, जिन्होंने अथक परिश्रम किया और गरीबों, भूखों एवं भारत के करोड़ों शोषितों के लिए मिट गए, हम उन सभी देशभक्तों से अपील करते हैं कि वे इस युद्ध में गंभीरता से शामिल हों।

विजय या मृत्यु

क्या ब्रिटेन ने भारत में कोई अपराध नहीं किया? जान-बूझकर कुशासन से हमें भिखारी बनाकर हमारा खून चूस लिया गया। एक नस्ल और एक देश के नाते हमारा घोर अपमान तथा शोषण किया गया है। क्या जनता अब भी चाहती है कि इस अपमान को भुलाकर हम ब्रिटिश शासकों को क्षमा कर दें? हम बदला लेंगे, जो जनता द्वारा शासकों से लिया गया न्यायोचित बदला होगा। कायरों को पीठ दिखाकर समझौता और शांति की आशा से चिपके रहने दीजिए। हम किसी से भी दया की भीख नहीं माँगते हैं और हम भी किसी को क्षमा नहीं करेंगे। हमारा युद्ध विजय या मृत्यु के निर्णय तक चलता ही रहेगा।

क्रांति जिंदाबाद!

अध्यक्ष

हिंदुस्तान सोशलिस्ट रिपब्लिकन एसोसिएशन

□

अनुलग्नक-IV
नवयुवक राजनीतिक कार्यकर्ताओं के नाम पत्र

भगत सिंह

प्रिय साथियो,

इस समय हमारा आंदोलन अत्यंत महत्त्वपूर्ण दौर से गुजर रहा है। एक साल के कठोर संघर्ष के बाद गोलमेज सम्मेलन ने हमारे सामने शासन-विधान में परिवर्तन के संबंध में कुछ निश्चित बातें पेश की हैं और कांग्रेस के नेताओं को न्योता दिया है कि वे आकर शासन-विधान तैयार करने के कामों में मदद दें। कांग्रेस के नेता इस हालत में आंदोलन को स्थगित कर देने के लिए तैयार दिखाई देते हैं। वे लोग आंदोलन स्थगित करने के हक में फैसला करेंगे या खिलाफ, यह बात हमारे लिए बहुत महत्त्व नहीं रखती। यह बात निश्चित है कि वर्तमान आंदोलन का अंत किसी-न-किसी प्रकार के समझौते के रूप में ही होगा। यह समझौता देर-सबेर हो जाएगा और समझौता कोई हेय व निंदा योग्य वस्तु नहीं, जैसा कि साधारण तौर पर हम लोग समझते हैं, बल्कि समझौता राजनीतिक संघर्षों का एक अत्यावश्यक अंग है। कोई भी देश, जो किसी अत्याचारी शासन के विरुद्ध खड़ा होता है, उसका शुरुआत में विफल होना तय होता है और फिर अपनी लंबी जद्दोजहद के बीच आकर इस प्रकार के समझौते से कुछ राजनीतिक सुधार हासिल करता है; लेकिन वह अपनी लड़ाई की आखिरी मंजिल तक पहुँचते-पहुँचते अपनी ताकतों को इतना दृढ़ और संगठित कर लेता है कि दुश्मन पर आखिरी हमला इतना जोरदार

होता है कि वह शासक की सरकार को तहस-नहस कर देता है। लेकिन इसके बाद भी यह विफल हो सकता है, जिससे किसी प्रकार का समझौता करना पड़ता है। भगत सिंह ने इस बात को रूस के उदाहरण से समझाया। सन् 1905 में रूस में क्रांति की लहर उठी। क्रांतिकारी नेताओं को जबरदस्त सफलता की उम्मीद थी। लेनिन उसी समय विदेश से लौटकर आए थे, जहाँ उन्होंने शरण ले रखी थी। वही आंदोलन को चला रहे थे। लोगों ने उनसे आकर कहा कि उन्होंने लगभग दर्जन भर भू-स्वामियों को मार डाला और कई मकान जला दिए गए। लेनिन ने उनसे कहा कि वे जाएँ और 1,200 भू-स्वामियों को मार डालें तथा उतने ही घरों को भी जला दें। उनके विचार से अगर क्रांति विफल रही, तब भी उसका कोई मतलब होगा। ड्यूमा (पार्लियामेंट) की रचना की गई। उस समय लेनिन ने ड्यूमा में जाने का समर्थन किया। यह सन् 1907 की बात है। सन् 1906 में उन्होंने इसका विरोध किया था, क्योंकि उसके अधिकार कम कर दिए गए थे। हिंसा प्रभावी रूप लेती जा रही थी और लेनिन ने तय किया कि वह ड्यूमा के मंच का प्रयोग समाजवादी विचारों पर चर्चा के लिए करेंगे।

लेनिन ने उनसे कहा कि वे जाएँ और 1,200 भू-स्वामियों को मार डालें तथा उतने ही घरों को भी जला दें। उनके विचार से अगर क्रांति विफल रही, तब भी उसका कोई मतलब होगा। ड्यूमा (पार्लियामेंट) की रचना की गई। उस समय लेनिन ने ड्यूमा में जाने का समर्थन किया। यह सन् 1907 की बात है। सन् 1906 में उन्होंने इसका विरोध किया था, क्योंकि उसके अधिकार कम कर दिए गए थे। हिंसा प्रभावी रूप लेती जा रही थी और लेनिन ने तय किया कि वह ड्यूमा के मंच का प्रयोग समाजवादी विचारों पर चर्चा के लिए करेंगे।

इसी प्रकार, सन् 1917 के बाद जब बोल्शेविकों को ब्रेस्ट लिटोस्क की संधि पर दस्तखत करने के लिए मजबूर कर दिया गया, तब लेनिन के सिवाय सभी ने इसका विरोध किया। लेकिन लेनिन ने कहा, 'शांति'। "शांति और फिर शांति, किसी भी कीमत पर शांति, फिर चाहे जर्मन सेनापतियों को कुछ रूसी प्रांत देने की कीमत ही क्यों न अदा करनी पड़े।" जब कुछ बोल्शेविक नेताओं ने इस संधि के लिए लेनिन का विरोध किया तो उन्होंने साफ कहा कि इस समय बोल्शेविक जर्मन हमले

का सामना करने की स्थिति में नहीं हैं और बोल्शेविक सरकार के समूल नष्ट हो जाने से अच्छा है कि संधि कर ली जाए।

जिस बात को मैं बताना चाहता हूँ, वह यह है कि समझौता भी एक ऐसा हथियार है, जिसे जद्दोजहद के बीच में जब संघर्ष गंभीर हो जाए, तब इस्तेमाल कर लेना चाहिए; लेकिन इन सबके बीच आंदोलन के सिद्धांत को नहीं भूलना चाहिए। जिस लक्ष्य के लिए हम लड़ रहे हैं, उसके संबंध में हमारे विचार बिल्कुल स्पष्ट और दृढ़ होने चाहिए। इससे हमें अपने आंदोलनों की सफलता व विफलता की जाँच करने में मदद मिलती है और हम आसानी से भविष्य की योजना बना सकते हैं। तिलक की नीति, जो उस सिद्धांत—जो उनकी रणनीति थी—से एकदम अलग थी और सबसे अच्छी थी। यदि आप सोलह आना के लिए अपने शत्रु से लड़ रहे हैं और आपको सिर्फ एक आना मिल जाता है तो उसे रख लीजिए और बाकी के लिए लड़ाई फिर से छेड़ दीजिए। उदारवादियों में हम अलग ही मत देखते हैं। वे एक आना के लिए लड़ाई छेड़ते हैं और मिलता कुछ भी नहीं है। क्रांतिकारियों को यह बात हमेशा दिमाग में रखनी चाहिए कि वे पूर्ण क्रांति के लिए संघर्ष कर रहे हैं। अपने हाथों पूरी सत्ता की लड़ाई। समझौतों से डर लगता है, क्योंकि रूढ़िवादी क्रांतिकारी ताकतों को समझने के बाद निहत्था करने का प्रयास करते हैं; लेकिन योग्य और साहसी क्रांतिकारी नेता आंदोलन को ऐसे झाँसों से बचा सकते हैं। हमें ऐसे मौकों पर काफी सावधान रहना चाहिए, ताकि मुख्य मुद्दों पर कोई भ्रम न हो, खासतौर पर लक्ष्य को लेकर। ब्रिटिश लेबर पार्टी के नेताओं ने अपने सच्चे संघर्ष के साथ धोखा किया और अब ढोंगी साम्राज्यवादी बनकर रह गए हैं। मेरे विचार से, हमारे लिए कट्टर कंजर्वेटिव अच्छे हैं, जो लेबर पार्टी के दिखावटी साम्राज्यवादी नेताओं

क्रांतिकारियों को यह बात हमेशा दिमाग में रखनी चाहिए कि वे पूर्ण क्रांति के लिए संघर्ष कर रहे हैं। अपने हाथों पूरी सत्ता की लड़ाई। समझौतों से डर लगता है, क्योंकि रूढ़िवादी क्रांतिकारी ताकतों को समझने के बाद निहत्था करने का प्रयास करते हैं; लेकिन योग्य और साहसी क्रांतिकारी नेता आंदोलन को ऐसे झाँसों से बचा सकते हैं। हमें ऐसे मौकों पर काफी सावधान रहना चाहिए, ताकि मुख्य मुद्दों पर कोई भ्रम न हो, खासतौर पर लक्ष्य को लेकर।

जैसे नहीं हैं। उपायों और रणनीतियों के लिए आपको लेनिन की रचनाओं को पढ़ना चाहिए। 'लेफ्ट विंग' साम्यवाद में समझौते के विषय पर उनके निश्चित विचारों को देखा जा सकता है।

मैंने कहा है कि वर्तमान आंदोलन, यानी किसान आंदोलन का अंत किसी समझौते या पूर्ण विफलता में होना निश्चित है।

मैंने ऐसा इसलिए कहा, क्योंकि मेरे विचार से, वास्तविक क्रांतिकारी ताकतों को इसमें शामिल नहीं किया गया है। यह संघर्ष मध्यम वर्ग, दुकानदारों और कुछ पूँजीपतियों पर निर्भर है। ये दोनों और विशेष रूप से पूँजीपति किसी आंदोलन में अपनी संपत्ति या पूँजी को दाँव पर लगाने का साहस नहीं कर सकते। सच्ची क्रांतिकारी सेना गाँवों और फैक्टरियों में, किसानों और मजदूरों के बीच है; लेकिन हमारे मध्यम वर्गीय नेता उन्हें साथ लेकर चलने का साहस नहीं दिखाते। यदि सोते शेर को जगा दिया गया तो हमारे नेता जिस लक्ष्य को लेकर चल रहे हैं, उसके हासिल हो जाने पर भी उन्हें रोका नहीं जा सकेगा। सन् 1920 में अहमदाबाद के मजदूरों के साथ अपने पहले अनुभव के बाद महात्मा गांधी ने कहा, "हमें मजदूरों को शामिल नहीं करना चाहिए। फैक्टरी मजदूरों का राजनीतिक इस्तेमाल खतरनाक है।" (*'द टाइम्स'*, मई 1921)। उसके बाद से ही उन्होंने कभी उनसे बात करने का साहस नहीं किया। अब किसान वर्ग बच जाता है। सन् 1922 का बारदोली प्रस्ताव स्पष्ट रूप से उस भय को बताता है, जिसे नेताओं ने उस वक्त महसूस किया था, जब उन्होंने देखा कि विशालकाय किसान वर्ग न केवल विदेश प्रभुत्व को उखाड़ फेंकने

सन् 1920 में अहमदाबाद के मजदूरों के साथ अपने पहले अनुभव के बाद महात्मा गांधी ने कहा, "हमें मजदूरों को शामिल नहीं करना चाहिए। फैक्टरी मजदूरों का राजनीतिक इस्तेमाल खतरनाक है।" ('द टाइम्स', मई 1921)। उसके बाद से ही उन्होंने कभी उनसे बात करने का साहस नहीं किया। अब किसान वर्ग बच जाता है। सन् 1922 का बारदोली प्रस्ताव स्पष्ट रूप से उस भय को बताता है, जिसे नेताओं ने उस वक्त महसूस किया था, जब उन्होंने देखा कि विशालकाय किसान वर्ग न केवल विदेश प्रभुत्व को उखाड़ फेंकने के लिए उठ खड़ा हुआ, बल्कि जमींदारों के हाथों दासता को भी समाप्त करने पर अड़ गया।

के लिए उठ खड़ा हुआ, बल्कि जमींदारों के हाथों दासता को भी समाप्त करने पर अड़ गया।

यही वजह है कि हमारे नेता किसानों की बजाय अंग्रेजों के आगे समर्पण करना पसंद करते हैं। पं. जवाहरलाल नेहरू को रहने दो। क्या तुम किसी नेता का नाम बता सकते हो, जिसने किसानों या मजदूरों को संगठित करने का कोई प्रयास किया हो? नहीं, वे इसका जोखिम मोल नहीं लेना चाहते। यही उनकी कमजोरी है। इसीलिए मैं कहता हूँ कि वे कभी संपूर्ण क्रांति नहीं चाहते थे। आर्थिक और प्रशासनिक दबाव से वे थोड़ा और सुधार, पूँजीपतियों के लिए थोड़ी रियायत हासिल कर लेना चाहते थे। इस कारण ही मैं कहता हूँ कि इस आंदोलन का अंत होना निश्चित है, भले ही यह किसी समझौते के बाद हो या फिर उसके बिना ही। युवा कार्यकर्ता, जो पूरी ईमानदारी से 'इनकलाब जिंदाबाद' का नारा लगाते हैं, वे इतना संगठित और ताकतवर नहीं कि अपने दम पर आंदोलन को आगे ले जा सकें। सच कहूँ तो पं. मोतीलाल नेहरू के सिवाय हमारे महान् नेताओं में भी अपने कंधों पर कोई जिम्मेदारी उठाने का साहस नहीं है। यही कारण है कि वे गांधी के आगे बिना शर्त नतमस्तक हो जाते हैं। अपने मतभेदों के बावजूद वे कभी उनका गंभीर विरोध नहीं करते और महात्मा के नाम पर प्रस्ताव पारित किए जाते हैं।

इन परिस्थितियों में मैं ईमानदार युवा कार्यकर्ताओं को सावधान कर दूँ, जो क्रांति को लेकर गंभीर हैं कि कठिन समय आने वाला है। उन्हें होशियार रहना चाहिए, नहीं तो वे भ्रम में पड़ जाएँगे या हतोत्साहित हो जाएँगे। महान् गांधीजी के दो आंदोलनों के अनुभव के बाद हम अपनी वर्तमान स्थिति और भविष्य की योजना का स्पष्ट आकलन करने की बेहतर स्थिति में हैं।

इन परिस्थितियों में मैं ईमानदार युवा कार्यकर्ताओं को सावधान कर दूँ, जो क्रांति को लेकर गंभीर हैं कि कठिन समय आने वाला है। उन्हें होशियार रहना चाहिए, नहीं तो वे भ्रम में पड़ जाएँगे या हतोत्साहित हो जाएँगे। महान् गांधीजी के दो आंदोलनों के अनुभव के बाद हम अपनी वर्तमान स्थिति और भविष्य की योजना का स्पष्ट आकलन करने की बेहतर स्थिति में हैं।

इस बात को एकदम आसान तरीके से मुझे समझाने दीजिए। आप 'इनकलाब जिंदाबाद' के नारे लगाते हैं। आपको मैं आश्वस्त कर दूँ कि आप इसके प्रति गंभीर

हैं। इस शब्द को लेकर हमारी परिभाषा के अनुसार, जैसा कि असेंबली बम कांड में हमारे बयान में भी था, 'इनकलाब' का अर्थ होता है—वर्तमान सामाजिक व्यवस्था का पूरी तरह से तख्तापलट और साम्यवादी व्यवस्था द्वारा उसका स्थान ले लिया जाना। उसके लिए हमारा लक्ष्य तत्काल सत्ता हासिल करना है। दरअसल, सत्ता सरकारी मशीनरी शासक वर्ग के हाथ में अपने हितों को बढ़ाने और उसकी रक्षा का साधन मात्र है। हम इसे छीनना चाहते हैं और इसका उपयोग अपने आदर्श, यानी नए अर्थात् मार्क्सवादी आधार पर सामाजिक पुनर्निर्माण के लिए करना चाहते हैं। इसी मकसद से हम सरकारी मशीनरी हासिल करने की जंग लड़ रहे हैं। इन सबके बीच हमें जनता को शिक्षित करना है और अपने सामाजिक कार्यक्रम के लिए एक अनुकूल माहौल बनाना है। आंदोलनों में उन्हें सबसे अच्छी तरह प्रशिक्षित और शिक्षित कर सकते हैं।

जब यह सबकुछ हमारे सामने स्पष्ट है, यानी हमारा तत्काल और अंतिम मकसद स्पष्ट हो चुका है तो हम वर्तमान स्थिति का मूल्यांकन कर सकते हैं। हमें किसी भी परिस्थिति का विश्लेषण करते हुए काफी ईमानदार और पेशेवर होना चाहिए।

1. भारतीयों को किस हद तक जिम्मेदारी दी जाती है।
2. सरकारी संस्थानों का स्वरूप कैसा होगा, जिन्हें बनाया जा रहा है और जनता की भागीदारी किस हद तक होगी।
3. भविष्य की संभावना और किए गए वादों पर अमल।

हम जानते हैं कि भारतीय सरकार में भारतीयों की भागीदारी और जिम्मेदारी में हिस्सेदारी पर काफी चीख-पुकार के बाद मॉर्ले-मिंटो सुधार आया, जिसमें वाइसरॉय की परिषद् का गठन हुआ, जिसे केवल बातचीत के अधिकार दिए गए थे। विश्व युद्ध के दौरान जब भारतीयों की मदद की जरूरत थी, तब स्वशासन के वादे किए गए और वर्तमान सुधार लाए गए थे। असेंबली को सीमित विधायी शक्तियाँ दी गईं; लेकिन वे भी वाइसरॉय की कृपा पर आश्रित थीं। अब तीसरा चरण चल रहा है।

अब सुधारों पर चर्चा हो रही है और निकट भविष्य में उन्हें लाया जाएगा। हमारे युवा उनका क्या अर्थ निकालें, यह एक समस्या है। मैं नहीं जानता कि कांग्रेस नेता किन पैमानों से उन्हें समझेंगे; लेकिन हम क्रांतिकारियों की जहाँ तक बात है, हम निम्नलिखित पैमाना रख सकते हैं—

1. भारतीयों को किस हद तक जिम्मेदारी दी जाती है।
2. सरकारी संस्थानों का स्वरूप कैसा होगा, जिन्हें बनाया जा रहा है और जनता की भागीदारी किस हद तक होगी।
3. भविष्य की संभावना और किए गए वादों पर अमल।

इसे थोड़ा विस्तार से समझने की जरूरत है। सबसे पहले हम आसानी से समझ सकते हैं कि हमारे लोगों को कितनी जिम्मेदारी मिली। यह इससे साफ हो जाएगा कि हमारे प्रतिनिधि क्या-क्या कर सकते हैं। अब तक तो कार्यपालिका को कभी संसद् के प्रति जवाबदेह नहीं बनाया गया और वाइसरॉय के पास वीटो पावर थी, जिससे सारे चुने गए सदस्यों के प्रयास विफल कर दिए जाते थे। स्वराज पार्टी का शुक्रिया, जिसके प्रयासों से जब-तब वाइसरॉय को मजबूर किया जाता रहा और देश भर के प्रतिनिधियों के स्वायत्त निर्णयों को बेशर्मी से पैरों तले रौंद दिया गया। यह सभी जानते हैं और ज्यादा कुछ कहने की जरूरत नहीं।

अब सबसे पहले हमें कार्यपालिका के गठन के तरीके को देखना चाहिए—क्या कार्यपालिका का निर्वाचन लोकप्रिय संघ के सदस्यों की ओर से किया जाना है या पहले की तरह ही उसे ऊपर से बिठा दिया जाएगा? और फिर, यह सदन के प्रति जवाबदेह होगी या पहले की तरह ही उसका निरादर करेगी?

अब सबसे पहले हमें कार्यपालिका के गठन के तरीके को देखना चाहिए—क्या कार्यपालिका का निर्वाचन लोकप्रिय संघ के सदस्यों की ओर से किया जाना है या पहले की तरह ही उसे ऊपर से बिठा दिया जाएगा? और फिर, यह सदन के प्रति जवाबदेह होगी या पहले की तरह ही उसका निरादर करेगी?

जहाँ तक दूसरे विषय की बात है तो हम उसकी सच्चाई मताधिकार के दायरे से समझ सकते हैं। किसी व्यक्ति को मताधिकार के योग्य बनाने के लिए संपत्ति के मापदंड को पूरी तरह से समाप्त कर दिया जाना चाहिए और उसकी बजाय सभी को मताधिकार मिलना चाहिए। प्रत्येक वयस्क स्त्री और पुरुष को मताधिकार होना चाहिए। वर्तमान में हम बस, यह देख सकते हैं कि मताधिकार कहाँ से मिला है।

जहाँ तक स्वरूप की बात है तो हमारी सरकार दो सदनोंवाली है। मेरा मत है कि ऊपरी सदन मध्यम वर्गीय अंधविश्वास या जाल है। मेरे अनुसार, दो सदनों वाली सरकार ही सबसे अच्छी हो सकती है।

यहाँ मैं प्रांतीय स्वायत्तता की बात करना चाहूँगा; लेकिन मैंने जो कुछ भी सुना है, उससे इतना ही कह सकता हूँ कि सरकार, इसे सरकार ने ऊपर से थोप रखा है, जिसकी असाधारण शक्तियाँ हैं, जो संसद् से ऊपर है और किसी तानाशाह से कम नहीं है। अच्छा होगा, अगर हम इसे 'स्वायत्तता' की बजाय 'प्रांतीय तानाशाही' कहें। यह सरकारी संस्थान का विचित्र लोकतंत्रीकरण है।

तीसरा विषय एकदम स्पष्ट है। पिछले दो वर्षों में ब्रिटिश नेता मॉण्टेग्यू की ओर से की गई सुधारों की एक और खैरात के वादे को तोड़ने में जुटे हैं, जिसे हर साल तब तक दिया जाना है, जब तक कि ब्रिटिश खजाना खाली नहीं हो जाता।

हम देख सकते हैं कि भविष्य को लेकर उन्होंने क्या तय किया है।

मैं स्पष्ट कर दूँ कि हम इन चीजों का विश्लेषण उपलब्धि पर खुशियाँ मनाने के लिए नहीं कर रहे, बल्कि अपनी स्थिति के बारे में एक साफ तसवीर बनाने के लिए कर रहे हैं, ताकि हम जनता को जागरूक कर सकें और आगे के आंदोलन के लिए उन्हें तैयार कर सकें। हमारे लिए समझौते का मतलब कभी समर्पण करना नहीं है, बल्कि एक कदम आगे बढ़ना और थोड़ा आराम करना है। बस, इतना ही, इससे ज्यादा कुछ नहीं।

मैं स्पष्ट कर दूँ कि हम इन चीजों का विश्लेषण उपलब्धि पर खुशियाँ मनाने के लिए नहीं कर रहे, बल्कि अपनी स्थिति के बारे में एक साफ तसवीर बनाने के लिए कर रहे हैं, ताकि हम जनता को जागरूक कर सकें और आगे के आंदोलन के लिए उन्हें तैयार कर सकें। हमारे लिए समझौते का मतलब कभी समर्पण करना नहीं है, बल्कि एक कदम आगे बढ़ना और थोड़ा आराम करना है। बस, इतना ही इससे ज्यादा कुछ नहीं।

वर्तमान स्थिति पर चर्चा के बाद चलिए, उस कार्यक्रम की प्रकृति और कारवाई की दिशा पर बढ़ते हैं, जिसे हमें अपनाने की जरूरत है।

जैसा कि मैंने पहले ही कहा है, किसी भी क्रांतिकारी दल के लिए एक निश्चित कार्यक्रम नितांत आवश्यक है; क्योंकि आपको पता होना चाहिए कि क्रांति का मतलब है—कारवाई। इसका मतलब संगठित और व्यवस्थित कार्य द्वारा सजग होकर बदलाव लाना है, न कि अचानक और असंगठित या व्यवस्था ठप करनेवाला परिवर्तन करना है। और कार्यक्रम तय करने के लिए इनका अध्ययन अनिवार्य है—

1. लक्ष्य।
2. हमें जहाँ से शुरुआत करनी है, यानी वर्तमान परिस्थितियाँ।
3. काररवाई का स्वरूप, यानी साधन और तरीके।

जब तक किसी के मन में तीनों बातों की अवधारणा स्पष्ट नहीं है, तब तक कार्यक्रम पर चर्चा संभव नहीं है।

हमने कुछ हद तक वर्तमान स्थिति पर चर्चा की है। लक्ष्य को बस, छुआ गया है। हम समाजवादी क्रांति चाहते हैं, जो राजनीतिक क्रांति का अपरिहार्य आरंभ है। हम यही चाहते हैं। राजनीतिक क्रांति का अर्थ सत्ता का हस्तांतरण और अनगढ़ तरीके से अंग्रेजों से भारतीयों के हाथों में जाना नहीं, बल्कि उन भारतीयों के हाथों में जाना है, जो अंतिम लक्ष्य को लेकर हमारे साथ हैं, या और संक्षेप में कहें तो जनता के समर्थन से सत्ता का हस्तांतरण क्रांतिकारी दल को होना चाहिए। इसके बाद दृढ़ संकल्प के साथ आगे बढ़ते हुए पूरे समाज का पुनर्गठन समाजवादी आधार पर करना है। यदि आपका मतलब इस क्रांति से नहीं है तो कृपा कर माफ कीजिए। 'इनकलाब जिंदाबाद' का नारा मत लगाइए। 'क्रांति' शब्द अत्यधिक पवित्र है, कम-से-कम हमारे लिए तो है ही कि इसका इस्तेमाल या दुरुपयोग आसानी से नहीं कर सकते हैं। लेकिन आप अगर राष्ट्रीय क्रांति के साथ हैं और आपके आंदोलन का लक्ष्य संयुक्त राज्य अमेरिका जैसा भारतीय गणतंत्र है तो मैं आपसे जानना चाहूँगा कि बताइए, कौन सी ताकतें हैं, जो उस तरह की क्रांति में आपकी मदद करेंगी। आप जिन ताकतों पर भरोसा कर सकते हैं, चाहे वे राष्ट्रीय हों या समाजवादी, किसान और मजदूर ही हैं। कांग्रेस नेताओं को उन ताकतों को संगठित करने का साहस नहीं। इस आंदोलन में आप इसे देख चुके हैं। वे बहुत अच्छी

'इनकलाब जिंदाबाद' का नारा मत लगाइए। 'क्रांति' शब्द अत्यधिक पवित्र है, कम-से-कम हमारे लिए तो है ही कि इसका इस्तेमाल या दुरुपयोग आसानी से नहीं कर सकते हैं। लेकिन आप अगर राष्ट्रीय क्रांति के साथ हैं और आपके आंदोलन का लक्ष्य संयुक्त राज्य अमेरिका जैसा भारतीय गणतंत्र है तो मैं आपसे जानना चाहूँगा कि बताइए, कौन सी ताकतें हैं, जो उस तरह की क्रांति में आपकी मदद करेंगी। आप जिन ताकतों पर भरोसा कर सकते हैं, चाहे वे राष्ट्रीय हों या समाजवादी, किसान और मजदूर ही हैं।

तरह जानते हैं कि इन ताकतों के बिना वे पूरी तरह असहाय हैं। उन्होंने जब पूर्ण स्वतंत्रता का प्रस्ताव पास किया, जिसका अर्थ वास्तव में क्रांति था, तब वे ऐसा नहीं चाहते थे। उन्हें युवाओं के कारण ऐसा करना पड़ा और उन्होंने इसका इस्तेमाल अपने दिल में पल रहे औपनिवेशिक दर्जे को हासिल करने के लिए धमकी के रूप में किया। कांग्रेस के तीन अधिवेशनों के प्रस्तावों को पढ़कर आप इसका फैसला आसानी से कर सकते हैं। मेरा मतलब है मद्रास, कलकत्ता और लाहौर के अधिवेशन। कलकत्ता में उन्होंने बारह महीने के भीतर औपनिवेशिक दर्जे की माँगवाला प्रस्ताव पास किया। ऐसा न होने पर वे अपना मकसद पूर्ण स्वतंत्रता को बनाने पर मजबूर हो जाएँगे और पूरी गंभीरता से 31 दिसंबर, 1929 की आधी रात तक ऐसे किसी उपहार की प्रतीक्षा करते रहे। फिर स्वतंत्रता के प्रस्ताव को अपनाने के लिए उनका 'सम्मान' जाग उठा, नहीं तो वे ऐसा नहीं चाहते थे। उस पर भी महात्माजी ने इस बात को नहीं छिपाया कि दरवाजा (समझौते के लिए) खुला है। यह सच्ची भावना थी। आरंभ से ही वे जानते थे कि उनका आंदोलन किसी समझौते पर आकर समाप्त होगा। हम इसी आधे-अधूरे प्रयास से नफरत करते हैं, न कि आंदोलन के किसी दौर में उस समझौते का। खैर, हम उन ताकतों की चर्चा कर रहे थे, जिन पर आप किसी क्रांति के लिए निर्भर हो सकते हैं; लेकिन आप अगर कहते हैं कि किसानों और मजदूरों से सक्रिय समर्थन माँगने जाएँगे तो मैं बता दूँ कि वे किसी भावुक भाषण से मूर्ख बनने वाले नहीं हैं। वे आपसे बेधड़क पूछेंगे—आप उनसे जो बलिदान चाहते हैं, उसके बदले आपकी क्रांति से उन्हें क्या मिलेगा? इससे उन्हें क्या फर्क पड़ेगा कि लॉर्ड रीडिंग भारत सरकार का मुखिया है या सर गुरुषोत्तमदास ठाकुरदास? इससे किसी किसान को क्या फर्क पड़ता है कि सर तेज बहादुर सप्रू लॉर्ड इरविन की जगह लेने वाले हैं? उसकी राष्ट्रवादी भावनाओं को जगाने का प्रयास बेतुका है। आप अपने मकसद के लिए उसका 'इस्तेमाल' नहीं कर सकते। आपको ईमानदार होना पड़ेगा और उसे समझाना होगा कि क्रांति उसकी होगी और उसकी भलाई के लिए होगी। मजदूरों की क्रांति और मजदूरों के लिए क्रांति।

आप जब अपने लक्ष्यों को लेकर इस स्पष्ट विचार को बना लेंगे, तब सही दिशा में जा सकते हैं या ऐसी काररवाई के लिए अपनी ताकतों को संगठित कर सकते हैं। अब दो अलग-अलग चरण हैं, जिनसे आपको गुजरना होगा—पहला है तैयारी, दूसरा है काररवाई।

आप जब अपने लक्ष्यों को लेकर इस स्पष्ट विचार को बना लेंगे, तब सही दिशा में जा सकते हैं या ऐसी काररवाई के लिए अपनी ताकतों को संगठित कर सकते हैं। अब दो अलग-अलग चरण हैं, जिनसे आपको गुजरना होगा—पहला है तैयारी, दूसरा है काररवाई।

वर्तमान आंदोलन जब समाप्त होगा, तब ईमादारी से क्रांतिकारी कार्यों में हिस्सा लेने वालों में गुस्सा और कुछ निराशा देखेंगे। लेकिन आपको घबराने की जरूरत नहीं। संवेदनाओं को किनारे रख दीजिए। सच्चाई को देखने के लिए तैयार रहिए। क्रांति बेहद मुश्किल कार्य है। क्रांति करना किसी व्यक्ति की क्षमता के बाहर है, न ही इसे किसी निश्चित तारीख को किया जा सकता है। यह विशेष माहौल, सामाजिक और आर्थिक माहौल से संभव होती है। किसी संगठित दल का काम परिस्थिति से पैदा हुए ऐसे किसी अवसर का उपयोग करना है। क्रांति के लिए जनता को तैयार करना और ताकतों को संगठित करना बेहद कठिन कार्य है और इसके लिए क्रांतिकारी कार्यकर्ताओं को बहुत बड़ा बलिदान देना पड़ता है। मैं यह स्पष्ट कर दूँ कि यदि आप एक व्यवसायी हैं या नामी दुनियादार व्यक्ति या पारिवारिक व्यक्ति तो कृपया आग से मत खेलिए। नेता के रूप में आप पार्टी के किसी काम नहीं आ सकते। हमारे पास पहले से ही ऐसे कई नेता हैं, जो भाषण देने के लिए शाम का कुछ वक्त निकालते हैं। वे किसी काम के नहीं। हमें ऐसे लोग चाहिए, जिनके लिए लेनिन के शब्द बेहद सटीक हैं—'पेशेवर क्रांतिकारी'। पूर्णकालिक कार्यकर्ता, जिनका जीवन में और कोई लक्ष्य नहीं या क्रांति के सिवाय जीवन में कोई काम नहीं। किसी पार्टी में ऐसे कार्यकर्ताओं की संख्या जितनी ज्यादा होगी, आपकी सफलता की संभावना उतनी बढ़ जाएगी।

नेता के रूप में आप पार्टी के किसी काम नहीं आ सकते। हमारे पास पहले से ही ऐसे कई नेता हैं, जो भाषण देने के लिए शाम का कुछ वक्त निकालते हैं। वे किसी काम के नहीं। हमें ऐसे लोग चाहिए, जिनके लिए लेनिन के शब्द बेहद सटीक हैं—'पेशेवर क्रांतिकारी'। पूर्णकालिक कार्यकर्ता, जिनका जीवन में और कोई लक्ष्य नहीं या क्रांति के सिवाय जीवन में कोई काम नहीं। किसी पार्टी में ऐसे कार्यकर्ताओं की संख्या जितनी ज्यादा होगी, आपकी सफलता की संभावना उतनी बढ़ जाएगी।

तैयारी के साथ आगे बढ़ने के लिए

आपको सबसे अधिक आवश्यकता ऐसे कार्यकर्ताओं की पड़ेगी, जिनके बारे में ऊपर कहा गया है, जिनके इरादे साफ होते हैं और जिनकी अवधारणा व क्षमता प्रयास और तुरंत निर्णय को लेकर स्पष्ट है। पार्टी का अनुशासन लोहे की तरह हो और जरूरी नहीं कि पार्टी भूमिगत हो, बल्कि खुली भी हो सकती है। स्वेच्छा से जेल जाने की नीति को छोड़ देना चाहिए। इससे ज्यादा-से-ज्यादा कार्यकर्ता भूमिगत जीवन बिताएँगे। उन्हें अपने काम को उसी उत्साह से करना चाहिए और इस समूह के ही कार्यकर्ता वास्तविक अवसर के लिए होनहार नेता पैदा करते हैं।

पार्टी को ऐसे कार्यकर्ताओं की जरूरत है, जिन्हें केवल युवा आंदोलन से भरती किया जाए। इसलिए हम युवा आंदोलन को अपने कार्यक्रम के आरंभिक बिंदु के रूप में देखते हैं। युवा आंदोलन को स्टडी सर्किल, क्लास लेक्चर और परचों, पुस्तकों एवं पत्रिकाओं की छपाई का इंतजाम करना चाहिए। राजनीतिक कार्यकर्ताओं की भरती और प्रशिक्षण का यह सबसे अच्छा आधार होता है।

पार्टी को ऐसे कार्यकर्ताओं की जरूरत है, जिन्हें केवल युवा आंदोलन से भरती किया जाए। इसलिए हम युवा आंदोलन को अपने कार्यक्रम के आरंभिक बिंदु के रूप में देखते हैं। युवा आंदोलन को स्टडी सर्किल, क्लास लेक्चर और परचों, पुस्तकों एवं पत्रिकाओं की छपाई का इंतजाम करना चाहिए। राजनीतिक कार्यकर्ताओं की भरती और प्रशिक्षण का यह सबसे अच्छा आधार होता है।

ऐसे युवा, जो विचारों से परिपक्व हो चुके हैं और जो इस मकसद के लिए अपना सबकुछ देने को तैयार हों, उन्हें पार्टी में भेज दिया जाना चाहिए। पार्टी के कार्यकर्ताओं को चाहिए कि वे युवा आंदोलन को सदैव दिशा दें और उन पर नियंत्रण भी रखें। पार्टी को जनता के बीच प्रचार से कार्य की शुरुआत करनी चाहिए। यह बेहद जरूरी होता है। गदर पार्टी (वर्ष 1914-15) की विफलता के मौलिक कारणों में लोगों के बारे में जानकारी की कमी, उनकी उपेक्षा और कभी-कभी उनका सक्रिय विरोध शामिल था। इसके अलावा, किसानों व मजदूरों की सक्रिय सहानुभूति प्राप्त करना और उन्हें संगठित करना भी अनिवार्य होता है। पार्टी का नाम या फिर कहें, कोई कम्युनिस्ट पार्टी, जैसे कि राजनीतिक कार्यकर्ताओं की वह पार्टी, जो सख्त अनुशासन से बँधी हो, उसे सारे आंदोलनों को चलाना चाहिए।

इसे किसानों व मजदूरों के दलों, मजदूर संघों, यहाँ तक कि कांग्रेस और नवजात राजनीतिक दलों को भी चलाना चाहिए। राजनीतिक चेतना जगाने के क्रम में न केवल राष्ट्रीय राजनीति, बल्कि वर्ग राजनीति में भी पार्टी को एक बड़ा प्रकाशन अभियान चलाना चाहिए। सभी प्रकार के मजदूरों के विषयों पर जनता का ज्ञान बढ़ाने के लिए समाजवादी सिद्धांत आसानी से उपलब्ध हो और उसका व्यापक प्रसार होना चाहिए, लेखन आसान और स्पष्ट हो।

मजदूर आंदोलन में कुछ खास लोग हैं, जो राजनीतिक स्वतंत्रता के बिना किसानों व मजदूरों की आर्थिक स्वतंत्रता के बारे में कुछ बेतुके विचार गढ़ते हैं। वे दुर्जन हैं या मंद बुद्धि। इस तरह की बातें काल्पनिक और ऊटपटाँग हैं। हम जनता की आर्थिक स्वतंत्रता को लेकर गंभीर हैं और उसके लिए ही राजनीतिक सत्ता पाने के लिए आंदोलन कर रहे हैं। इसमें शक नहीं कि शुरुआत में हमें छोटी-छोटी आर्थिक माँगों और इन वर्गों की सुविधाओं के लिए लड़ना होगा। लेकिन इस प्रकार के आंदोलन राजनीतिक सत्ता पर विजय हासिल करने के आखिरी चरण के लिए उन्हें शिक्षित करने के सबसे अच्छे साधन हो सकते हैं।

इनके अतिरिक्त, एक सैन्य विभाग को अनिवार्य रूप से संगठित करना चाहिए। यह काफी महत्त्व रखता है। कभी-कभी इसकी कमी बहुत अधिक खलती है; लेकिन उस समय आप इस तरह के समूह की शुरुआत और निर्माण नहीं कर सकते, जिसके पास प्रभावी काररवाई के पर्याप्त साधन हों। संभवत: यह ऐसा विषय है, जिसे सावधानी से समझना जरूरी है। इसकी बहुत अधिक आशंका है कि इस विषय पर मुझे गलत समझ लिया जाए। देखने में ऐसा लगता है, जैसे मैंने किसी आतंकी की तरह काम किया है; लेकिन मैं आतंकी नहीं हूँ। मैं एक क्रांतिकारी हूँ, जिसके पास लंबे कार्यक्रम के बारे में इतने ठोस विचार हैं कि मैं उन्हें यहाँ रख पा रहा हूँ। मुझे यह दोष दिया जाएगा, जैसा कि लोग रामप्रसाद 'बिस्मिल' को भी देते थे कि फाँसी की काल-कोठरी में पड़े रहने

एक सैन्य विभाग को अनिवार्य रूप से संगठित करना चाहिए। यह काफी महत्त्व रखता है। कभी-कभी इसकी कमी बहुत अधिक खलती है; लेकिन उस समय आप इस तरह के समूह की शुरुआत और निर्माण नहीं कर सकते, जिसके पास प्रभावी काररवाई के पर्याप्त साधन हों। संभवत: यह ऐसा विषय है, जिसे सावधानी से समझना जरूरी है।

से मेरे विचारों में भी कोई परिवर्तन आ गया है। ऐसी बात नहीं है। मेरे विचार अब भी वही हैं। मेरे हृदय में अब भी उतना ही और वैसा ही उत्साह है और वही लक्ष्य है, जो जेल के बाहर था; शायद उससे भी अधिक। इसलिए मैं अपने पाठकों को सावधान कर दूँ कि मेरे शब्दों को पढ़ते समय ध्यान रखें। उन्हें इन पंक्तियों का कोई और अर्थ नहीं निकालना चाहिए। मैं अपनी पूरी क्षमता के साथ यह घोषित करता हूँ कि मैं न आतंकवादी था और न हूँ, सिवाय अपने क्रांतिकारी जीवन की शुरुआत में और मैं इससे पूरी तरह सहमत हूँ कि उन तरीकों से हम कुछ भी हासिल नहीं कर सकते हैं। हिंदुस्तान सोशलिस्ट रिपब्लिकन एसोसिएशन के इतिहास से कोई भी आसानी से इस पर फैसला कर सकता है। हमारी सारी गतिविधियाँ एक ही लक्ष्य की दिशा में थीं, यानी अपना जीवन उस महान् आंदोलन में उसकी सैन्य शाखा के साथ लगा देना। यदि किसी ने मुझे समझने में भूल कर दी है तो मैं उसके सोच को सही कर देता हूँ। मेरा मतलब यह नहीं कि बम और पिस्तौल बेकार हैं, बल्कि बात इसके उलट है। मेरा मतलब है कि महज बम फेंकना न केवल फिजूल है, बल्कि कभी-कंभी नुकसानदेह भी होता है। पार्टी की सैन्य विंग को किसी भी आपात स्थिति के लिए अपने पास जितनी भी युद्ध की सामग्री है, उन्हें तैयार रखना चाहिए। इसे पार्टी के राजनीतिक कार्य को ताकत देनी चाहिए। यह स्वतंत्र रूप से काम नहीं कर सकती और करना भी नहीं चाहिए।

जैसा कि ऊपर बताया गया, उसी के अनुसार पार्टी को अपना काम बढ़ाना चाहिए। समय-समय पर होनेवाली बैठकों और सम्मेलनों के जरिए उन्हें इन कार्यकर्ताओं को सभी विषयों पर शिक्षित और जागरूक करना चाहिए।

यदि आप इस तर्ज पर काम शुरू

यदि आप इस तर्ज पर काम शुरू करेंगे तो आपको काफी सौम्य रहना होगा। इस कार्यक्रम के सफल होने के लिए कम-से-कम 25 वर्षों का समय चाहिए। गांधीजी ने एक साल में स्वराज का जो अव्यावहारिक वादा किया था, उसके बाद के दस वर्षों में क्रांति के जो सुनहरे सपने देखे गए थे, उन्हें भूल जाइए। इसमें न भावना से काम चलता है, न मौत से; बल्कि लगातार संघर्ष, कष्ट और बलिदानवाला जीवन चाहिए। सबसे पहले अपने 'मैं' को कुचल डालो। व्यक्तिगत ऐशो-आराम के सपने देखना छोड़ दो। फिर काम शुरू करो। तुम्हें एक-एक इंच कर बढ़ना होगा।

करेंगे तो आपको काफी सौम्य रहना होगा। इस कार्यक्रम के सफल होने के लिए कम-से-कम 25 वर्षों का समय चाहिए। गांधीजी ने एक साल में स्वराज का जो अव्यावहारिक वादा किया था, उसके बाद के दस वर्षों में क्रांति के जो सुनहरे सपने देखे गए थे, उन्हें भूल जाइए। इसमें न भावना से काम चलता है, न मौत से; बल्कि लगातार संघर्ष, कष्ट और बलिदानवाला जीवन चाहिए। सबसे पहले अपने 'मैं' को कुचल डालो। व्यक्तिगत ऐशो-आराम के सपने देखना छोड़ दो। फिर काम शुरू करो। तुम्हें एक-एक इंच कर बढ़ना होगा। इसके लिए साहस, धैर्य और कठोर दृढ़ संकल्प चाहिए। किसी भी कठिनाई और कष्ट से तुम्हें हतोत्साहित नहीं होना है। किसी भी विफलता और विश्वासघात से तुम्हें मन छोटा नहीं करना है। तुम्हारे ऊपर चाहे कितने ही आघात क्यों न हों, अपने अंदर चल रही क्रांति की लौ को बुझने मत देना। कष्ट और बलिदान की अग्निपरीक्षा में तुम विजयी होगे और इस प्रकार की व्यक्तिगत जीत क्रांति की मूल्यवान् पूँजी होगी।

इनकलाब जिंदाबाद!

2 फरवरी, 1931

□

ग्रंथ सूची

चार्ल्स फ्रीर एंड्रयूज, *'इंडिया एंड द साइमन रिपोर्ट'*, लंदन, जॉर्ज एलन, 1930

चार्ल्स फ्रीर एंड्रयूज, *'महात्मा गांधी एट वर्क : हिज ओन स्टोरी कंटीन्यूड'*, लंदन, जॉर्ज एलन एंड अनविन लि., 1931

ए.एस. बर्धन, *'भगत सिंह : पेजेस फ्रॉम द लाइफ ऑफ ए मार्टियर'*

बिपिन चंद्र, *'इंडियाज स्ट्रगल ऑफ इंडिपेंडेंस, 1857-1947'*, नई दिल्ली, इंडिया, वाइकिंग, 1988

बिपिन चंद्र, *'नेशनलिज्म एंड कोलोनियलिज्म इन मॉडर्न इंडिया'*, नई दिल्ली, ओरिएंट लॉन्गमैन, 1981

जे.सी. चटर्जी, *'इंडियन रिवॉल्यूशनरीज इन कॉन्फ्रेंस'*, कलकत्ता, 1960

गुरदेव सिंह देओल, *' शहीद-ए-आजम सरदार भगत सिंह'*, पटियाला, 1978

गुरदेव सिंह देओल, *'द रोल ऑफ द गदर पार्टी इन द नेशनल मूवमेंट'*, नई दिल्ली, स्टर्लिंग पब्लिशर्स, 1969

कौशल्या देवी डब्लिश, *'रिवॉल्यूशनरीज एंड देयर एक्टीविटीज इन नॉर्दर्न इंडिया'*, नई दिल्ली, बी.आर. पब्लि. कॉरपोरेशन, 1982

अजय घोष, *'भगत सिंह एंड हिज कॉमरेड्स'*, कलकत्ता, 1945

कालीचरण घोष, *'रोल ऑफ ऑनर'*

मन्मथनाथ गुप्ता, *'भगत सिंह एंड हिज टाइम्स'*, प्रथम संस्करण, नई दिल्ली, लिपि प्रकाशन, 1977

सोहन सिंह जोश, *'ट्रैजेडी ऑफ कामागाटा मारू'*, नई दिल्ली, पीपुल्स पब्लिशिंग हाउस, 1975

के.के. खुल्लर, *'शहीद भगत सिंह'*, नई दिल्ली, हेम पब्लिशिंग, 1981

डेविड एम. लाउशे, *'बंगाल टेररिज्म एंड द मार्क्सिस्ट लेफ्ट : आसपेक्ट्स ऑफ रीजनल नेशनलिज्म इन इंडिया'*, 1905–1942, कलकत्ता, 1975

शैलेश्वर नाथ, *'टेररिज्म इन इंडिया लेफ्ट'*

हंसराज रहबर, *'भगत सिंह एंड हिज थॉट्स'*, 1990

नीरजा राव, *'भगत सिंह एंड द रिवॉल्यूशनरी मूवमेंट'*, रिवॉल्यूशनरी डेमोक्रेसी, अप्रैल 1997

अमिय के. सामंता, *'टेररिज्म इन बंगाल : ए कलेक्शन ऑफ डॉक्यूमेंट्स'* (खंड 2), कलकत्ता, पश्चिम बंगाल सरकार, 1995

वीरेंद्र संधू (सं), *'भगत सिंह : लेटर्स एंड डॉक्यूमेंट्स'*

जतींद्रनाथ सान्याल, *'सरदार भगत सिंह'*

शचींद्रनाथ सान्याल, *'बंदी जीवन'*

सुमित सरकार, *'मॉडर्न इंडिया, 1885–1947'*, दिल्ली मैकमिलन, 1983

आई. मल्लिकार्जुन शर्मा, *'रोल ऑफ रिवॉल्यूशनरीज इन द फ्रीडम स्ट्रगल : ए क्रिटिकल हिस्टरी ऑफ दि इंडियन रिवॉल्यूशनरी मूवमेंट्स'*, 1918–1934, हैदराबाद, *मार्क्सिस्ट* स्टडी फोरम, 1987

एस.एन. सिन्हा, सं., *'साइमन कमीशन इन यू.पी. : डॉक्यूमेंट्स प्रीजर्व्ड इन द यू.पी. स्टेट आर्काइव्स'*, भारत : संस्कृति मामलों का विभाग, यू.पी., 1987

पट्टाभि सीतारामैया, *'द हिस्टरी ऑफ दि इंडियन नेशनल कांग्रेस'*, खंड 2 (1935–47)

विश्वनाथ वैशंपायन, *'चंद्रशेखर आजाद'*, खंड I, II, III

जे.एन. वाजपेयी, *'द एक्ट्रीमिस्ट मूवमेंट इन इंडिया'*, चुग पब्लिकेशंस, इलाहाबाद, 1974

शिव वर्मा, *'सेलेक्टेड राइटिंग्स ऑफ भगत सिंह'*, नई दिल्ली, 1986

स्टैनली ए. वॉलपर्ट, *'जिन्ना ऑफ पाकिस्तान'*, न्यूयॉर्क, ऑक्सफोर्ड यूनिवर्सिटी प्रेस, 1984

□□□